***ACCESO GRATIS** a la Lectura en la Nube*

Para visualizar el libro electrónico en la nube de lectura envíe junto a su nombre y apellidos una fotografía del código de barras situado en la contraportada del libro y otra del ticket de compra a la dirección:

ebooktirant@tirant.com

En un máximo de 72 horas laborales le enviaremos el código de acceso con sus instrucciones.

ECOSISTEMA DEL EMPRENDIMIENTO

Marco jurídico y económico

ECOSISTEMA DEL EMPRENDIMIENTO

Marco jurídico y económico

Dirección:

ANA BELÉN CAMPUZANO
Catedrática de Derecho Mercantil
Universidad San Pablo CEU

CECILIO MOLINA HERNÁNDEZ
Profesor Titular de Derecho Mercantil
Universidad Pontificia Comillas

tirant lo blanch
Valencia, 2024

En caso de erratas y actualizaciones, la Editorial Tirant lo Blanch publicará la pertinente corrección en la página web www.tirant.com.

Colección dirigida por:

Ana Belén Campuzano
(Catedrática de Derecho Mercantil)

Enrique Sanjuán y Muñoz
(Magistrado)

Esta publicación es resultado del Proyecto de I+D+i Sostenibilidad corporativa y reestructuración empresarial PID2021-125466NB-I00 (MCIN/AEI /10.13039/501100011033/ "FEDER Una manera de hacer Europa")

y de las investigaciones desarrolladas en el Grupo de Investigación de la Universidad San Pablo CEU Gobierno Corporativo y Gestión de Riesgos (G20/1-01) y de la Cátedra de la Universidad San Pablo CEU y Mutua Madrileña

Cátedra Universitaria

EDITA: TIRANT LO BLANCH
C/ Artes Gráficas, 14 - 46010 - Valencia
TELFS.: 96/361 00 48 - 50
FAX: 96/369 41 51
Email: tlb@tirant.com
www.tirant.com
Librería virtual: www.tirant.es
DEPÓSITO LEGAL: V-1163-2024
ISBN: 978-84-1197-734-0
MAQUETA: Tink Factoría de Color

Si tiene alguna queja o sugerencia, envíenos un mail a: *atencioncliente@tirant.com*. En caso de no ser atendida su sugerencia, por favor, lea en *www.tirant.net/index.php/empresa/politicas-de-empresa* nuestro procedimiento de quejas.

Responsabilidad Social Corporativa: http://www.tirant.net/Docs/RSCTirant.pdf

Autores:

Mercedes Barrachina Fernández
Profesora Asociada de Estadística e Investigación Operativa
Universidad San Pablo CEU

Juan José Benayas Del Álamo
Profesor Asociado de Economía Pública
Universidad San Pablo CEU

Alberto Blázquez Pérez
Profesor colaborador de Finanzas y Contabilidad
Universidad San Pablo CEU

Carmen Calderón Patier
Catedrática de Economía Aplicada
Universidad San Pablo CEU

Ana Belén Campuzano
Catedrática de Derecho Mercantil
Universidad San Pablo CEU

Javier Iturrioz Del Campo
Profesor Titular de Finanzas
Universidad San Pablo CEU

María-Carmen García Centeno
Profesora Titular de Métodos Cuantitativos
Universidad San Pablo CEU

Cristina Isabel Dopacio
Profesora Titular de Organización de Empresas
Universidad San Pablo CEU

Isabel Lima Pinilla
Profesora Doctora de Economía Pública
Universidad San Pablo CEU

Cecilio Molina Hernández
Profesor de Derecho Mercantil (Titular acreditado)
Universidad Pontificia Comillas

Alberto Palomar Olmeda
Profesor Titular (Acred.) de Derecho Administrativo
Magistrado (E.V.) - Abogado

Ricardo Palomo Zurdo
Catedrático de Finanzas
Universidad San Pablo CEU

Juan Luis Santos Bartolomé
Profesor Colaborador Doctor de Economía
Universidad San Pablo CEU

Ramón Terol Gómez
Profesor Titular de Derecho Administrativo
Universidad de Alicante

Enrique Sanjuán y Muñoz
Magistrado especialista mercantil CGPJ
Profesor Asociado de Derecho Mercantil
Universidad de Málaga

ÍNDICE

Capítulo 4
LA GARANTÍA DE LA UNIDAD DE MERCADO. EL ALCANCE DE LA REFORMA OPERADA POR LA LEY 18/2022, DE 28 DE SEPTIEMBRE, DE CREACIÓN Y CRECIMIENTO DE EMPRESAS

Alberto Palomar Olmeda
Ramón Terol Gómez

Capítulo 5
LA LUCHA CONTRA LA MOROSIDAD COMERCIAL: LA FACTURA ELECTRÓNICA

Juan José Benayas Del Álamo

Sección III
LA FINANCIACIÓN ALTERNATIVA Y LA INVERSIÓN

Capítulo 6
FISCALIDAD DE LAS EMPRESAS DE NUEVA CREACIÓN O STARTUPS
Isabel Lima Pinilla

Capítulo 7
LAS PLATAFORMAS DE FINANCIACIÓN PARTICIPATIVA: ESPECIAL REFERENCIA AL CROWDFUNDING
Cecilio Molina Hernández

Capítulo 8
INSTITUCIONES DE INVERSIÓN COLECTIVA (UNDERTAKINGS FOR COLLECTIVE INVESTMENT IN TRANSFERABLE SECURITIES). UNA VISIÓN DESDE EL MERCADO

Enrique Sanjuán y Muñoz

Capítulo 9
CAPITAL RIESGO Y ENTIDADES DE TIPO CERRADO

Javier Iturrioz Del Campo
Cristina Isabel Dopacio
Ricardo Palomo Zurdo

Capítulo 10
FISCALIDAD DEL INVERSOR EN EMPRESAS DE NUEVA CREACIÓN O EMERGENTES

Carmen Calderón Patier

Sección I
EL CONTEXTO ECONÓMICO Y SOCIAL

Capítulo 1
PANORAMA ECONÓMICO EMPRESARIAL ESPAÑOL*

Juan Luis Santos Bartolomé
Profesor Colaborador Doctor de Economía
Universidad San Pablo CEU

SUMARIO: I. INTRODUCCIÓN II. DISTRIBUCIÓN SECTORIAL DE LAS EMPRESAS. III. EL TAMAÑO DE LAS EMPRESAS ESPAÑOLAS. IV. LA DINÁMICA DE LAS EMPRESAS ESPAÑOLAS. V. PRINCIPALES CONCLUSIONES. VI. REFERENCIAS BIBLIOGRÁFICAS.

I. INTRODUCCIÓN

En este capítulo se ofrece un panorama de la situación actual y la evolución reciente de las empresas españolas en cuanto a su tamaño y dinámica teniendo en cuenta la condición jurídica, el sector, la innovación y la región en la que se encuentra su sede.

La crisis económica originada por la pandemia ha supuesto un cambio sin precedentes en la historia económica reciente. El impacto que ha sufrido la economía española ha sido más fuerte que el experimentado en la mayoría del resto de las economías desarrolladas, provocando una contracción del PIB del 10,8 % en 2020. A pesar de la subida del 5,5% en 2021 el tejido productivo ha sufrido un importante revés que además ha afectado de forma muy diferente a los distintos sectores de actividad.

Las empresas españolas están además peor preparadas para una crisis como la que se ha dado ya que hay una gran proporción de empresas de pequeño tamaño y un gran número de trabajadores autónomos, lo que explica no solo la poca resistencia del tejido

* Este trabajo se realiza en el marco de los trabajos desarrollados por los investigadores del Grupo de Investigación de la Línea de Investigación Gobierno Corporativo y Gestión de Riesgos de la Cátedra de la Universidad San Pablo CEU y Mutua Madrileña.

empresarial para afrontar situaciones recesivas, si no también justifica la falta de convergencia en productividad de la economía española con el conjunto de la Eurozona (Huerta Arribas, Novales Cinca y Salas Fumás, 2021).

Una manera de observar qué ha sucedido durante la pandemia es estudiar el impacto en las horas efectivas trabajadas. Lo peor se dio en el segundo trimestre de 2020, en el que se perdieron 172 millones de horas en el conjunto de España. Desde entonces el déficit de horas trabajadas ha disminuido paulatinamente. La mayor parte de la pérdida corresponde a la hostelería, y el segundo sector más afectado fue el comercio al por menor. Las manufacturas también se vieron perjudicadas en menor medida. En cambio, en algunos servicios el número de horas trabajadas aumentó, como es el caso de las actividades sanitarias, las actividades correspondientes a la administración pública, el sector financiero y la educación (Malo, 2021).

A pesar de la recuperación económica desde 2021, que se vio truncada por la incertidumbre geopolítica y el alza en los precios de la energía, no solo hay incertidumbres coyunturales, si no que el déficit y la deuda pública ponen a España en una situación de debilidad tanto con la política monetaria restrictiva actual como por el regreso previsible al mandato a la consolidación fiscal (Torres y Fernández, 2022). Además, una parte del desempleo, oculto desde 2020 con los expedientes de regulación temporal de empleo, podría no desaparecer a lo largo del próximo ciclo económico (Torres y Fernández, 2021).

Para observar qué ha sucedido en los últimos años conviene comenzar estudiando el número de empresas, fiel reflejo de la actividad económica de la iniciativa privada del país. Como se observa en el Gráfico 1, el número de empresas españolas aumentó de forma considerable hasta el año 2008, inicio de un periodo de crisis durante el cual el número de compañías descendió de 3,42 millones a 3,12 en el año 2014. Desde entonces, el número de empresas volvió a aumentar en España, aunque de forma más lenta que antes del inicio de la Gran Recesión y en el año 2020 se alcanzaron los 3,40 millones de empresas, una cifra similar a la que se logró antes de la crisis económico-financiera de hace quince años. Este aumento en el número total de empresas se detuvo a raíz de la pandemia y en 2021, último año con información disponible, retrocedió hasta los 3,36 millones.

Gráfico 1. Número total de empresas y clasificación por condición jurídica

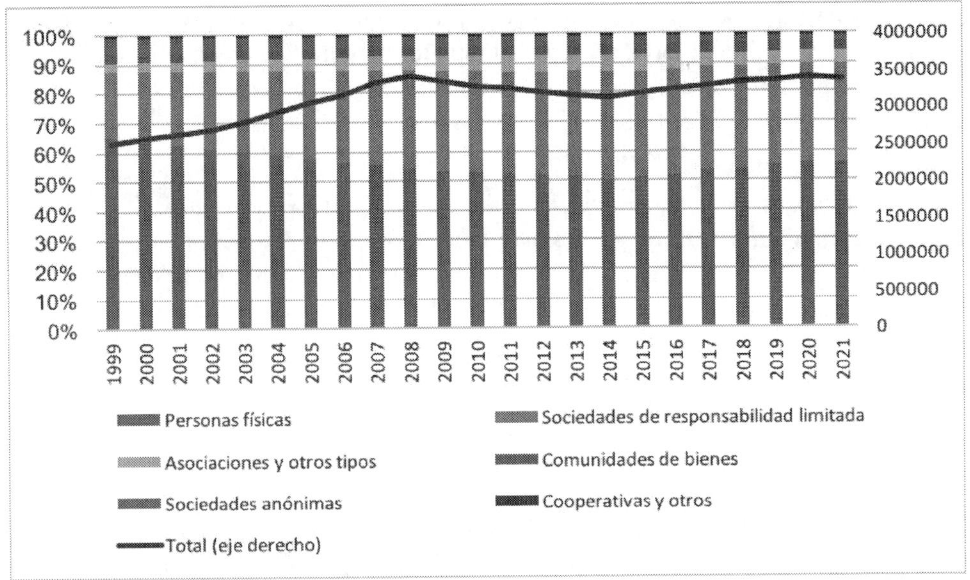

Fuente: Elaboración propia a partir de los datos del DIRCE.

De acuerdo con los datos del directorio central de empresas (DIRCE) ofrecidos por el Instituto Nacional de Estadística la mayoría tienen la condición de persona física y son asimilables a autónomos. En 1999 constituían el 65,4% del total y su importancia fue descendiendo hasta el año 2014, cuando fueron el 50,5%. Desde entonces su número ha crecido en mayor medida que el resto de las formas jurídicas que constituyen empresas y ya vuelven a suponer el 55,8% del total.

En segundo lugar, las sociedades de responsabilidad limitada suponen la forma más frecuente de personas jurídicas en España. Su relevancia ha aumentado considerablemente en las dos últimas décadas, pasando de ser el 22,2% en el año 1999 a representar el 36,5% en 2014. Desde entonces su peso ha caído paulatinamente hasta el 33,7% en la actualidad (1,13 millones).

Las asociaciones de carácter empresarial y las comunidades de bienes son hoy más numerosas que las sociedades anónimas. Esto se ha dado por el aumento del número de estas formas jurídicas que han pasado de representar el 3,1% y el 2,9% del total de empresas en 1999 a ser el 4,4% y el 3,4% respectivamente en la actualidad. En número, las asociaciones han aumentado de casi ochenta mil a casi ciento cincuenta mil en las dos últimas décadas, mientras que las comunidades de bienes han pasado de ser más de setenta mil a alcanzar las ciento trece mil.

Estos datos contrastan con los de las sociedades anónimas que han descendido tanto en peso como en número: en 1999 eran el 5,3% del total (133.410 empresas), en

2008 solo eran el 3,3% (113.310) y para 2021 su relevancia había caído hasta el 1,8% (60.510). Esta caída del número de sociedades anónimas es una de las características más importantes del panorama empresarial español del inicio del siglo XXI. Además, no se debe a periodos de crisis como los de 2008-2013 o la más reciente pandemia, si no que la caída del número de sociedades anónimas es independiente de la evolución económica y se da en cada año de las últimas dos décadas.

En cambio, las sociedades cooperativas a pesar de haber perdido peso sobre el total de empresas han tenido una evolución muy modesta en su número. Así, han pasado de ser el 0,92% en 1999 al 0,62% actual, y crecieron desde las veintitrés mil hasta las más de veinticinco mil antes del inicio de la Gran Recesión, desde donde se han estabilizado en el entorno de las veintiún mil. Además de las figuras previamente comentadas hay otras que por su número son menos relevantes e incluyen organismos autónomos, sociedades colectivas y sociedades comanditarias.

Además de estudiar las empresas y su evolución por forma jurídica, la localización regional también aporta información relevante del tejido productivo español. El Gráfico 2 recoge la distribución regional de las empresas en el último año con información disponible. Destacan Cataluña en primer lugar con el 18,50%, el 0,21% más que al inicio de la crisis, Andalucía con el 15,78% del total, el 0,5% más respecto a 2008, y Madrid con el 16,25% y un elevado crecimiento del 1,08% en los últimos trece años.

Gráfico 2. Localización de las empresas por Comunidades Autónomas

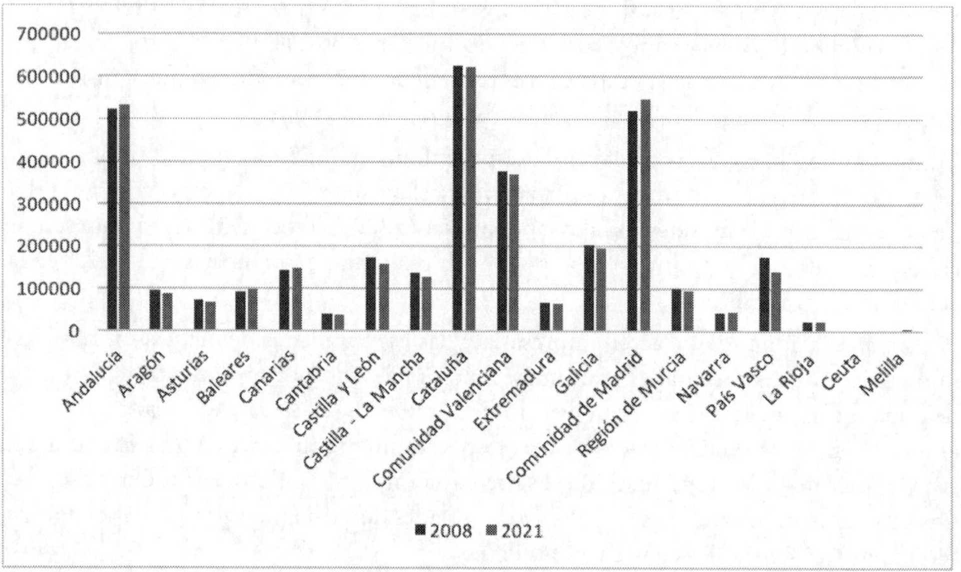

Fuente: Elaboración propia a partir de los datos del DIRCE.

La Comunidad Valenciana ha perdido peso en cuanto al número de empresas respecto al nivel nacional pasando del 10,99% en el inicio de la crisis al 10,93% actual. La caída ha sido mucho más abultada para regiones como el País Vasco que ha visto descender su peso desde el 5,12% al 4,15%, Galicia qué ha pasado del 5,94% al 5,78%, Castilla y León que también disminuyó su importancia a nivel nacional desde un 5,06% hasta el 4,67% en la actualidad o Castilla La Mancha que del mismo modo desciende del 4,03% en 2008 al 3,79% en el último año con información disponible.

Los datos de los dos archipiélagos son positivos, especialmente en Canarias que pasa del 4,19% al 4,40% y Baleares donde aumenta del 2,73% al 2,91%. El resto de las comunidades desciende su peso en el total nacional de empresas de forma modesta, como es el caso de Aragón, Asturias, Cantabria, la Región de Murcia y La Rioja. Tan solo Navarra ve aumentar ligeramente su participación desde el 1,28% del año 2008 al 1,32% actual.

A continuación, en la segunda sección, se pasa a describir la profunda transformación productiva que se ha dado en España en los últimos años. En la tercera sección se ahonda en la importancia del tamaño de las empresas españolas, variable muy ligada al emprendimiento y al crecimiento económico. En la cuarta sección se aborda el estudio de la dinámica empresarial mediante el análisis de la edad de las empresas, una variable íntimamente ligada a la actividad emprendedora y el clima económico, ya que se crean empresas por los emprendedores y se mantienen por las condiciones económicas que hacen posible que las empresas continúen su actividad. También se estudia la evolución de las altas y bajas de empresas en los últimos años.

II. LA DISTRIBUCIÓN SECTORIAL DE LAS EMPRESAS

Además de la distribución regional es interesante el estudio por sectores económicos usando la clasificación CNAE-2009 a dos dígitos, lo que permite comprobar qué ha sucedido en los últimos años con las distintas actividades económicas que conforman el tejido productivo nacional.

El principal sector por número de empresas es el comercio al por menor (CNAE 47) que ha experimentado una grave crisis en los últimos años que ha hecho que la porción de empresas de este sector pase de ser el 15,4% al 12,7% del total en España, perdiéndose prácticamente cien mil empresas en este sector desde 2008. Esto se ha dado tanto por una dinámica que ya se producía en el periodo de crecimiento económico desde finales de 2013 (Xifré, 2016) y se acentuó especialmente por la pérdida de tejido productivo en comercio minorista durante la pandemia (Xifré, 2021).

En el segundo sector más numeroso cuando comenzó la crisis era el de la construcción de edificios (CNAE 41) con el 10,5% del total de empresas. a pesar de la pequeña recuperación de este sector en los últimos años el porcentaje ha disminuido hasta el 6,6% y se han perdido casi ciento cuarenta mil empresas, dos quintas partes de las que había en 2008.

Los otros cuatro sectores productivos con mayor número de empresas en el inicio de la crisis también han visto reducir su importancia en la última década y media. Así, la restauración (CNAE 56) ha pasado de un 7,8% a un 7,3% y solo durante 2021 se perdieron casi 8.500 empresas en este sector afectado por la pandemia reciente. El transporte terrestre (CNAE 49) también ha visto disminuir su peso sobre el total de empresas pasando del 6,2% al 4,9% entre 2008 y 2021 El comercio al por mayor (CNAE 46), aunque menos afectado que el comercio al por menor debido a los cambios tecnológicos que han permitido que aumente la presencia del comercio electrónico, también ha reducido el número de empresas en términos absolutos y relativos, pasando del 6,6% al 6,3% y disminuyendo el número de empresas en casi catorce mil entre el inicio de la Gran Recesión y la actualidad. Las Actividades de construcción especializada (CNAE 43) también disminuyeron su peso en el número total de empresas en el país en el periodo, desde el 7,2% hasta el 5,5%. Los servicios técnicos de arquitectura e ingeniería (CNAE 71) también han perdido importancia, disminuyendo del 3,9% al 3,2% del total de empresas. Las actividades jurídicas y de contabilidad (CNAE 69) son el sector, de los más relevantes en 2008, que mejor se ha comportado desde entonces, manteniendo casi su participación en el total y solo disminuyendo poco más de seis mil empresas desde entonces.

En resumen, los ocho sectores con más empresas en España al inicio de la Gran Recesión pasaron de representar el 57,6% al 43,4% de las empresas españolas, lo que señala un significativo cambio productivo, en el que unas actividades productivas perdieron importancia y vieron reducida su actividad y el número de empresas mientras que otras actividades ganaron relevancia (González Díez & Moral Benito, 2019).

Dentro de las actividades empresariales que han aumentado su peso sobre el total, sobresalen principalmente los servicios, en lo que se ha venido a llamar terciarización de la economía, que no es un fenómeno nuevo, pero ha experimentado un auge en las últimas décadas. Además, la servitización (Cuadrado Roura, 2021) hace que las empresas industriales tengan cada vez un número mayor de servicios integrados, por lo que esta terciarización de las economías desarrolladas es aún mayor que lo registrado en las estadísticas.

Los servicios personales han aumentado su peso en la economía: La educación (CNAE·85) ha pasado del 2,00% al 3,27% desde 2008, las actividades sanitarias (CNAE 86) subieron al 4,69% desde el 3,36%, las actividades de creación, artísticas y espectáculos (CNAE 90) pasaron del 1,96% al 3,07%, las empresas ligadas a actividades asociativas (CNAE 94) pasaron del 0,98% al 1,43% y otros servicios personales (CNAE 96) crecieron del 2,95% al 4,14%, situándose en una posición preeminente en la economía española, cada vez más volcada en los servicios destinos a satisfacer las necesidades de consumidores finales.

Los servicios a empresas también son cada vez más importantes en la economía española: Las actividades administrativas de oficina (CNAE 82) pasaron de ser el 1,96% de empresas al 3,07%, los servicios a edificios y actividades de jardinería (CNAE 81) aumentaron del 0,75% al 1,58%, las compañías de publicidad y estudios de mercado (CNAE 73) vieron crecer su número notablemente y pasaron de suponer el 1,00% al 1,42%, las actividades de consultoría de gestión empresarial (CNAE 70) vieron crecer su participación en el número total de empresas desde 0,41% al 0,71%.

Otras actividades de servicios como las actividades inmobiliarias (CNAE 68) han aumentado prácticamente cada año desde 2008, a pesar lo que pudiera parecer con el parón del sector constructor, y han pasado de ser el 3,4% de las empresas a representar el 5,6%, subiendo de unas ciento diecisiete mil empresas en el inicio de la crisis económico-financiera a ciento ochenta y ocho mil en la actualidad.

Por último, hay varias ramas productivas relacionadas con las tecnologías de la información y las comunicaciones, como las telecomunicaciones (CNAE 61) que aumentan del 0,11% al 0,19% de las empresas, las empresas dedicadas a la programación, consultoría y otras actividades relacionadas con la informática (CNAE 62) que aumentan su peso sobre el total desde el 0,58% al 1,06 % y los servicios de información (CNAE 63) que también suben de forma abultada desde el 0,12% al 0,19%. A pesar de no formar parte de las tecnologías de la información y las comunicaciones, las actividades postales y de correos (CNAE 53) se han beneficiado del auge del comercio electrónico y el porcentaje de empresas españolas dedicadas a estas actividades ha pasado de ser el 0,17% en 2008 al 0,81% en 2021.

La Tabla 1 recoge los sectores CNAE a dos dígitos que tienen el mayor número de empresas para personas físicas, sociedades limitadas y sociedades anónimas. Para cada sector se incluye el número de empresas a final de 2019 y de 2020, así como el cambio porcentual entre ambos años, fruto de la situación vivida durante la pandemia. Algunos sectores coinciden en las distintas formas jurídicas, como sucede con los sectores 41, 43, 46 y 47, que son los más numerosos tanto para autónomos como para las dos formas societarias consideradas.

Tabla 1. Sectores con mayor número de empresas por forma jurídica

	PERSONAS FÍSICAS			SOCIEDADES LIMITADAS			SOCIEDADES ANÓNIMAS		
	2019	2020	Cambio	2019	2020	Cambio	2019	2020	Cambio
10 Industria de la alimentación							1.710	1.644	-3,9
25 Fabricación de productos metálicos							1.780	1.690	-5,1
41 Construcción de edificios	85.544	87.582	2,4	120.236	115.675	-3,8	7.209	6.645	-7,8

	PERSONAS FÍSICAS			SOCIEDADES LIMITADAS			SOCIEDADES ANÓNIMAS		
	2019	2020	Cambio	2019	2020	Cambio	2019	2020	Cambio
43 Actividades de construcción especializada	109.924	111.839	1,7	62.732	62.225	-0,8	2.027	1.851	-8,7
45 Venta y reparación de vehículos de motor				32.115	31.858	-0,8	1.896	1.773	-6,5
46 Comercio al por mayor	73.749	71.356	-3,2	122.831	121.482	-1,1	9.650	9.174	-4,9
47 Comercio al por menor	304.083	298.170	-1,9	104.944	103.479	-1,4	3.642	3.427	-5,9
49 Transporte terrestre y por tubería	131.443	131.311	-0,1	31.067	30.310	-2,4			
52 Almacenamiento y actividades anexas							1.402	1.350	-3,7
55 Servicios de alojamiento							1.414	1.394	-1,4
68 Actividades inmobiliarias				101.015	102.677	1,6	6.939	6.887	-0,7
69 Actividades jurídicas y de contabilidad	109.318	106.737	-2,4	45.372	45.375	0,0			
71 Servicios técnicos de arquitectura e ingeniería	67.756	65.063	-4,0	35.749	35.489	-0,7			
82 Actividades administrativas de oficina				42.978	42.996	0,0			
85 Educación	76.722	74.013	-3,5						
86 Actividades sanitarias	131.275	128.297	-2,3						
96 Otros servicios personales	114.129	116.076	1,7						

Fuente: Elaboración propia a partir de los datos del DIRCE.

En las actividades con mayor número de personas físicas de carácter empresarial hubo grandes caídas en el último año con información disponible. Los servicios de arquitectura e ingeniería (CNAE 71) disminuyeron su número el 4% y el sector educativo (CNAE 85) cayó el 3,5%. El comercio al por mayor (CNAE 46) también se resintió especialmente en el primer año de la pandemia, disminuyendo el 3,2%. En cambio, las personas físicas que realizan actividades económicas relacionadas con la construcción aumentaron, y dentro de los diez sectores con más autónomos, fueron los únicos que crecieron junto con otros servicios personales (CNAE 96).

Las sociedades limitadas solo crecieron de forma significativa durante 2020 en el sector de las actividades inmobiliarias (CNAE 68) dentro de los diez sectores con un mayor número de estas sociedades. La caída mayor se dio en el sector de la construcción, lo que se contrapone al aumento notable de autónomos en ese sector en el mismo periodo.

Como ya se ha visto, las sociedades anónimas han experimentado una caída de su número y de su peso sobre el total de empresas en los últimos años. Por ello, no es de extrañar que en una situación de fuerte recesión como el año 2020 se produjeran caídas en los diez sectores productivos con mayor número de sociedades anónimas (Xifré, 2022). Las caídas fueron más notables en las actividades de construcción, seguidas por la comercialización de vehículos de motor.

Las Tablas 2 y 3 que aparecen a continuación incluyen un análisis similar para los cinco sectores que tuvieron un mayor crecimiento del número de empresas (Tabla 2) y una mayor caída (Tabla 3) en las personas físicas con carácter empresarial, sociedades limitadas y sociedades anónimas.

Se aprecia que en estos casos hay muy pocos sectores en común en las distintas figuras societarias. Los autónomos en el sector de envío postal aumentaron el 40%, debido sin duda al gran auge del comercio electrónico y los pedidos a domicilio durante la pandemia. A este sector le siguió el también muy elevado 24% en el transporte marítimo. En los sectores en los que más autoempleo se perdió las caídas fueron menores, con el 12% en actividades de programación y emisión de radio y televisión y una cifra similar para las agencias de viaje, un sector también muy perjudicado debido a la crisis sanitaria.

Tabla 2. Sectores productivos con mayor crecimiento del número de empresas

	PERSONAS FÍSICAS			SOCIEDADES LIMITADAS			SOCIEDADES ANÓNIMAS		
	2019	2020	Cambio	2019	2020	Cambio	2019	2020	Cambio
21 Fabricación de productos farmacéuticos							117	119	1,7
35 Suministro de energía eléctrica, gas	845	910	7,7						
42 Ingeniería civil				1839	1894	3			
50 Transporte marítimo y por vías navegables	215	267	24,2						
53 Actividades postales y de correos	17469	24454	40	2361	2439	3,3			
62 Programación y otras actividades informáticas				17405	17859	2,6			
64 Servicios financieros, excepto seguros y fondos	175	192	9,7	1986	2532	27,5	489	512	4,7
66 Actividades auxiliares a los servicios financieros				16460	17145	4,2	865	882	2

	PERSONAS FÍSICAS			SOCIEDADES LIMITADAS			SOCIEDADES ANÓNIMAS		
	2019	2020	Cambio	2019	2020	Cambio	2019	2020	Cambio
68 Actividades inmobiliarias							6939	6887	-0,7
74 Otras actividades profesionales, científicas y técnicas							207	211	1,9
87 Asistencia en establecimientos residenciales	313	341	8,9						

Fuente: Elaboración propia a partir de los datos del DIRCE.

En el caso de las sociedades limitadas hubo un crecimiento muy notable de las empresas de servicios financieros (CNAE 64) con el 27,5% de crecimiento, en parte debido a la buena salud de ese sector en España en épocas recientes y también debido a cambios regulatorios en el sector del asesoramiento financiero. El resto de las actividades que experimentaron un crecimiento de sociedades limitadas tuvo incrementos mucho menores, siendo las actividades auxiliares a los servicios financieros (CNAE 66) el segundo sector que más creció con el 4,2% de variación de empresas durante el año 2020. Las caídas de sociedades limitadas se dieron en sectores afectados por la pandemia como las agencias de viajes, donde la caída neta fue del 7,2% del total de las empresas. En otros sectores como la industria del cuero y del calzado (CNAE 15) la caída fue del 5,7% y en el sector de las actividades culturales (CNAE 91) también se produjo una caída relevante.

Por último, para las sociedades anónimas las actividades que tuvieran un aumento más importante, a pesar de la caída general del número de este tipo de sociedades, fueron los servicios financieros, que aumentaron el 4,7% el número de empresas. Las caídas fueron mucho mayores, como fue el caso del sector de actividades de seguridad e investigación (CNAE 80), con un descenso del 11,2% de las sociedades anónimas. La fabricación de otro material de transporte (CNAE 30) también perdió sociedades anónimas, disminuyendo el número el 9,7% durante el año.

Tabla 3. Sectores productivos con mayor caída del número de empresas

	PERSONAS FÍSICAS			SOCIEDADES LIMITADAS			SOCIEDADES ANÓNIMAS		
	2019	2020	Cambio	2019	2020	Cambio	2019	2020	Cambio
08 Otras industrias extractivas				1.290	1.238	-4			
14 Confección de prendas de vestir							308	283	-8,1
15 Industria del cuero y del calzado				2.785	2.625	-5,7			
17 Industria del papel	221	201	-9,0						
27 Fabricación de material y equipo eléctrico	237	213	-10,1						
30 Fabricación de otro material de transporte							113	102	-9,7
41 Construcción de edificios				120.236	115.675	-3,8			
43 Actividades de construcción especializada							2027	1851	-8,7
49 Transporte terrestre							1.293	1.176	-9,0
60 Actividades de programación y emisión de radio y televisión	234	206	-12						
77 Actividades de alquile	6988	6577	-5,9						
79 Actividades de agencias de viajes, operadores turísticos	7407	6535	-11,8	6208	5759	-7,2			
80 Actividades de seguridad e investigación							196	174	-11,2
91 Actividades culturales				1307	1251	-4,3			

Fuente: Elaboración propia a partir de los datos del DIRCE.

III. EL TAMAÑO DE LAS EMPRESAS ESPAÑOLAS

En España las pequeñas y medianas empresas son la parte mayoritaria del tejido empresarial. Esto se puede deber a dos factores. Por un lado, una dinámica empresarial mayor, con más nuevas empresas de nueva creación, que suelen ser de menor tamaño, y por otro lado podría evidenciar que hay factores que tienden a limitar el crecimiento empresarial (Prats Albentosa y Merino de Lucas, 2015).

El tamaño de las empresas es una dimensión muy importante para la innovación, de la cual a su vez depende el crecimiento económico del país en el largo plazo (Audrestch y Elston, 2002). En la Tabla 4 se recoge el porcentaje de empresas que llevaron a cabo alguna actividad de innovación y desarrollo en función de su sector y su tamaño, medido según el número de empleados. Puede observarse que cuando aumenta la plantilla y las empresas son más grandes, es más frecuente que realicen labores de I+D. Así, para el total de empresas en España, solo una de cada diez empresas de las que tienen entre 10 y 49 empleados realiza actividades de I+D, mientras que para las que cuentan con entre 50 y 249 empleados la cifra sube hasta la cuarta parte de las empresas y entre las grandes empresas, con al menos 250 empleados, casi cuatro de cada diez realizaron alguna labor de I+D durante el último año con información disponible.

Estas diferencias del porcentaje de empresas innovadoras por tamaños son aún mayores en el caso de las empresas de agricultura, ganadería, pesca y silvicultura, ya que solo una de cada veinte realiza actividades de I+D en el caso de las pequeñas empresas, y casi un tercio de las grandes realiza alguna labor de investigación. También sucede lo mismo en el caso de las industrias extractivas y relacionadas con el petróleo. En este caso una de cada diez de las pequeñas hace alguna I+D frente al 86% de las grandes.

Esta dinámica se repite en la mayoría de los sectores industriales, en las que entre el 10% y un tercio de las empresas pequeñas realizan I+D frente a la mayoría de las grandes. Hay tres sectores en los que, aunque continúa la progresión creciente del porcentaje de empresas que realizan alguna labor innovadora, comienza siendo muy alta ya en las empresas pequeñas: el sector químico (47% de empresas pequeñas innovadoras), el sector farmacéutico (59%) y el de productos informáticos y electrónicos (56%). De forma opuesta, el tamaño condiciona mucho la actividad de I+D en el sector de la construcción, con solo una de cada veinte pequeñas empresas innovando frente a casi la mitad de las grandes constructoras que realiza alguna labor de I+D.

Tabla 4. Porcentaje de empresas con actividades en I+D en el sector primario y secundario en 2020

	De 10 a 49 empleados	De 50 a 249 empleados	250 y más empleados
1. Sector primario (CNAE 01, 02, 03, 04)	5,35	24,07	32,38
2. Industrias extractivas (CNAE 05, 06, 07, 08, 09, 19)	9,9	21,78	85,71
3. Alimentación, bebidas y tabaco (CNAE 10, 11, 12)	16,57	42,58	67,48
4. Textil, confección, cuero y calzado (CNAE 13, 14, 15)	14,9	47,05	66,67
5. Madera, papel y artes gráficas (CNAE 16, 17, 18)	10,89	27,5	52,7
6. Química (CNAE 20)	47,04	70,32	86,57
7. Farmacia (CNAE 21)	58,6	71,43	84,42
8. Caucho y plásticos (CNAE 22)	16,46	50,99	81,02
9. Productos minerales no metálicos diversos (CNAE 23)	13,06	31,49	58,79
10. Metalurgia (CNAE 24)	16,34	40,97	66
11. Manufacturas metálicas (CNAE 25)	13,5	36,14	64,81
12. Productos informáticos y electrónicos (CNAE 26)	55,6	74,46	85,71
13. Material y equipo eléctrico (CNAE 27)	32,68	62,96	71,43
14. Otra maquinaria y equipo (CNAE 28)	28,23	63,53	74,31
15. Vehículos de motor (CNAE 29)	18,98	42,3	71,43
16. Otro material de transporte (CNAE 30)	27,71	53,25	100
17. Muebles (CNAE 31)	13,11	38,46	58,33
18. Otras actividades de fabricación (CNAE 32)	21,8	43,58	60
19. Reparación e instalación de maquinaria (CNAE 33)	7,6	20,18	29,03
20. Energía y agua (CNAE 35, 36)	12,89	25,51	67,8
21. Saneamiento, gestión de residuos y descontaminación (CNAE 37, 38, 39)	10,92	21,07	37,29
22. Construcción (CNAE 41, 42, 43)	5,58	16,09	48,64
TOTAL EMPRESAS	10,53	25,7	38,71

Fuente: Elaboración propia a partir de los datos de la encuesta sobre innovación en las empresas.

En los servicios se observa también el mismo impacto del tamaño sobre la actividad innovadora, con importantes diferencias entre sectores. En general las empresas de servicios realizan menos I+D que las empresas industriales, como se observa en la Tabla 5. Destacan las empresas de información y comunicaciones, que hacen esta labor en mayor medida para cualquier tamaño empresarial, así como las grandes empresas financieras y de seguros, actividades inmobiliarias y actividades profesionales.

Otros servicios son menos intensivos en I+D como es el caso del comercio, la logística y el transporte, las actividades administrativas, las sanitarias y otras de servicios personales. En estos casos entre el 5% y el 10% de las empresas pequeñas llevan a cabo algún tipo de I+D frente al alrededor de la cuarta parte de las grandes empresas de estas ramas productivas.

Tabla 5. Porcentaje de empresas con actividades en I+D en el sector servicios en 2020

	De 10 a 49 empleados	De 50 a 249 empleados	250 y más empleados
23. Comercio (CNAE 45, 46, 47)	9,29	18,91	27,82
24. Transportes y almacenamiento (CNAE 49, 50, 51, 52, 53)	8,29	11,77	26,51
26. Información y comunicaciones (CNAE 58, 59, 60, 61, 62, 63)	33,65	46,15	48,86
27. Actividades financieras y de seguros (CNAE 64, 65, 66)	20,48	35,25	51,23
28. Actividades inmobiliarias (CNAE 68)	8,37	15,15	58,82
29. Actividades profesionales, científicas y técnicas (CNAE 69, 70, 71, 72, 73, 74, 75)	20,05	42,75	41,87
30. Actividades administrativas y servicios auxiliares (CNAE 77, 78, 79, 80, 81, 82)	4,3	9,11	18,49
31. Actividades sanitarias y de servicios sociales (CNAE 86, 87, 88)	6,32	11,03	21,13
32. Actividades artísticas, recreativas y de entretenimiento (CNAE 90, 91, 92, 93)	6,12	6,72	16,76
TOTAL EMPRESAS	10,53	25,7	38,71

Fuente: Elaboración propia a partir de los datos de la encuesta sobre innovación en las empresas.

IV. LA DINÁMICA DE LAS EMPRESAS ESPAÑOLAS

Una forma interesante de comprobar la dinámica empresarial es analizar la edad que tienen las empresas. En el Gráfico 3 se observa cómo en los últimos años el número de empresas con más de veinte años ha crecido pasando de algo más de cuatrocientas mil a superar las seiscientas mil. Con la pandemia el número de empresas creadas durante 2021 descendió de forma considerable y se dejaron de establecer alrededor de cien mil empresas ese año. Eso hace que ya casi haya tantas empresas que superan las dos décadas cómo empresas creadas en el último año.

Gráfico 3. Edad de las empresas (2013-2021

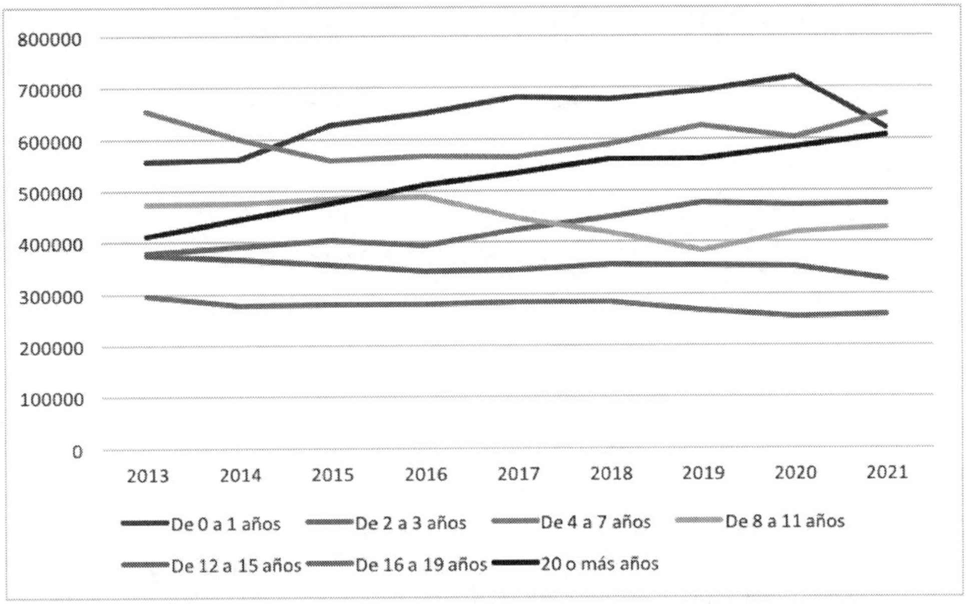

Fuente: Elaboración propia a partir de los datos del DIRCE.

El número de nuevas empresas, es decir aquellas que cuentan con menos de un año de antigüedad aumentado progresivamente a lo largo de los años de recuperación económica desde 2013 y a pesar de la reducción durante 2021 pasaron en ese periodo de representar el 16,5% al suponer el 19,8% del total de empresas. Las empresas de 2 a 3 años también reflejan una evolución positiva en el periodo, ya que no solo se crearon más empresas cada año, si no que éstas tuvieron tasas de supervivencia mayores debido al buen desempeño económico del país. Así, las empresas con dos o tres años de antigüedad pasaron de ser el 11,3% al 15,1% en los últimos ocho años.

La misma dinámica, aunque menor medida se observa para las empresas de cuatro a siete años que se sitúan en torno a la quinta parte del total. Los cambios en las empresas entre ocho y diecinueve años son poco relevantes tomados en su conjunto para los últimos años, aunque haya habido algunas diferencias que es explican por el efecto de la doble recesión que España vivió entre 2008 y 2012 en donde se dejaron de crear empresas que de otro modo hubiese existido, y además las bajas fueron notables.

Lo que es más relevante es el aumento de las empresas más longevas no solo en número sino también en porcentaje sobre el total. Así, mientras que en 2013 suponían tan solo el 12,2% en la actualidad son el 19,3%. esto nos habla de una dinámica empresarial muy modesta en la que el entorno económico permite que sobrevivan muchas empresas establecidas, pero hay algunos determinantes que impiden o desincentivan el establecimiento de un mayor número de nuevas empresas en el país.

Gráfico 4. Altas y bajas de empresas

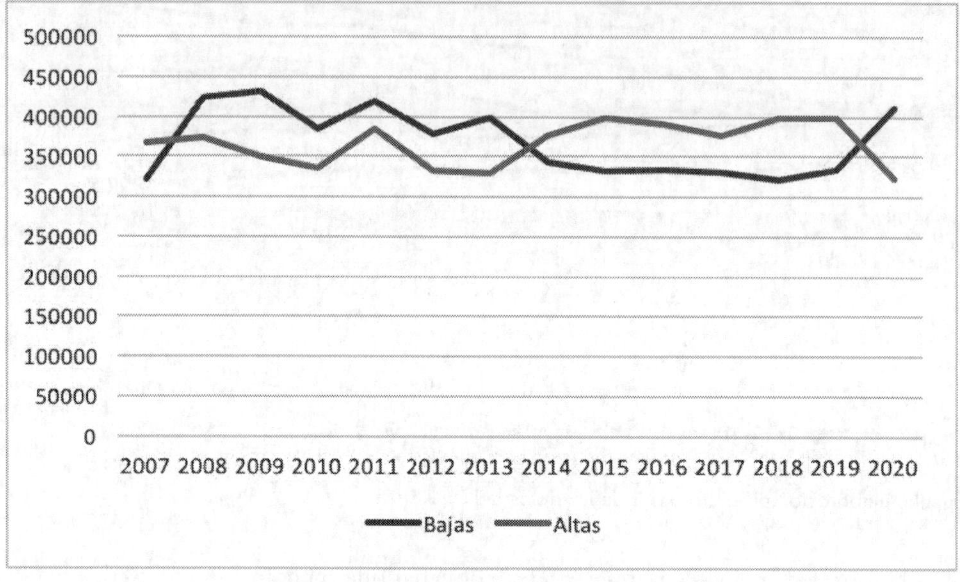

Fuente: Elaboración propia a partir de los datos del DIRCE.

Entre 2008 y 2013 el número de bajas excedió al de altas y el saldo desfavorable acumulado durante esos cinco años fue de 333.282 empresas. Desde entonces hasta la pandemia la dinámica empresarial en España fue muy positiva, tanto por un mayor número de altas de empresas como por la reducción de las empresas que dieron de baja su actividad. Además, no solo el balance del número de empresas fue positivo si no que el número de empresas que se crearon y aquellas que cesaron sus actividades fue muy constante durante cinco años, arrojando un balance de 57.509 empresas nuevas por año.

En 2020, con la pandemia y la fuerte recesión que ocasionó el confinamiento se volvió a la situación de un mayor número de bajas que de altas empresariales, y se perdieron 88.447 empresas netas en el conjunto de España.

Estos números se pueden estudiar de forma más pormenorizada en función de la forma jurídica mediante las tasas de creación y destrucción de empresas, que registran el porcentaje de empresas creadas en el año en curso sobre el total de empresas activas y el porcentaje de empresas disueltas sobre el total de empresas activas, respectivamente.

En los gráficos 5 y 6 se observa cómo los autónomos tienen una dinámica mayor frente a las formas societarias tanto en la creación como destrucción de actividad. Las formas societarias que no son ni anónimas ni de responsabilidad limitada, que incluyen cooperativas y asociaciones eran las que tenían una mayor tasa de creación antes de la Gran Recesión, pero desde entonces han perdido dinamismo.

Gráfico 5. Tasa de creación de empresas

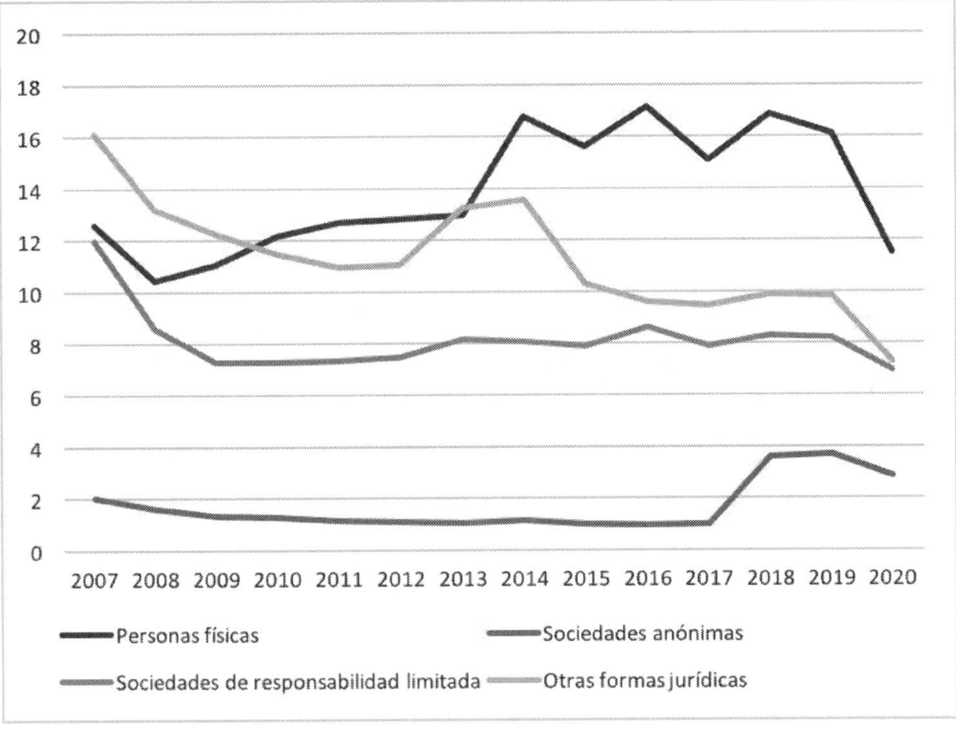

Fuente: Elaboración propia a partir de los datos del DIRCE.

La creación de sociedades anónimas es estable pero muy bajo, pero con un crecimiento muy relevante desde 2018. Para los cuatro tipos de empresas se produce una caída en la tasa de creación en el año 2020, especialmente importante para las personas físicas cuya tasa de creación cayó del 16,1 % en 2019 hasta el 11,5 % en 2020, retornando a valores próximos al mínimo de la serie, que se dio en 2008 con el 10,4 %.

En lo relativo a la destrucción de empresas en el Gráfico 6, las tasas de los autónomos son también las más elevadas. Además, las tasas de destrucción de sociedades de los otros tres tipos presentan una evolución parecida a lo largo del tiempo, con una mayor volatilidad en el caso de otras formas jurídicas.

Al contrario de lo que sucedía con la tasa de creación de empresas que tuvo una gran caída en el año 2020, no se aprecia una variación relevante en la tasa de destrucción de empresas durante la pandemia, e incluso se reduce la tasa para las sociedades de responsabilidad limitada, que cae del 8,3 % al 7,4 %.

Gráfico 6. Tasa de destrucción de empresas

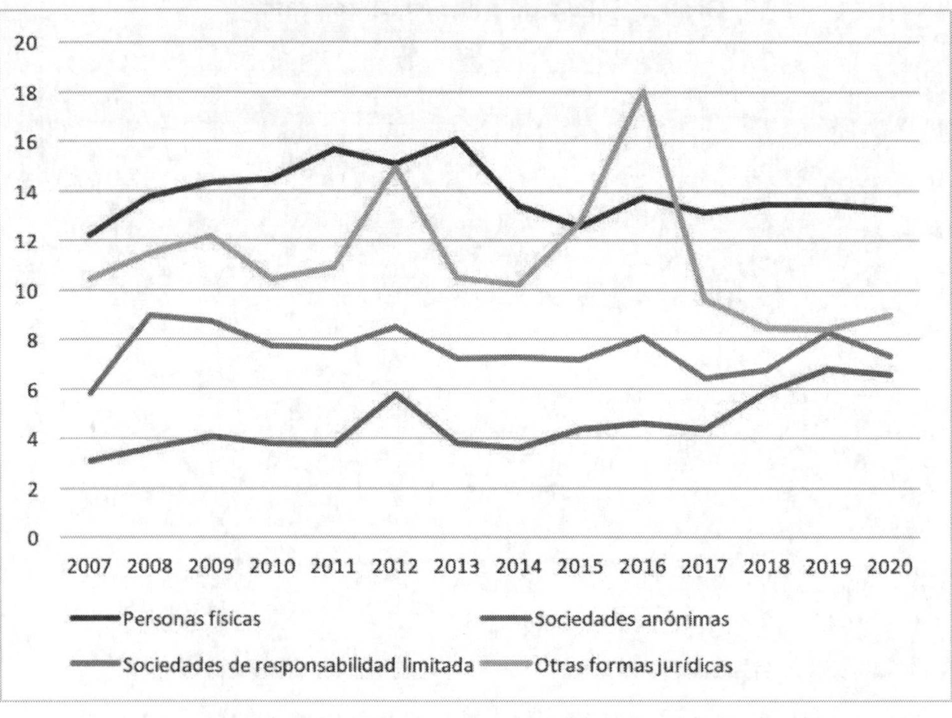

Fuente: Elaboración propia a partir de los datos del DIRCE.

V. PRINCIPALES CONCLUSIONES

El tejido productivo español está formado predominantemente por autónomos y pequeñas empresas, en mayor medida que otros países europeos cercanos. Esto conlleva que resistan peor las situaciones de crisis y además realizan menos labores de innovación y desarrollo. No solo la mayoría de las empresas en España las constituyen autónomos y sociedades de responsabilidad limitada, si no que las sociedades anónimas pierden peso y caen en número a lo largo del tiempo incluso en años de crecimiento económico.

Tras 2008 ha habido una gran transformación sectorial de la economía española, con importantes caídas del número de empresa de los sectores más importantes hace década y media, como son la construcción y algunos servicios de bajo valor añadido. Las actividades de servicios ligadas a las tecnologías de la información y las comunicaciones y al comercio electrónico y su logística cada vez suponen un mayor número de sociedades, y esta tendencia se ha acentuado durante la pandemia.

VI. REFERENCIAS BIBLIOGRÁFICAS

AUDRESTCH, D. B. y ELSTON, J. A. "Does Firm Size Matter? Evidence on the Impact of Liquidity Constraints on Firm Investment Behavior in Germany". *International Journal of Industrial Organization*, vol. 20,2002, pp. 1-17.

CUADRADO-ROURA, J. R. Desindustrialización y terciarización. El avance hacia una creciente integración servicios-industria. El trimestre económico, 88(351), 2021, pp. 719-768.

GONZÁLEZ DÍEZ, V., & MORAL BENITO, E. El proceso de cambio estructural de la economía española desde una perspectiva histórica. Documentos ocasionales/Banco de España, 1907.2019

HUERTA ARRIBAS, E., NOVALES CINCA, A. y SALAS FUMÁS, V. "Condiciones que favorecen el emprendimiento: análisis económico y propuestas". *Cuadernos de Información Económica*, 282, 2021, pp. 1-13.

MALO, M. A. "El empleo en España durante la pandemia de la COVID-19". *Panorama Social*, 33, 2021, pp. 55-73.

PRATS ALBENTOSA, M. A., & MERINO DE LUCAS, F. "La importancia del tamaño en la empresa española" *Información Comercial Española, ICE: Revista de economía*, (885), 2015, pp. 13-32.

TORRES, R. y FERNÁNDEZ, M. J. "La economía española en recuperación: oportunidades y desafíos", *Cuadernos de Información Económica*, 283, 2021. pp. 1-10. https://www.funcas.es/articulos/la-economia-espanola-en-recuperacion-oportunidades-y-desafios/

TORRES, R. y FERNÁNDEZ, M. J. "El conflicto en Ucrania y la economía española". *Cuadernos de Información Económica*, 287, 2022, pp. 1-7.

XIFRÉ, R. "Demografía empresarial, Creación de empresas, Destrucción de empresas". *Cuadernos de Información Económica*, 288, 2022, pp. 1-10

— "Demografía empresarial pos-COVID: una primera aproximación". *Cuadernos de Información Económica*, 282, 2021 pp. 69-76.

— "Dinamismo empresarial en España: evolución reciente y perspectivas". *Cuadernos de Información Económica*, 271, 2019. pp. 49-57.

— "El tejido empresarial en España: estructura, evolución reciente y retos pendientes". *Cuadernos de Información Económica*, 252, 2016, pp. 21-29.

Capítulo 2
PANORAMA DEL EMPRENDIMIENTO EN ESPAÑA*

María-Carmen García Centeno
Profesora Titular de Métodos Cuantitativos
Universidad San Pablo CEU

Mercedes Barrachina Fernández
Profesora Asociada de Estadística e Investigación Operativa
Universidad San Pablo CEU

Alberto Blázquez Pérez
Profesor colaborador de Finanzas y Contabilidad
Universidad San Pablo CEU

I. PANORAMA DEL EMPRENDIMIENTO EN ESPAÑA

El emprendimiento implica de alguna forma comenzar o acometer una obra, o un negocio especialmente si implica dificultad o peligro (Real Academia Española, 2022). Además, también puede entenderse como el conjunto de habilidades personales o capacidad de desarrollar algo innovador (Hoppe, 2016).

---

* Los autores agradecen la financiación recibida de la *Cátedra de la Mutua Madrileña-USPCEU*, que a través de la línea de investigación Gobierno Corporativo y Gestión de Riesgos, con número de referencia 060516-USPMM-01/22, ha participado en la financiación de este trabajo.

La importancia que a lo largo de los últimos años se ha dado al emprendimiento ha ido creciendo. Una de las razones de este aumento se basa en el hecho de que el emprendimiento suele derivar en la creación de pequeñas empresas que ayudan, de forma muy significativa, al desarrollo del sistema productivo de un país y, por lo tanto, de su crecimiento económico.

En este sentido, la Ley 18/2022, de 28 de septiembre[1], establece en su Preámbulo.I que "la creación de empresas y su crecimiento tiene un papel fundamental en el proceso de crecimiento económico y en el aumento de la productividad, aportando valor añadido a todos los sectores de la economía. El aumento del tamaño empresarial y el impulso al emprendimiento vienen siendo señalados por los diferentes estudios como uno de los factores claves para aumentar el crecimiento potencial de España y reducir la intensidad de las fluctuaciones cíclicas, reforzando el tejido económico y social y la resiliencia a largo plazo del país". Por lo tanto, el fomento de las actividades que estén ligadas al emprendimiento permitirá el logro de una economía más dinámica, con una producción mayor, más efectiva y competitiva.

Una de las figuras claves en el emprendimiento, son los emprendedores. Muchas han sido las definiciones que a lo largo de la historia se han propuesto para un emprendedor. Una de las más recientes es la propuesta por Barrachina (2022) que lo define como "Individuo que busca oportunidades, asume riesgos, tolera la incertidumbre y cada vez más apoyándose en la digitalización de diferentes tecnologías, pone en marcha nuevas ideas y las transforma en productos, servicios y organizaciones aplicando la innovación".

En España, los emprendedores están desempeñando un papel muy importante en la posibilidad de progreso de nuestra sociedad, ya que, sus iniciativas favorecen el desarrollo general de la economía e implican una mejora en nuestro sistema productivo en el corto y largo plazo. Por esta razón, es muy conveniente que esta nueva Ley incentive y apoye los proyectos emprendedores.

También es fundamental que se desarrollen políticas, medidas impositivas, así como, un marco jurídico adecuado que faciliten e impulsen la creación de nuevas empresas. Esto permitirá no solo su consolidación (o incluso llegar a convertirse en una gran empresa) sino que redundará en un beneficio para el tejido empresarial, para la creación de puestos de trabajo y, también, para la sociedad en general.

De acuerdo con el Mapa del Emprendimiento Español del año 2022 (Business Insider, 2022), se puede concluir que el ecosistema emprendedor en España es maduro: alcanzan una vida media en torno a los 3 años, los fondos privados tienen un prota-

[1] Boletín Oficial del Estado. Jueves 29 de septiembre de 2022. "Ley 18/2022, de 28 de septiembre, de creación y crecimiento de empresas".

gonismo creciente en la financiación de los proyectos y las empresas logran acuerdos estratégicos.

Además, como veremos al analizar el perfil del emprendedor en España, su caracterización es similar desde hace varios años: hombre, de mediana edad, con estudios superiores y experiencia profesional previa. Los principales sectores empresariales en los que se desarrolla el emprendimiento español, según este informe, son: educación, salud, servicios, consumo, el sector extractivo y de transformación. También hay otras muchas en las que se está produciendo un crecimiento de nuevas empresas, como por ejemplo en desarrollo de software, impacto social, análisis de datos o agrotech.

Si se compara el perfil del emprendimiento y la creación de empresas en España son bastante similares a otros países de la Unión Europea (García et al., 2019). Sin embargo, existen diferencias con estos países de referencia, ya que, las empresas creadas en España son más pequeñas y tienen menos grado de internalización o expectativas de crecimiento. Por ello, es adecuado el establecimiento de medidas legislativas que permitan reducir el gap existente con otros países europeos.

Para mostrar una visión de la situación de los principales aspectos relacionados con el emprendimiento español, en este capítulo se va a analizar cómo ha evolucionado el emprendimiento en España (tanto a nivel general como desglosado por género), los principales tipos de emprendimiento, el perfil del emprendedor, las empresas referentes y las principales ventajas de emprender en España. Para ello se utilizarán datos de la base de datos GEM[2] (Global Entrepreneurship Monitor). En dicha base de datos, la principal variable para cuantificar la actividad emprendedora es la tasa de actividad del emprendimiento (TEA[3]). Esta tasa tiene como finalidad mediar todas las iniciativas que implican algún tipo de actividad o negocio emprendedor de menos de tres años y medio que tengan lugar en un mercado. Se utiliza para medir el porcentaje de la población de 18 a 64 años que es un empresario incipiente o propietario-gerente de un nuevo negocio.

1. TASA DEL EMPRENDIMIENTO EN ESPAÑA

En estos últimos 20 años, según se puede apreciar en el gráfico 1, no existe una clara tendencia en el comportamiento de la tasa de actividad del emprendimiento. Su mayor valor ha sido del 7,6%, en el año 2007 (justo antes del comienzo de la Gran Recesión). A partir de ese momento, comenzó su descenso hasta alcanzar su valor mínimo e igual a

---

2 GEM, acrónimo de las siglas en inglés: *Global Entrepreneurship Monitor*. Es la mayor base de datos pública sobre emprendimiento, puesto que engloba datos de más de 100 países. Fue fundada en el año 1999 por *Babson College* y *The London Business School.*

3 TEA, acrónimo de las siglas en inglés: *Total early-stage Entrepreneurial Activity.*

4.3%, en el año 2010. Desde entonces, ha comenzado su recuperación lentamente. Sin embargo, no se ha alcanzado todavía el nivel previo a la Gran Recesión, situándose en 2021 en el 5,5%, aunque sí ha conseguido recuperarse de la crisis sanitaria ocasionada por la Covid-19, momento en el que descendió hasta el 5,2% en 2020. Por lo tanto, es de esperar que si las condiciones económicas, políticas, sociales y coyunturales lo permiten, la tasa de emprendimiento continue con su proceso de recuperación.

Gráfico 1. Tasa de Actividad de Emprendimiento vs Tasa de Variación del (TEA) en España. Periodo muestral 2002-2021

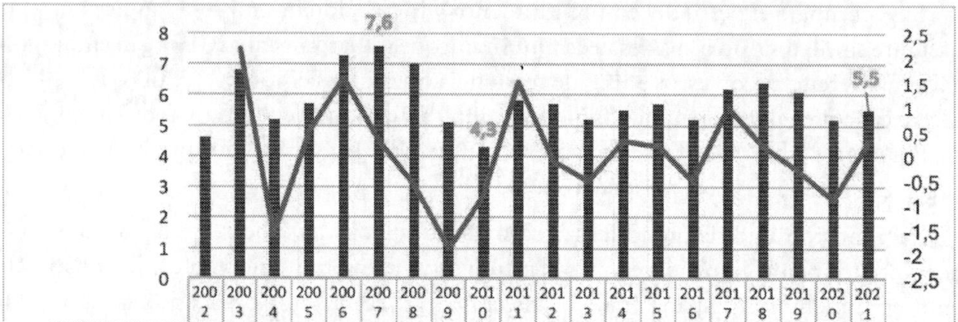

	2002	2003	2004	2005	2006	2007	2008	2009	2010	2011	2012	2013	2014	2015	2016	2017	2018	2019	2020	2021
TEA	4,6	6,8	5,2	5,7	7,3	7,6	7	5,1	4,3	5,8	5,7	5,2	5,5	5,7	5,2	6,2	6,4	6,1	5,2	5,5
Tasa Variación TEA		2,2	-1,6	0,5	1,6	0,3	-0,6	-1,9	-0,8	1,5	-0,1	-0,5	0,3	0,2	-0,5	1	0,2	-0,3	-0,9	0,3

TEA — Tasa Variación TEA

Fuente: GEM – España.

El análisis de las tasas de variación (véase gráfico 1) confirma como los dos periodos de crisis han afectado negativamente a la tasa de emprendimiento empresarial. En concreto, durante la Gran Recesión, como consecuencia de la crisis financiera entre los años 2008 y 2016, llego a alcanzar tasas de variación negativas del 1,9%. Y, durante la crisis sanitaria ocasionada por la Covid-19 llegó a disminuir hasta un 0,9%. Sin embargo, superados esos momentos de crisis se observa un comportamiento más favorable, indicando el inicio de una etapa de recuperación debida, probablemente, al aumento de la confianza de los emprendedores.

Si se estima cuál ha sido el efecto que la pandemia ocasionada por la Covid-19 ha causado en la tasa de actividad de emprendimiento (véase Tabla 1), se puede decir que esta tasa ha disminuido, en término medio respecto del total del periodo analizado, aproximadamente un 0,64%.

Tabla 1. Resultado de la estimación[4] del efecto del Covid-19 en la Tasa de Actividad del Emprendimiento

	Coefficient	Std. Error	t-value	t-prob	Part. R^2
Constant	5.83684	0.2022	28.9	0.0000	0.9789
Covid[5]-19	-0.63684	0.3043	-2.09	0.0013	0.0268

Fuente: GEM – España.

Gráfico 2. Tasa de Actividad de Emprendimiento (TEA) hombres vs Tasa de Actividad de Emprendimiento (TEA) mujeres entre los años 2005 y 2021

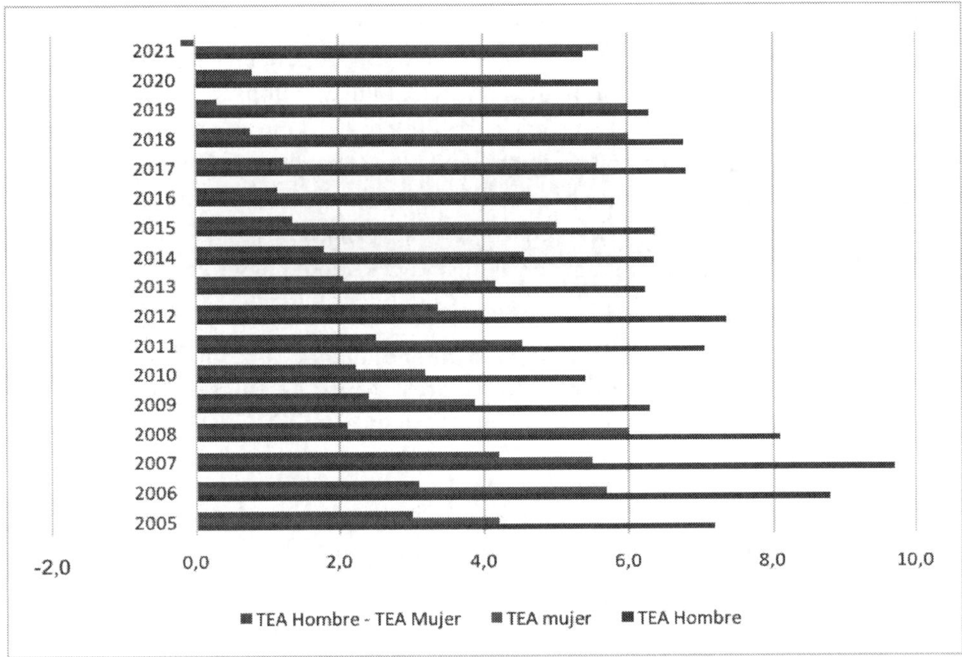

Fuente: GEM – España.

Analizada la evolución de la tasa de actividad de emprendimiento general, se puede desglosar entre la correspondiente a los hombres y mujeres con el fin de determinar

---

4 Los resultados de este modelo estimado se han calculado utilizado el módulo PcGive del Oxmetrics.

5 Covid-19, es una variable *dummy* creada para medir el efecto que la crisis sanitaria ha causado en la tasa de actividad del emprendimiento. Toma valor 1 en los años 2020 y 2021 y cero en el resto de los años.

la existencia o no de una brecha de género en el emprendimiento. Así, observando el gráfico 2, se puede afirmar que sí que existen diferencias entre el comportamiento de la tasa de emprendimiento de los hombres y de las mujeres. Los datos muestran como la tasa de actividad de emprendimiento de los hombres es mayor que la de las mujeres en todo el periodo muestral. A este comportamiento, se añade una excepción, ya que, en el año 2021 se invierte la tendencia llegando a ser un 0,2% mayor la de las mujeres. Por lo tanto, se podría afirmar que se va consolidando el espíritu emprendedor de las mujeres, puesto que, a partir del año 2012 las diferencias entre ambas tasas de emprendimiento son cada vez menores.

El análisis de la evolución de la tasa de actividad de emprendimiento global y su desglose por género (véase gráfico 3) muestra como después de la tendencia ascendente antes de la Gran Recesión (llegando a alcanzar un 9,7% y un 7,6%, en el año 2007, la tasa de emprendimiento de los hombres y la tasa de emprendimiento global, respectivamente) se ha producido un cambio de tendencia. El mayor impacto se ha producido en los primeros años de la crisis financiera, entre 2008 y 2010. En este periodo la tasa de emprendimiento (TEA) general disminuyó un 3,3% (al pasar del 7,6% al 4,3%). Además, se observa como afectó menos a la tasa de emprendimiento de los hombres, la cual descendió en un 2,7% (pasando del 8,1% en 2008 al 5,4% en 2010); mientras que en el caso de las mujeres lo hizo en un 2,8% en el mismo periodo (al pasar del 6% al 3,2%).

Gráfico 3. Evolución de la Tasa de Emprendimiento general, Tasa de Emprendimiento de los hombres (o mujeres) y Tasa de emprendimiento de las mujeres en España (Periodo muestral 2005-2021)

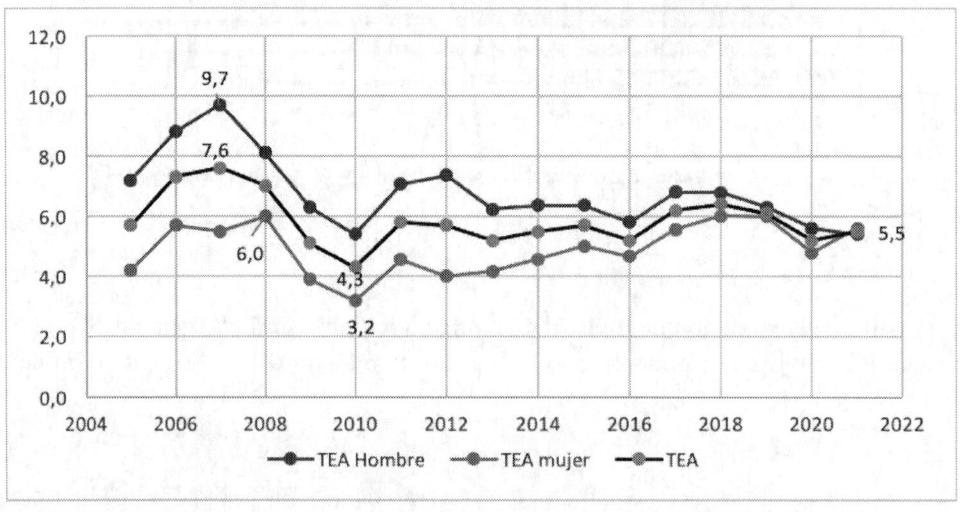

Fuente: GEM – España.

A partir del año 2011 y hasta el comienzo de la crisis sanitaria, se produce una recuperación del emprendimiento. Sin embargo, los dos primeros años de la crisis sanitaria han vuelto a afectar negativamente al emprendimiento. Al igual que en la Gran Recesión, el más afectado ha sido el femenino, ya que, ha descendido en un 1,2% (al disminuir del 6% al 4,8%) mientras que la de los hombres un 0,7% (al disminuir del 6,3% al 5,6%).

En función de lo anteriormente comentado, con carácter general se puede afirmar que, la evolución de estas tasas de emprendimiento refleja que, aunque existen diferencias entre las tasas de emprendimiento entre hombres y mujeres, estas diferencias están siendo cada vez menores. Por lo tanto, se podría concluir diciendo que la brecha de género entre los emprendedores en España está disminuyendo.

Existen diferentes estudios realizados sobre emprendimiento que tratan de explicar las diferencias existentes entre las tasas de emprendimiento entre hombres y mujeres basados en factores de carácter económico, social, familiar, cultural o el entorno del emprendedor (Ahl y Marlow, 2012; Henry, et. Al, 2015; Zambrano y Vázquez, 2019). Sin embargo, existen otros factores que también pueden ayudar a entender porque se producen estas diferencias entre la tasa de emprendimiento de los hombres y de las mujeres. Entre ellas se puede destacar, la percepción de oportunidades para empezar un nuevo negocio, la confianza que existe cuando se toma la decisión de crear un nuevo negocio, el miedo al fracaso o el hecho de conocer a otros emprendedores (Arenius y Minniti, 2005, Langowitz y Minniti 2007; Minitti y narDone, 2007). El análisis de la evolución de estas variables de percepción en España, en el periodo muestral comprendido entre el año 2009 y el 2018[6], permitirá determinar si existen diferencias o no entre ellos.

En el gráfico 4 se puede observar como la tasa de miedo al fracaso en España entre los años 2009 y 2018, cuando se pretende crear un nuevo negocio, es mayor en las mujeres que en los hombres. Fue el año 2013, en el que la diferencia entre ambos llegó a ser mayor al alcanzar una diferencia de 8,1 puntos porcentuales. A partir de ese momento, las diferencias entre ambas tasas han ido disminuyendo hasta llegar al 4,4% en el año 2018. Esto puede ser debido al hecho de que los hombres son más tolerantes que las mujeres al riesgo de que se produzcan pérdidas.

6 Año más reciente con datos disponibles en la base de datos GEM para el tipo de análisis de emprendimiento individual.

Gráfico 4. Evolución del miedo al fracaso al empezar un negocio en España

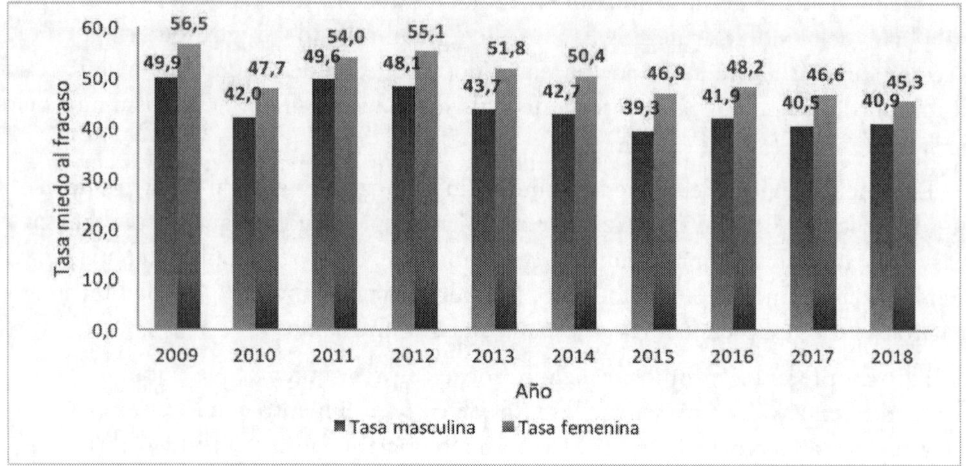

Fuente: GEM – España.

Es importante destacar que cuanto mayor sea el miedo al fracaso menor será la probabilidad de crear un negocio. Se aprecia también como ese miedo al fracaso ha ido disminuyendo entre los años 2009 y 2018. Así, en el caso de las mujeres ha descendido del 49,9% al 40,9%; y, en el de los hombres del 56,5% al 45,3%.

La percepción de oportunidades para comenzar un nuevo negocio en España (véase gráfico 5) es diferente y mayor en los hombres que en las mujeres. Esto puede ser debido a que los hombres interpretan la información que perciben de forma distinta a las mujeres y, en consecuencia, ante un mismo hecho, toman decisiones diferentes. Sin embargo, para ambos la tasa de percepción de oportunidades de negocio ha ido creciendo en el periodo muestral analizado (de hecho, en las mujeres en el periodo comprendido entre 2009 y 2018 casi se ha duplicado).

Por otro lado, resaltar que cuando se decide crear una empresa, con independencia de quién sea la persona que decida llevarlo a cabo, ésta ha de tener las habilidades cognitivas y conocimientos necesarios para seleccionar las oportunidades correctas que ayuden en el éxito de su negocio.

Gráfico 5. Evolución de la percepción de oportunidades para comenzar un nuevo negocio en España. Periodo muestral 2009-2018

Año	Tasa masculina	Tasa femenina
2009	18,5	13,5
2010	21,3	16,3
2011	15,8	12,9
2012	15,8	11,9
2013	18,1	13,9
2014	25,9	19,2
2015	28,1	23,8
2016	28,1	23,0
2017	35,6	28,1
2018	30,8	27,3

Tasa percepción oportunidades (0,0 – 40,0); Año

Fuente: GEM – España.

Cuando se decide comenzar un nuevo negocio, la confianza de los hombres es mayor que las mujeres (véase gráfico 6). Esto puede ser debido a que los hombres tienden a ser más optimistas y, como se ha visto anteriormente, confían más en las oportunidades de negocio y tiene menos miedo al fracaso que las mujeres. A excepción del año 2018, se aprecia como las diferencias entre la confianza entre hombres y mujeres ha ido disminuyendo.

Gráfico 6. Evolución de la confianza al empezar un nuevo negocio en España. Periodo muestral 2009-2018

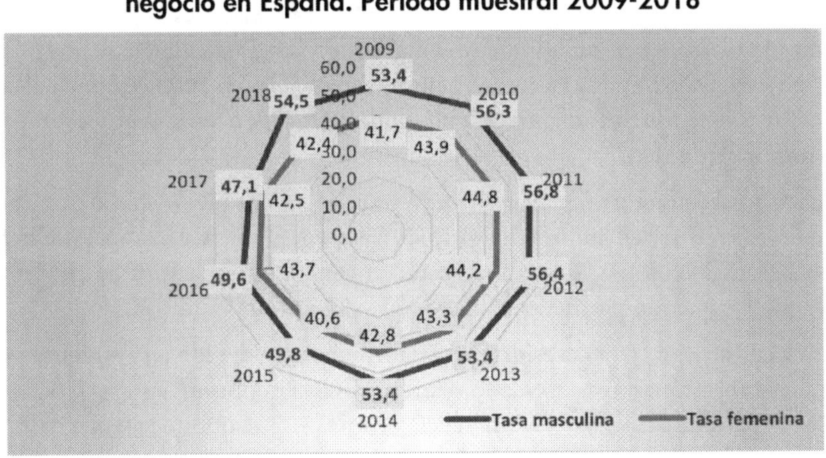

Fuente: GEM – España.

Finalmente, se observa como el hecho de conocer a otros emprendedores ha ido influyendo tanto en los hombres como en las mujeres que deciden emprender (en el caso de los hombres, ha pasado del 34,2% en el año 2009 al 37,1% en 2018 y, en el de las mujeres, del 26,4% al 29,6%, respectivamente, véase gráfico 7). Sin embargo, se observa como esta influencia es mayor en el caso de los hombres que en las mujeres a la hora de emprender.

Gráfico 7. Conocer a otros emprendedores. Evolución en España

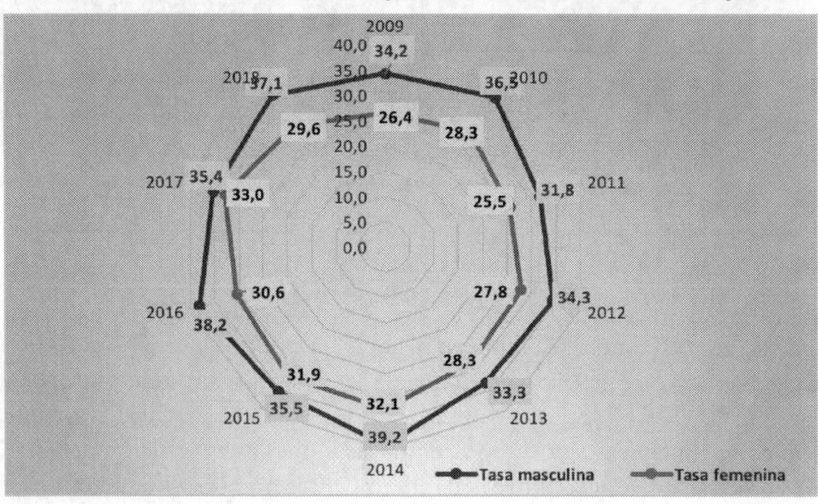

Fuente: GEM – España.

2. EMPRENDIMIENTO POR NECESIDAD O POR OPORTUNIDAD

Analizada la tasa de emprendimiento en general y, en particular, el de los hombres y de las mujeres, así como los factores que influyen en ellas, es interesante analizar dos tipos de claves de emprendimiento: el emprendimiento por necesidad y el emprendimiento por oportunidad.

Muchos son los factores que a nivel empresarial hacen que un individuo tome la decisión de convertirse en emprendedor (Pico Versoza, 2016; Terán-Yépez y Guerrero-Mora, 2019; Alvárez-Sousa, 2019). Con carácter general estos factores se pueden clasificar en aquellos que son por necesidad y los que son por oportunidad.

El emprendimiento por necesidad surge normalmente debido a la premura por generar ingresos económicos ocasionado debido a unas circunstancias específicas como puede ser, la pérdida del trabajo, la existencia de una crisis económica o una desgracia a nivel personal. Esto hace que se lleve a cabo de forma rápida, sin una estructura clara o que carezca de innovación. Sin embargo, al desarrollarse de forma rápida puede ayudar a solucionar un problema temporal o la carencia de liquidez.

No obstante, es necesario destacar que una de las principales desventajas que tiene es la escasa rentabilidad, no se suele disponer de muchos recursos y, por lo tanto, no existen muchas posibilidades de crecimiento, ya que suelen ser muy vulnerables.

El emprendimiento por oportunidad, sin embargo, no se crea para resolver un problema de falta de liquidez del emprendedor, sino que surge para resolver una necesidad del mercado y necesitan una inversión mayor. Por esta razón, suele estar más estructurado, no se desarrollan en contextos tan competitivos como el emprendimiento por necesidad y tiene altas probabilidades de desarrollo y sostenibilidad en el tiempo.

El tipo de emprendimiento que se realiza por necesidad no suele incidir en el desarrollo económico de un país mientras que si se produce por oportunidad sí. Esto se debe a que, al estar planificado y estructurado, tiene mayores posibilidades de rentabilidad y productividad.

El gráfico 8 muestra cuál ha sido la evolución que han tenido, entre los años 2009 y 2018 en España, la tasa de emprendimiento por oportunidad y por necesidad. Se aprecia como es considerablemente mayor el emprendimiento por oportunidad que por necesidad. Esto implica que, en España, este emprendimiento puede ayudar al crecimiento y al desarrollo de aquellos sectores en los que se lleve a cabo. Por lo tanto, serán adecuadas todas las iniciativas gubernamentales que se pongan en práctica y que estén encaminadas a incentivar el emprendimiento.

Gráfico 8. Evolución de la Tasa de emprendimiento por oportunidad y por necesidad en España. Periodo muestral 2009-2018.

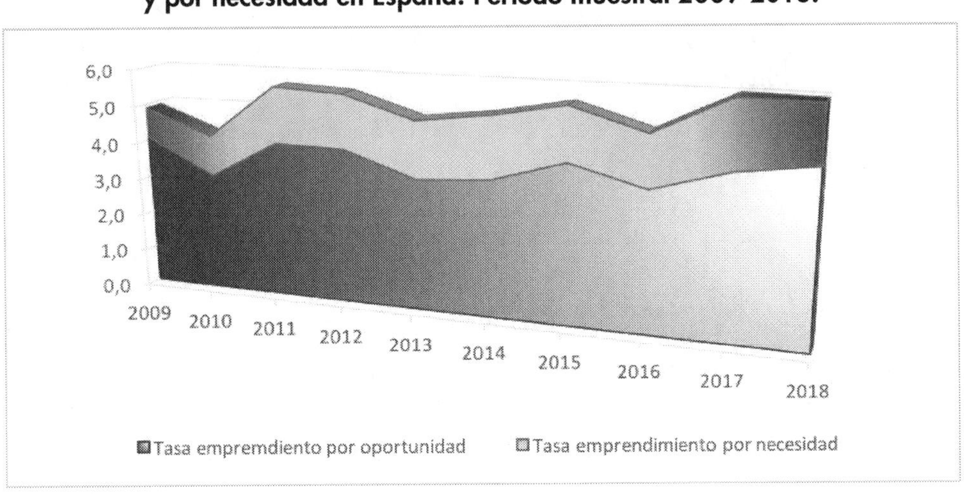

Fuente: GEM – España.

Algunas de estas iniciativas podrían crear ecosistemas de innovación, crear redes de contacto entre los diferentes agentes participantes de las actividades emprendedoras, activar exenciones fiscales en determinadas circunstancias o reducir los trámites burocráticos para poner en funcionamiento una empresa.

Por otro lado, la ratio entre el emprendimiento por oportunidad y necesidad suele ser un indicador del desarrollo de un país. Como puede apreciarse en el gráfico 9, en España, esta ratio es mayor que 1 y en los últimos años muestra un crecimiento cada vez mayor. Es especialmente interesante el crecimiento que se ha producido en el emprendimiento por oportunidad. En concreto, en el año 2018 ha logrado su mayor valor, llegando al 4.5.

Gráfico 9. Ratio entre la Tasa de emprendimiento por oportunidad y por necesidad en España. Periodo muestral 2009-2018

	2009	2010	2011	2012	2013	2014	2015	2016	2017	2018
Tasa empremdiento por oportunidad	4,1	3,1	4,2	4,1	3,5	3,6	4,2	3,7	4,2	4,5
Tasa emprendimiento por necesidad	0,8	1,1	1,5	1,5	1,5	1,6	1,4	1,4	1,8	1,4
Ratio	5,1	2,9	2,8	2,8	2,3	2,2	3,0	2,7	2,4	3,1

Fuente: GEM – España.

3. PERFIL DEL EMPRENDEDOR EN ESPAÑA

Identificar las características del emprendedor en España es clave para poder tomar decisiones que fomenten las acciones emprendedoras. Esta caracterización se centra en sintetizar una serie de rasgos demográficos y socioeconómicos para entender cómo es el individuo que se decide a crear un nuevo negocio. A continuación, se va a realizar un estudio sobre la edad del emprendedor, el tamaño del hogar, el salario del que dispone, el nivel educativo, el capital semilla utilizado para poner en marcha sus negocios y los sectores en los que se distribuyen las actividades emprendedoras.

Un aspecto interesante para comparar es la edad media de los emprendedores en España, concretamente analizar los valores de la edad de los hombres y mujeres emprendedores.

En el gráfico 10 se puede observar cómo la edad media de las mujeres emprendedoras es superior a la de los hombres. Además, esa edad media disminuyó considerablemente en el periodo 2010-2013, disminuyendo de 43,8 a 40,7 en los hombres y de 44,9 a 41,2 en las mujeres. Posteriormente, esta edad media fluctuó en el periodo 2014-2018 entre los 41,9 y 42,9 años para los hombres y los 42,9 y 43,9 años para las mujeres.

Gráfico 10. Edad media de los emprendedores en España. Hombres vs Mujeres

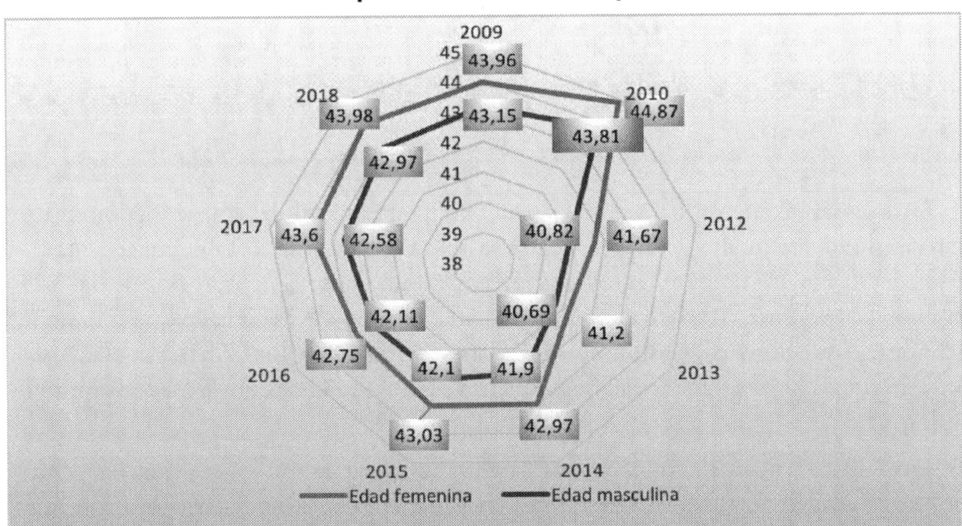

Fuente: GEM – España.

Estos datos permiten destacar que en España las personas muy jóvenes no suelen ser las más emprendedoras. Hay varias razones que pueden explicarlo. Por un lado, aunque suelen tener un mayor conocimiento de las tecnologías más novedosas, más entusiasmo, menos responsabilidades (en el sentido de cargas familiares), sin embargo, no suelen disponer de los recursos necesarios. Por otro lado, tampoco suelen tener la experiencia necesaria que se va obteniendo con el tiempo y que ayuda en la identificación y desarrollo de oportunidades de negocio.

Gráfico 11. Tamaño medio del hogar de los emprendedores en España. Periodo muestral 2009-2018

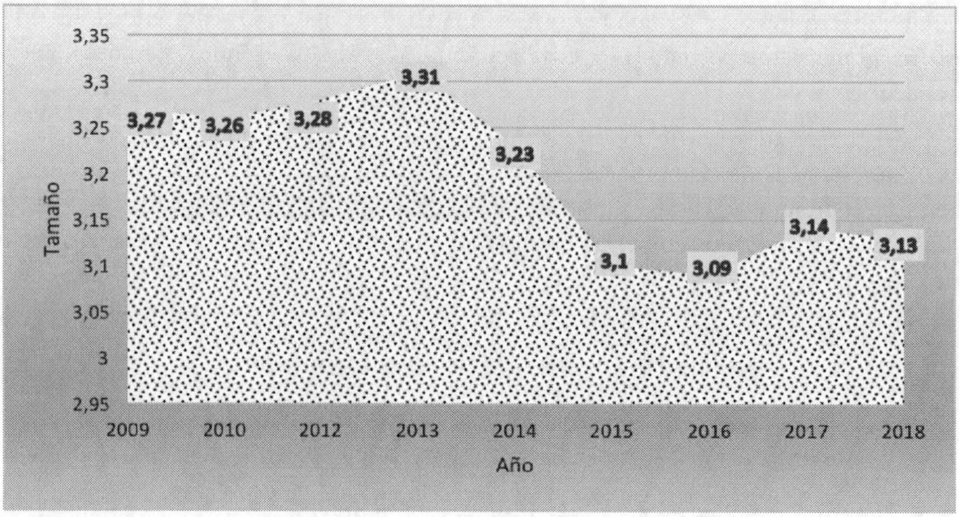

Fuente: GEM – España.

Otra variable que resulta relevante para entender el perfil del emprendedor en España es el tamaño medio del hogar. Según se observa en el gráfico 11 el tamaño medio del hogar de los emprendedores españoles ha disminuido ligeramente, pasando del 3,27 en 2009 al 3,13 en 2018. Se ha encontrado en la literatura evidencia de que el tamaño del hogar condiciona la decisión de convertirse en emprendedor (Pittino et al. 2020), de forma que a mayor tamaño del hogar menos probabilidad de convertirse en emprendedor.

Otro de los aspectos más relevantes para los empresarios son los salarios. Estos suelen ser criticados por los emprendedores en España, ya que, los salarios no son muy altos. La base de datos de GEM España proporciona información de sus salarios en percentiles. El primero indica que se encuentra en el 33 percentil más bajo, el segundo que está en el percentil 33 medio y el tercero define el percentil 33 más alto.

Se aprecia, en el gráfico 12, como el porcentaje de emprendedores que se encuentran en el percentil bajo de los salarios ha crecido de forma muy significativa desde el año 2014, pasando del 23,6% en 2009 al 53,8% en el año 2018. Por el contrario, el porcentaje de los que se encuentran en los percentiles medio y alto de los salarios ha disminuido. Reduciéndose prácticamente a la mitad en el caso de los emprendedores que se encuentran en el percentil alto, ya que, han pasado del 42,1% en 2009 al 23,5% en 2018. Esta situación no es muy esperanzadora para los emprendedores, ya que, no tienen salarios altos. Por este motivo, la nueva ley establece incentivos fiscales como rebaja de la tasa impositiva en los primeros años de vida que permita mejorar su situación salarial.

Por otro lado, también plantea la reducción los costes económicos y administrativos para crear una empresa.

Gráfico 12. Evolución de la distribución del salario de los emprendedores en España. Periodo muestral 2009-2018

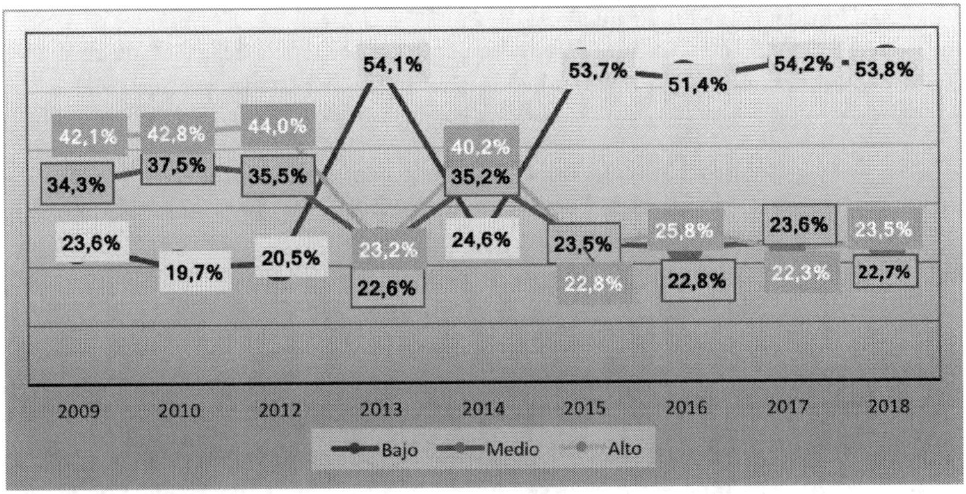

Fuente: GEM – España.

Para configurar el perfil del emprendedor, también es importante entender el nivel de educación que tiene. De acuerdo con Raposo y Paço (2011), el nivel de educación de los emprendedores condiciona el tipo de emprendimiento que llevan a cabo, especialmente en la creación de negocios por oportunidad o por necesidad.

En el gráfico 13, se puede ver cómo de 2009 a 2012 el nivel educativo de las mujeres que decidían emprender se fue incrementando desde un 25,32% hasta un 31,79%, respectivamente. En 2015 se alcanza un mínimo, donde sólo el 13,54% de las emprendedoras españolas tenía estudios universitarios mientras que los emprendedores con estudios universitarios alcanzaban el 15%.

Al emprender, se puede emprender sólo o acompañado. Generalmente los emprendedores en solitario ("*solo-entrepreneur*") utilizan el emprendimiento como autoempleo y fundan microempresas (Comisión Europea, 2005), con el objetivo de crear su propia fuente de ingresos, contribuir a desarrollar la economía y contratar a otros profesionales. Sin embargo, otros prefieren crear la empresa asumiendo riesgos con otros emprendedores y unen sus fuerzas en crear una empresa partiendo de una idea en común (cofundadores).

En España, el 6% de las empresas consideradas "startups" han sido creadas por un único fundador (Business Insider, 2022). Esta tendencia predomina especialmente en los negocios fuertemente digitales.

Por lo general, las mujeres tienden a fundar empresas en solitario, mientras que los hombres tienen más probabilidad de juntarse con otros emprendedores para poner en marcha su idea (Center for Women's Business Research, 2004). Esto puede deberse a que tienen redes de contactos más extensas o como consecuencia de la elevada confianza que poseen, son capaces de buscar aliados para desarrollar su idea y hacerla viable.

Gráfico 13. Nivel educativo de los emprendedores en España. Periodo muestral 2009-2018

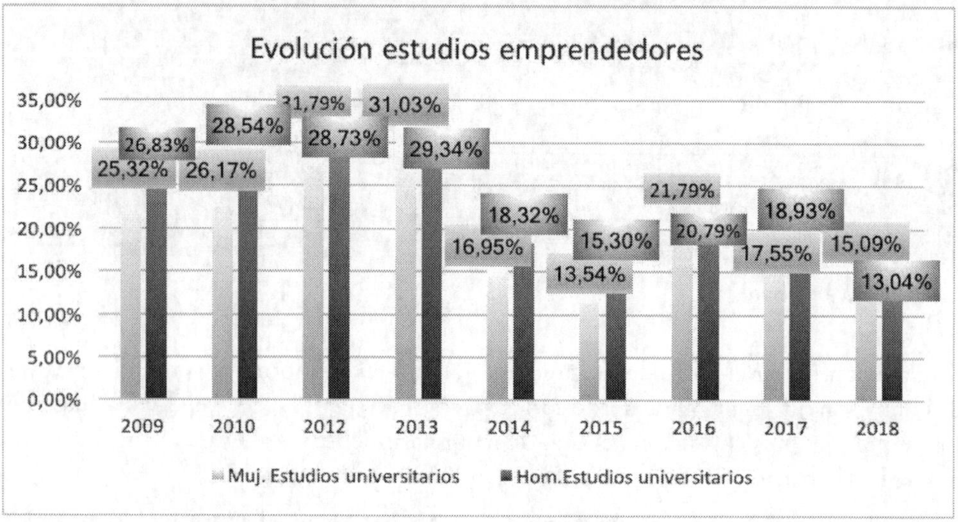

Fuente: GEM – España.

Hay que recalcar que la financiación es un elemento clave para determinar el éxito o fracaso de un negocio. Acceder a financiación cuando la empresa está empezando es uno de los principales retos a los que hace frente el emprendedor y por eso, lo más fácil suele ser comenzar con ahorros propios. De acuerdo con los datos publicados por el Observatorio del Emprendimiento de España (2022), la principal vía de financiación es la utilización de ahorros personales para crear la nueva empresa, con un 60% de las empresas utilizando esta forma de financiación. Otras formas con relevancia en el panorama emprendedor también son las instituciones financieras (17%) y los recursos de familiares (9%). La figura del inversor privado o también conocido como "*business ángel*", aún es bastante residual con un 2% de las empresas haciendo uso de este tipo de financiación.

Respecto al dinero necesario para poder emprender, de acuerdo con los datos presentados por el Observatorio del Emprendimiento de España (2022), hay diferencias en cuanto a la cantidad necesitada por hombres y mujeres. Por un lado, en las empresas creadas por mujeres, la cantidad más frecuente que se necesita es de 10.000 euros. Esta cifra destaca especialmente puesto que en torno a la mitad de las empresas necesitan menos de esa cantidad para poder empezar a ofrecer sus primeros productos y servicios. Por otro lado, las empresas creadas por hombres necesitan el doble de esa cantidad para comenzar su negocio, situándose la mitad de las empresas con una necesidad de menos de 20.000 euros para empezar a dar servicio.

A continuación, se puede observar las cantidades medias de los proyectos evaluados por el Observatorio GEM en el periodo 2009-2018.

Gráfico 14. Evolución del capital semilla medio. Periodo muestral 2009-2018

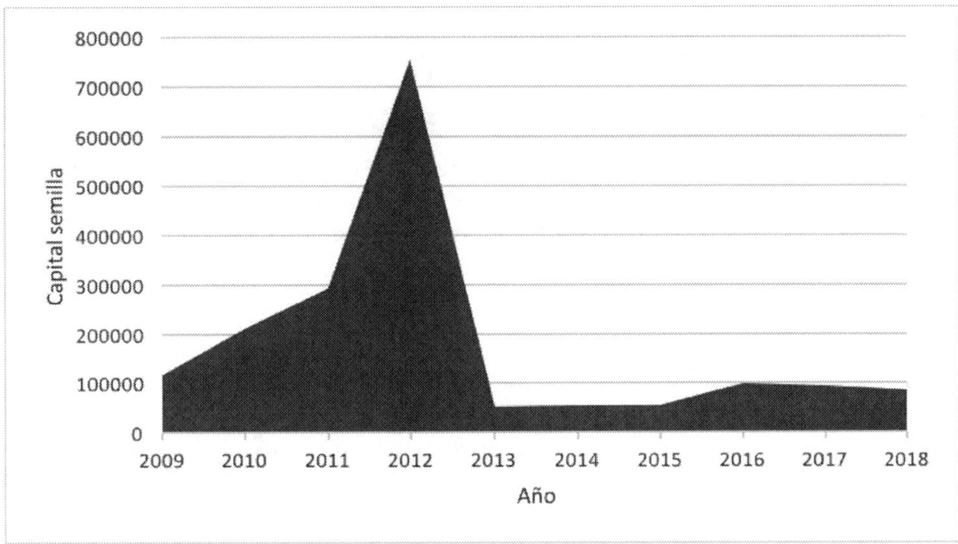

Fuente: GEM – España.

En el gráfico 14 se puede ver como en el periodo 2009-2012 las necesidades de capital semilla para comenzar un negocio se situaban en torno los 100.000 y los 753.000 euros de media, mientras que, a partir del año 2013, esta cifra disminuye considerablemente situándose entre 52.000 y 93.000 euros.

Otro aspecto interesante que se puede analizar es el sector en el que los emprendedores desarrollan sus actividades (véase gráfico 15).

Gráfico 15. Distribución sectorial de las nuevas empresas creadas. Periodo muestral 2009-2018

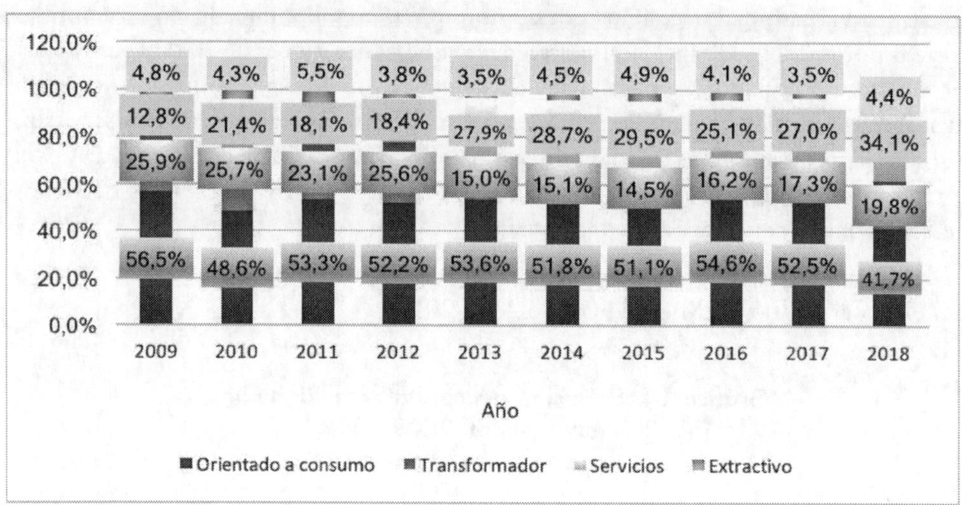

Fuente: GEM – España.

En el año 2009, casi un tercio de la actividad asociada a las nuevas empresas se centraba en el sector extractivo y de transformación, representando un 4,8% y 25,9% respectivamente (Gráfico 15). En el año 2018, esta cifra disminuía hasta el 24,2%, desglosando ambas actividades en un 4,4% para el sector extractivo y un 19,8% para el sector de transformación.

Respecto al sector orientado al consumo, en el año 2009, representaba el 56,5% de las empresas de nueva creación mientras que en el año 2018 se puede apreciar que esta cuantía no supera el 42%. Finalmente, el sector servicios ha ido ganando terreno en las nuevas empresas creadas, pasando de un 12,8% en el año 2009 a un 34,1% en el año 2018.

También es útil comprender el nivel de innovación que incluyen estas empresas, especialmente para ofrecer nuevos productos y servicios o incluso existentes, pero añadiendo alguna modificación innovadora. En la tabla 2 se incluye la información sobre la innovación en las empresas de los emprendedores en el periodo analizado.

Los datos reflejan que, en el año 2018, la mayoría de las empresas no incluían ningún producto innovador en el 64,9% de las empresas. Mientras que aquellas que apostaban por un alto nivel de innovación apenas llegaban al 12,5%. El año 2012, fue el año del periodo analizado en el que las empresas apostaron más por una fuerte innovación, alcanzando un valor del 19,2%, mientras que las empresas de nueva creación que prescindían de innovación disminuyeron al 58,3%.

Tabla 2. Distribución de empresas creadas según el grado de innovación. Periodo muestral: 2009-2018

Año	No innovadora	Algo innovadora	Muy innovadora
2009	63,30%	17,20%	19,40%
2010	69,20%	19,90%	10,80%
2011	64,50%	19,20%	16,30%
2012	58,30%	22,60%	19,20%
2013	66,40%	18,90%	14,70%
2014	60,70%	24,60%	14,70%
2015	65,60%	23,80%	10,60%
2016	63,70%	23,80%	12,50%
2017	65,90%	20,70%	13,40%
2018	64,90%	22,70%	12,50%

Fuente: GEM – España.

4. EMPRESAS REFERENTES EN ESPAÑA

Analizar el panorama emprendedor en España también pasa por identificar cuáles han sido los principales casos de éxito en nuestro país en los últimos años.

Son muchas las startups creadas en España en los últimos años y que han disfrutado de un éxito relativo. En esta sección se muestra una selección de las más relevantes.

- *Tuenti.* Esta compañía se fundó en 2006 con el propósito de ser la principal red social de los universitarios españoles. De hecho, en el año 2009, en España era más popular que Facebook, alcanzando los 10 millones de usuarios.

  Esta gran base de usuarios atrajo el interés de Telefónica y así fue como se convirtió en un operador virtual móvil. La venta de Tuenti a Telefónica se produjo por unos 70 millones de euros, una de las salidas más exitosas de startups en España hasta el momento.

- *Privalia.* Esta startup catalana nace en 2006 y se vende posteriormente en el año 2016 por 500 millones de euros a la empresa francesa Vente – Priveé, con el principal objetivo de convertir a la francesa en líder en Europa. Su modelo de negocio se basó en la venta de stocks de las principales marcas de moda a través de una plataforma virtual. Este nicho de mercado comenzó a crecer en 2006 y surgieron múltiples imitadores en España y también internacionalmente.

Durante su andadura por España, la compañía participó en 7 rondas de financiación consiguiendo más de 200 millones de euros.

- *Ticketbis.* La compra y venta de entradas fue otro mercado al alza, especialmente, gracias al desarrollo de plataformas que facilitaban su intercambio, conocido también como mercado secundario de entradas (La Vanguardia, 2016). Con este objetivo nació Ticketbis, una startup de origen vasco, que fue fundada en 2009. Sus fundadores decidieron dejar sus trabajos en la multinacional Morgan Stanley para replicar en España un modelo de negocio que estaba siendo exitoso en Estados Unidos, concretamente, en la empresa americana StubHub, dedicada a la compra y venta de entradas para diferentes espectáculos.

  Esta empresa comenzó con unos 400.000 euros de ahorros de los fundadores y la fuente de financiación conocida como triple F ("*friends, fools and family*", por sus siglas en inglés). Posteriormente, cuando ya estaba operando, en el año 2011 consiguió una inyección de 1 millón de euros en una ronda de financiación en la que entraron conocidos inversores del mundo emprendedor. Entre 2011 y 2013 consiguió otros 4,4 millones de euros en diferentes rondas de financiación.

  El crecimiento de esta empresa fue continuo desde su creación. En su primer año de actividad consiguió facturar un millón de euros y al año siguiente multiplicó por 5 este resultado. En el año 2013 su cifra de facturación alcanzó los 30 millones de euros.

  En 2016, sus fundadores vendieron la empresa a Ebay por 147 millones de euros convirtiéndose en un gran éxito del emprendimiento español.

- *Jobandtalent.* Es una startup española, concretamente madrileña, fundada en el año 2009 y su misión es conectar empresas con potenciales trabajadores. Tiene oficinas repartidas por todo el mundo: España, Francia, Reino Unido, Alemania, Suecia, México y Colombia y cuenta con 250 empleados (Job and Talent, 2022).

  Algunas de los inversores más relevantes y los fondos más solventes del ecosistema emprendedor español entraron en el capital de esta startup en 2014, haciendo crecer la empresa e internacionalizarse.

  En el año 2016 cambió su modelo de negocio y pasó de ser una bolsa de empleo a un portal de búsqueda de empleo temporal.

- *Idealista.* Esta empresa, se creó en el 2000 y es un referente en el sector inmobiliario español. Su principal mercado se centra en España, pero también ofrece propiedades en Italia y Portugal a sus más de 38 millones de usuarios únicos al mes.

  Su inicio se sitúa cuando Google aún era un proyecto y conseguir inversión fue su mayor reto. Empezaron fuerte y consiguieron rentabilidad al tercer año, en

2003, convirtiéndose en una referencia en el sector. Sus principales áreas de negocio se centran en la publicación de productos, publicidad, venta de servicios a los anunciantes y también desarrollos tecnológicos.

En el año 2020, el fondo sueco EQT adquirió la empresa por 1.321 millones de euros, lo que supone la operación más significativa en el ecosistema emprendedor español de la historia (El País, 2020).

- *Socialpoint.* Esta startup fue creada en el año 2008 en Barcelona. Su misión principal es el desarrollo de juegos, así como aplicaciones para diferentes dispositivos.

  Ha desarrollado juegos conocidos como *Social Empires, Social Wars, Monster Legends o Dragon Land.*

  En el año 2015 tenía una facturación de 85 millones de euros y esto atrajo la atención de la gran empresa de videojuegos americana "*Take-Two*" que pagó 235 millones de euros para comprar esta startup.

5. LEY DE STARTUPS E IMPACTO ESPERADO EN EL EMPRENDIMIENTO

Las leyes tributarias o mercantiles, en ocasiones, no contemplan las particularidades de los nuevos modelos de negocio que se están poniendo en marcha gracias a empresas innovadoras y en ocasiones. Tampoco consideran las dificultades iniciales a las que hacen frente los emprendedores al crear una nueva empresa. Por todo ello, la nueva Ley de Startups que entrará en vigor en enero de 2023, pretende una serie de mejoras del ecosistema emprendedor que pretende situar a España como referente europeo y atraer al talento emprendedor en los próximos años.

Algunas de las mejoras más relevantes serán (Congresos de los Diputados, 2022):

- Se define qué es una startup en el entorno de un modelo empresarial, elevando hasta 10 millones de euros su facturación.
- Se eleva la base máxima de deducción por inversión en empresas de nueva o reciente creación hasta los 100.000 euros anuales. Y el tipo de deducción pasa del 30% al 50%. Además, se fija en cinco 5 años el periodo en el que se considera a una startup de reciente creación.
- Se establece una reducción fiscal importante, pasando del tipo impositivo de la renta del 25% a un 15% para los no residentes en los cuatro primeros ejercicios.
- Las startups utilizan comúnmente la entrega de acciones a sus empleados como forma de retribución. Por ello, se incrementa el tipo de la exención hasta los 50.000 euros, dejando atrás los 12.000 euros actuales.

- Se crea un nuevo visado para "nómadas digitales" para facilitar que el talento emprendedor pueda trabajar desde cualquier parte del mundo.
- Muchos emprendedores comienzan su negocio al mismo tiempo que están trabajando por cuenta ajena y ahí testean su idea en el mercado antes de dar el paso de dejar su trabajo y dedicarse plenamente a su idea. Esta nueva ley, elimina la doble cotización a la Seguridad Social durante los 3 primeros años.
- También se eliminan trabas burocráticas y flexibiliza trámites para fomentar la creación y la inversión en empresas emergentes con base tecnológica.

Según los datos previstos por el Gobierno, con esta ley se prevé que aumente, al menos un 20% la inversión en emprendimiento, en los próximos 3 años.

6. VENTAJAS DE ESPAÑA COMO ECOSISTEMA EMPRENDEDOR

Aunque entre las principales desventajas del emprendedor se encuentra la dificultad para acceder a la financiación o de obtener unos ingresos fijos, las trabas administrativas, el miedo al fracaso o los riesgos que conlleva también son un aspecto clave a tener en cuenta. Sin embargo, frente a estos inconvenientes la nueva ley trata de proporcionar algunas facilidades y ventajas para desarrollar la actividad emprendedora en España. Esto unido a la previsión de crecimiento económico hace que se convierta en un ecosistema emprendedor dónde poder desarrollar el espíritu innovador y conseguir ventajas relacionadas no solo con el bienestar profesional sino también personal o laboral.

Además, para aquellos emprendedores extranjeros que decidan desarrollar en España su actividad, además de la autonomía y libertad para tomar decisiones en su nuevo negocio propio, tienen la posibilidad de, por un lado, obtener su permiso de residencia y de disfrutar de la calidad de vida española. Y, por otro, también tienen la posibilidad de acceder a una moneda estable como es el euro y a los 26 países de la zona Schengen o de la Unión Europea (es decir, se puede acceder a un mercado con más de 500 millones de habitantes).

La creación de una empresa en España sólo necesita de un capital social de 3.000 euros para crear una sociedad limitada, y de un único socio y administrador. En otros países europeos, como Italia, Alemania o Austria, esta cifra varía de los 10.000 euros o 30.000 euros dependiendo del tipo de sociedad.

Considerando el punto de vista fiscal, la carga que soportan en España es bastante moderada y está por debajo del promedio de la UE27 y de la zona euro. Lo que implica que aquí se pagarán menos impuestos que en otros países (Barrachina et al., 2021).

En general, el coste de la vida en España es más asequible que en las principales ciudades europeas referentes en emprendimiento como Berlín, Londres o Dublín, y esto puede atraer emprendedores que quieran montar su propio negocio.

Desde el punto de vista geográfico, España es un lugar clave para empresas de exportación, turismo, servicios y comunicaciones. Es un importante punto estratégico y actúa de nexo no solo con los países de la UE, sino también con los países de América Latina (por su conectividad, su idioma y la cultura comunes, las cuales son claves para llevar a cabo nuevas inversiones). Y, por su cercanía, con los países del MAGREB.

Respecto a las infraestructuras y red de comunicaciones se puede decir que España dispone de una de las más eficientes y completas del mundo. Según el *World Economic Forum*, España ocupa el puesto número 12 en calidad mundial logística e infraestructuras. Ya que, cuenta con una de las redes más extensas de trenes de alta velocidad y, además, es uno de los países con más autovías y autopistas de la Unión Europea.

Todo esto convierte a España en un lugar en el que poder desarrollar iniciativas emprendedoras.

II. CONCLUSIONES

Las percepciones que tiene una persona suelen condicionar sus actuaciones y sus decisiones por lo que es importante comprender las percepciones que tiene el emprendedor español para entender sus aspiraciones, miedos e inquietudes y así poder dar respuesta a ellos.

Se ha observado que hay diferencias entre el emprendimiento femenino y masculino, con una menor tasa de emprendimiento llevado a cabo por mujeres. Asimismo, las mujeres suelen tener un mayor miedo al fracaso al llevar a cabo una actividad emprendedora, así como una menor percepción de las oportunidades lo que puede ser una de las razones para explicar esa menor tasa de emprendimiento femenino. Por otro lado, la confianza de las mujeres suele ser menor que la masculina al decidirse a poner en marcha la creación de una empresa y, además, suelen tener una peor red de contactos.

En los últimos años, se han llevado a cabo desde las instituciones diferentes acciones y campañas para fomentar el emprendimiento y promocionarlo entre los diferentes grupos sociales. Asimismo, en España se ha hecho una fuerte apuesta fiscal y económica al definir una Ley específica para facilitar la creación de startups que persigue atraer y retener talento, fomentar el crecimiento de las empresas, crear empleo de calidad y potenciar la competitividad de España como ecosistema emprendedor para así mejorar la economía.

III. REFERENCIAS BIBLIOGRÁFICAS

AHI, H. y MARLOW, S. "Exploring the dynamics of gender, feminism and entrepreneurship: advancing debate to escape a dead end?". Organization, vol. 19(5), 2012, pp. 543-562. *https://doi.org/10.1177/1350508412448695*

ALVAREZ-SOUSA A. "Emprendedores por necesidad. Factores determinantes". *Revista Española de Investigaciones Sociológicas*, vol. 166, 2019, pp. 3-24. https://doi.org/10.5477/cis/reis.166.3.

ARENIUS, P. y MINNITI, M. "Perceptual variables and nascent entrepreneurship". *Small business economics*, vol. 24(3), 2005, pp. 233-247.

BARRACHINA FERNÁNDEZ, M. "Análisis de los factores determinantes del emprendimiento y de la capacidad innovadora femenina. Aplicación de técnicas de aprendizaje automático". 2022. Tesis doctoral. CEINDO-Universidad San Pablo-CEU.

BARRACHINA FERNÁNDEZ, M.; GARCÍA CENTENO, M.C. y CALDERÓN PATIER, C. "Are Taxes a Critical Factor for Innovative Companies Creating by Females?". *International Journal of Economics and Business Administration*, vol. 9(2), 2021, pp. 22-34. https://doi.org/10.35808/ijeba/687

Business Inside. Mapa del emprendimiento español 2022. Disponible en: https://www.businessinsider.es/mapa-emprendimiento-espanol-2022-conclusiones-nuevas-tendencias-1142995. 2022. Consulta realizada, el 7 de noviembre de 2022.

Center for Women's Business Research. Biennial update on women-owned business documents substantial economic impact. Washington, DC. 2004

COMISIÓN EUROPEA. "The new SME definition User guide and model declaration". *Official Journal of the European Union*, vol. 124, 2005, pp. 36-46.

CONGRESO DE LOS DIPUTADOS. Boletín Oficial de las Cortes Generales. XIV Legislatura. Informe de la ponencia. 121/000081 Proyecto de Ley de fomento del ecosistema de las empresas emergentes. 2022. Disponible en: https://www.congreso.es/public_oficiales/L14/CONG/BOCG/A/BOCG-14-A-81-5.PDF

EL PAÍS (2020). Disponible en: https://www.google.es/search?q=idealista+historia&sxsrf=ALiCzsZ1k9cd_vxrYjkkQyZKh1JtxAeMAg%3A1668505936393&ei=UGFzY5HGF6aD9u8Pm_mn-Ao&ved=0ahUKEwiRrpP99K_7AhWmgf0HHZv8Ca8Q4dUDCA4&uact=5&oq=idealista+historia&gs_dlcp=Cgxnd3Mtd2l6LXNlcnAQAzIECCMQJzIFCAAQgAQyBQgAEIAEMgUIABCABDIFCAAQgAQyBQgAEIAEMgYIABAWEB4yBggAEBYQHjIGCAAQFhAeMgYIABAWEB46CggAEEcQ1gQQsAM6DQgAEEcQ1gQQyQMQsAM6CAgAEJIDELADOgsIABCABBCxAxCDAUo

ECE0YAUoECEEYAEoECEYYAFCtAljAB2CtCGgBcAF4AIABhAGIAYUGkgEDMy40mAEAoAEByAEKwAEB&sclient=gws-wiz-serp

GARCÍA VILLALOBOS, J. C.; VILLASECA MORALES, D. y GONZÁLEZ PÉREZ, S. "Emprendimiento femenino y financiación social: un estudio comparado". *REVESCO. Revista de Estudios Cooperativos,* vol. 132, 2019, pp. 97-121.

HENRY, C., FOSS, L. y AHL, H. "Gender and entrepreneurship research: A review of methodological approaches". *International Small Business Journal,* vol 34(3), 2015, pp. 217-241. https://doi.org/10.1177/0266242614549779.

HOPPE, M. "The Entrepreneurship Concept: A Short Introduction". *Society and Engineering*, vol. 6(2), 2016, pp. 95-108.

JOB and TALENT. https://www.jobandtalent.com/delegaciones. 2022. Consulta realizada el 10 de noviembre de 2022.

LANGOWITZ, N. y MINNITI, M. "The entrepreneurial propensity of women". *Entrepreneurship Theory and Practice*, vol. 31(3), 2007, 341-364.

LARRAZA-KINTANA, M. CONTÍN-PILART, I. y DE CASTRO, J. "Emprendimiento en España: Ilusión vs. Realidad". En Huerta y Moral (editores), *Innovación y Competitividad: Desafíos de la industria española.* Edita Funcas, (2018), pp 183-201.

MINITTI, M. y NARDONE, C. "Being in someone else's shoes: the role of gender in nascent entrepreneurship". *Small Business Economics*, 28, 2007, pp. 223-238.

OBSERVATORIO DEL EMPRENDIMIENTO DE ESPAÑA: Global Entrepreneurship Monitor. Informe GEM España 2021-2022. Ed. Universidad de Cantabria. 2022. Disponible en: https://gemspain-my.sharepoint.com/personal/comunicacion_gem-spain_com/_layouts/15/onedrive.aspx?id=%2Fpersonal%2Fcomunicacion%5Fgem%2Dspain%5Fcom%2FDocuments%2FINFORMES%2FNACIONALES%2FInformes%2FInforme%20GEM%20Espa%C3%B1a%202021%202022%2Epdf&parent=%2Fpersonal%2Fcomunicacion%5Fgem%2Dspain%5Fcom%2FDocuments%2FINFORMES%2FNACIONALES%2FInformes&ga=1

PICO VERSOZA, L.M. "El emprendimiento por necesidad, una ventana hacia el desarrollo de oportunidades de negocio". *INNOVA Research Journal*, vol. 1, 2016, pp. 131-136.

PITTINO, D., CHIRICO, F., BAÚ, M., VILLASANA, M. y NARANJO PRIEGO, E. E. "Starting a family business as a career option: The role of the family household in Mexico". *The Journal of Family Business Strategy*, 11(2):100338 2020.

RAPOSO, M.L.B., y PAÇO, A.M.F.D. "Entrepreneurship education: Relationship between education and entrepreneurial activity". *Psicothema*, vol. 23(3), 2011, pp. 453-457.

REAL ACADEMIA ESPAÑOLA (RAE), (2022). *Definición de Emprendimiento.* Consulta realizada el 4 de octubre de 2022. https://dle.rae.es/emprendimiento.

TERÁN-YEPEZ, E. y GUERRERO MORA, A.M. "¿Emprendimiento por oportunidad o por necesidad? Estudio comparative entre países". Mikarimin. *Revista Científica Multidisciplinaria*, vol. 5, 2019, pp. 77-88. https://doi.org/10.1016/j.jfbs.2020.100338.

ZAMBRANO VARGAS, S.M. y VÁZQUEZ GARCÍA, A.W. "Algunas perspectivas teóricas para el estudio del emprendimiento y el género". *Saber, Ciencia y Sociedad*, vol. 14(1), 2019, pp. 159-170. https://doi.org/10.18041/2382-3240/saber.2019v14n1.5216

SECCIÓN II
EL FOMENTO DE LA CREACIÓN Y EL CRECIMIENTO EMPRESARIAL

Capítulo 3
LA FLEXIBILIDAD Y AGILIZACIÓN EN LA CONSTITUCIÓN DE SOCIEDADES DE RESPONSABILIDAD LIMITADA*

Ana Belén Campuzano
Catedrática de Derecho Mercantil
Universidad San Pablo CEU

SUMARIO: I. CONSIDERACIÓN GENERAL. II. LA CONSTITUCIÓN DE SOCIEDADES DE RESPONSABILIDAD LIMITADA DE UN EURO DE CAPITAL. 1. La flexibilización de la cifra de capital en las sociedades de responsabilidad limitada. 2. Del régimen de formación sucesiva a la sociedad de responsabilidad limitada con un euro de capital. III. LA CONSTITUCIÓN ELECTRÓNICA DE SOCIEDADES DE RESPONSABILIDAD LIMITADA. 1. La digitalización del Derecho de sociedades. 2. La constitución en línea de sociedades de responsabilidad limitada. IV. REFERENCIAS BIBLIOGRÁFICAS.

* El trabajo se integra en el marco de las investigaciones desarrolladas en el Proyecto *Sostenibilidad corporativa y reestructuración empresarial* PID2021-125466NB-I00 (financiado por MCIN/ AEI / 10.13039/501100011033 / "FEDER una manera de hacer Europa") y en el Grupo de Investigación de la Universidad San Pablo CEU *Gobierno Corporativo y Gestión de Riesgos* (G20/1-01) y de la Cátedra de la Universidad San Pablo CEU y Mutua Madrileña.

I. CONSIDERACIÓN GENERAL

La agilización y flexibilización en la creación de empresas no es un objetivo novedoso. Desde hace ya tiempo han sido diversas las medidas que se han ensayado para lograrlo y, aunque es indudable que en este ámbito se ha mejorado, recientemente se han acometido diversas reformas legales que persiguen remover obstáculos o, directamente, modificar previsiones normativas previas que no han funcionado como se esperaba. Aunque el término genérico que se utiliza en estas medidas de fomento e impulso es el de empresa, desde la perspectiva jurídica el núcleo de estas modificaciones recae sobre la sociedad de responsabilidad limitada, tipo social capitalista que se considera el más idóneo a estos efectos.

Esta es una de las finalidades que se contemplan de forma expresa en la Ley 18/2022, de 28 de septiembre, de creación y crecimiento de empresas (conocida como Ley crea y crece), que en el Preámbulo ya destaca que apuesta *por medidas que permitan una mayor agilidad y flexibilidad en todas las fases del ciclo vital de una empresa.* La norma no conforma una disposición aislada con este propósito, en cuanto se relaciona con otras que también persiguen mejorar el crecimiento empresarial. En particular, se vincula con la Ley 28/2022, de 21 de diciembre, de fomento del ecosistema de las empresas emergentes (conocida como Ley de startups). De hecho, el Preámbulo de esta última señala que *se ve complementada con las medidas previstas en la Ley 18/2022, de 28 de septiembre, de creación y crecimiento de empresas, así como en la reforma del marco concursal, dirigidas a mejorar la calidad normativa y el clima de negocios, favoreciendo la eficiencia y la productividad a lo largo de todo el ciclo de creación, crecimiento y restructuración empresarial*[1]. La elección de los términos en ambos casos no puede ser más sugerente. En la Ley 18/2022, de 28 de septiembre, de creación y crecimiento de empresas porque los dos vocablos —crear y crecer— evocan un marcado tono positivo de impulso empresarial y de contribución, como de forma expresa se indica, a mejoras en las actividades económicas —en el clima de negocios y en la inversión extranjera— y en el empleo. En la Ley 28/2022, de 21 de diciembre, de fomento del ecosistema de las empresas emergentes, el uso de la expresión ecosistema habrá de reconducirse al *conjunto complejo de elementos relacionados que pertenecen a un determinado ámbito,* que es una de las acepciones que procura el Diccionario de la Real Academia Española. Y el de empresa emergente se

---

1 El Preámbulo de la Ley 28/2022, de 21 de diciembre, de fomento del ecosistema de las empresas emergentes añade que *asimismo, la presente ley complementa los programas de inversión específicos previstos en el Plan de Recuperación, Transformación y Resiliencia de España, entre los que cabe destacar el recientemente creado Fondo Next Tech, gestionado por el Instituto de Crédito Oficial para la movilización de capital público y privado para el crecimiento de empresas emergentes en tecnologías disruptivas, y el fondo de apoyo al emprendimiento femenino gestionado por la Empresa Nacional de Innovación (ENISA).*

relaciona con *empresas innovadoras, basadas en el conocimiento, de base digital y rápido crecimiento, conocidas como empresas emergentes o* startups[2].

La Ley 18/2022, de 28 de septiembre, de creación y crecimiento de empresas, incorpora en el capítulo segundo diversas medidas para, entre otros, el objetivo de agilizar la creación de empresas. En efecto, aunque también enmarca otras medidas en el impulso al emprendimiento, su objetivo fundamental es *facilitar la creación de nuevas empresas y, por otro, reducir las trabas a las que se enfrentan en su crecimiento, ya sean de origen regulatorio o financiero para lograr con ello un incremento de la competencia en beneficio de los consumidores, de la productividad de nuestro tejido productivo, de la resiliencia de nuestras empresas y de la capacidad para crear empleos de calidad.* De forma que no se centra en los emprendedores; es más, en su parte expositiva incide en las pequeñas y me-

2 En la Ley 28/2022, de 21 de diciembre, de fomento del ecosistema de las empresas emergentes, *se incide en el emprendimiento* basado en la innovación, aunque en este caso específicamente de base tecnológica y digital, atendiendo a la escalabilidad que proporcionan estas actividades en términos de crecimiento económico y progreso social. Por ello, se persigue atraer talento e inversión *mediante la creación de ecosistemas favorables al establecimiento de emprendedores o trabajadores a distancia, conocidos como "nómadas digitales", a la creación y crecimiento (scale up) de empresas innovadoras, basadas en el conocimiento, de base digital y rápido crecimiento, conocidas como empresas emergentes o startups y a la atracción de inversores especializados en la creación y crecimiento de estas empresas, también conocidos como "business angels".* La norma identifica empresa emergente y startup, aunque este último término se utilice en el ámbito coloquial de forma mucho más amplia de lo que la definición legal de empresa emergente acoge. A partir de ahí, las medidas de impulso y apoyo a las empresas emergentes parten de que sus características propias dificultan su encaje en el marco normativo tradicional fiscal, mercantil, civil y laboral, lo que justifica su tratamiento diferenciado respecto a empresas con modelos de negocio convencionales. De ahí los incentivos legales específicos a las empresas emergentes o startups dirigidos a reducir los obstáculos a su creación y crecimiento, la promoción de la inversión en innovación, el impulso a los instrumentos públicos de apoyo al ecosistema de empresas emergentes y el reforzamiento de la colaboración público-privada con el fin de impulsar el crecimiento de estas empresas. Estos incentivos se contemplan como especialidades, que han de completarse con el resto de las previsiones legales establecidas para la puesta en marcha y desarrollo de una actividad empresarial. Para que una empresa emergente pueda acogerse a los referidos incentivos legales es necesario que obtenga la certificación que acredita, tras su evaluación, la concurrencia de las condiciones exigidas, la ausencia de exclusiones y la inexistencia de circunstancias que impliquen su pérdida, finalización o no adquisición. No se trata de especialidades —incentivos o beneficios legales— que se reconozcan de forma ilimitada en el tiempo; el transcurso del tiempo y la concurrencia de determinadas circunstancias supondrá la finalización o pérdida de los mismos. CABANAS TREJO, R. "La nueva Ley de empresas emergentes y su relación con la actividad notarial", El Notario del siglo XXI, núm. 108, marzo-abril 2023, pp. 128-135; GIMENO BEVIÁ, V. "El sistema de retribución e incentivos en las empresas emergentes", *Revista de Derecho del Mercado de Valores,* núm. 31, 2022; MONZÓN CARCELLER, N. "Aspectos mercantiles de la Ley 28/2022, de 21 de diciembre, de fomento del ecosistema de las empresas emergentes (Ley de startups)", *Diario La Ley,* núm. 10262, 2023; MOROY HUETO, F. "La nueva Ley de startups: ¿un nuevo impulso al ecosistema emprendedor-inversor en España?", *Revista Española de Capital Riesgo,* núms.2-3, 2022, pp. 19-27; VALLET VILA, R. "Ley StartUps para fomentar las empresas emergentes", *Actualidad Jurídica Aranzadi,* núm. 992, 2023.

dianas empresas, en las microempresas y en los trabajadores autónomos, como pilares del tejido productivo en términos cuantitativos, cuya mayor debilidad estructural respecto a las empresas de mayor tamaño requiere eliminar barreras a la entrada y salida de empresas. Ciertamente, señala que en las mejoras regulatorias del entorno empresarial se incluyen las que facilitan el inicio de un negocio, pero su regulación se centra en la agilización procedimental de la creación de empresas y en la inclusión de medidas que favorezcan esta puesta en marcha de empresas, entre las que se incluye la posibilidad de crear una sociedad de responsabilidad limitada con un capital social de un euro. Ello sin perjuicio de las modificaciones que se introducen en la Ley 14/2013, de 27 de septiembre, de apoyo a los emprendedores y su internacionalización respecto a los Puntos de Atención al Emprendedor (PAE) y al Centro de Información y Red de Creación de Empresas (CIRCE)[3].

La Ley 11/2023, de 8 de mayo, de trasposición de Directivas de la Unión Europea en materia de accesibilidad de determinados productos y servicios, migración de personas altamente cualificadas, tributaria y digitalización de actuaciones notariales y registrales; y por la que se modifica la Ley 12/2011, de 27 de mayo, sobre responsabilidad civil por daños nucleares o producidos por materiales radiactivos, da un paso más en esta agilización procedimental e incorpora en la Ley de Sociedades de Capital un nuevo capítulo (III bis, arts. 40 bis a 40 quinquies) relativo a la constitución electrónica de la sociedad de responsabilidad limitada (constitución en línea) y modifica de nuevo la Ley 14/2013, de 27 de septiembre, de apoyo a los emprendedores y su internacionalización, en lo relativo a los Servicios de los Puntos de Atención al Emprendedor con ocasión del cese de la actividad.

II. LA CONSTITUCIÓN DE SOCIEDADES DE RESPONSABILIDAD LIMITADA DE UN EURO DE CAPITAL

Entre las medidas para agilizar la creación de empresas de la Ley 18/2022, de 28 de septiembre, la constitución de sociedades de responsabilidad limitada de un euro de capital ocupa un lugar destacado. La flexibilización de la cifra de capital social en la constitución de las sociedades de responsabilidad limitada no conforma una medida

3 BENÍTEZ GARCÍA, R. "Principales novedades en la legislación societaria como consecuencia de la Ley crea y crece, y la futura aprobación de los Proyectos de Ley de startups, y de eficiencia digital del servicio público de justicia", *Revista Lex Mercatoria,* núm. 21, 2022, pp. 31-53. Además de las modificaciones que también se introducen en la Ley 14/2013, de 27 de septiembre, de apoyo a los emprendedores y su internacionalización, respecto de los Emprendedores de Responsabilidad Limitada.

novedosa, ya que otras reformas legales anteriores han ensayado fórmulas de disminución de la cifra de capital para este tipo social, con escaso éxito. La mejora de estas previsiones es el punto de partida de la medida que ahora implementa la Ley 18/2022 de 28 de septiembre, que acoge las sociedades limitadas de un euro de capital invocando los beneficios que ello procurará en la creación de sociedades. Más allá de las razones que la norma invoca para justificar una medida de estas características, es dudoso que la modificación en este punto resulte tan significativa como se pretende, si se tiene en cuenta que las iniciativas legales para flexibilizar el régimen de constitución de las sociedades de responsabilidad limitada vienen ya produciéndose desde hace tiempo. No en vano, la sociedad de responsabilidad limitada es con diferencia el tipo legal más utilizado. El reducido capital social pone de manifiesto la intención del legislador de reservar la forma de sociedad limitada para la mediana y pequeña empresa, quizás con el objetivo de que las grandes empresas adopten la forma de sociedad anónima. Sin embargo, la realidad del tráfico demuestra cómo es factible que una sociedad de responsabilidad limitada tenga mayores recursos patrimoniales e incluso capital social que algunas sociedades anónimas. Afirmación que no obsta a que la sociedad de responsabilidad limitada sea el tipo social que se elige con mayor frecuencia.

1. LA FLEXIBILIZACIÓN DE LA CIFRA DE CAPITAL EN LAS SOCIEDADES DE RESPONSABILIDAD LIMITADA

En la concepción tradicional el capital social es la esencia de las sociedades capitalistas, ya que viene a ocupar el papel que en las sociedades personalistas desempeña la responsabilidad de los socios por las deudas sociales. En efecto, en estas sociedades los socios no responden personalmente de las deudas sociales, de modo que la garantía de los acreedores sociales debe buscarse por otras vías. En este sentido, el capital social es una cifra, de carácter contable que figura necesariamente en los estatutos, y representa la cantidad total que los socios se han comprometido a aportar, indicando la cantidad por la que responde la sociedad frente a terceros. El capital de la sociedad cumple tres funciones fundamentales. De un lado, la función de productividad. El capital social es, ante todo, el conjunto de las aportaciones de los socios, dirigido al desarrollo del objeto social y sujeto, por tanto, al riesgo de empresa. De otro lado, la función de garantía. La cifra de capital social determina el grado de responsabilidad patrimonial de la sociedad frente a terceros. De alguna manera, como ya se indicó, el capital social viene a ocupar el papel de la responsabilidad de los socios por las obligaciones sociales. Por eso, principio básico en la materia es que la cifra de capital esté respaldada por el correspondiente patrimonio neto, que es el que realmente sirve para satisfacer a los acreedores sociales. La correspondencia entre capital social y patrimonio social trata de asegurarse inicialmente mediante la exigencia de la realidad de la aportación y de una adecuada valoración de las aportaciones no dinerarias, y de mantenerse a lo largo de la vida social, limitando la adquisición por la sociedad de sus propias acciones o participaciones, prohibiendo el reparto de dividendos ficticios, etc. Además, cuando las pérdidas hagan que el valor del patrimonio neto sea inferior a las dos terceras partes de la cifra de capital y esa situación perdure durante un ejercicio, se impone a la sociedad la reducción de la cifra de capital, y cuando las pérdidas asciendan a la mitad del capital, la sociedad debe disolverse, a menos que aumente o reduzca el capital en la medida suficiente y siempre que no sea procedente solicitar la declaración de concurso de acreedores. Por último, la función organizativa. El capital social mide la posición del socio en la sociedad. En proporción al capital aportado se otorgan los derechos a los socios: a mayor aportación mayor participación del socio en los beneficios de la sociedad o, en su caso, en el patrimonio resultante de la liquidación.

Esa configuración del capital justifica la existencia de varios principios reguladores, entre los que se encuentra el de capital mínimo[4]. En la sociedad anónima el capital social no puede ser inferior a sesenta mil euros, cifra que debe respetarse tanto al constituirse la sociedad anónima, como a lo largo de su vida. Por su parte, el capital mínimo de una sociedad de responsabilidad limitada se fijaba en tres mil euros, aunque ya la Ley 14/2013, de 27 de septiembre, de apoyo a los emprendedores y su internacionalización reconoció la sociedad limitada de formación sucesiva, que se configuró como una sociedad de responsabilidad limitada que se constituía con una cifra de capital social inferior al mínimo legal. El régimen de las sociedades de formación sucesiva se concentraba en un único artículo introducido ex novo en la legislación de sociedades de capital —el 4 bis— que introducía determinadas previsiones patrimoniales mientras no se alcanzase la cifra de capital social mínimo. La Ley 18/2022, de 28 de septiembre, suprime este artículo 4 bis de la Ley de Sociedades de Capital, reconociendo que la sociedad limitada de formación sucesiva no ha alcanzado los objetivos previstos.

Previamente, en el año 2003, se había reconocido como especialidad de la sociedad de responsabilidad limitada la sociedad nueva empresa, cuyo régimen jurídico se integró en el texto refundido de la Ley de Sociedades de Capital y que se ha mantenido

---

4 Otros principios reguladores del capital social son el de la determinación —la cifra de capital social tiene que estar fijada en los estatutos sociales, para información de los socios y de los terceros— y el de la integridad —el capital social tiene que estar íntegramente suscrito—. Además, el principio del desembolso mínimo. En la sociedad anónima la suscripción íntegra del capital social no impide que inicialmente el accionista entregue (desembolse) sólo una parte del mismo, que no podrá ser inferior al veinticinco por ciento del valor nominal de todas y cada una de las acciones. Se distingue así entre capital suscrito (o capital nominal o capital escriturado) y capital desembolsado. Por el contrario, en la sociedad de responsabilidad limitada el capital social debe estar íntegramente desembolsado desde su origen, por lo que no existen desembolsos pendientes. También el principio de estabilidad, en cuanto la cifra de capital social fijada en los estatutos permanece estable, en tanto no se produzca una modificación de los mismos. BELTRÁN, E. / ROJO, A. "El capital social mínimo", *Revista de Derecho Mercantil,* núm. 187-188, 1988, pp. 149-174.

vigente, sin alcanzar tampoco las expectativas creadas con su reconocimiento, hasta que también ha sido suprimida por la Ley 18/2022 de 28 de septiembre[5]. En este caso, se optó por mantener la cifra mínima de capital social establecida para las sociedades de responsabilidad limitada (fijando también una cifra máxima de capital social), pero, igualmente, se enmarcó en la mejora y simplificación de las condiciones necesarias para la creación de empresas, específicamente de pequeñas y medianas empresas, pretendiendo impulsar su creación mediante medidas fiscales, administrativas y mercantiles[6]. El

5 La disposición transitoria tercera de la Ley 18/2022 de 28 de septiembre —sociedades nueva empresa existentes— dispone que *las sociedades nueva empresa existentes a la entrada en vigor de esta ley se regirán por las disposiciones reguladoras de las sociedades de responsabilidad limitada y utilizarán la denominación SRL.*

6 La Ley 7/2003, de 1 de abril, de la sociedad limitada Nueva Empresa por la que se modifica la Ley 2/1995, de 23 de marzo, de Sociedades de Responsabilidad Limitada, perseguía, desde diferentes ópticas, el fomento empresarial, de manera que no se conformaba con diseñar un marco jurídico propio para el desarrollo de pequeñas y medianas empresas —integrado en la normativa de sociedades de responsabilidad limitada—, sino que acogía, igualmente, medidas de apoyo jurídico e institucional a la iniciativa empresarial. El origen de la Ley 7/2003, de 1 de abril, hay que buscarlo en el desarrollo de los trabajos de las instituciones europeas en materia de fomento empresarial, en especial, de pequeñas y medianas empresas, ya que, según los informes de la Comisión Europea, más del noventa por ciento de las empresas europeas son pequeñas y medianas empresas. De forma simultánea con el trabajo desarrollado por las instituciones europeas, en nuestro país se creó en el Senado una Ponencia de estudio para la problemática de la empresa familiar, constituida en el seno de la Comisión de Hacienda, y una Comisión Interministerial entre Economía y Justicia, sobre el entorno de la empresa familiar. Mientras que los trabajos europeos utilizaron recurrentemente el término genérico de empresas y el específico de pequeñas y medianas empresas, en un primer momento las ponencias de estudio realizadas en nuestro país acogieron un término no sinónimo, cual es el de empresa familiar. Es obvio que no existe identidad de razón entre ambos términos, pero la tradición española legislativa en materia de sociedades era más sensible a la noción de empresa familiar que a la de pequeñas y medianas empresas. No obstante, en la búsqueda de una solución conciliadora, más acorde con las nuevas tendencias empresariales, la redacción última de la Ley no incorporó la expresión empresa familiar, sino que utilizó en su Exposición de Motivos la de pequeñas y medianas empresas y en el articulado la de sociedad nueva empresa, por ser éste el término jurídico que, de forma novedosa, se incorporó en 2003 a la legislación societaria mercantil. La Ley 7/2003, de 1 de abril, se enmarcó en una amplia iniciativa de fomento de las pequeñas y medianas empresas. Para ello partió de la sociedad de responsabilidad limitada, por entender que su regulación la hacía especialmente aconsejable para pequeñas y medianas empresas. Con este punto de arranque, en palabras de su exposición de motivos, acometió *el compromiso de reforzar el espíritu innovador y emprendedor que permita a nuestras pequeñas y medianas empresas afrontar los retos que plantea el Mercado Único. Del mismo modo, establece un marco normativo mercantil y administrativo capaz de estimular la actividad empresarial y mejorar la posición competitiva de las pequeñas y medianas empresas en el mercado, dando cumplimiento a los compromisos de la Carta Europea de la pequeña empresa. Estas previsiones se materializan en actuaciones que tienen que comenzar, precisamente, por la simplificación de los trámites de constitución de empresas y por el empleo de la asistencia técnica necesaria para ayudarlas tanto en los momentos previos a su constitución, como durante los primeros años de su actividad.* Estos objetivos pretendieron alcanzarse, fundamentalmente, a través de una triple vía: desarrollando el denominado Proyecto Nueva Empresa, como

régimen de la sociedad limitada nueva empresa contemplaba singularidades en muy diversos aspectos, aunque desde la perspectiva de las previsiones que se incorporaron para facilitar su constitución, desarrollo y funcionamiento destacaban dos rasgos esenciales. De un lado, la simplificación de los trámites de creación de empresas que reunieran los requisitos para ser consideradas pequeñas y medianas empresas y, en consecuencia, optar a la forma social sociedad limitada nueva empresa, fomentando la utilización de las tecnologías de la información y de las comunicaciones. De otro lado, se introdujeron condiciones y requisitos de muy diversa índole, todos ellos orientados a limitar la aplicación de esta forma social a las, a estos efectos, consideradas pequeñas y medianas empresas. En este sentido, la sociedad nueva empresa constituía una forma social de partida especialmente idónea para las pequeñas y medianas empresas, aunque ello no se tradujo en su uso generalizado en la práctica. Es probable que ello fuera consecuencia de la existencia de otras formas sociales igualmente idóneas para las pequeñas y medianas empresas, con un régimen jurídico menos complejo y con mayor adaptabilidad a los intereses de los potenciales interesados en constituir una sociedad.

Pues bien, la reforma de la Ley de Sociedades de Capital por la Ley 18/2022, de 28 de septiembre, supone la supresión de la sociedad limitada de formación sucesiva y de la sociedad limitada nueva empresa y el reconocimiento de las sociedades de responsabilidad limitada de un euro de capital social. En efecto, la referida norma modifica la legislación de sociedades de capital y fija el capital mínimo para la constitución de sociedades de responsabilidad limitada en un euro. Como señala en su Preámbulo, la *eliminación de la exigencia de 3.000 euros de capital social mínimo vigente hasta la fecha tiene por objeto promover la creación de empresas mediante el abaratamiento de sus costes de constitución y pretende, asimismo, ampliar las opciones de los socios fundadores respecto al capital social que desean suscribir en función de sus necesidades y preferencias.* A lo que añade, que *esta medida supondrá una reducción en el coste de creación de empresas, lo que promoverá la creación de nuevos negocios, permitirá emplear los recursos liberados en usos alternativos y reducirá los eventuales incentivos a crear empresas en otros países con menores costes de constitución. Permitirá, asimismo, una ampliación de las posibilidades teóricas de elección del nivel de capital social por parte de los socios fundadores, que podrán optar*

---

fórmula para estimular la creación de nuevas empresas, especialmente, de pequeña y mediana dimensión; modificando la Ley de Sociedades de Responsabilidad Limitada de 1995 en aquellos aspectos que se entendía dificultaban la constitución y desarrollo de estas empresas (flexibilización de la salida de socios; posibilidad de la adquisición y tenencia temporal por la sociedad de sus propias participaciones sociales; admisión de las participaciones sin voto); y reformando el Código Civil para diseñar instrumentos de sucesión generacional de la empresa. CAMPUZANO, A.B. "La sociedad limitada nueva empresa. El documento único electrónico", *Revista de Derecho y Nuevas Tecnologías*, núm. 5, 2004, pp. 75-88; GARCÍA VALDECASAS, J.A. "Breves notas sobre las normas complementarias en desarrollo de la sociedad limitada nueva empresa", *Revista de Derecho y Nuevas Tecnologías,* núm. 4, 2004, pp. 61-75.

por el importe que consideren óptimo —desde el punto de vista de las funciones de garantía y financiación que cumple el capital social— de acuerdo con las restricciones y posibilidades de financiación del mercado. Se limitarán, asimismo, las distorsiones organizativas ligadas a la elección de socios que puede imponer la exigencia de un capital social mínimo y se fomentará una mejora del clima de negocios, con los consiguientes efectos indirectos positivos asociados[7].

2. DEL RÉGIMEN DE FORMACIÓN SUCESIVA A LA SOCIEDAD DE RESPONSABILIDAD LIMITADA CON UN EURO DE CAPITAL

Dentro del abanico de formas sociales existentes en nuestro derecho, la sociedad anónima y la sociedad de responsabilidad limitada conviven históricamente como tipos capitalistas de sociedad (junto a la sociedad comanditaria por acciones, de escasa utilización). En un primer momento, la Ley de Sociedades Anónimas de 17 de julio de 1951 diseñó una forma social idónea tanto para sociedades de grandes dimensiones como para organizaciones de mediana y pequeña entidad. Ello supuso que la sociedad de responsabilidad limitada, regulada inicialmente por Ley de 17 de julio de 1953, fuera escasamente utilizada. Las modificaciones legislativas posteriores buscaron terminar con esta situación, reservando la sociedad anónima para la gran empresa y diseñando una sociedad de responsabilidad limitada apta para medianas y pequeñas sociedades. Así, desde el año 1989, fecha en la que se inició la adaptación de nuestro derecho a la normativa europea en materia de sociedades, la sociedad anónima ha quedado sometida a un régimen imperativo más adecuado para sociedades de grandes dimensiones que, además, ha ido introduciendo importantes diferencias de régimen jurídico atendiendo al carácter de sociedad cotizada o no cotizada. De forma paralela, en la sociedad de responsabilidad limitada se ha introducido una mayor flexibilidad en su régimen jurídico, especialmente aconsejado para pequeñas y medianas empresas. No obstante, esta diferenciación tipológica no ha sido acogida por el tráfico totalmente. La sociedad anónima, por el propio rigor de las condiciones y requisitos de funcionamiento que recoge, es la forma social mayoritariamente elegida por la gran empresa, ineludiblemente, además, si su objetivo es cotizar en un mercado. Sin embargo, la sociedad de responsabilidad limitada, más flexible en su régimen, es utilizada tanto por pequeñas y medianas

---

7 El reconocimiento a las sociedades de responsabilidad limitada de un euro se justifica en el Preámbulo de la Ley 18/2022 de 28 de septiembre en el dato *de que en la mayoría de los países no se requiera un importe mínimo de capital para crear una sociedad de responsabilidad limitada, entre ellos Estados Unidos, Japón, China, Canadá, India, Méjico, Rusia, Sudáfrica o Reino Unido. Tampoco en diez de los veintisiete Estados miembros de la Unión Europea, entre ellos, Irlanda y Holanda, y otros países con una tradición latina más similar a la española como Francia, Portugal e Italia.*

empresas como por sociedades de grandes dimensiones que no buscan su incorporación a mercados de valores.

La Ley de Sociedades de Capital contempla ambas con algunos elementos comunes —la mercantilidad por la forma, la posible unipersonalidad y, en esencia, el beneficio de la limitación de la responsabilidad de los socios— pero, también, con importantes diferencias. Con carácter general, la sociedad anónima es aquella sociedad mercantil cuyo capital social —que no podrá ser inferior a sesenta mil euros— se divide en acciones y está formado por las aportaciones de los socios, quienes no responden personalmente de las deudas sociales. De acuerdo con ello, pueden reducirse a tres los elementos esenciales de la sociedad anónima: el capital social, las acciones y la no responsabilidad de los socios por las deudas sociales. Igualmente son rasgos caracterizadores de este tipo social que: se trata de una sociedad capitalista; es una sociedad que con independencia del objeto social, siempre será considerada mercantil (mercantilidad por la forma); es una sociedad donde la condición de socio es libremente transmisible, salvo pacto estatutario en contra; el socio, por el mero hecho de serlo, no está llamado a la gestión social; y las decisiones más importantes serán adoptadas por mayoría (de capital social) en la junta general. El régimen de la sociedad anónima ha de ser completado en el caso de las sociedades cotizadas, para las que se recogen especialidades que, fundamentalmente, persiguen que se transmita al mercado toda la información relevante para el inversor.

Frente a la sociedad anónima, la sociedad de responsabilidad limitada es un tipo social que trata de conjugar la no responsabilidad de los socios por las deudas sociales con una mayor libertad en orden a la organización interna en una estructura cerrada. Por eso, se afirma que la sociedad limitada es una forma social de carácter híbrido, en la que se entremezclan elementos capitalistas y personalistas. La sociedad limitada tiene, como la anónima, estructura corporativa y se caracteriza porque los socios no responden de las deudas sociales; pero se diferencia de ella porque tienen mayor trascendencia la identidad de los socios, de modo que la transmisión de la condición de socio es esencialmente restringida y el capital no se divide en acciones (sociedad cerrada). En efecto, el capital social de las sociedades de responsabilidad limitada se divide en participaciones sociales, que no podrán estar representadas por medio de títulos o de anotaciones en cuenta, ni denominarse acciones, y en ningún caso tendrán el carácter de valores.

En un primer momento el capital de la sociedad de responsabilidad limitada no podía ser inferior a tres mil euros, aunque la Ley 14/2013, de 27 de septiembre admitió que pudieran constituirse sociedades de responsabilidad limitada con una cifra de capital social inferior al mínimo legal. Se trataba de la llamada sociedad limitada de formación sucesiva, configurada como una sociedad de responsabilidad limitada que se constituía con una cifra de capital social inferior al mínimo legal. El régimen de las sociedades de formación sucesiva se concentraba en el artículo 4 bis de la Ley de Sociedades de Capital que estableció determinadas previsiones patrimoniales mientras no se alcanzase la cifra de capital social mínimo y optaba por el sistema de responsabilidad solidaria. Así, en caso de liquidación, voluntaria o forzosa, si el patrimonio de la sociedad era insuficiente para atender al pago de sus obligaciones, los socios y los administradores de la sociedad responderían solidariamente del desembolso de la cifra de capital mínimo. Por otro lado, no era necesario acreditar la realidad de las aportaciones dinerarias de los socios en la constitución de sociedades de responsabilidad limitada de formación sucesiva. Aunque los fundadores y quienes adquiriesen alguna de las participaciones asumidas en la constitución respondieran solidariamente frente a la sociedad y frente a los acreedores sociales de la realidad de dichas aportaciones. La Resolución de la Dirección General de los Registros y del Notariado de 18 de junio de 2015 señala que *según expresa el Preámbulo (apartado II) de la Ley 14/2013, de 27 de septiembre, de apoyo a los emprendedores y su internacionalización, una de las medidas introducidas en nuestro ordenamiento —mediante la modificación de la Ley de Sociedades de Capital— para mejorar el entorno normativo e institucional en el que se desenvuelven las actividades empresariales es la creación de la figura de la sociedad limitada de formación sucesiva, que se caracteriza por tratarse de una sociedad "sin capital mínimo, cuyo régimen será idéntico al de las sociedades de responsabilidad limitada, excepto ciertas obligaciones específicas tendentes a garantizar una adecuada protección de terceros. Esta figura se inspira en las reformas adoptadas por otros países de nuestro entorno (Alemania, Bélgica) y su objetivo es abaratar el coste inicial de constituir una sociedad. Para garantizar una adecuada protección de terceros, se prevé un régimen especial para este subtipo societario, hasta que la sociedad no alcance voluntariamente el capital social mínimo para la constitución de una sociedad de responsabilidad limitada". De una interpretación literal, sistemática y teleológica de las normas que disciplinan la sociedad de responsabilidad limitada "en régimen de formación sucesiva", como es denominada en la Ley de Sociedades de Capital, resulta inequívocamente que se trata de sociedades que deben tener una cifra de capital social que, siendo inferior al mínimo legal, habrá de estar totalmente desembolsado, y no sociedades que, teniendo un capital social al menos igual al mínimo pueda éste encontrarse pendiente de desembolso*[8].

---

8 La referida Resolución de la Dirección General de los Registros y del Notariado de 18 de junio de 2015 indica que *en efecto, después de establecer el artículo 4 de la Ley de Sociedades de Capital, en su apartado 1, que el capital de la sociedad de responsabilidad limitada no podrá ser inferior a tres mil euros, añade en el apartado 2 que, no obstante, "podrán constituirse sociedades de responsabilidad limitada con una cifra de capital social inferior al mínimo legal en los términos previstos en el artículo siguiente", el artículo 4 bis, que regula las especialidades de la figura creada por la Ley 14/2013, de 27 de septiembre. Precisamente, en este nuevo artículo se establece un "régimen de formación sucesiva" al que estará sujeta la sociedad de responsabilidad limitada "mientras no se alcance la cifra de capital social mínimo fijada en el apartado uno del artículo 4" El artículo 5 de la Ley de Sociedades de Capital exceptúa de la prohibición de autorización de escrituras de constitución de sociedad de capital que tengan una cifra de capital social inferior al legalmente establecido las sociedades de responsabilidad limitada de formación sucesiva. El artículo 22.1.c) de la misma Ley exige que en la escritura de constitución de cualquier sociedad de capital se incluya la mención relativa a "las aportaciones que cada socio realice" y, sólo en el caso de las anónimas —no en el de la sociedad limitada de formación sucesiva— admite que se sustituya por*

La Ley 18/2022, de 28 de septiembre, elimina el régimen de la sociedad limitada de formación sucesiva, al suprimir el artículo 4 bis de la Ley de Sociedades de Capital, y opta, como así declara, por fijar el importe mínimo legal de la sociedad de responsabilidad limitada en la cuantía simbólica de un euro, frente a la opción de eliminar sin más el requerimiento de un mínimo legal. Con ello afirma que garantiza *la consistencia de la normativa sobre sociedades de capital, que se sustenta en la lógica de que estas sociedades se constituyen con un capital social de importe estrictamente superior a cero.* Esta fórmula de fomento del crecimiento empresarial conlleva la eliminación de la medida

la mención de las aportaciones que "se haya obligado a realizar". Y el artículo 23.e), relativo a la mención estatutaria del capital social sólo se refiere a la posibilidad de expresar "la parte del valor nominal pendiente de desembolso, así como la forma y el plazo máximo en que satisfacerlo" en relación con la sociedad anónima, mientras que respecto de las sociedades de responsabilidad limitada en régimen de formación sucesiva se limita a establecer que "en tanto la cifra de capital sea inferior al mínimo fijado en el artículo 4, los estatutos contendrán una expresa declaración de sujeción de la sociedad a dicho régimen". Por otra parte, el artículo 56.1.g) incluye como causa de nulidad de la sociedad inscrita "no haberse desembolsado íntegramente el capital social, en las sociedades de responsabilidad limitada; y por no haberse realizado el desembolso mínimo exigido por la ley, en las sociedades anónimas". Asimismo, el artículo 78 exige que las participaciones sociales en que se divida el capital de toda sociedad de responsabilidad limitada estén no sólo íntegramente asumidas por los socios, sino también "íntegramente desembolsado el valor nominal de cada una de ellas en el momento de otorgar la escritura de constitución de la sociedad"; mientras que el artículo 79 exceptúa de tal regla únicamente a la sociedad anónima, al exigir que en tal momento esté desembolsado, al menos, en una cuarta parte el valor nominal de cada una de las acciones. De la regulación examinada resulta claramente que no se trata de una sociedad con posibilidad de desembolso sucesivo o diferido del valor nominal de las participaciones sociales sino de una sociedad con capital —suscrito e íntegramente desembolsado— inferior al mínimo legal (es el mismo sistema que se establece en las legislaciones alemana e italiana; mientras que según las leyes francesa y belga sobre sociedades limitadas con capital inferior al mínimo legal puede el capital asumido desembolsarse sólo parcialmente). Y frente a la garantía que la obligación por desembolsos pendientes pudiera comportar, habida cuenta de las funciones que cumple el capital social, el régimen al que se sujeta la sociedad se caracteriza por el establecimiento de determinados límites y obligaciones para reforzar sus recursos propios a través de la autofinanciación derivada de la inversión de los propios resultados de la actividad empresarial. Concretamente, como dispone el artículo 4 bis, apartado 1, de la Ley de Sociedades de Capital, se incrementa la cifra de dotación de reserva legal (pues deberá ser al menos igual a un veinte por ciento del beneficio); se prohíbe la distribución de dividendos si el patrimonio neto es o, a consecuencia del reparto, resulta ser inferior al sesenta por ciento del capital legal mínimo; y se limita la retribución anual de los socios y administradores, que no podrá exceder del veinte por ciento del patrimonio neto. Además, conforme al apartado 2 del mismo artículo, en caso de liquidación, los socios y administradores responderán solidariamente del desembolso del capital legal mínimo requerido para las sociedades de responsabilidad limitada, si el patrimonio fuera insuficiente para atender el pago de las obligaciones; disposición esta última que, lejos de autorizar la existencia de participaciones sociales asumidas y no desembolsadas, establece (en la línea de lo dispuesto, por ejemplo, en el artículo 214, parágrafo 2, del "Code des Sociétés" belga para la "société privée à responsabilité limitée starter") una garantía patrimonial en favor de terceros por la diferencia entre la cifra del capital asumido y la del capital legal mínimo, de modo que se complementa la función que en garantía para los acreedores comporta la cifra de ese capital —asumido e íntegramente desembolsado— inferior al mínimo.

que previamente intentó, sin demasiado éxito, ese mismo objetivo, la sociedad limitada en régimen de formación sucesiva, sin perjuicio de las opciones de régimen transitorio que se establecen para las sociedades de responsabilidad limitada que con anterioridad a la fecha de entrada en vigor de la Ley 18/2022 de 28 de septiembre —19 de octubre de 2022— hubieran estado sujetas a dicho régimen (disposición transitoria segunda)[9]. Para el reconocimiento de las sociedades de responsabilidad limitada de un euro de capital se modifica el artículo 4 de la Ley de Sociedades de Capital —capital social mínimo— que en su primer apartado establece que *el capital de la sociedad de responsabilidad limitada no podrá ser inferior a un euro y se expresará precisamente en esa moneda*. No obstante, aunque esa pase a ser la cifra de capital mínimo —simbólica— de las sociedades de responsabilidad limitada, ese primer apartado no olvida por completo la cifra de capital de tres mil euros que era hasta esa modificación la exigida, introduciendo dos reglas para las sociedades de responsabilidad limitada cuyo capital social sea inferior a tres mil euros. De hecho, se establece que estas reglas resultarán aplicables mientras el capital de las sociedades de responsabilidad limitada no alcance la cifra de tres mil euros, por lo que subyace en la redacción legal el objetivo de que las sociedades de responsabilidad limitada lleguen a alcanzar esa cifra de capital, aunque en

---

9 El Preámbulo de la Ley 18/2022, de 28 de septiembre, señala que *la modificación lleva aparejada la eliminación de la posibilidad de que una sociedad opte por constituirse en régimen de formación sucesiva, puesto que éste es un régimen concebido para posibilitar la constitución de una sociedad de responsabilidad limitada con un capital social inferior al mínimo legal de 3.000 euros, que se elimina. La utilización de esta figura ha venido siendo escasa, posiblemente como consecuencia de las restricciones y obligaciones exigidas en dicho régimen*. Como, en todo caso, pueden existir sociedades de responsabilidad limitada sujetas a este régimen de formación sucesiva se incluye una disposición transitoria que establece cómo pueden proceder. Así, la disposición transitoria segunda dispone que *1. Las sociedades de responsabilidad limitada que con anterioridad a la fecha de entrada en vigor de esta Ley hubieran estado sujetas a lo dispuesto en el artículo 4 bis del texto refundido de la Ley de Sociedades de Capital aprobado por el Real Decreto Legislativo 1/2010, de 2 de julio, podrán optar por modificar sus estatutos para dejar de estar sometidas al régimen de formación sucesiva y regirse, mientras su capital social no alcance la cifra de tres mil euros, por las reglas establecidas en el apartado 3 del artículo 4 del texto refundido de la Ley de Sociedades de Capital. 2. Mientras no modifiquen sus estatutos y no alcancen la cifra de capital social de tres mil euros, las sociedades seguirán sujetas a las siguientes reglas: a) Deberá destinarse a la reserva legal una cifra al menos igual al 20 por ciento del beneficio del ejercicio sin límite de cuantía. b) Una vez cubiertas las atenciones legales o estatutarias, solo podrán repartirse dividendos a los socios si el valor del patrimonio neto no es o, a consecuencia del reparto, no resultare inferior a mil ochocientos euros. c) La suma anual de las retribuciones satisfechas a los socios y administradores por el desempeño de tales cargos durante esos ejercicios no podrá exceder del 20 por ciento del patrimonio neto del correspondiente ejercicio, sin perjuicio de la retribución que les pueda corresponder como trabajador por cuenta ajena de la sociedad o a través de la prestación de servicios profesionales que la propia sociedad concierte con dichos socios y administradores. d) En caso de liquidación, voluntaria o forzosa, si el patrimonio de la sociedad fuera insuficiente para atender al pago de sus obligaciones, los socios y los administradores de la sociedad responderán solidariamente del desembolso de la cifra de capital más la diferencia entre esta y la cifra de tres mil euros.*

realidad nada impide que no lleguen a alcanzarla. El Preámbulo de la Ley 18/2022, de 28 de septiembre justifica estas reglas específicas mientras el capital de las sociedades de responsabilidad limitada no alcance la cifra de tres mil euros para *salvaguardar el interés de los acreedores.* De un lado, deberá destinarse a reserva legal una cifra al menos igual al 20 % del beneficio hasta que la suma de la reserva legal y el capital social alcance el importe de tres mil euros. De otro lado, en caso de liquidación, voluntaria o forzosa, si el patrimonio de la sociedad fuera insuficiente para atender el pago de las obligaciones sociales, los socios responderán solidariamente de la diferencia entre el importe de tres mil euros y la cifra del capital suscrito. También se modifica el artículo 5 de la Ley de Sociedades de Capital —prohibición de capital inferior al mínimo legal— que dispone que *no se autorizarán escrituras de constitución de sociedad de capital que tengan una cifra de capital social inferior al legalmente establecido, ni escrituras de modificación del capital social que lo dejen reducido por debajo de dicha cifra, salvo que sea consecuencia del cumplimiento de una ley.*

En interpretación de esta previsión legal, la Dirección General de Seguridad Jurídica y Fe Pública, en Resolución de 13 de junio de 2023, ha entendido que esta cifra simbólica de un euro no limita su alcance al momento de constitución de sociedades de responsabilidad limitada, admitiendo que una sociedad pueda, a través de una reducción de capital, situarse por debajo de la cifra de capital de tres mil euros. Así, considera que de una interpretación literal, sistemática, atendiendo a los antecedentes históricos y legislativos, a la actual realidad social, así como, fundamentalmente, al espíritu y finalidad de la Ley 18/2022 de 28 de septiembre, debe concluirse que no existe obstáculo para adoptar válidamente un acuerdo de reducción de capital, aunque como consecuencia de tal acuerdo el capital social haya quedado fijado en una cifra inferior a tres mil euros. Frente a su antecedente inmediato, la sociedad limitada de formación sucesiva que ahora se deroga, entiende la Dirección General que *en el régimen actual, sin creación de ningún subtipo, la posibilidad de que el capital social sea al menos un euro se extiende a cualquier sociedad de responsabilidad limitada, si bien, como expresa el Preámbulo de la Ley 18/2022, "para las sociedades de responsabilidad limitada cuyo capital social sea inferior a 3.000 euros se introducen dos reglas específicas cuyo propósito es el de salvaguardar el interés de los acreedores: la primera, que deberá destinarse a reserva legal al menos el 20% del beneficio hasta que la suma de la reserva legal y el capital social alcance el importe de 3.000 euros y, la segunda, que en caso de liquidación, si el patrimonio de la sociedad fuera insuficiente para atender el pago de las obligaciones sociales, los socios responderán solidariamente de la diferencia entre el importe de 3.000 euros y la cifra del capital suscrito" (cfr. art. 4, apartado 1, párrafo segundo, LSC, que recoge algunas de las medidas que en el mismo sentido se preveían para las sociedades en régimen de formación sucesiva).* De forma que incide en que *de una interpretación literal y sistemática de la norma del artículo 4.1 de la Ley de Sociedades de Capital, resulta la posibilidad de existencia de una sociedad de responsabilidad limitada con un capital social inferior a 3.000 euros. Al establecer el artículo 5 de la misma ley que "no se autorizarán escrituras de constitución de sociedad de capital que tengan una cifra de capital social inferior al legalmente establecido, ni escrituras de modificación del capital social que lo dejen reducido por debajo de dicha cifra, salvo que sea consecuencia del cumplimiento de una ley", debe entenderse que ese capital social mínimo legalmente establecido es un euro. Igualmente, respecto de la norma del artículo 363.1.f) de la misma ley, según la cual debe disolverse la sociedad "por reducción del capital social por debajo del mínimo legal, que no sea consecuencia del cumplimiento de una ley", debe interpretarse que ese mínimo legal es también un euro. Por otra parte, si se admite legalmente la posibilidad de que una vez creada la sociedad de responsabilidad limitada con un capital inferior a tres mil euros éste permanezca indefinidamente sin alcanzar esa cifra, no puede rechazarse —sin incurrir en contradicción valorativa y a falta de norma que lo prohíba— que una sociedad constituida con un capital social de, al menos, 3.000 euros lo reduzca por debajo de esta cantidad. Igualmente, sería paradójico, por ejemplo, negar esa posibilidad a sociedades constituidas con un capital de 3.000 o más euros y admitir que, una vez que ésta hubiera sido absorbida por otra sociedad constituida con un capital inferior a 3.000 euros, con el consiguiente aumento del capital social, se redujera éste a menos de esta última cifra*[10].

---

10 La Resolución de la Dirección General de Seguridad Jurídica y Fe Pública de 13 de junio de 2023 añade que *a las mismas conclusiones debe llegarse desde el punto de vista de la finalidad de las normas relativas al capital social mínimo y a la intangibilidad de éste. La función del capital social como cifra de retención del patrimonio social en garantía de los acreedores queda asegurada con esas dos reglas específicas (...) que impone el artículo 4, apartado 1, párrafo segundo, de la Ley de Sociedades de Capital, pues, mientras el capital no alcance la cifra de 3.000 euros, "deberá destinarse a la reserva legal una cifra al menos igual al 20 por ciento del beneficio hasta que dicha reserva junto con el capital social alcance el importe de tres mil euros" y "en caso de liquidación, voluntaria o forzosa, si el patrimonio de la sociedad fuera insuficiente para atender el pago de las obligaciones sociales, los socios responderán solidariamente de la diferencia entre el importe de tres mil euros y la cifra del capital suscrito" (por lo demás, el hecho de que no se impongan en tal caso restricciones al reparto de dividendos ni a la retribución de administradores, como se imponían en el derogado régimen de las sociedades de formación sucesiva, no puede estimarse determinante sino consecuencia de una opción de política legislativa). En este sentido, debe advertirse que tales reglas de responsabilidad comportan una mayor garantía para los acreedores en cuanto esa responsabilidad tiene mayor alcance que una eventual pérdida por el socio de su individual aportación de capital, toda vez que cada uno de los socios responde solidariamente de la diferencia entre la cifra de 3.000 euros y el importe del capital social. En cuanto al prisma de la realidad social, el propio Preámbulo de la Ley 18/2022 pone de relieve "que en la mayoría de los países no se requiera un importe mínimo de capital para crear una sociedad de responsabilidad limitada (...) y añade que se fija "el importe mínimo legal en una cuantía simbólica de un euro, frente a la opción de eliminar sin más el requerimiento de un mínimo legal", lo que "tiene por objeto garantizar la consistencia de la normativa sobre sociedades de capital, que se sustenta en la lógica de que estas sociedades se constituyen con un capital social de importe estrictamente superior a cero". Es indudable que, en la actualidad (...) el capital social se ha convertido en un elemento meramente formal sin correspondencia material o económica con la actividad societaria; y existen mecanismos más eficaces que una "cifra de retención" para proteger a los acreedores, como son los*

III. LA CONSTITUCIÓN ELECTRÓNICA DE SOCIEDADES DE RESPONSABILIDAD LIMITADA

1. LA DIGITALIZACIÓN DEL DERECHO DE SOCIEDADES

El concepto de digitalización en el ámbito del Derecho de sociedades, que viene caracterizado por su amplitud, también proyecta sus efectos sobre diferentes aspectos de la constitución de las sociedades.

En una mera aproximación, la Ley 18/2022, de 28 de septiembre, incluye entre sus objetivos impulsar la creación de empresas de forma rápida, ágil y al menor coste posible, para lo que fomenta la utilización del sistema de tramitación telemática del Centro de Información y Red de Creación de Empresas (CIRCE) y el Documento Único Electrónico (DUE), como ventanilla única que viene gestionando y desarrollando, desde el año 2003, la Dirección General de Industria y de la PYME del Ministerio de Industria, Comercio y Turismo. Para ello, establece la obligación, para los notarios y los intermediarios que asesoren y participen en la creación de sociedades de responsabilidad limitada, de informar a los fundadores de las ventajas de emplear los Puntos de Atención al Emprendedor (PAE) y el Centro de Información y Red de Creación de Empresas (CIRCE), para su constitución y la realización de otros trámites ligados al inicio de su actividad[11]. En particular, deben informar, como mínimo, del coste y plazos de consti-

---

previstos en la legislación concursal y la responsabilidad que se impone a los administradores en el artículo 367 de la Ley de Sociedades de Capital.

[11] Los Puntos de Atención al Emprendedor (PAE) se configuran legalmente como oficinas pertenecientes a organismos públicos y privados, incluidas las notarías y los registros mercantiles, así como puntos virtuales de información y tramitación telemática de solicitudes (art. 13, Ley 14/2013): *(...) 2. Los Puntos de Atención al Emprendedor se encargarán de facilitar la creación de nuevas empresas, el inicio efectivo de su actividad y su desarrollo, a través de la prestación de servicios de información, tramitación de documentación, asesoramiento, formación y apoyo a la financiación empresarial. 3. Los Puntos de Atención al Emprendedor utilizarán el sistema de tramitación telemática del Centro de Información y Red de Creación de Empresas (CIRCE), cuya sede electrónica se ubicará en el Ministerio de Industria, Comercio y Turismo. En ellos se deberá iniciar la tramitación del Documento Único Electrónico (DUE) regulado en la disposición adicional tercera del Texto Refundido de la Ley de Sociedades de Capital, aprobado por Real Decreto Legislativo 1/2010, de 2 de julio. 4. Todos los trámites necesarios para la constitución de sociedades, el inicio efectivo de una actividad económica y su ejercicio por emprendedores, podrán realizarse a través del Punto de Atención al Emprendedor electrónico del Ministerio de Industria, Comercio y Turismo. 5. El Punto de Atención al Emprendedor electrónico del Ministerio de Industria, Comercio y Turismo será accesible por ordenador, teléfono móvil y tableta e incluirá, en todo caso: a) Toda la información y formularios necesarios para el acceso a la actividad y su ejercicio. b) La posibilidad de presentar toda la documentación y solicitudes necesarias. c) La posibilidad de conocer el estado de tramitación de los procedimientos en que tengan la condición de interesado y, en su caso, recibir la correspondiente notificación de los actos de trámite preceptivos y la resolución de los mismos por el órgano administrativo competente. d) Toda la información sobre las ayudas, subvenciones y otros tipos de apoyo financiero disponibles para la actividad económica de que se trate en el Estado, Comunidades*

tución; prestación de servicios de información y asesoramiento (incluidas las medidas de apoyo financiero estatales, autonómicas y locales); cumplimentación automática de las obligaciones en materia tributaria y de Seguridad Social asociadas al inicio de la actividad; posibilidad de realizar trámites asociados al inicio de la actividad ante autoridades estatales, autonómicas y locales asociadas, mediante la presentación de comunicaciones y declaraciones responsables; y seguimiento del estado de la tramitación ante los organismos competentes. Además, con el objetivo de mejorar el funcionamiento del Centro de Información y Red de Creación de Empresas (CIRCE) se refuerza la obligación, para todos los notarios, de estar disponibles en la Agencia Electrónica Notarial y en disposición de llevar a cabo la constitución de sociedades a través del Centro de Información y Red de Creación de Empresas (CIRCE), teniendo en cuenta que la negativa injustificada a la prestación de funciones requeridas a través de la misma ya constituye una infracción grave (art. 349.j del Reglamento de la organización y régimen del Notariado, aprobado por Decreto de 2 de junio de 1944). Con la misma finalidad, se pone a disposición de los notarios y del propio Consejo General del Notariado, a efectos puramente informativos, un listado que recoja las actuaciones de los notarios, cuya participación en el Centro de Información y Red de Creación de Empresas (CIRCE) es clave para el buen funcionamiento del sistema y el cumplimiento de los plazos establecidos. Y, en relación con este objetivo de impulso del sistema, la Ley 18/2022, de 28 de septiembre, asimismo modifica la Ley 14/2013, de 27 de septiembre, de apoyo a los emprendedores y su internacionalización, para mejorar la utilización del Centro de Información y Red de Creación de Empresas (CIRCE). Con ello, se concreta, de un lado, la tramitación de la constitución de sociedades de responsabilidad limitada mediante escritura pública con formato estandarizado y estatutos tipo (art. 15, Ley 14/2013) y, de otro lado, se precisan los trámites de la constitución de sociedades de responsabili-

---

Autónomas y Entidades Locales. e) El resto de funcionalidades que se le atribuya por esta ley y por el resto del ordenamiento jurídico. 6. Los Puntos de Atención al Emprendedor, presenciales o electrónicos, podrán prestar todos o alguno de los servicios mencionados en el apartado anterior, de acuerdo con lo establecido en la disposición adicional tercera del Real Decreto Legislativo 1/2010, de 2 de julio, por el que se aprueba el texto refundido de la Ley de Sociedades de Capital. 7. La persona titular del Ministerio de Industria, Comercio y Turismo regulará mediante orden el procedimiento administrativo por el cual se podrá adquirir la condición de Punto de Atención al Emprendedor. Este procedimiento se iniciará a instancias de la persona física o jurídica interesada, que declarará el cumplimiento de los requisitos materiales, técnicos y humanos necesarios y su compromiso de respetar las instrucciones del Ministerio de Industria, Comercio y Turismo en relación con la utilización del Centro de Información y Red de Creación de Empresas y la tramitación del Documento Único Electrónico, así como de mantener un nivel mínimo de tramitación del Documento Único Electrónico. 8. La persona titular del Ministerio de Industria, Comercio y Turismo regulará mediante orden el procedimiento administrativo mediante el cual se perderá la condición de Punto de Atención al Emprendedor. Este procedimiento se iniciará a instancias de la persona física o jurídica interesada. También podrá iniciarse de oficio por parte del Ministerio de Industria, Comercio y Turismo cuando el Punto de Atención al Emprendedor hubiera incumplido los requisitos o compromisos declarados.

dad limitada mediante escritura pública con formato estandarizado sin estatutos tipo (art. 16, Ley 14/2013).

Ahora bien, aunque la Ley 18/2022 de 28 de septiembre reforma el Centro de Información y Red de Creación de Empresas (CIRCE), indica que esta modificación ha de completarse con la transposición de la Directiva (UE) 2019/1151 del Parlamento Europeo y del Consejo, de 20 de junio de 2019, por la que se modifica la Directiva (UE) 2017/1132 en lo que respecta a la utilización de herramientas y procesos digitales en el ámbito del Derecho de sociedades. Esta Directiva exige, entre otras cuestiones, que una sociedad de responsabilidad limitada pueda registrarse íntegramente en línea en unos plazos determinados. Así, la transposición de la citada Directiva es la que posibilita la constitución íntegramente telemática a través del Centro de Información y Red de Creación de Empresas (CIRCE)[12].

Entre las diversas cuestiones susceptibles de mejora por la implantación de herramientas digitales, la Directiva (UE) 2019/1151 del Parlamento Europeo y del Consejo, de 20 de junio de 2019, por la que se modifica la Directiva (UE) 2017/1132 en lo que respecta a la utilización de herramientas y procesos digitales en el ámbito del Derecho de sociedades, persigue la incorporación a las legislaciones de los Estados miembros de procedimientos que simplifiquen —en tiempo y coste— la constitución y registro de sociedades, sin reducir, lógicamente, las exigencias de autentificación y seguridad reque-

---

12 El Preámbulo de la Ley 18/2022, de 28 de septiembre, destaca que el dato de que la transposición de la Directiva (UE) 2019/1151 de 20 de junio posibilite la constitución íntegramente telemática a través del Centro de Información y Red de Creación de Empresas (CIRCE) es especialmente relevante teniendo en cuenta que éste *proporciona el único procedimiento que permite llevar a cabo de forma telemática a través de una ventanilla virtual única los actos de constitución de una sociedad de responsabilidad limitada y los trámites asociados al inicio de su actividad, tales como el alta en los censos tributarios, el alta de socios, administradores y trabajadores en los regímenes de la Seguridad Social, o la presentación de declaraciones y solicitudes ante otras administraciones públicas, autonómicas y locales.* Además, indica que la constitución a través del Centro de Información y Red de Creación de Empresas (CIRCE) *se ajusta a unos plazos específicos, pudiendo constituirse una sociedad de responsabilidad limitada en un plazo de 24 horas si para ello se emplean instrumentos estandarizados, y está sujeta a unos aranceles notariales y registrales tasados.* Por ello, la referida Ley 18/2022 establece en la disposición adicional sexta —constitución de sociedades de responsabilidad limitada de forma íntegra por medios telemáticos a través del Centro de Información y Red de Creación de Empresas (CIRCE)— que *1. A partir de la entrada en vigor de la norma de transposición de la Directiva (UE) 2019/1151 del Parlamento Europeo y del Consejo, de 20 de junio de 2019, por la que se modifica la Directiva (UE) 2017/1132 en lo que respecta a la utilización de herramientas y procesos digitales en el ámbito del derecho de sociedades, el procedimiento notarial para la constitución de sociedades de responsabilidad limitada de forma íntegra por medios telemáticos quedará incorporado al procedimiento de constitución a través del Centro de Información y Red de Creación de Empresas (CIRCE), y sujeto a los plazos, aranceles y demás requisitos previstos en la regulación de CIRCE. 2. Los desarrollos reglamentarios pertinentes para la incorporación de dicho procedimiento a CIRCE relativos al Documento Único Electrónico, los estatutos tipo y la escritura pública estandarizada se realizarán por Real Decreto.*

ridas. Resulta, por tanto, fundamental el sistema que permita asegurar la identificación en un procedimiento que pretende ser íntegramente telemático no sólo al constituir la sociedad sino también durante la vida de la misma y el modelo de intercambio de información. La referida norma, conocida como Directiva de digitalización de sociedades (o Directiva de herramientas digitales) fijó el 1 de agosto de 2021 como fecha para su transposición, sin perjuicio de que dicho plazo se extendía hasta el 1 de agosto de 2023 para algunas disposiciones concretas (art. 2.2 Directiva) y que, como excepción contemplaba que los Estados miembros que experimentasen especiales dificultades para transponer la Directiva pudieran acogerse a una prórroga de como máximo un año respecto al plazo del 1 de agosto de 2021 (lo que habían debido notificar a la Comisión a más tardar el 1 de febrero de 2021), aduciendo razones objetivas que justificasen la necesidad de dicha prórroga.

En el proceso de transposición, en octubre de 2021 se dio a conocer el Anteproyecto de Ley de Medidas de Eficiencia Digital del Servicio Público de Justicia que, entre sus objetivos, contemplaba el de la incorporación a nuestro Derecho de la Directiva de digitalización de sociedades. Así, la Exposición de Motivos del Anteproyecto, tras detallar las iniciativas que desde comienzos del siglo XXI ha llevado a cabo la Comisión Europea para crear un marco regulador moderno para el Derecho de sociedades en el ámbito de la Unión[13], identificaba la digitalización como un objetivo esencial de políti-

---

[13] En particular, la comunicación *Plan de acción: Derecho de sociedades europeo y gobierno corporativo —un marco jurídico moderno para una mayor participación de los accionistas y la viabilidad de las empresas* (12 de diciembre de 2012) y el llamado "Paquete de Derecho de Sociedades" (*Company Law Package)*, en ejecución del Plan de Acción de 2012 (25 de abril de 2018). Este contenía entre sus propuestas la relativa al uso de herramientas digitales en la constitución y registro de sociedades. Dicha propuesta, y el resto de las contenidas, se precisaba que, técnicamente, no estaban llamadas a ser normas independientes con respecto al Derecho europeo vigente, sino que tenían por objeto la modificación, en cuanto a los aspectos contemplados por cada una de ellas, de la Directiva (UE) 2017/1132 del Parlamento Europeo y del Consejo, de 14 de junio de 2017, sobre determinados aspectos del Derecho de sociedades. En el ámbito que aquí interesa, la finalidad del *Company Law Package* es crear reglas más simples y menos costosas para las sociedades en relación con la constitución y registro de las compañías. Añade la Exposición de Motivos del Anteproyecto de Ley de Medidas de Eficiencia Digital del Servicio Público de Justicia por la que se transpone al ordenamiento jurídico español la Directiva que (…) *junto con el Plan de Acción de 2012, para comprender el marco en el que aparece la conocida como "Directiva de digitalización", resulta necesario, asimismo, hacer referencia a los esfuerzos realizados por las instituciones europeas en el ámbito de las nuevas tecnologías. El 6 de mayo de 2015, la Comisión presentó al Parlamento Europeo, al Consejo, al Comité Económico y Social y al Comité de las Regiones su comunicación bajo el título "Una Estrategia para el Mercado Único Digital de Europa". La Comisión se fijó como objetivo potenciar el uso de las nuevas tecnologías, que no conocen fronteras, para lograr crear un mercado digital único conectado, siendo el mercado único digital aquél en el que la libre circulación de mercancías, personas, servicios y capitales está garantizada y en el que personas y empresas pueden acceder fácilmente a las actividades y ejercerlas en línea en condiciones de competencia, con un alto nivel de protección de los datos personales y de los consumidores, con independencia de su nacionalidad o lugar de residencia. De especial importancia en este campo era la aplicación*

ca jurídica para la Comisión[14]. La Directiva (UE) 2017/1132 del Parlamento Europeo y del Consejo, de 14 de junio de 2017, sobre determinados aspectos del Derecho de sociedades incluía ciertos elementos —limitados— de digitalización, pero el mayor impulso de la digitalización de sociedades, en este marco, viene de la mano de la Directiva (UE) 2019/1151 del Parlamento Europeo y del Consejo, de 20 de junio de 2019, que también establece normas sobre publicidad e interconexión de los registros centrales, mercantiles y de sociedades de los Estados miembros. Así, una de las líneas esenciales de la Directiva de digitalización de sociedades —que se conceptúa como una Directiva de mínimos— es imponer la obligación a los Estados miembros de que prevean en sus respectivos ordenamientos jurídicos un sistema de constitución de las sociedades de capital íntegramente en línea, sin necesidad de que los solicitantes comparezcan en persona ante cualquier autoridad o persona u organismo habilitado en virtud del Derecho

del principio de "solo una vez", que permitía a las administraciones públicas reutilizar la información sobre ciudadanos y empresas que ya obraba en su poder sin tener que solicitarla de nuevo. En términos económicos, la ampliación de dicho principio, en cumplimiento de la normativa de protección de datos, se calculaba que generaría un ahorro neto anual importante en el espacio europeo. Ahondando en la aplicación del referido principio, la Comisión se propuso poner en marcha un proyecto piloto para el principio de "solo una vez" para empresas y ciudadanos, y exploraría la posibilidad de una solución a escala de la Unión Europea, un registro en línea seguro para los documentos. Tal y como se recogía en la Comunicación de 2015, "las empresas se ven obstaculizadas por la fragmentación normativa y las barreras que les hacen más difícil ampliar y operar a través de las fronteras dentro del mercado interior. Muchos Estados miembros han pedido medidas, incluido ayudar a las empresas a constituirse rápidamente (por ejemplo, en 24 horas). La Comisión considera que toda empresa constituida debe poder ampliar sus operaciones transfronterizas en línea y convertirse en paneuropea en el plazo de un mes sobre la base de la interconexión de los registros mercantiles y el principio de "solo una vez"". Por ello, en aquel documento, la Comisión ya avanzaba que presentaría un nuevo Plan de Acción Europeo sobre Administración Electrónica 2016-2020 que incluiría i) hacer realidad la interconexión de registros mercantiles para 2017, ii) poner en marcha en 2016 una iniciativa con los Estados miembros para llevar a cabo una experiencia piloto del principio de "solo una vez"; iii) ampliar e integrar los portales europeos y nacionales hacia un "portal digital único" con el fin de crear un sistema de información para ciudadanos y empresas de fácil manejo y iv) acelerar la transición de los Estados miembros hacia una contratación pública electrónica plena y la interoperabilidad de la firma electrónica (...).

[14] Como se destaca, elemento esencial para el funcionamiento de las medidas contenidas en la Directiva de Digitalización fue la creación del Sistema de Interconexión de Registros centrales, mercantiles y de sociedades de todos los Estados miembros (SIRM o BRIS), materializado en la Directiva 2012/17, de 13 de junio de 2012, operativo desde junio de 2017, tras la publicación del Reglamento de ejecución (UE) 2015/884, de la Comisión, de 8 de junio de 2015, por el que se establecen especificaciones y procedimientos técnicos necesarios para el sistema de interconexión de registros establecido por la Directiva 2009/101/CE del Parlamento Europeo y del Consejo. Igualmente, se reseña la propuesta de Directiva sobre la *Societas Unius Personae* (SUP), que la Comisión Europea presentó el 9 de abril de 2014, aunque ésta no llegó a prosperar. Vid. ESTEBAN VELASCO, G. "La propuesta de Directiva relativa a las sociedades unipersonales de responsabilidad limitada (en especial la "societas unius personae")", en *Estudios jurídicos en memoria del Profesor Emilio Beltrán. Liber Amicorum* (Coord. A. ROJO / A.B. CAMPUZANO), Tomo I, Tirant Lo Blanch, Valencia, 2015, pp. 909-940.

nacional para tratar cualquier aspecto de la constitución en línea de sociedades, incluyendo el otorgamiento de la escritura de constitución y la aportación del capital social, contemplándose como excepcional la posibilidad de requerir la presencia física del solicitante[15]. Sin perjuicio de que este procedimiento de constitución íntegramente digital no supone la exclusión de otros procedimientos ya contemplados en las legislaciones nacionales de los Estados miembros. La consecución de este objetivo se vincula con documentación tipo —en aras de la simplificación procedimental— y con el desarrollo de sistemas seguros y fiables de identificación que, en nuestro modelo de sociedades, exige tener en consideración la actuación y funciones de los fedatarios públicos. Sin olvidar que dicho mandato no reduce su alcance a la constitución societaria de forma íntegra por medios telemáticos, sino que se persigue la extensión del procedimiento íntegramente en línea a todo el ciclo vital de la sociedad, lo que supone además arbitrar un sistema para la presentación telemática de la documentación necesaria[16].

---

15 La Directiva de digitalización de sociedades, además, extiende el procedimiento íntegro en línea al registro de sucursales e introduce disposiciones que afectan al sistema de publicidad registral, al funcionamiento de los Registros mercantiles y al coste del servicio prestado. Vid. BOQUERA, J. "La digitalización de las sociedades de capital españolas tras las Directivas europeas sobre la utilización de herramientas y procesos digitales en el ámbito del Derecho de sociedades", *Revista de Derecho Mercantil,* núm. 320, abril-junio 2021, pp. 11-61; COHEN BENCHETRIT, A. "Digitalización en el Derecho de sociedades", en *El sistema jurídico ante la digitalización. Estudios de Derecho Privado* (Dir. M. PANIAGUA), Tirant Lo Blanch, Valencia, 2021, pp. 417-440 y "Digitalización en la constitución y registro de sociedades", en *Estudios sobre Derecho digital* (Dir. R. PEREA), Thomson Reuters Aranzadi, Pamplona, 2021, pp. 513-540; FUENTES NAHARRO, M. "Digitalización y constitución de sociedades", *Revista de Derecho Bancario y Bursátil,* núm. 150, 2018, pp. 275-276 y "La digitalización del Derecho de sociedades: de la SUP al Company Law Package", *Anales de la Academia Matritense del Notariado,* T. 59, 2019, pp. 675-706; GARCÍA COLLANTES, J.M. "Derecho de sociedades y nuevas tecnologías, reflexiones de política jurídica en torno a la Directiva de digitalización societaria (UE 2019/1151, de 20 de junio)", en *Delendus est Leviathan. Liber Amicorum Profesor José María de la Cuesta Rute* (Coords. J.C. GONZÁLEZ VÁZQUEZ / M.C. PABLO-ROMERO / J.M. DE LOS RÍOS / E.M. VALPUESTA), Wolters Kluwers, Madrid, 2020, pp. 357-370; LAMELA DOMINGUEZ, A. "La digitalización del derecho de sociedades. Directivas 2019/1151 y 2019/2121", en *Actualidad Mercantil 2021* (Coords. M. ENCISO / E. ORTEGA), Tirant Lo Blanch, Valencia, 2021, pp. 517-542; MARTÍNEZ BALMASEDA, A. "La digitalización de las sociedades en el Derecho europeo: la Directiva 2019/1151 sobre la utilización de herramientas y procesos digitales", *Revista de Derecho de la competencia y la distribución,* núm. 26, 2020.

16 Vid. ALVÁREZ ROYO-VILLANOVA, S. "Propuesta de adaptación de la Directiva de Digitalización 2019/1151 a la vista del Derecho comparado", *Revista Lex Mercatoria,* núm. 18. 2021, pp. 106-111 y "Constitución de sociedades en línea: como adaptar la Directiva de digitalización", *El Notario del siglo XXI,* núm. 88, 2019, pp. 16-21; GONZÁLEZ FERRER, A. "Constitución de sociedades en línea: como adaptar la Directiva de digitalización", *El Notario del siglo XXI,* núm. 89, 2020, pp. 6-9; LUCINI MATEO, A. "El documento público notarial en la perspectiva del proyecto de digitalización del Derecho europeo de sociedades", *Anales de la Academia Matritense del Notariado,* T. 58, 2018, pp. 193-238; MARTÍNEZ CARRASCOSA, J. "Retos del notariado europeo ante la digitalización", *Escritura Pública,* núm. 130, 2021, pp. 6-13.

Finalmente, por razones de política legislativa, la transposición a nuestro Derecho de la Directiva (UE) 2019/1151 se escindió del Anteproyecto de Ley de Medidas de Eficiencia Digital del Servicio Público de Justicia y se lleva a cabo por la Ley 11/2023, de 8 de mayo, de trasposición de Directivas de la Unión Europea en materia de accesibilidad de determinados productos y servicios, migración de personas altamente cualificadas, tributaria y digitalización de actuaciones notariales y registrales; y por la que se modifica la Ley 12/2011, de 27 de mayo, sobre responsabilidad civil por daños nucleares o producidos por materiales radiactivos. Aunque en nuestro Derecho el uso de herramientas digitales en la constitución de sociedades conforma un objetivo ya perseguido en normas anteriores, lo cierto es que hasta la transposición de la referida Directiva no se había alcanzado aún en nuestro modelo societario un procedimiento íntegro de constitución de sociedades en línea que pudiera considerarse exitoso.

2. LA CONSTITUCIÓN EN LÍNEA DE SOCIEDADES DE RESPONSABILIDAD LIMITADA

La Ley 11/2023, de 8 de mayo, en su Título IV, transpone la Directiva (UE) 2019/1151 del Parlamento Europeo y del Consejo, de 20 de junio de 2019, conocida como "Directiva de digitalización de sociedades" o "Directiva de herramientas digitales". Para ello, este título IV modifica, en lo que aquí interesa, la Ley del Notariado de 28 de mayo de 1862; el Código de Comercio, publicado por el Real Decreto de 22 de agosto de 1885; la Ley Hipotecaria, aprobada por el Decreto de 8 de febrero de 1946; la Ley 14/2000, de 29 de diciembre, de medidas fiscales, administrativas y del orden social; la Ley 24/2001, de 27 de diciembre, de medidas fiscales, administrativas y del orden social; y el texto refundido de la Ley de Sociedades de Capital, aprobado por el Real Decreto Legislativo 1/2020, de 2 de julio. Además, la disposición adicional quinta establece el calendario de implantación de las previsiones contenidas en el título IV referidas a los Registros de la Propiedad, Mercantiles y de Bienes Muebles. En este sentido, aunque en nuestro derecho existen herramientas digitales en la constitución de sociedades desde hace tiempo —el Preámbulo de la Ley 11/2023, de 8 de mayo, destaca los hitos legislativos en este ámbito— los procedimientos existentes requerían ser modificados en algunos aspectos para cumplir con el mandato de la Directiva europea de disponer de un procedimiento íntegramente online aplicable al momento de constitución (también a las modificaciones societarias posteriores y al registro de sucursales por parte de solicitantes ciudadanos de la Unión Europea). Teniendo en cuenta que la Ley 11/2023 opta por introducir en nuestro ordenamiento jurídico las modificaciones necesarias para dar cumplimiento de manera estricta al mandato de la Directiva europea, lo que supone que el procedimiento íntegramente en línea resultará de aplicación únicamente a las sociedades de responsabilidad limitada y dicho procedimiento no podrá utilizarse cuando la aportación de los socios al capital social se realice mediante aportaciones que no sean dinerarias.

En consonancia con lo indicado, se introducen modificaciones, en primer lugar, en la Ley del Notariado (art. 34) a fin de habilitar la intervención telemática notarial, que permita la prestación de los servicios notariales sin necesidad de presencia física. Así, se regula un protocolo electrónico que refleje las matrices de los instrumentos públicos, la posibilidad de consulta digital motivada de un índice único informatizado general por el Consejo General del Notariado y las administraciones públicas, la posibilidad de otorgamiento de ciertos instrumentos a través de videoconferencia y comparecencia electrónica y diversas disposiciones en materia de seguridad y archivos. La entrada en vigor de esta modificación se fija a los seis meses de la publicación en el Boletín Oficial del Estado (9 de noviembre de 2023). En segundo lugar, también se modifica la Ley Hipotecaria (art. 36) para habilitar la intervención telemática registral que facilite la prestación de los servicios registrales sin necesidad de presencia física. En esta sede, los cambios principalmente afectan a la sede electrónica general, la posibilidad de las comunicaciones de la ciudadanía y con otros organismos por medios electrónicos, la publicidad registral por estos mismos medios, la creación de un sistema informático registral adicional y un repositorio electrónico con información actualizada de las fincas. En este caso, la entrada en vigor se establece al año de la publicación en el Boletín Oficial del Estado (9 de mayo de 2024). En relación con ambas, en tercer lugar, se modifican las Leyes sobre medidas fiscales, administrativas y de orden social 14/2000 de 29 de diciembre (art. 37, entrada en vigor el 9 de noviembre de 2023) y 24/2001 de 27 de diciembre (art. 38, entrada en vigor el 9 de mayo de 2024), respecto a los sistemas de videoconferencia de notarios y registradores, a la interoperabilidad con otros Registros y el acceso por los interesados en la aplicación abierta en la sede electrónica de los registradores utilizando los sistemas de identificación electrónica y la interoperabilidad de los sistemas de información y comunicación de registradores y notarios. En cuarto lugar, se modifica el Código de Comercio (art. 35, entrada en vigor el 9 de mayo de 2024) para establecer que el Registro Mercantil asegure la interconexión con la plataforma central europea, detallando las indicaciones sobre las que el intercambio de información a través del sistema de interconexión facilitará información gratuitamente.

Por último, la Ley 11/2023, de 8 de mayo, incorpora en la Ley de Sociedades de Capital el artículo 20 bis (definiciones), modifica la rúbrica del capítulo II, título II (constitución de sociedades) en el que integra el artículo 22 bis relativo a la constitución de sociedades en línea e incluye los artículos 40 bis a 40 quinquies en un capítulo III bis, en el título II, referido a la constitución electrónica de la sociedad de responsabilidad limitada (constitución en línea)[17]. Estas previsiones entraron en vigor al día siguiente de su publicación en el Boletín Oficial del Estado (10 de mayo de 2023), aunque la constitu-

---

17 MIQUEL RODRÍGUEZ, J. "La constitución en línea de Sociedades de Responsabilidad Limitada. Transposición de la Directiva 2019/1151 y reforma de la Ley de Sociedades de Capital", *La Ley Mercantil*, núm. 103, junio de 2023.

ción en línea requiere la implantación de sistemas que aseguren la identificación de los sujetos y la autenticación de los documentos, además de la relevancia del intercambio de información. Ambos requerimientos —identificación e información— se encuentran en la base de la mayor parte de los procedimientos y sistemas que permitan el éxito de una constitución en línea de sociedades segura y ágil.

La regulación de la constitución en línea de sociedades de responsabilidad limitada parte de la definición de una serie de términos que se consideran necesarios para el desarrollo del procedimiento. Se trata de términos que se circunscriben a la constitución de sociedades y que, en algunos supuestos, reenvían su delimitación a la normativa europea. Así, el medio de identificación electrónica se remite a su definición en el artículo 3.2 del Reglamento (UE) 910/2014 del Parlamento Europeo y del Consejo y la Ley 6/2020, de 11 de noviembre, reguladora de determinados aspectos de los servicios electrónicos de confianza (una unidad material y/o inmaterial que contiene los datos de identificación de una persona y que se utiliza para la autenticación en servicios en línea). El sistema de identificación electrónica se reenvía a su delimitación en el artículo 3.4 del Reglamento (UE) 910/2014 y la Ley 6/2020, de 11 de noviembre, reguladora de determinados aspectos de los servicios electrónicos de confianza (un régimen para la identificación electrónica en virtud del cual se expiden medios de identificación electrónica a las personas físicas o jurídicas o a una persona física que representa a una persona jurídica). Los medios electrónicos se definen como equipos electrónicos utilizados para el tratamiento, incluida la compresión digital, y el almacenamiento de datos, a través de los cuales la información se envía desde la fuente y se recibe en su destino, siendo esa información enteramente transmitida, canalizada y recibida del modo establecido por la legislación española. La constitución integra todo el proceso de la fundación de una sociedad con arreglo a la Ley de Sociedades de Capital, incluidos el otorgamiento de la escritura de constitución, así como todas las fases necesarias para la inscripción de la sociedad en el registro. El registro de una sucursal es el proceso que conduce a la publicidad de documentos e información relativos a una sucursal de nueva apertura en un Estado miembro. El modelo se define como modelo electrónico de constitución de una sociedad elaborado por los Estados miembros de conformidad con su Derecho nacional y que se utiliza para la constitución en línea de sociedades con arreglo al artículo 26 bis (se entiende que la remisión debería de ser al artículo 22 bis de la Ley de Sociedades de Capital, que es la que regula la constitución de sociedades en línea).

Este procedimiento íntegramente en línea no puede utilizarse cuando la aportación de los socios al capital social se realice mediante aportaciones que no sean dinerarias. Las aportaciones dinerarias serán efectuadas mediante un instrumento de pago electrónico de amplia disposición en la Unión Europea, que ha de permitir la identificación de la persona que realizó el pago y debe ser proporcionado por un prestador de servicios de pago electrónico o entidad financiera establecida en un Estado miembro. La documentación, valoración y transmisión de las aportaciones dinerarias serán instrumentadas electrónicamente. El notario, sin perjuicio de la calificación registral, comprobará, asimismo, cuando sea necesario, que se ha acreditado la realidad y, en su caso, la valoración de las aportaciones efectuadas al capital social de la sociedad. No obstante, ha de tenerse en cuenta que de acuerdo con lo establecido en el apartado segundo del artículo 62 no será necesario acreditar la realidad de las aportaciones dinerarias en la constitución de sociedades de responsabilidad limitada si los fundadores manifiestan en la escritura que responderán solidariamente frente a la sociedad y frente a los acreedores sociales de la realidad de las mismas.

A partir de ahí, la constitución electrónica de la sociedad de responsabilidad limitada (constitución en línea) prevé que las sociedades de responsabilidad limitada puedan ser constituidas mediante el procedimiento íntegramente en línea, sin perjuicio de la posibilidad de utilizar cualquier otro tipo de procedimiento legalmente establecido. Teniendo en cuenta que, en este procedimiento íntegramente en línea para la constitución de una sociedad de responsabilidad limitada, se indica que los otorgantes podrán utilizar en la escritura pública notarial el modelo de constitución con estatutos tipo, cuyo contenido se determina reglamentariamente. Y, aunque ciertamente, la no utilización del procedimiento íntegramente en línea sólo se refiere a aquellas situaciones en la que la aportación de los socios al capital social se realice mediante aportaciones que no sean dinerarias, la determinación posterior de los estatutos tipo que podrán utilizarse es habitual que incorpore otras circunstancias que, sin ser impeditivas, limiten aspectos organizativos de la sociedad. En esa medida, la constitución electrónica de sociedades es obvio que se afianza y consolida con carácter general, sin perjuicio de que el modelo acogido —sociedades de responsabilidad limitada con aportaciones dinerarias— y, sobre todo, las determinaciones que habitualmente se incorporan a los estatutos tipo, continúen resultando más idóneas para pequeñas y medianas empresas (y, desde luego, para microempresas, que conforma una de las realidades económicas a las que la legislación europea presta especial atención en los últimos tiempos). En este sentido, si al objetivo de fundación en línea le sumamos la deseada celeridad en la constitución, ésta se incrementa notablemente cuando se utilizan modelos estandarizados que, hasta el momento, se han caracterizado por introducir limitaciones organizativas en la sociedad, destacando la opción por la "gran sencillez", sin perjuicio de apelar a la posible aprobación futura de otro u otros modelos que incorporen mayor complejidad[18]. La

18 En referencia al modelo anterior a la reforma de la Ley 11/2023, de 8 de mayo, la Resolución de 13 de abril de 2021, de la Dirección General de Seguridad Jurídica y Fe Pública señala que *se establecen por tanto unos exigentes requisitos temporales que la Ley es consciente de que solamente pueden ser alcanzados con la estandarización de los estatutos sociales correspondientes a la constitución de la sociedad. Por ello establece (...) la necesidad de la existencia de unos estatutos-tipo que permitan la autorización de la escritura de constitución y la calificación e inscripción de la misma en tan breves plazos. En desarrollo de lo anterior se aprobó el Real Decreto 421/2015, de 29 de mayo, por el que se regulan los modelos de estatutos-tipo y de escritura pública estandarizados de las sociedades de responsabilidad limitada, se*

Ley de Sociedades de Capital deja a la determinación reglamentaria la concreción de esos modelos, cuyo uso tiene evidentes repercusiones en la referida celeridad en la constitución[19].

En efecto, se dispone que el procedimiento de constitución en línea, cuando se utilicen escrituras en formato estandarizado con campos codificados y estatutos tipo, se llevará a cabo en el plazo de las seis horas hábiles contadas desde el siguiente al de la fecha del asiento de presentación o, en su caso, al de la fecha de devolución del documento retirado; a estos efectos se consideran horas hábiles las que queden comprendidas dentro del horario de apertura fijado para los registros, Mientras que, en los demás casos, la calificación e inscripción se llevará a cabo en un plazo máximo de cinco días laborables contados desde el siguiente al de la fecha del asiento de presentación o, en su caso, al de la fecha de devolución del documento retirado. Si la inscripción definitiva se practica vigente el asiento de presentación los efectos se retrotraerán a esta fecha. Sin perjuicio de que, en caso de existencia de causa justificada por razones técnicas o por especial complejidad del asunto que impida el cumplimento de dicho plazo, el Registrador mercantil debe notificar esta circunstancia al interesado. El Registro Mercantil competente para recibir la escritura pública de constitución y sus anexos documentales electrónicos será el del domicilio social de la sociedad que se constituya.

En todo caso, en la constitución en línea de sociedades resultan esenciales los procedimientos que aseguren la identificación de los sujetos, la información relevante sobre los mismos y la comprobación de la documentación pertinente (identidad, capacidad, representación, prohibiciones...). Es evidente que todo ello requiere de herramientas y sistemas que lo procuren con seguridad, haciendo posible su realización en línea, sin presencia física, que la Directiva sólo prevé excepcionalmente. Acogiéndose a esta posibilidad, la Ley de Sociedades de Capital bajo la rúbrica excepciones establece que la constitución electrónica de la sociedad se llevará a cabo íntegramente en línea y sin necesidad de que los fundadores comparezcan presencialmente ante el notario. No obstante, por razones de interés público y en orden a evitar cualquier falsificación de identidad, el notario podrá, a los efectos de comprobar la identidad exacta del fundador,

aprueba modelo de estatutos-tipo, se regula la Agenda Electrónica Notarial y la Bolsa de denominaciones sociales con reserva; en el que se opta por un modelo de estatutos de gran sencillez (Anexo I) y con unos campos codificados (Anexo II) para adaptarlos a las particularidades de cada sociedad (...).

19 El artículo 40 bis de la Ley de Sociedades de Capital —modelos electrónicos para la constitución electrónica— establece que *el Ministerio de Industria, Comercio y Turismo conjuntamente con el Ministerio de Justicia, procederán a introducir las modificaciones necesarias en el Documento Único Electrónico, estatutos tipo y escritura pública estandarizada e incluirlos en su respectiva sede electrónica. Estos documentos habrán de ser accesibles, también, a través de la pasarela digital única europea. Se preverá además un nudo de comunicación con la plataforma notarial. Tales documentos modelos deberán de estar redactados en español, en las lenguas cooficiales y en inglés. El otorgamiento de la escritura pública y su inscripción, se realizará conforme a la normativa notarial y registral, respectivamente.*

requerir la comparecencia física del interesado por una sola vez. Y, del mismo modo, dicha comparecencia física podrá ser exigida por el notario en orden a la completa comprobación de la capacidad del otorgante y, en su caso, sus efectivos poderes de representación. En estos supuestos, el notario debe anexar a la escritura los motivos por los que se ha exigido la presencia de los comparecientes y esta presencia física no impedirá que las restantes etapas y elementos del procedimiento electrónico de constitución de la sociedad puedan ser completadas electrónicamente. Estos requerimientos técnicos y de seguridad impactan no sólo en el ámbito propiamente societario, sino también en el marco del régimen aplicable a la actuación de los fedatarios públicos que en nuestro modelo intervienen en la constitución de sociedades.

Y elemento esencial en este desarrollo es también el intercambio de información, elemento central en el impulso a la digitalización de sociedades, no sólo por cuestiones de celeridad en la constitución societaria, sino también por motivos de seguridad jurídica, en cuanto un amplio y adecuado intercambio de información es esencial, a los ojos del legislador europeo, para evitar fraudes y abusos. Por ello, la Directiva de digitalización de sociedades remarca la importancia de la información que puede solicitarse y que ha de suministrarse, con pleno respeto, obviamente, a las previsiones en materia de protección de datos. De ahí que además de las modificaciones ya referidas, el Real Decreto 442/2023, de 13 de junio, modifique el Reglamento del Registro Mercantil, aprobado por el Real Decreto 1784/1996, de 19 de julio, y por el que se traspone parcialmente la Directiva (UE) 2019/1151 del Parlamento Europeo y del Consejo, de 20 de junio de 2019, por la que se modifica la Directiva (UE) 2017/1132 en lo que respecta a la utilización de herramientas y procesos digitales en el ámbito del Derecho de sociedades. Esta modificación del Reglamento del Registro Mercantil completa la transposición de la Directiva en lo que se refiere a los registros de sucursales de otros Estados miembros de forma electrónica que ya se había realizado parcialmente con la Ley 11/2023, de 8 de mayo[20].

20 La modificación del Reglamento del Registro Mercantil introduce el artículo 94 bis (para asignar a las sociedades de capital y a las sucursales de sociedades de otros Estados miembros un identificador único europeo —EUID— que permita identificarlas inequívocamente en las comunicaciones entre los registros a través del sistema de interconexión de registros mercantiles), reformando la rúbrica de la sección 2ª del capítulo XI del título II (sección 2.ª De la inscripción de los empresarios y sus actos) e introduciendo los artículos 308 bis a 308 quáter referidos a creación y cierre en línea de sucursales, los artículos 308 quinquies a 308 septies en una nueva sección 3ª del capítulo XI del título II relativos a la información societaria europea y su acceso mediante la plataforma central europea y el Identificador Único Europeo (EUID) y una nueva disposición final séptima en cuanto a las tasas por acceder a los documentos y la información accesible gratuitamente a través del sistema de interconexión de Registros.

IV. REFERENCIAS BIBLIOGRÁFICAS

ALVÁREZ ROYO-VILLANOVA, S. "Propuesta de adaptación de la Directiva de Digitalización 2019/1151 a la vista del Derecho comparado", *Revista Lex Mercatoria,* núm. 18. 2021, pp. 106-111.

— "Constitución de sociedades en línea: como adaptar la Directiva de digitalización", *El Notario del siglo XXI,* núm. 88, 2019, pp. 16-21.

BELTRÁN, E. / ROJO, A. "El capital social mínimo", *Revista de Derecho Mercantil,* núm. 187-188, 1988, pp. 149-174.

BENÍTEZ GARCÍA, R. "Principales novedades en la legislación societaria como consecuencia de la Ley crea y crece, y la futura aprobación de los Proyectos de Ley de startups, y de eficiencia digital del servicio público de justicia", *Revista Lex Mercatoria,* núm. 21, 2022, pp. 31-53.

BOQUERA, J. "La digitalización de las sociedades de capital españolas tras las Directivas europeas sobre la utilización de herramientas y procesos digitales en el ámbito del Derecho de sociedades", *Revista de Derecho Mercantil,* núm. 320, abril-junio 2021, pp. 11-61.

CABANAS TREJO, R. "La nueva Ley de empresas emergentes y su relación con la actividad notarial", El Notario del siglo XXI, núm. 108, marzo-abril 2023, pp. 128-135.

CAMPUZANO, A.B. "La sociedad limitada nueva empresa. El documento único electrónico", *Revista de Derecho y Nuevas Tecnologías,* núm. 5, 2004, pp. 75-88.

COHEN BENCHETRIT, A. "Digitalización en el Derecho de sociedades", en *El sistema jurídico ante la digitalización. Estudios de Derecho Privado* (Dir. M. PANIAGUA), Tirant Lo Blanch, Valencia, 2021, pp. 417-440.

— "Digitalización en la constitución y registro de sociedades", en *Estudios sobre Derecho digital* (Dir. R. PEREA), Thomson Reuters Aranzadi, Pamplona, 2021, pp. 513-540.

ESTEBAN VELASCO, G. "La propuesta de Directiva relativa a las sociedades unipersonales de responsabilidad limitada (en especial la "societas unius personae")", en *Estudios jurídicos en memoria del Profesor Emilio Beltrán. Liber Amicorum* (Coord. A. ROJO / A.B. CAMPUZANO), Tomo I, Tirant Lo Blanch, Valencia, 2015, pp. 909-940.

FUENTES NAHARRO, M. "Digitalización y constitución de sociedades", *Revista de Derecho Bancario y Bursátil,* núm. 150, 2018, pp. 275-276.

— "La digitalización del Derecho de sociedades: de la SUP al Company Law Package", *Anales de la Academia Matritense del Notariado,* T. 59, 2019, pp. 675-706.

GARCÍA COLLANTES, J.M. "Derecho de sociedades y nuevas tecnologías, reflexiones de política jurídica en torno a la Directiva de digitalización societaria (UE 2019/1151, de 20 de junio)", en *Delendus est Leviathan. Liber Amicorum Profesor José María de la Cuesta Rute* (Coords. J.C. GONZÁLEZ VÁZQUEZ / M.C. PABLO-ROMERO / J.M. DE LOS RÍOS / E.M. VALPUESTA), Wolters Kluwers, Madrid, 2020, pp. 357-370.

GARCÍA VALDECASAS, J.A. "Breves notas sobre las normas complementarias en desarrollo de la sociedad limitada nueva empresa", *Revista de Derecho y Nuevas Tecnologías,* núm. 4, 2004, pp. 61-75.

GIMENO BEVIÁ, V. "El sistema de retribución e incentivos en las empresas emergentes", *Revista de Derecho del Mercado de Valores,* núm. 31, 2022.

GONZÁLEZ FERRER, A. "Constitución de sociedades en línea: como adaptar la Directiva de digitalización", *El Notario del siglo XXI,* núm. 89, 2020, pp. 6-9.

LAMELA DOMINGUEZ, A. "La digitalización del derecho de sociedades. Directivas 2019/1151 y 2019/2121", en *Actualidad Mercantil 2021* (Coords. M. ENCISO / E. ORTEGA), Tirant Lo Blanch, Valencia, 2021, pp. 517-542.

LUCINI MATEO, A. "El documento público notarial en la perspectiva del proyecto de digitalización del Derecho europeo de sociedades", *Anales de la Academia Matritense del Notariado,* T. 58, 2018, pp. 193-238.

MARTÍNEZ BALMASEDA, A. "La digitalización de las sociedades en el Derecho europeo: la Directiva 2019/1151 sobre la utilización de herramientas y procesos digitales", *Revista de Derecho de la competencia y la distribución,* núm. 26, 2020.

MARTÍNEZ CARRASCOSA, J. "Retos del notariado europeo ante la digitalización", *Escritura Pública,* núm. 130, 2021, pp. 6-13.

MIQUEL RODRÍGUEZ, J. "La constitución en línea de Sociedades de Responsabilidad Limitada. Transposición de la Directiva 2019/1151 y reforma de la Ley de Sociedades de Capital", *La Ley Mercantil,* núm. 103, junio de 2023.

MONZÓN CARCELLER, N. "Aspectos mercantiles de la Ley 28/2022, de 21 de diciembre, de fomento del ecosistema de las empresas emergentes (Ley de startups)", *Diario La Ley,* núm. 10262, 2023.

MOROY HUETO, F. "La nueva Ley de startups: ¿un nuevo impulso al ecosistema emprendedor-inversor en España?", *Revista Española de Capital Riesgo,* núms.2-3, 2022, pp. 19-27.

VALLET VILA, R. "Ley StartUps para fomentar las empresas emergentes", *Actualidad Jurídica Aranzadi,* núm. 992, 2023.

Capítulo 4
LA GARANTÍA DE LA UNIDAD DE MERCADO. EL ALCANCE DE LA REFORMA OPERADA POR LA LEY 18/2022, DE 28 DE SEPTIEMBRE, DE CREACIÓN Y CRECIMIENTO DE EMPRESAS

Alberto Palomar Olmeda
Profesor Titular (Acred.) de Derecho Administrativo
Magistrado (E.V.)
Abogado

Ramón Terol Gómez
Profesor Titular de Derecho Administrativo
Universidad de Alicante

SUMARIO: I. CONSIDERACIONES DE CARÁCTER GENERAL. II. LA REFORMA DEL ÁMBITO DE APLICACIÓN DE LA LEY DE GARANTÍA DE LA UNIDAD DE MERCADO. III. SOBRE LOS PRINCIPIOS DE GARANTÍA DE LA LIBERTAD DE ESTABLECIMIENTO Y DE CIRCULACIÓN. 1.Aspectos generales. 2. Sobre el principio de cooperación y confianza mutua. 3. Sobre el principio de necesidad y proporcionalidad de las actuaciones de las autoridades competentes y su instrumentación. 4. Actuaciones que limitan la libertad de establecimiento y la libertad de circulación. IV. NOVEDADES EN EL ÁMBITO DE LAS ORGANIZACIONES ADMINISTRATIVAS Y PARA LA COOPERACIÓN ENTRE ADMINISTRACIONES PÚBLICAS. 1. Aspectos generales. 2. La Conferencia Sectorial para la Mejora Regulatoria y el Clima de Negocios. 3. La Secretaría para la Unidad de Mercado. 4.El Observatorio de Buenas Prácticas Regulatorias. 5. Precisiones sobre la cooperación en el marco de las conferencias sectoriales e intercambio de información.6. Especial referencia a la cooperación en la producción normativa y su evalua-

I. CONSIDERACIONES DE CARÁCTER GENERAL

La Ley 18/2022, de 28 de septiembre, de creación y crecimiento de empresas, tiene entre sus objetivos más notables, según indica su propio preámbulo, el "... de eliminar las barreras a la entrada y salida de empresas que obstaculizan la eficiente asignación de los recursos y, con ello, el crecimiento de la productividad, que es, a largo plazo, el principal factor determinante del crecimiento potencial de la economía. Diversos trabajos de investigación corroboran que las mejoras regulatorias del entorno empresarial, entre las que se incluyen las que facilitan el inicio de un negocio, tienen un impacto muy significativo en la creación de empresas. Estos trabajos también concluyen que cuando las mejoras regulatorias del entorno empresarial son muy sustanciales, también están asociadas a incrementos significativos en el crecimiento de la renta *per capita*...".

Esta norma, y en ello centraremos nuestra atención, modifica la Ley 20/2013, de 9 de diciembre, de garantía de la unidad de mercado (LGUM), señalando también su preámbulo que la idea esencial de tal reforma responde a la necesidad de profundizar "... en la cooperación y confianza mutua entre las diferentes Administraciones públicas y refuerza las ventanillas en las que las empresas pueden reclamar cuando consideran que las Administraciones no cumplen los principios de buena regulación económica, y para la eliminación de obstáculos a las empresas, se amplía el catálogo de actividades económicas exentas de licencia, incorporándose al listado estatal las actividades que se hayan considerado inocuas por al menos una Comunidad Autónoma...".

Con esta idea el resumen general de los cambios y la transformación de la Ley de Garantía de la Unidad de Mercado se resume por el mismo preámbulo en los siguientes extremos:

"... Se modifica la Ley 20/2013, de 9 de diciembre, de garantía de la unidad de mercado, introduciendo aclaraciones en su redacción, derivadas de la experiencia acumulada en los años de aplicación, y reforzando los mecanismos de protección de operadores, ampliando la capacidad de legitimación y mejorando la transparencia, así como los mecanismos de cooperación interadministrativa.

Hay que tener en cuenta que el Tribunal Constitucional declaró inconstitucionales en 2017 varios de los artículos de la Ley 20/2013, de 9 de diciembre, en especial aquellos relativos al denominado "principio de eficacia nacional", que daba validez en todo el territorio nacional a las actuaciones de las diferentes administraciones, por lo que se ha optado por seguridad jurídica por eliminar las referencias del texto a este principio y otros artículos asociados. Asimismo, la Ley 20/2013, de 9 de diciembre, en su redacción actual contiene ciertas ambigüedades que complican su aplicación y pueden llevar a confusión sobre su ámbito de aplicación y alcance. Por último, a lo largo de estos años de aplicación varias sentencias han delimitado más claramente el significado de ciertos preceptos, por lo que se incorporan diversas mejoras, en particular excluyendo del ámbito de aplicación de la ley las materias tributarias.

En cuanto a la instrumentación de los principios de mejora de la regulación en el ámbito económico se recogen aspectos que derivan de la experiencia en la implementación de la ley o que han sido señalados específicamente en la jurisprudencia. En particular, se modifican y detallan los artículos 5 y 17 de la norma relativos al principio de necesidad y proporcionalidad, el artículo 18 relativo a las actuaciones que limitan la libertad de establecimiento y la libertad de circulación y se aclaran las redacciones de determinados preceptos y definiciones como, por ejemplo, actividad económica o autorizaciones.

Además, se mejoran los mecanismos de protección de operadores a través del refuerzo de las ventanillas que los operadores pueden usar para reclamar, introduciendo aclaraciones, y modificando algunos plazos. De igual forma se amplía la capacidad de legitimación de forma que cualquier ciudadano, y en particular las organizaciones de consumidores y usuarios puedan interponer reclamaciones sin necesidad de ser interesados. Este refuerzo se extiende al mecanismo informal de eliminación de obstáculos o barreras, permitiendo a la Secretaría para la Unidad de Mercado iniciarlo de oficio o a solicitud de otros puntos de contacto de unidad de mercado, y extendiéndolo a posibles barreras detectadas también en proyectos normativos.

Asimismo, se especifica para mayor coherencia del marco normativo que la necesidad y proporcionalidad de los límites o requisitos relacionados con el acceso y el ejercicio de las profesiones reguladas se ponderará de conformidad con el Real Decreto 472/2021, de 29 de junio, por el que se incorpora al ordenamiento jurídico español la Directiva (UE) 2018/958, del Parlamento y del Consejo, de 28 de junio de 2018, relativa al test de proporcionalidad antes de adoptar nuevas regulaciones de profesiones.

Se refuerzan también los mecanismos de cooperación entre Administraciones, en particular en la elaboración de proyectos normativos estableciendo un sistema a través del cual se refuerza el análisis de dichos proyectos en Conferencia Sectorial...".

Este planteamiento nos permite indicar que la reforma ha incidido en la conformación del principio de proporcionalidad y oportunidad de la regulación, de un lado, y a la regulación de las ventanillas únicas, de otro, con incidencias en el ámbito de las actividades reguladas. Finalmente se produce la reforma, en aspectos parciales, del procedimiento especial para la protección de la Unidad de Mercado.

Eso como grandes bloques temáticos, sin perjuicio de reconocer que la modificación de la Ley de Garantía de la Unidad de Mercado que lleva a cabo el artículo 6 de la Ley 18/2022 no es ni mucho menos menor, pues no son pocos los preceptos que han quedado afectados por la reforma operada por la norma[1]. Vamos a referirnos seguidamente a todo ello.

II. LA REFORMA DEL ÁMBITO DE APLICACIÓN DE LA LEY DE GARANTÍA DE LA UNIDAD DE MERCADO

Al ciertamente amplio ámbito de aplicación de la Ley de Garantía de la Unidad de Mercado que establece su artículo 2, que señala que la misma "... será de aplicación al acceso a actividades económicas que se prestan en condiciones de mercado y su ejercicio por parte de operadores legalmente establecidos en cualquier lugar del territorio nacional", el artículo 6.Uno de la Ley 18/2022 añade un nuevo apartado 2 al indicado precepto que introduce una precisión en sentido negativo al disponer que "Quedan excluidas del ámbito de aplicación de esta ley las materias del ámbito tributario".

Tal exclusión, por cierto, está también en la Directiva 2006/123/CE del Parlamento Europeo y del Consejo, de 12 de diciembre de 2006, relativa a los servicios en el mercado interior, cuyo artículo 2.3 señala que "La presente Directiva no se aplicará a la fiscalidad".

La exclusión que se incluye en la reforma no ha sido objetaba por ninguno de los órganos consultivos que informaron el proyecto normativo que se concretó en la Ley 18/2022. Y al respecto hay que señalar que ya venía afirmando la Comisión Nacional de los Mercados y la Competencia (CNMC) las dificultades que planteaba la toma en consideración de la normativa tributaria, al señalar que "... Un presupuesto del legítimo ejercicio de las actividades económicas es la contribución de los operadores al sostenimiento de los gastos ¡públicos en los términos que establece el artículo 31 de la Constitución Española. Por tanto, la sujeción de las actividades económicas a un sistema impositivo no constituye, per se, un límite al derecho de acceso o ejercicio a dichas actividades, sino una condición indispensable para su ejercicio. Dicho de otro modo, el contenido del derecho al libre ejercicio de las actividades económicas no incluye la posibilidad de que el mismo se realice sin sujeción a obligaciones tributarias. De lo anterior resulta que la aplicación de la Ley de Garantía de la Unidad de Mercado al ámbito tributario deba ser necesariamente excepcional y efectuarse de modo restrictivo"[2].

---

1 En concreto, el artículo 6 de la Ley 18/2022 modifica los siguientes artículos de la Ley de Garantía de la Unidad de Mercado: 2, 4, 5, 9.1, 10 al 18, 26 al 28, y suprime los artículos 22 al 25. Modifica asimismo las disposiciones adicionales 1ª, 2ª, 5ª, 6ª, 9ª y 11ª, además de la final 4ª, modificando también las letras b), c) y d) del Anexo de la LGUM.

2 Así se manifestaba la Comisión Nacional de los Mercados y de la Competencia en su Informe de 27 de marzo de 2018 sobre la reclamación presentada, al amparo del artículo 28 de la ley 20/2013, de 9

III. SOBRE LOS PRINCIPIOS DE GARANTÍA DE LA LIBERTAD DE ESTABLECIMIENTO Y DE CIRCULACIÓN

1. ASPECTOS GENERALES

El Capítulo II de la Ley de Garantía de la Unidad de Mercado se rubrica "Principios de garantía de la libertad de establecimiento y la libertad de circulación"[3] y en el mismo se ubican los artículos 4, 5 y 9, que han sido objeto de reforma por la Ley 18/2022. El primero relativo al principio de cooperación y confianza mutua; el segundo al de necesidad y proporcionalidad de las actuaciones de las autoridades competentes, y el tercero es el referido a la garantía de las libertades de los operadores económicos.

Como indicara FERNÁNDEZ FARRERES, de todos los principios que se recogen en el señalado Capítulo II de la Ley de Garantía de la Unidad de Mercado, "atendiendo a su contenido y alcance, los verdaderamente relevantes son los principios de necesidad y proporcionalidad y de eficacia en todo el territorio nacional"[4].

Respecto de ello, no puede dejarse de lado que en este ámbito de los principios la jurisprudencia de Tribunal Constitucional que se ha pronunciado sobre la constitucionalidad de determinados preceptos de la Ley de Garantía de la Unidad de Mercado[5].

---

de diciembre, de garantía de la unidad de mercado, relativa a la clasificación de las empresas de comercialización de energía eléctrica a efectos del impuesto de actividades económicas (UM/022/18), p. 7, a donde pertenece el texto entrecomillado. Lo mismo se manifiesta en sus Informes de 7 de febrero de 2018 (UM/006/18) y 28 de abril de 2017 (UM/028/17).

3 Sobre ello, por todos, ÁLVAREZ SUÁREZ, M. y MARTÍNEZ GUERRA, M., "Los principios de la ley de unidad de mercado como fuente de competencia y regulación eficiente de las actividades económicas", *Anuario de la Competencia 2018*, Fundación ICO-UAB, Barcelona, 2018, pp. 79-102, así como los trabajos contenidos en la obra colectiva *El nuevo marco jurídico de la unidad de mercado. Comentario a la Ley de garantía de la unidad de mercado* (Alonso Más, M.J., Dir.), La Ley, Madrid, 2014, especialmente pp. 85-213.

4 FERNÁNDEZ FARRERES, G., "Unidad de mercado y libertades de empresa y circulación de bienes en la Ley 20/2013, de 9 de diciembre", *Revista Española de Derecho Administrativo*, núm. 163, 2014, pp. 117-118, a donde pertenece el texto entrecomillado.

5 Nos referimos a las Sentencias del Tribunal Constitucional 79/2017, de 22 de junio; 110/2017 y 111/2017, ambas de 5 de octubre, y 119/2017, de 31 de octubre.
Sobre estos pronunciamientos pueden consultarse, por todos, los trabajos de TRIANA REYES, B., "Doctrina del Tribunal Constitucional en materia de unidad de mercado. STC 79/2017, de 22 de junio", *Actualidad Administrativa*, núm. 11, Sección Actualidad, Noviembre 2017 (LA LEY 14533/2017); DICONCHA MARTÍN, A., "El Tribunal Constitucional y la Ley de garantía de la unidad de mercado. Comentario a la STC 79/2017, de 22 de junio de 2017", *Revista Española de Derecho Constitucional*, núm. 114, 2018, pp. 301-336; LOZANO CUTANDA, B. y FERNÁNDEZ PUYOL, I., "Sentencia del Tribunal Constitucional 79/2017 sobre la Ley de Garantía de la Unidad de Mercado la anulación de la "licencia única"", *Análisis de Gomez-Acebo & Pombo*, Julio 2017, y

Entre ellos, declaró la inconstitucionalidad del artículo 6 de la que se ha pronunciado, que estableciendo que "los actos, disposiciones y medios de intervención de las autoridades competentes relacionados con el libre acceso y ejercicio de la actividad económica tendrán eficacia en todo el territorio nacional, de acuerdo con lo establecido en el capítulo V de esta Ley", venía a establecer el "principio de eficacia nacional". Tal principio, a juicio del Tribunal Constitucional en su Sentencia 79/2017, de 22 de junio, "es inconstitucional tanto por exceder el alcance de la competencia estatal reconocida en el artículo 149.1.13 de la Constitución Española, como por vulnerar el principio general de territorialidad de las competencias autonómicas, al permitir la aplicación en un mismo lugar del territorio nacional de normativas diferenciadas para aquellos operadores económicos que únicamente se diferencian por su procedencia" (FJ 14), lo que vino a reafirmarse en la Sentencia 110/2017, de 5 de octubre.

Tal declaración afectaba además del artículo 6, a los artículos 19 y 20 de la Ley de Garantía de la Unidad de Mercado que se referían al mismo, que venían a desarrollar el indicado principio y corrieron idéntica suerte declarándose inconstitucionales y nulos.

Partiendo de los señalados pronunciamientos constitucionales, estos han sido tomados en consideración por la Ley 18/2022, que se ha limitado a pulir el texto de referencias a los preceptos declarados inconstitucionales. Ese es el caso de la nueva redacción que se otorga al artículo 9.1 de la Ley de Garantía de la Unidad de Mercado, que ahora dispone que:

> "Todas las autoridades competentes velarán, en las actuaciones administrativas, disposiciones y medios de intervención adoptados en su ámbito de actuación, por la observancia de los principios de no discriminación, cooperación y confianza mutua, necesidad y proporcionalidad de sus actuaciones, simplificación de cargas y transparencia."

Se ha suprimido la referencia a la "eficacia en todo el territorio nacional de..." las actuaciones a que se refiere el precepto trascrito.

Se modifica también el artículo 4, relativo al principio de cooperación y confianza mutua, y respecto de otros principios, se presta especial atención al de necesidad y proporcionalidad, recogidos en los artículos 5 y 7, a los que se modifica la redacción, modificándose asimismo el artículo 18 de la Ley de Garantía de la Unidad de Mercado, relativo a las actuaciones que limitan la libertad de establecimiento y la libertad de circulación. Precepto este que fue afectado por la Sentencia del Tribunal Constitucional 79/2017, que declaró inconstitucionales las letras b), c) y e) de su apartado segundo.

GARCÍA VITORIA, I., "El Tribunal Constitucional ante la Ley de unidad de mercado: ¿por el camino de en medio? (STC 79/2017)", *Foro. Nueva Época*, vol. 21, núm. 2, 2018, pp. 283-299.

2. SOBRE EL PRINCIPIO DE COOPERACIÓN Y CONFIANZA MUTUA

El artículo 6.Dos de la Ley 18/2022 modifica el artículo 4 de la Ley de Garantía de la Unidad de Mercado, relativo al principio de cooperación y confianza mutua, y dejando intacto su contenido original[6], viene a añadir un nuevo párrafo tercero del siguiente tenor:

> "Cuando, en relación con una actividad económica concreta, existan normas que, no obstante sus posibles diferencias técnicas o metodológicas, fijen un estándar de protección equivalente en diferentes lugares del territorio español, las autoridades competentes velarán por que un operador económico legalmente establecido en cualquier parte del territorio español pueda ejercer su actividad económica en todo el territorio nacional".

Es claro que el principio se proyecta en el ámbito de las relaciones entre las autoridades competentes fijando una obligación concreta en orden a facilitar que los operadores económicos operen en igualdad de condiciones en todo el territorio nacional.

3. SOBRE EL PRINCIPIO DE NECESIDAD Y PROPORCIONALIDAD DE LAS ACTUACIONES DE LAS AUTORIDADES COMPETENTES Y SU INSTRUMENTACIÓN

Tanto el artículo 5 ("Principio de necesidad y proporcionalidad de las actuaciones de las autoridades competentes") como el 17 ("Instrumentación del principio de necesidad y proporcionalidad") de la Ley de Garantía de la Unidad de Mercado, fueron objeto de impugnación ante el Tribunal Constitucional que en su ya citada Sentencia 79/2017 avaló su adecuación a la Constitución.

El artículo 5 conserva la redacción original de sus primeros dos apartados, pudiendo decirse lo mismo del artículo 17 de la Ley de Garantía de la Unidad de Mercado. Preceptos estos sobre los que el Tribunal Supremo (Sala de lo Contencioso-Administrativo) en su Sentencia de 29 de diciembre de 2021, explicó lo siguiente:

> "... El artículo 5.1 de la Ley de Garantía de la Unidad de Mercado requiere que los poderes públicos justifiquen los límites al acceso a una actividad económica o a su

---

6 Establece que: "Con el fin de garantizar la aplicación uniforme de los principios recogidos en este capítulo y la supervisión adecuada de los operadores económicos, las autoridades competentes cooperarán en el marco de los instrumentos establecidos en el capítulo III.
Las autoridades competentes, en sus relaciones, actuarán de acuerdo con el principio de confianza mutua, respetando el ejercicio legítimo por otras autoridades de sus competencias, reconociendo sus actuaciones y ponderando en el ejercicio de competencias propias la totalidad de intereses públicos implicados y el respeto a la libre circulación y establecimiento de los operadores económicos y a la libre circulación de bienes y servicios por todo el territorio nacional".
Sobre ello, NARBÓN FERNÁNDEZ, J., "El principio de cooperación y confianza mutua en la LGUM", *El nuevo marco jurídico de la unidad de mercado. Comentario a la Ley de garantía de la unidad de mercado* (Alonso Más, M.J., Dir.), La Ley, Madrid, 2014, pp. 98-135.

ejercicio, o la exigencia de requisitos para su desarrollo, debiendo justificar que sean necesarios para la salvaguarda de alguna razón imperiosa de interés general de entre las comprendidas en el artículo 3.11 de la Ley 17/2009, de acceso a las actividades de servicio. Además, las limitaciones y requisitos que pudieran establecerse han de ser proporcionados y lo menos restrictivos o distorsionadores para la actividad económica (artículos 5.2 LGUM y 4.1 de la Ley 40/2015, de Régimen Jurídico del Sector Público).

Y, como ya tuvimos ocasión de señalar en nuestra sentencia nº 332/2020, de 6 de marzo (recurso contencioso-administrativo 91/2018, F.J. 6º), es oportuno recordar que las razones imperiosas de interés general que pueden justificar la imposición de limitaciones a una actividad económica no son exclusivamente las enumeradas en el artículo 17.1.a) de la Ley de Garantía de la Unidad de Mercado (orden público, seguridad pública, salud pública o protección demedio ambiente), que son las contempladas para la exigencia de la medida más restrictiva, la exigencia de autorización previa —que, por lo demás, también puede fundarse en las circunstancias enumeradas en la letra 17.1.c), que comprende la utilización del dominio público, la existencia de servicios públicos sometidos a tarifas reguladas y la limitación del número de operadores económicos del mercado—, sino que debe atenderse al más amplio listado de razones imperiosas de interés general que se contiene en el artículo 3.11 de la Ley 17/2009.

Como antes vimos, este apartado 11 del artículo 3 de la Ley 17/2009 incluye en la definición de "razón imperiosa de interés general": el orden público, la seguridad pública, la protección civil, la salud pública, la preservación del equilibrio financiero del régimen de seguridad social, la protección de los derechos, la seguridad y la salud de los consumidores, de los destinatarios de servicios y de los trabajadores, las exigencias de la buena fe en las transacciones comerciales, la lucha contra el fraude, la protección del medio ambiente y del entorno urbano, la sanidad animal, la propiedad intelectual e industrial, la conservación del patrimonio histórico y artístico nacional y los objetivos de la política social y cultural…." (FJ 6).

Ha sido objeto de pronunciamiento por el Tribunal Supremo en distintas sentencias, a la luz de la indicada regulación, la reserva competencial a favor de arquitectos y aparejadores y arquitectos técnicos para la emisión de informes de inspección técnica de edificios que establece la Ley 38/1999, de 5 de noviembre, de ordenación de la edificación, entendiendo "... que no resulta contraria a lo dispuesto en los artículos 5 y 17 de la ley 20/2013, de 9 de diciembre, de garantía de la unidad de mercado, en cuanto la restricción, que comporta una limitación al libre acceso a dicha actividad económica y al ejercicio profesional, obedece a una razón imperiosa de interés general, vinculada a la seguridad de las personas, que autoriza que se restrinja, en este ámbito, la intervención de otros profesionales,..."[7].

Precisamente en el ámbito de las profesiones reguladas se centra el nuevo apartado 3 del artículo 5 de la Ley de Garantía de la Unidad de Mercado que se adiciona con la reforma operada por la Ley 18/2022, y cuyo tenor literal es el siguiente:

"La necesidad y proporcionalidad de los límites o requisitos relacionados con el acceso y el ejercicio de las profesiones reguladas se evaluará de conformidad con el Real

[7] Sentencia del Tribunal Supremo (Sala de lo Contencioso-Administrativo), de 18 de enero de 2022 (FJ 3), que cita otros pronunciamientos en el mismo sentido.

Decreto 472/2021, de 29 de junio, por el que se incorpora al ordenamiento jurídico español la Directiva (UE) 2018/958, del Parlamento Europeo y del Consejo, de 28 de junio de 2018, relativa al test de proporcionalidad antes de adoptar nuevas regulaciones de profesiones[8]"

En lo que se refiere al artículo 17 de la Ley de Garantía de la Unidad de Mercado, se mantiene la redacción original salvo alguna precisión, y principalmente, se suprime el apartado 5 del precepto, precisamente el que contenía la referencia consistente en señalar que " Lo establecido en este artículo se entenderá sin perjuicio de lo previsto en el Capítulo V de esta Ley", precisamente el referido al "principio de eficacia nacional" que fue como se ha indicado declarado inconstitucional y nulos los artículos 19 y 20 de la Ley de Garantía de la Unidad de Mercado que lo integraban.

4. ACTUACIONES QUE LIMITAN LA LIBERTAD DE ESTABLECIMIENTO Y LA LIBERTAD DE CIRCULACIÓN

Reviste especial interés el contenido que al artículo 18 de la Ley de Garantía de la Unidad de Mercado otorga el artículo 6.Doce de la Ley 18/2022. El indicado artículo, cuya rúbrica era y es "Actuaciones que limitan la libertad de establecimiento y la libertad de circulación" quedó afectado por la Sentencia del Tribunal Constitucional 79/2017, que declaró inconstitucionales y nulas las previsiones de las letras b), c) y e) del apartado 2 del precepto[9].

---

8 Sobre la indicada Directiva, TEROL GÓMEZ, R., "Cualificaciones profesionales y Derecho de la Unión Europea", *Rivista de diritto amministrativo. amministrativ@mente*, núm. 3, 2019, pp. 329-354; ESPARTERO CASADO, J., "La exigencia de titulación para la prestación de servicios técnicos en el deporte profesional a la luz de las Directivas del mercado interior de servicios y de reconocimiento de cualificaciones", *Estudios de Derecho Deportivo (Libro Homenaje al Profesor Bermejo Vera)*, Reus, Madrid, 2020, pp. 273-291, y MORENO CORDERO, G., "La nacionalidad y el ejercicio de una profesión regulada en la Unión Europea", *Movilidad internacional de personas y nacionalidad* (Mora Escudero, M., Dir.), Tirant lo Blanch, Valencia, 2021, pp. 297-337

9 En concreto, señaló que "... Igualmente debemos declarar inconstitucionales y nulos las letras b), c) y e) del apartado segundo del artículo 18 en tanto en cuanto se fundamentan en el principio de eficacia nacional al excluir que los actos, disposiciones y medios de intervención de las autoridades competentes puedan contener o aplicar requisitos para el ejercicio de la actividad en el territorio de una autoridad competente distinta de la autoridad de origen [en la letra b)]; en cuanto excluyen que se puedan exigir requisitos de cualificación profesional adicionales a los requeridos en el lugar de origen o donde el operador haya accedido a la actividad profesional o profesión [en la letra c)]; y en cuanto excluyen que se puedan exigir especificaciones técnicas para la circulación legal de un producto o para su utilización distintas a las establecidas en el lugar de fabricación [en la letra e)]. La prohibición de dichos requisitos y condiciones es consecuencia directa del principio de eficacia de las actuaciones de las autoridades competentes en todo el territorio nacional. Y, por tanto, al igual que éste, deben ser declarados tales apartados inconstitucionales y nulos. Lo mismo sucede con la disposición adicional

Referido el artículo 18 de la Ley de Garantía de la Unidad de Mercado a las actuaciones de las autoridades competentes que limitan la libertad de establecimiento y la libertad de circulación, mantiene la previsión general consistente en establecer que "Cada autoridad competente se asegurará de que cualquier medida, límite o requisito que adopte o mantenga en vigor no tenga como efecto la creación o el mantenimiento de un obstáculo o barrera a la unidad de mercado" (apartado 1).

En ese sentido, viene a establecer que las autoridades competentes no podrán realizar actuaciones que limiten el libre establecimiento y la libre circulación por no cumplir los principios recogidos en el Capítulo II de la Ley de Garantía de la Unidad de Mercado, que es el que es el relativo a los principios de garantía de la libertad de establecimiento y la libertad de circulación. Y a partir de tal declaración general se desciende a lo concreto al indicar a continuación en el apartado 2 que:

> "... No cumplen los principios recogidos en el capítulo II los actos, disposiciones y medios de intervención de las autoridades competentes que contengan o apliquen:
>
> a) Requisitos discriminatorios para el acceso a una actividad económica o su ejercicio o para la adjudicación de contratos públicos, basados directa o indirectamente en el lugar de residencia o establecimiento del operador. Entre estos requisitos se incluyen, en particular:
>
> 1.° Que el establecimiento o el domicilio social se encuentre en el territorio de la autoridad competente, o que disponga de un establecimiento físico dentro de su territorio.
>
> 2.° Que el operador haya residido u operado durante un determinado periodo de tiempo en dicho territorio.
>
> 3.° Que el operador haya tenido que estar inscrito en un registro de dicho territorio durante un determinado periodo de tiempo.
>
> 4.° Que su personal, los que ostenten la propiedad o los miembros de los órganos de administración, control o gobierno residan en dicho territorio o reúnan condiciones que directa o indirectamente discriminen a las personas procedentes de otros lugares del territorio.
>
> 5.° Que el operador deba realizar un curso de formación dentro del territorio de la autoridad competente.
>
> b) Requisitos para la obtención de ventajas económicas que sean discriminatorios excepto que exista una razón imperiosa de interés general que lo justifique y sea proporcionado. La obligación de operar en el territorio de la autoridad competente o de generar actividad económica en el mismo para la obtención de ventajas económicas vinculadas a las políticas de fomento desarrolladas por dicha autoridad no se considerará un requisito discriminatorio, sin perjuicio del cumplimiento del principio de no discriminación e igualdad de trato establecido en el derecho de la Unión Europea.
>
> c) Requisitos de seguros de responsabilidad civil o garantías equivalentes o comparables en lo esencial en cuanto a su finalidad y a la cobertura que ofrezca en términos de riesgo asegurado, suma asegurada o límite de la garantía, adicionales a los establecidos en la normativa del lugar de origen, o que la obligación de que la constitución o el depósito de garantías financieras o la suscripción de un seguro deban realizarse con un prestador u organismo del territorio de la autoridad competente.

décima en cuanto que ha sido impugnada por conexión con los preceptos que han sido declarados inconstitucionales" (FJ 14).

d) Requisitos de naturaleza económica o intervención directa o indirecta de competidores en la concesión de autorizaciones, en los términos establecidos en las letras e) y f) del artículo 10 de la Ley 17/2009, de 23 de noviembre, sobre el libre acceso a las actividades de servicios y su ejercicio.

e) Requisitos que contengan la obligación de haber realizado inversiones en el territorio de la autoridad competente".

Tal y como indicó la Comisión Nacional de los Mercados y de la Competencia en su informe al anteproyecto que devino en la Ley 18/2022, la nueva redacción que se otorga a la letra b) del apartado 2 introduce cambios relevantes respecto de las ayudas públicas. Considera que se disminuyen "... sus exigencias de adecuación a los principios de buena regulación. De tal forma que, con la modificación. Prevista, para acceder a las ayudas, cabrá que se acredite una razón imperiosa de interés general y sea proporcionado. Además, se valida automáticamente la posible exigencia de operatividad en un determinado territorio..."[10].

Tal modificación entiende la Comisión Nacional de los Mercados y de la Competencia que parece ir en contra del objetivo pretendido por el proyecto normativo, y añade que:

"... La nueva redacción plantea ciertos interrogantes: por un lado, qué tipo de requisitos discriminatorios podrían ser aceptables o, dicho de otro modo, si la relación de requisitos discriminatorios recogidos en la letra a) constituye o no el universo de posibles actuaciones admisibles; por otro lado, qué grado de exigencia se contempla cuando se indica que debe existir una razón imperiosa de interés general.

En este sentido, por más que se realice una mención en el precepto a no traspasar los límites que a este respecto pueda establecer el derecho de la Unión Europea, se considera que la exigencia de una cierta vinculación territorial de la entidad beneficiaria de la ayuda con la zona en la que presta servicios ya está contemplada con la nueva referencia a la admisibilidad de la obligación de operar en el territorio.

No obstante, la ambigüedad inherente a la expresión operar en el territorio podría sustituirse por la de generar actividad económica en el territorio, más ceñida a la finalidad que parece perseguir el Anteproyecto de Ley.

De contemplarse otro tipo de actuaciones que exijan de forma más o menos encubierta una vinculación territorial diferente (por ejemplo, que el operador haya tenido que estar inscrito en un registro de dicho territorio durante un determinado periodo de tiempo o que disponga de un establecimiento físico dentro de aquel), se corre el riesgo de introducir restricciones injustificadas a la competencia.

Se recomienda, por ello, limitar la actuación admisible desde la óptica del artículo 18.2.b de la Ley a la obligación de generar actividad económica en el territorio. En caso de seguir contemplando otros posibles requisitos discriminatorios, se debería establecer, al menos, un listado cerrado de posibles actuaciones admisibles, de cara a minimizar potenciales efectos negativos"[11].

---

10 Comisión Nacional de los Mercados y de la Competencia, Informe sobre el anteproyecto de ley de creación y crecimiento de empresas, de 28 de septiembre de 2021 (Expediente IPN/CNMC/033/21).

11 Ibidem.

IV. NOVEDADES EN EL ÁMBITO DE LAS ORGANIZACIONES ADMINISTRATIVAS Y PARA LA COOPERACIÓN ENTRE ADMINISTRACIONES PÚBLICAS

1. ASPECTOS GENERALES

Como ya se predicara del proyecto normativo antes de la aprobación de la Ley 18/2022, es claro que esta "viene a ampliar las burocracias públicas"[12] al crear unos organismos nuevos, como el Observatorio de Buenas Prácticas Regulatorias, y sobre todo una nueva conferencia sectorial que viene a sustituir al Consejo para la Unidad de Mercado, asumiendo sus funciones.

Se regula así la Conferencia Sectorial para la Mejora Regulatoria y el Clima de Negocios otorgando nueva redacción al artículo 10, y se hace lo propio con la Secretaria para la Unidad de Mercado —ya no Secretaría del Consejo para la Unidad de Mercado— en el artículo 11 de la Ley de Garantía de la Unidad de Mercado.

Eso, en el plano organizativo. En el relativo a la cooperación entre Administraciones públicas en este ámbito, resultando que la misma ha de articularse principalmente en el marco de la Conferencia Sectorial para la Mejora Regulatoria y el Clima de Negocios y las conferencias sectoriales, se regula ello en el artículo 12 —que es objeto de reforma—, y también el traslado de información a la Comisión Delegada del Gobierno para Asuntos Económicos, lo que ya se preveía y que ahora se precisa en el reformado artículo 13 de la Ley de Garantía de la Unidad de Mercado.

Dada la nueva regulación, el artículo 6.Trece de la Ley 18/2022 suprime en consecuencia los artículos 22, 23, 24 y 25, referidos a la integración en intercambio de información entre autoridades competentes.

2. LA CONFERENCIA SECTORIAL PARA LA MEJORA REGULATORIA Y EL CLIMA DE NEGOCIOS

El artículo 6.Cinco de la Ley 18/2022 viene a sustituir el Consejo Para la Unidad de Mercado, órgano de cooperación interadministrativa, por la Conferencia Sectorial para la Mejora Regulatoria y el Clima de Negocios, para lo que reforma el artículo 10 de la Ley de Garantía de la Unidad de Mercado, aunque mantiene una regulación y funciones ciertamente similares

---

12 ARRUÑADA, B., "Comentario al proyecto de ley de creación y crecimiento de empresas", *Fedea*, Apuntes 2022/03, enero de 2022, p. 5.

Coincidimos con el Consejo de Estado en considerar que "... el cambio de denominación no responde a una necesidad acreditada..."[13], sin perjuicio de que la consideración de conferencia sectorial remite al régimen jurídico establecido para las mismas en la Ley de Régimen Jurídico del Sector Público y de que la misma fue creada antes de la aprobación de la Ley 18/2022, celebrando su reunión constitutiva el 22 de julio de 2021.

Al igual que el extinto Consejo, la Conferencia Sectorial para la Mejora Regulatoria y el Clima de Negocios "... es el órgano de cooperación administrativa encargado del seguimiento de la aplicación del contenido de esta ley" (artículo 10.1 LGUM). Y en lo organizativo, "... estará presidida por la persona titular del Ministerio de Asuntos Económicos y Transformación Digital y contará con la presencia de las personas titulares de la Secretaría de Estado de Economía y Apoyo a la Empresa y la Secretaría de Estado de Política Territorial, los Consejeros de las Comunidades Autónomas y de las ciudades de Ceuta y Melilla competentes en materia de economía y un representante de la Administración local" (artículo 10.2 LGUM). Contará con "... una Secretaría, que será designada por la presidencia de la Conferencia, y que asumirá, además, las funciones de la Secretaría para la Unidad de Mercado de conformidad con esta ley" (artículo 10.3 LGUM), como más adelante veremos prevé el reformado artículo 11 de la Ley de Garantía de la Unidad de Mercado.

Todo ello se concretó con la aprobación de su Reglamento de Organización y Funcionamiento Interno el 29 de noviembre de 2021, que se adecua a lo que posteriormente vino a establecer el artículo 10 de la Ley de Garantía de la Unidad de Mercado con su nueva redacción.

En punto a las funciones que asume, de acuerdo con el artículo 10.4 de la Ley de Garantía de la Unidad de Mercado son las siguientes:

> "... a) Análisis y evaluación de la situación de la unidad de mercado en el territorio nacional.
>
> b) Seguimiento de la adaptación de la normativa del conjunto de las autoridades competentes a los principios de esta ley.
>
> c) Impulso de los cambios normativos necesarios para la eliminación de obstáculos a la unidad de mercado en los marcos jurídicos correspondientes.
>
> d) Seguimiento de los mecanismos de cooperación establecidos en esta ley. En particular seguimiento del cumplimiento del principio de cooperación y confianza mutua del artículo 4 en relación con las posibles barreras a la libre circulación de bienes y la libre prestación de servicios.
>
> e) Coordinación de la actividad desarrollada por las conferencias sectoriales en materia de unidad de mercado.
>
> f) Seguimiento de los mecanismos de protección de los operadores económicos previstos en el capítulo VII así como de sus resultados.
>
> g) Aprobación del informe a que se refiere la letra g) del artículo 11.

[13] Dictamen al Anteproyecto de Ley Crea y Crece, 22 de noviembre de 2021 (Ref. 936/2021).

h) Impulso de las tareas de cooperación en la elaboración de proyectos normativos establecidas en el artículo 14.

i) Impulso y revisión de los resultados de la evaluación periódica de la normativa a que se refiere el artículo 15".

3. LA SECRETARÍA PARA LA UNIDAD DE MERCADO

El artículo 6.Seis de la Ley 18/2022 es el que modifica el artículo 11 de la Ley de Garantía de la Unidad de Mercado sustituyendo a la Secretaría del Consejo —ya extinto— por la "Secretaría para la Unidad de Mercado", que con la nueva denominación sigue siendo el "órgano técnico de coordinación y cooperación continua con las autoridades competentes para la aplicación de esta ley...". A tal fin, se establece que tendrá las siguientes funciones:

"... a) Supervisión continua de la aplicación de esta ley y de la adaptación de la normativa del conjunto de las autoridades competentes.

b) Gestión del Observatorio de Buenas Prácticas Regulatorias.

c) Difusión de la doctrina y jurisprudencia en aplicación de esta ley a través de una página web creada al efecto.

d) Gestión de los mecanismos de protección de los operadores económicos en el ámbito de la unidad de mercado en el marco de lo previsto en el capítulo VII.

e) Realización de actuaciones de carácter formativo sobre la aplicación de esta ley.

f) Articulación de acciones de cooperación y actividades conjuntas entre autoridades competentes.

g) Elaboración de un informe sobre las letras anteriores con conclusiones y, en su caso, recomendaciones para la revisión o reforma de marcos jurídicos. En particular, elaboración de una memoria a incluir en dicho informe sobre la unidad de mercado con base en los resultados de los mecanismos de protección de los operadores económicos. Este informe deberá ser aprobado por la Conferencia Sectorial para la Mejora Regulatoria y el Clima de Negocios.

h) Elaboración, en colaboración con los puntos de contacto de unidad de mercado, de directrices o guías en relación con la aplicación de esta ley y, especialmente respecto a la evaluación del impacto sobre la unidad de mercado de las medidas incluidas en los proyectos normativos.

i) Elaboración de una memoria anual sobre la unidad de mercado de España en el período correspondiente".

4. EL OBSERVATORIO DE BUENAS PRÁCTICAS REGULATORIAS

Ha sido incorporado un nuevo órgano en la Disposición Adicional 9ª de la Ley de Garantía de la Unidad de Mercado según la cual "...Se crea el Observatorio de Buenas Prácticas Regulatorias en el marco de la Conferencia Sectorial para la Mejora Regulatoria y el Clima de Negocios...".

Este órgano estará gestionado por la Secretaría para la Unidad de Mercado tal y como señala el artículo 11.b) de la Ley de Garantía de la Unidad de Mercado y será el encargado de desempeñar las siguientes funciones:

a) Identificación y seguimiento de las buenas prácticas regulatorias de las diferentes Administraciones.

b) Elaboración y actualización continua de un Catálogo de buenas prácticas regulatorias que deberá ser aprobado por la Conferencia Sectorial para la Mejora Regulatoria y el Clima de Negocios. En particular, este Catálogo contendrá buenas prácticas en relación con la aplicación del principio de cooperación y confianza mutua del artículo 4.

c) Impulso de actuaciones de formación, comunicación, difusión e información de las buenas prácticas identificadas.

d) Seguimiento y difusión de las directrices de la Unión Europea en esta materia.

5. PRECISIONES SOBRE LA COOPERACIÓN EN EL MARCO DE LAS CONFERENCIAS SECTORIALES E INTERCAMBIO DE INFORMACIÓN

Articular la cooperación en este ámbito a través de las conferencias sectoriales ya lo establecía la Ley de Garantía de la Unidad de Mercado en su redacción inicial, con lo que lo que realmente ha aportado en este punto la Ley 18/2022 es actualizar la denominación de la Secretaría para la Unidad de Mercado incluyendo alguna precisión y, sobre todo, mencionar la Ley de Régimen Jurídico del Sector Público en este punto.

Respecto de lo primero, si el apartado 3 del artículo 12 de la Ley de Garantía de la Unidad de Mercado dispone que "Sin perjuicio del resto de funciones que tiene establecidas en esta ley, la Secretaría para la Unidad de Mercado colaborará con las secretarías de las conferencias sectoriales en aplicación de lo establecido en este artículo...", con la reforma se añade que "... En particular colaborará para la difusión de los obstáculos identificados en el marco de los mecanismos previstos en los artículos 26 y 28", preceptos en los que ha incidido la reforma y a los que nos referiremos más adelante.

En novedoso, en segundo lugar, el apartado 4 del artículo 12 de la Ley de Garantía de la Unidad de Mercado, que tal y como indicábamos, se limita a señalar que " La cooperación en el marco de las conferencias sectoriales se llevará a cabo de conformidad con lo establecido en la Ley 40/2015, de 1 de octubre, de Régimen Jurídico del Sector Público, y según lo dispuesto en el reglamento interno de cada conferencia sectorial".

Por lo demás, en coherencia con los cambios de denominación de los órganos competentes, el artículo 6.Ocho de la Ley 18/2022 modifica el artículo 13 de la Ley de Garantía de la Unidad de Mercado, relativo a la remisión de información a la Comisión Delegada del Gobierno para Asuntos Económicos, indicando ahora que "Los Ministerios de Política Territorial y de Asuntos Económicos y Transformación Digital informarán a la Comisión Delegada del Gobierno para Asuntos Económicos sobre el desarrollo y aplicación de esta ley y acerca de los trabajos realizados en el seno de la Conferencia

Sectorial para la Mejora Regulatoria y el Clima de Negocios y de las conferencias sectoriales".

6. ESPECIAL REFERENCIA A LA COOPERACIÓN EN LA PRODUCCIÓN NORMATIVA Y SU EVALUACIÓN PERIÓDICA

La cooperación entre las autoridades competentes en la elaboración de disposiciones de carácter general que puedan tener incidencia en la unidad de mercado ya se recogía en la redacción inicial del artículo 14 de la Ley de Garantía de la Unidad de Mercado, que con la reforma operada en el precepto por la Ley 18/2022 viene a actualizar sus previsiones incluyendo referencias a la Ley 40/2015, de 1 de octubre, de régimen jurídico del sector público (LRJSP), en la medida que se otorga protagonismo a las conferencias sectoriales, y a la Ley 19/2013, de 9 de diciembre, de transparencia, acceso a la información pública y buen gobierno, en lo que se refiere a la publicación de los proyectos normativos. Este es su tenor:

> "1. La red de puntos de contacto para la unidad de mercado establecida en el artículo 26.4 podrá intercambiar información relativa a los proyectos normativos que puedan tener incidencia en la unidad de mercado.
>
> 2. De acuerdo con el artículo 148.2.a) de la Ley 40/2015, de 1 de octubre, de Régimen Jurídico del Sector Público, las conferencias sectoriales serán informadas sobre los anteproyectos de leyes y los proyectos de reglamentos del Gobierno o de los Consejos de Gobierno de las Comunidades Autónomas cuando afecten de manera directa al ámbito competencial de las otras Administraciones Públicas o cuando así esté previsto en la normativa sectorial aplicable, bien a través de su pleno o bien a través de la comisión o el grupo de trabajo que corresponda. En especial, serán informadas cuando dichos anteproyectos de leyes o proyectos de reglamentos puedan afectar a la unidad de mercado de conformidad con lo establecido en esta ley.
>
> 3. La publicación de los proyectos normativos por las diferentes Administraciones públicas se hará de conformidad con el artículo 7 de la Ley 19/2013, de 9 de diciembre, de transparencia, acceso a la información pública y buen gobierno.
>
> 4. Las memorias de análisis de impacto de los proyectos normativos de conformidad con el artículo 26 de la Ley 50/1997, de 27 de noviembre, del Gobierno, recogerán una valoración del impacto de unidad de mercado conforme al cumplimiento de los principios recogidos en esta ley, en particular al principio de necesidad y proporcionalidad del artículo 5. Esta valoración deberá realizarse sobre las diferentes previsiones regulatorias incluidas en los proyectos normativos que contengan requisitos o limitaciones al acceso o ejercicio de una actividad económica.
>
> 5. En los procedimientos de consulta pública y de audiencia e información pública de las leyes y disposiciones normativas de carácter general, los operadores económicos o sus asociaciones representativas y los colegios profesionales y sus respectivos Consejos Generales podrán pronunciarse sobre el impacto de la normativa en la unidad de mercado".

Resulta de especial interés la precisión que se contiene en el apartado 4, derivada de una sugerencia de la Comisión Nacional de los Mercados y de la Competencia en su informe al proyecto normativo del que trajo causa la Ley 18/2022, donde señaló que

"... se recomienda que, al menos en el ámbito de la unidad de mercado, se establezca que el análisis de adecuación a los principios de buena regulación debe ser realizado no solo respecto del proyecto normativo en su conjunto sino sobre cada una de las previsiones regulatorias incluidas en el texto normativo que contengan requisitos o limitaciones en lo relativo al acceso o ejercicio de una actividad económica"[14]. Como puede observarse, la recomendación fue atendida.

V. PROCEDIMIENTO ADMINISTRATIVO ESPECÍFICO: LA RECLAMACIÓN EN DEFENSA DE LA LIBERTAD DE ESTABLECIMIENTO Y DE CIRCULACIÓN POR LAS AUTORIDADES COMPETENTES

Es especialmente significativo que la Ley 18/2022 aborda una amplia modificación del denominado —desde la redacción inicial— procedimiento en defensa de la libertad de establecimiento y de la libertad de circulación[15], cuyo alcance vamos a referir.

Con carácter previo al propio análisis detenido de los cambios introducidos cabe indicar con ese carácter que se trata de un procedimiento muy pensado en clave del protagonismo de la Comisión Nacional de los Mercados y de la Competencia que es, ciertamente, el organismo que ostenta la legitimación para la interposición más allá que, como se verá, hasta la situación de impugnación por la Comisión Nacional de los Mercados y de la Competencia se pueda llegar con la anuencia y la colaboración de otros órganos administrativos a los que puede acudir los particulares para la defensa de las libertades de establecimiento y circulación que son la esencia de la regulación en cuestión.

Con este esquema y estos apuntes introductorios nos corresponde, en este momento, analizar la regulación del procedimiento especial en los términos que ha quedado establecido tras la reforma introducida por la Ley 18/2022, para lo que comenzaremos señalando los aspectos en los que puede sintetizarse la nueva regulación.

---

14 Comisión Nacional de los Mercados y de la Competencia, Informe sobre el anteproyecto de ley de creación y crecimiento de empresas, de 28 de septiembre de 2021 (Expediente IPN/CNMC/033/21).

15 Al respecto, por todos, CARLÓN RUIZ, M., "Los mecanismos de protección de la unidad de mercado en el seno de la Ley 20/2013", Revista Española de Derecho Administrativo, núm. 165, 2014, pp. 147-182; CASARES MARCOS, A., "Mecanismos de protección de los operadores económicos en el ámbito de la libertad de establecimiento y de la libertad de circulación: procedimiento en defensa de los derechos e intereses de los operadores económicos por las autoridades competentes (artículo 26)", *El nuevo marco jurídico de la unidad de mercado. Comentario a la Ley de garantía de la unidad de mercado* (Alonso Más, M.J., Dir.), La Ley, Madrid, 2014, pp. 814-919, y PALOMAR OLMEDA, A. y TEROL GÓMEZ, R., "Sobre la libertad de empresa y la unidad de mercado", *El Derecho de la Competencia*, 3ª ed., Tirant lo blanch, Valencia, 2022, especialmente pp. 59-75.

1. ASPECTOS SIGNIFICATIVOS DE LA REGULACIÓN

1.1. Objeto del procedimiento

Según el artículo 26 de la Ley de Garantía de la Unidad de Mercado el ámbito objetivo de este procedimiento es cualquier disposición de carácter general acto, actuación, inactividad o vía de hecho que reúnan la condición de ser incompatible con la libertad de establecimiento o de circulación en los términos que se refiere a la misma. Se trata, por tanto, del conjunto de la actividad administrativa la que se encuentra en el ámbito objetivo de aplicación de esta normativa.

Adicionalmente, señala el propio artículo 26.1 que "...podrá dirigirse la reclamación regulada por este artículo frente a toda actuación que, agotando o no la vía administrativa, sea susceptible de recurso administrativo ordinario. También podrá dirigirse frente a las disposiciones de carácter general y demás actuaciones que, de conformidad con lo dispuesto por el capítulo I del título III de la Ley 29/1998, de 13 de julio, reguladora de la Jurisdicción Contencioso-administrativa, puede ser objeto de recurso contencioso-administrativo...".

Esta determinación general cuenta, sin embargo, con dos excepciones:

- Imposibilidad de interponer recurso cuando la materia en cuestión quede dentro del ámbito del recurso administrativo especial en materia de contratación. Esto nos lleva a indicar, por tanto, que cuando aquellas libertades hayan sido afectadas en el ámbito de un procedimiento de contratación son los recursos previstos en la misma lo que deben preservar estas libertades que, por otro lado, forman parte de la normativa aplicable.
- De la misma forma quedan fuera del objeto la posibilidad de revisión de una resolución sancionadora cuando se haya manifestado su conformidad.

Esto nos permite indicar que la condición objetiva es que queda recurso contra la misma, por tanto, que sea una resolución definitiva o un acto de trámite cualificado frente al que queda recurso ordinario ya sea preceptivo (el que habría que utilizar para agotar la vía administrativa) o potestativo (el que voluntariamente puede interponerse).

1.2. Legitimación

El artículo 26, en su redacción histórica, se refería al operador económico. Ahora, la nueva regulación, opta por la legitimación popular al señalar, expresamente, "cualquier persona física o jurídica" está legitimada en este procedimiento administrativo ante la Secretaría para la Unidad de Mercado. La diferencia es evidente y lo es en sentido ampliatorio ya que, en la actualidad, no hay que justificar la condición de operador económico que, aunque ya apuntaba a un criterio más amplio que el de titular de un derecho o interés directo que hiciera susceptible de producir un efecto beneficioso o perjudicial en su propia esfera de bienes y derechos.

Por si este efecto no quedará suficientemente claro se añade que "...2. Las organizaciones representativas de los operadores económicos y de los consumidores y usuarios, incluidas las Cámaras Oficiales de Comercio y las asociaciones profesionales y empresariales, podrán acudir al procedimiento previsto en el apartado anterior en defensa de los intereses colectivos que representan...". Se trata de individualizar a quienes representan intereses colectivos en el ámbito de las relaciones de mercado, prescripción que, en el ámbito de la de una legitimación popular como es el supuesto al que nos acabamos de referir no tiene otra incidencia que la meramente testimonial de individualización de un colectivo a efectos de la defensa de las libertades esenciales del mercado en función de la posición ordinamental que los expresamente citados tienen en el mismo.

Esto nos permite, por tanto, indicar que una de las modificaciones más importantes se centra, precisamente, en la legitimación que se reconoce a cualquier persona física o jurídica, de un lado, pero a la que se añade expresa o nominalmente la mención de las organizaciones representativas de los intereses económicos y, ahora, la de consumidores y usuarios, incluidas las Cámaras de Comercio y las asociaciones profesionales y empresariales.

Esta ampliación se centra, por tanto, en la legitimación popular y en la inclusión expresa de las asociaciones de consumidores y usuarios y de las organizaciones empresariales como personas jurídicas que pueden interponer el procedimiento previsto en el artículo 25 de la Ley de Garantía de la Unidad de Mercado para la defensa de los respectivos intereses. En el primero de los supuestos los intereses no tienen por qué ser generales, pero en los de las personas jurídicas de especial nominación debe de tratarse de la defensa de intereses colectivos.

1.3. Plazo para la interposición de la reclamación ante la secretaria de la Unidad de Mercado

El citado artículo 26 diferencia el plazo en función de la actividad impugnada. De esta forma:

- Cuando se trata de disposiciones de carácter general, actos, actuaciones o inactividad, la impugnación debe realizarse en el plazo de un mes, precisando el artículo que la presentación del recurso o reclamación debe realizarse en la ventanilla única que se establezca al efecto.
- Cuando se refiere a vías de hecho, el plazo será de veinte días desde que se iniciaron las actuaciones o actividades que justifican la existencia de la vía de hecho.

1.4. Naturaleza jurídica

Esta cuestión se zanja en el apartado 3 del artículo 26 indicando que "...El procedimiento previsto en este artículo tiene carácter alternativo de manera que no se podrá hacer uso de este procedimiento cuando se hayan interpuesto los recursos administrativos o jurisdiccionales que procedan contra la disposición, acto o actuación de que se trate...".

Lo que queda claro es, por tanto, que la impugnación en el marco del procedimiento ordinario opera como elemento obstativo para la utilización del procedimiento especial cuando se produce la vinculación del ámbito de conocimiento y nos centramos en las libertades de establecimiento y circulación.

La esencia, por consiguiente, es que el procedimiento solo se puede usar en los supuestos en los que no se haya interpuesto recurso administrativo directo contra el acto o la actuación objeto de la reclamación. Es cierto que esta afirmación no cierra totalmente las posibilidades del doble procedimiento si lo configuramos en forma diferente. De esta forma, utilizar el procedimiento especial no debería producir efecto de cosa juzgada sino es el ámbito de las dos libertades que el mismo incluye. Esto nos permite indicar que, aun habiendo utilizado este procedimiento sería posible la impugnación indirecta en el procedimiento ordinario cuando no se refiera la impugnación a cuestiones de legalidad diferentes a las dos libertades que están en el marco del procedimiento especial. El esquema no es muy diferente, claro está, al que se produce en el ámbito de los derechos fundamentales en los que un mismo acto puede ser analizado en el procedimiento especial solo para la preservación de los derechos fundamentales y en el procedimiento ordinario para las cuestiones de pura legalidad.

Este carácter alternativo no afecta, sin embargo, a su consideración como un sistema de revisión de la actuación administrativa de carácter interno y en el seno de un procedimiento administrativo con reglas propias y que, finalmente, permite el acceso a la jurisdicción contencioso-administrativa en búsqueda de la revisión de lo actuado en este denominado recurso alternativo.

Se trata, en su propia expresión y en la que hay que hacer hincapié de un procedimiento impugnatorio alternativo al común cuando el objeto del recurso es una disposición, acto o actuación. No precisa la Ley de Garantía de la Unidad de Mercado si también es alternativo en los supuestos de inactividad o de vía de hecho.

1.5. Resolución

En lo que se refiere, estrictamente, a la tramitación el artículo 26.4 comienza por indicar la necesidad de las autoridades competentes actuarán y cooperarán a través de la red de puntos de contacto para la unidad de mercado. Este aspecto el de la cooperación está especialmente resaltado entre los motivos justificadores de la reforma de la Ley de Garantía de la Unidad de Mercado.

Realmente es una previsión que se contenía en la regulación anterior y que ofrece muchas dudas del verdadero papel que corresponde a cada uno de los actores llamados a la cooperación. En términos jurídico-administrativos clásicos podríamos indicar que realmente la competencia de instrucción es la Secretaría para la Unidad de Mercado sin perjuicio de que la denominada red de puntos de contacto pueda proporcionar los informes necesarios para obtener una visión más completa y real de la situación que debe resolverse al ofrecer una visión más general y que afecte no solo al órgano autor o responsable de la actuación administrativa sino al conjunto de los órganos que puedan resultar afectados por la decisión que se adopte en virtud de considerar a esta denominada red de contactos para la unidad de mercado una especie de reunión experta de delegados en la materia dentro del conjunto del Estado aunque con preterición de la representación local cuyas actuaciones sí están, sin embargo, en el marco objetivo de aplicación de la Ley de Garantía de la Unidad de Mercado.

Es cierto, sin embargo, que el ámbito objetivo de impugnación nos aproxima a actuaciones administrativas de verdadero alcance general donde la utilidad de la cooperación es grande junto con actuaciones administrativas muy limitadas territorialmente en los que la virtualidad real de este principio es, claro está, mucho menos intensa.

Serán puntos de contacto y forman parte de la Red de puntos de contacto para la unidad de mercado

a) La Secretaría para la Unidad de Mercado.
b) La Comisión Nacional de los Mercados y de la Competencia.
c) Cada departamento ministerial.
d) La autoridad que designe cada Comunidad Autónoma o Ciudad con Estatuto de Autonomía.

Realmente se ha tratado de establecer un esquema relacional específico cuya finalidad debe ser la de coordinar la actividad interna de cada organización para la finalidad específica que corresponde a la Secretaria de la Unidad de Mercado y sin perjuicio, del deber general de colaboración que corresponde al conjunto de los órganos administrativos.

1.6. Reglas generales de tramitación

Podemos sintetizar los trámites en los siguientes:

- Admisión. Se produce por la Secretaría para la Unidad de Mercado tras el análisis de que se trata de una cuestión que es susceptible de encuadrarse en el ámbito de la Ley de Garantía de la Unidad de Mercado y, por tanto, que afecte a las libertades de establecimiento y de circulación que, como se ha visto, constituyen el ámbito de material de actuación.

Señala, probablemente de forma innecesaria que "…. En cualquier caso, el inicio del procedimiento por parte de la Secretaría no supondrá una predeterminación en relación con el fondo de la cuestión, ni será interpretado como un indicio de afectación a la libertad de establecimiento o circulación…". Esto justifica que señalemos que el elemento determinante de la admisión es únicamente la de estar encuadrado en el ámbito objetivo de la reclamación y en una de las dos libertades de carácter económico que consagra la norma. Se trata, en esencia, de una admisión previa valoración de la concurrencia de los elementos objetivos y sin prejuzgar si está vinculación objetiva afecta realmente a las libertades objeto de protección.

La previsión de que la admisión no produce indicios reales de la resolución final es muy propia de la técnica legislativa utilizada con un marco tono y connotación económico, pero es cierto que, en el ámbito jurídico-público, la previsión es innecesaria porque la previsión indicada es inherente a la formulación de un procedimiento administrativo y, desde luego, más aún en los de carácter aflictivo.

– Traslados internos, distinguiendo los de carácter necesario de los adicionales.

De carácter necesario: Una vez iniciado el procedimiento, la remitirá al punto de contacto correspondiente a la autoridad competente afectada. A estos efectos se considerará autoridad competente:

a) Cuando se trate de disposiciones de carácter general y actuaciones que pongan fin a la vía administrativa, la autoridad que la haya adoptado.

b) Cuando se trate de actuaciones que no pongan fin a la vía administrativa, aquella que, de no aplicarse el procedimiento previsto en este artículo, hubiera conocido del recurso contra la actuación objeto de reclamación. En estos casos, dicha autoridad solicitará del órgano administrativo autor del acto la remisión del expediente administrativo, así como de un informe sobre la reclamación en un plazo de cinco días.

De carácter adicional: el conocimiento por el conjunto de los potenciales afectados en el ámbito de las libertades en cuestión. En este punto, el apartado 5 del artículo 26 señala que: "…Asimismo, la reclamación será distribuida entre todos los puntos de contacto, que podrán remitir al punto de contacto de la autoridad competente afectada, informando a la Secretaría para la Unidad de Mercado, las aportaciones que consideren oportunas en el plazo de cinco días…".

– El Informe de la Secretaría para la Unidad de Mercado. La Secretaría deberá elaborar un informe de valoración sobre la reclamación recibida en un plazo de diez días. Este informe, no vinculante, deberá ser tenido en cuenta por la autoridad competente a la hora de decidir. Los informes emitidos y remitidos al punto de contacto de la autoridad competente afectada se incorporarán al expediente administrativo para permitir que la autoridad que resuelve tenga una visión general sobre lo que opinan de la cuestión el conjunto de los afectados.

Con carácter general podemos indicar que con este informe de la Secretaría para la Unidad de Mercado se concluye la tramitación a expensas, claro está, de la resolución por el órgano competente.

No obstante lo anterior, se prevé en el apartado 6 del artículo 26 que "...Los informes elaborados en el marco de este procedimiento podrán hacerse públicos. Ello sin perjuicio de lo establecido en las normas de protección de datos de carácter personal...".

- Resolución. Más allá de la redacción literal del precepto que resulta, en gran medida, confusa lo que parece claro es que el apartado 7 atribuye a la "autoridad competente" afectada la competencia para "informar" de la resolución adoptada. Este Informe lo es la Secretaría para la Unidad de Mercado y al conjunto de puntos de contacto, indicando las medidas que se hayan adoptado para dar solución a la reclamación. Esto debe producirse en el plazo de quince días desde la presentación de la reclamación.

  Transcurrido el plazo indicado, la reclamación se entenderá desestimada por silencio administrativo y "por tanto, la autoridad competente mantiene su criterio respecto de la actuación objeto de reclamación".

- Eficacia. La autoridad competente afectada podrá igualmente comunicar la resolución afectada al interesado. No obstante, precisa la Ley de Garantía de la Unidad de Mercado con toda claridad que a los efectos de excitar la intervención de la Comisión Nacional de los Mercados y de la Competencia el plazo que opera es de la Secretaría para la Unidad de Mercado.

Por tanto, aunque la comunicación con el interesado fuera directa la fecha determinante es la de Secretaría para la Unidad de Mercado.

1.7. La segunda reclamación

Señala el apartado 9 del artículo 26 de la Ley de Garantía de la Unidad de Mercado que si a la vista de la decisión, el interesado no considerase satisfechos sus derechos o intereses legítimos en el plano de la defensa de las libertades que constituyen el objeto de las mismas, se podrá dirigir su solicitud a la Comisión Nacional de los Mercados y de la Competencia en el plazo de cinco días.

El precepto responde, también, a una técnica que no es muy común en el ámbito jurídico-administrativo ya que se limita a indicar que se podrá remitir la solicitud a la Comisión Nacional de los Mercados y de la Competencia. Surgen algunas dudas como la de indicar si se trata de una "remisión" de la primera reclamación o de una nueva reclamación que incluye la discrepancia con la resolución de la autoridad competente a instancia de la Secretaría para la Unidad de Mercado. La lógica hace pensar que realmente es la segunda sin perjuicio de que en el expediente obren los documentos íntegros de lo suscitado en la vía administrativa ante la Secretaría.

Desde una perspectiva lógica la reiteración de la pretensión inicial es consustancial a cualquier actuación revisora o de resolución jerárquica (que, en este caso, no es tal la naturaleza) por lo que la reiteración es, en realidad, una discrepancia con la resolución de origen y, naturalmente, debe contener un razonamiento lógico sobre la discrepancia con la situación inicial y con la resolución de convalidación o no estimación de la reclamación inicial.

1.8. Trámites adicionales

Señala el apartado 7 del artículo 26 de la Ley de Garantía de la Unidad de Mercado que "...Transcurridos quince días desde la presentación de la reclamación, el punto de contacto correspondiente a la autoridad competente afectada informará de la resolución adoptada por esta a la Secretaría para la Unidad de Mercado y a la red de puntos de contacto, indicando las medidas que se hayan adoptado para dar solución a la reclamación...".

Realmente nos encontramos ante la resolución que pone fin al procedimiento. La regulación es, ciertamente, compleja teniendo en cuenta que no determina el verdadero contenido de la resolución indicando únicamente que se indiquen "las medidas que se hayan adoptado para dar solución a la reclamación...".

De no adoptarse resolución en el citado plazo, se entenderá desestimada por silencio administrativo negativo y que, por tanto, la autoridad competente mantiene su criterio respecto a la actuación objeto de la reclamación.

1.9. Notificación

Señala el párrafo 8 del artículo 26 de la Ley de Garantía de la Unidad de Mercado que "...La Secretaría notificará al interesado la resolución adoptada, así como los demás informes emitidos, dentro del día hábil siguiente a la recepción de la resolución. La autoridad competente afectada podrá igualmente comunicar la resolución adoptada al interesado. No obstante, el inicio del cómputo de los plazos a los que se refieren los apartados 9, 10 y 11 se producirá desde la notificación efectuada por la Secretaría para la Unidad de Mercado...".

En el supuesto de que la resolución a la que nos acabamos de referir o, incluso, en los supuestos de silencio administrativo, el artículo 26 de la Ley de Garantía de la Unidad de Mercado prevé que el interesado no satisfecho podrá dirigir su solicitud a la Comisión Nacional de los Mercados y de la Competencia. La solicitud ante la Comisión Nacional de los Mercados y de la Competencia deberá presentarse en el plazo de cinco días.

El precepto no deja de introducir algún elemento de duda porque, ahora, frente a la legitimación general que hemos visto, se refiere a sus derechos e intereses legítimos que es un concepto que enlaza con una tradición interpretativa ligada, precisamente, al concepto de legitimación en sentido estricto.

1.10. La tramitación separada del resto de libertades

Como venimos indicando el procedimiento especial del que esta tramitación administrativa no es sino la vía previa afecta a la defensa de las libertades de circulación y establecimiento y no se prejuzga que la actuación administrativa en cuestión tenga otros problemas de legalidad que puedan ser debatidos en el ámbito ordinario.

Se refiere a esta cuestión el apartado 10 del artículo 26 de la Ley de Garantía de la Unidad de Mercado cuando señala que "...10. Cuando existiesen motivos de impugnación distintos de la vulneración de la libertad de establecimiento o de circulación, los interesados que hayan presentado la reclamación regulada en este artículo podrán hacerlos valer, de forma separada, a través de los recursos administrativos o jurisdiccionales que procedan frente a la disposición o actuación de que se trate. No obstante, el plazo para su interposición se iniciará cuando se produzca la inadmisión por parte de la Secretaría para la Unidad de Mercado o la notificación por parte de dicha Secretaría de la eventual desestimación de la reclamación por la autoridad competente...".

1.11. Agotamiento de la vía administrativa

Finalmente, en el plano procedimental y operativo debe tenerse en cuenta, igualmente, la determinación prevista en el apartado 11 del artículo 26 de la Ley de Garantía de la Unidad de Mercado al establecer que:

> "...11. Cuando se trate de actuaciones administrativas que no agoten la vía administrativa, la conclusión de este procedimiento pondrá fin a dicha vía. El plazo para la interposición de los recursos jurisdiccionales que procedan se iniciará cuando se produzca la inadmisión por parte de la Secretaría para la Unidad de Mercado o la notificación por parte de dicha Secretaría de la eventual desestimación de la reclamación por la autoridad competente."

2. LEGITIMACIÓN DE LA COMISIÓN NACIONAL DE LOS MERCADOS Y LA COMPETENCIA Y LA IMPUGNACIÓN EN EL ÁMBITO CONTENCIOSO-ADMINISTRATIVO

2.1. *Impugnación como consecuencia de la desestimación*

El artículo 27 de la Ley de Garantía de la Unidad de Mercado se limita, en este punto, a fijar la legitimación de la Comisión Nacional de los Mercados y de la Competencia para la impugnación de cualquier disposición general, acto, actuación, inactividad o vía de hecho que se considere contrataría a las libertades de establecimiento y circulación procedentes de cualquier autoridad. La legitimación específica de un regulador (organismo administrativo) es consecuencia de la naturaleza de procedimiento especial a la que nos venimos refiriendo a lo largo de este trabajo en diversas ocasiones.

Esta impugnación se realiza en el ámbito del contencioso-administrativo y es la prevista en el Capítulo IV del Título V de la Ley 29/1998, de 13 de julio, reguladora de la Jurisdicción Contencioso-administrativa (LJCA)[16].

Se establece que la actuación de la Comisión Nacional de los Mercados y de la Competencia podrá realizarse bien por su propia iniciativa bien porque "los interesados" que, según indica el artículo 27 de la Ley de Garantía de la Unidad de Mercado, podrán dirigirse a la Comisión Nacional de los Mercados y de la Competencia antes de iniciar un procedimiento administrativo.

La interpretación razonada de esta determinación nos permite indicar que esta impugnación es subsiguiente en la formulación a la desatención por los órganos de la Unidad de Mercado de la reclamación planteada en el apartado anterior. La decisión de hacer uso de la legitimación y de interponer el recurso contencioso-administrativo se realiza a la vista del informe de la Secretaría para la Unidad de Mercado, de la propia reclamación y valorando, finalmente, la importancia para la interpretación de la ley.

Es cierto, sin embargo, que esta es una posibilidad pero no una obligación. De hecho, en otro momento, se exige a la Comisión Nacional de los Mercados y de la Competencia que informe a la Secretaría para la Unidad de Mercado de los recursos interpuesto y las peticiones y denuncias recibidas, literalidad, que parece apuntar a que la tramitación previa ante la Secretaría sea una mera posibilidad, pero no una obligación procesal.

---

16 Sobre esta regulación puede consultarse FUERTES LÓPEZ, F.J., "El procedimiento especial de protección de los derechos fundamentales de la persona. Procedimiento para la garantía de la unidad de mercado. Procedimiento para la declaración judicial de extinción de partidos políticos", *Tratado de la Jurisdicción Contencioso-Administrativa. Tomo I*, 4ª ed., (Palomar Olmeda, A., Dir.), Thomson Reuters Aranzadi, Cizur Menor (Navarra), 2021, especialmente pp. 1421-1426, y MARTÍN VALERO, A.I., "El procedimiento para la unidad de mercado", *Actualidad Administrativa*, núm. 2, Febrero 2020 (LA LEY 1635/2020).

La admisión de la reclamación por la Comisión Nacional de los Mercados y de la Competencia está fundada en los informes previos, la viabilidad de la acción y su especial trascendencia que se apreciará atendiendo a su importancia para la interpretación de la Ley o para su aplicación o general eficacia.

La decisión de interposición debe formularse en el plazo de veinte días desde que se insta la reclamación en la Comisión Nacional de los Mercados y de la Competencia como consecuencia de la desestimación de la Secretaría para la Unidad de Mercado. Esto nos permite indicar que la actuación que la Ley de Garantía de la Unidad de Mercado reserva a la Comisión Nacional de los Mercados y de la Competencia es interlocutoria y valorativa pero no decisoria porque el *input* final del regulador es la impugnación ante el órgano jurisdiccional.

Más allá de las notificaciones y publicaciones que se corresponden con el ámbito contencioso-administrativo convencional, el artículo 27.4 de la Ley de Garantía de la Unidad de Mercado prevé que la Secretaría para la Unidad de Mercado informará de los recursos interpuestos por la Comisión Nacional de los Mercados y de la Competencia al punto de contacto de unidad de mercado competente desde un punto de vista territorial y por razón de la materia.

2.2. *Acción popular y derecho de petición*

En el caso de la acción popular y el derecho de petición, la legitimación para la interposición del recurso contencioso-administrativo corresponderá en exclusiva a la Comisión Nacional de los Mercados y de la Competencia sin perjuicio del derecho de personación regulado en el artículo 127 ter de la Ley de la Jurisdicción Contencioso-administrativa.

Como se ve, esta determinación anterior debe conectarse directamente con la regulación que se contiene en la Disposición Adicional 5ª de la Ley de Garantía de la Unidad de Mercado según la cual:

> "Será pública la acción para exigir ante los órganos administrativos y, a través de la Comisión Nacional de los Mercados y la Competencia, ante los Tribunales, el cumplimiento de lo establecido en esta ley y en las disposiciones que se dicten para su desarrollo y ejecución, para la defensa de la unidad de mercado.
>
> En particular, se reconoce la acción popular para el inicio de los procedimientos establecidos en los artículos 26 y 28 y la legitimación de las corporaciones de derecho público, asociaciones y grupos de afectados para ejercer el derecho de petición a que se refiere el artículo 27 y para personarse en el procedimiento para la garantía de la unidad de mercado regulado en el capítulo IV del título V de la Ley 29/1998, de 13 de julio, reguladora de la Jurisdicción Contencioso-administrativa".

Es cierto, sin embargo, que la regulación deja al margen la posibilidad de personación en el proceso contencioso-administrativo, pero recordando que esta impugnación no puede ser autónoma sino ligada a la interposición por parte de la Comisión Nacional de los Mercados y de la Competencia y sin perjuicio, como se ha dicho, de la posibilidad de instar el procedimiento ordinario por el conjunto de las infracciones del ordenamiento Jurídico que no se refieran a las libertades apuntadas.

2.3. Determinaciones específicas sobre el plazo de interposición

Se refiere esta cuestión, la disposición adicional 11ª de la Ley de Garantía de la Unidad de Mercado en los siguientes términos:

> "Cuando la Comisión Nacional de los Mercados y la Competencia, en uso de la legitimación prevista en el artículo 27 de esta ley y en el artículo 5.4 de la Ley 3/2013, de 4 de junio, de creación de la Comisión Nacional de los Mercados y la Competencia, interponga recurso contencioso-administrativo contra cualquier Administración, podrá requerirla previamente, en el plazo de dos meses previsto en el artículo 44.2 de la Ley 29/1998, de 13 de julio, reguladora de la Jurisdicción Contencioso-administrativa".

Se trata con esta determinación de "encajar" la determinación especial de la actuación del regulador con el esquema de impugnación de actuaciones administrativas entre Administraciones Públicas. Como indicó el Consejo de Estado en su informe al proyecto normativo que devino en la Ley 18/2022, "Esta previsión ha merecido una valoración favorable por parte del informe del Consejo General del Poder Judicial sobre la base de que "... incorpora al texto legal el criterio jurisprudencial plasmado en las Sentencias de la Sala Tercera del Tribunal Supremo de 4 de junio de 2018, dictada en el recurso nº 438/2017, ECLI:ES:TS:2018:1913 y de 23 de junio de 2020, dictada en el recurso de casación 1371/2019, ECLI:ES:TS:2020:2036. Estas sentencias rechazaron el argumento de la Abogacía del Estado basado en negar a la Comisión Nacional de los Mercados y de la Competencia el carácter de Administración Pública, al menos cuando ejerce la acción que le otorgan el artículo 27 de la ley de Garantía de la Unidad de Mercado y el artículo 127.bis de la Ley 29/1998, propugnando una interpretación pro actione tanto de la decisión de la Comisión Nacional de los Mercados y de la Competencia de plantear el requerimiento, como del propio requerimiento regulado en el artículo 44 de la Ley jurisdiccional"[17].

Este esquema impugnatorio pasa, fundamentalmente, por la existencia de un requerimiento previo, de carácter potestativo cuya regulación se difiere a la común prevista en el artículo 44 de la Ley de la Jurisdicción Contencioso-administrativa.

---

17 Dictamen al Anteproyecto de Ley Crea y Crece, 22 de noviembre de 2021 (Ref. 936/2021).

2.4. *Nueva formulación del procedimiento especial de garantía de la unidad de mercado previsto en la Ley de la jurisdicción contencioso-administrativa*

La Ley 18/2022 tiene como una de sus consecuencias la modificación del procedimiento especial de defensa o de garantía de la unidad de mercado previsto en el artículo 127 ter de la Ley de la Jurisdicción Contencioso-administrativa. Las modificaciones son parciales y se centran en un conjunto de actuaciones que el órgano jurisdiccional debe realizar cuando ya se ha instruido el procedimiento.

Podemos, a su vez, resumirlas en las siguientes:

a) Determinación material de la sentencia. Señala el apartado 6 del artículo 127 ter de la Ley de la Jurisdicción Contencioso-administrativa lo siguiente:

> "6.Conclusas las actuaciones, el órgano jurisdiccional dictará sentencia en el plazo de cinco días. La sentencia estimará el recurso cuando la disposición, la actuación o el acto incurrieran en cualquier infracción del ordenamiento jurídico que afecte a la libertad de establecimiento o de circulación, incluida la desviación de poder...".

Los efectos de la sentencia se aclaran en otro apartado del artículo señalando que: "...Conforme a lo dispuesto en el artículo 71, la sentencia que estime el recurso implicará la corrección de la conducta infractora, así como el resarcimiento de los daños y perjuicios, incluido el lucro cesante, que dicha conducta haya causado..."

b) Sentencia *in voce*. El artículo 127.6 ter de la Ley de la Jurisdicción Contencioso-administrativa admite que "...El órgano jurisdiccional podrá convocar a las partes a una comparecencia con la finalidad de dictar su sentencia de viva voz, exponiendo verbalmente los razonamientos en que sustente su decisión, resolviendo sobre los motivos que fundamenten el recurso y la oposición y pronunciando su fallo, de acuerdo con lo dispuesto en los artículos 68 a 71.

La no comparecencia de todas o alguna de las partes no impedirá el dictado de la sentencia de viva voz...".

Posteriormente se señala que "...Caso de haberse dictado la Sentencia de forma oral, el Secretario judicial expedirá certificación que recoja todos los pronunciamientos del fallo, con expresa indicación de su firmeza y de la actuación administrativa a que se refiera. Dicha certificación será expedida en el plazo máximo de cinco días, notificándose a las partes.

La anterior certificación se registrará e incorporará al Libro de Sentencias del órgano judicial. El soporte videográfico de la comparecencia quedará unido al procedimiento...".

2.5. La suspensión de la eficacia de las actuaciones impugnadas

En este punto, los nuevos apartados 1 y 2 del artículo 127 quater de la Ley de la Jurisdicción Contencioso-administrativa establecen la siguiente regulación de la suspensión en el ámbito del procedimiento especial que venimos analizando.

La nueva regulación es del siguiente tenor:

> "1. La Comisión Nacional de los Mercados y la Competencia podrá solicitar en su escrito de interposición la suspensión de la disposición, acto o resolución impugnados, así como cualquier otra medida cautelar que asegure la efectividad de la sentencia. La solicitud de esta suspensión tendrá carácter excepcional y solo será solicitada en caso de entender que es imprescindible por la especial relevancia del supuesto para la libertad de establecimiento y circulación…".

Es la propia norma, por tanto, la que determina el carácter excepcional de la suspensión de la eficacia y de la adopción de medidas suspensivas o, en general, de carácter cautelar. Traslada la determinación de la medida a un juicio de relevancia de afección a la libertad de establecimiento y de circulación que constituye el elemento central o determinante de la adopción de la medida. Siendo la voluntad y la determinación que la medida sea excepcional, la configuración adicional del juicio de relevancia, partiendo del carácter excepcional, hace realmente compleja la adopción de medidas cautelares.

En punto al procedimiento, la nueva regulación señala que "…2. Solicitada la suspensión de la disposición, acto o resolución impugnados, la misma se tramitará en la forma prevista en el capítulo II del título VI, una vez admitido el recurso y sin exigencia de afianzamiento de los posibles perjuicios de cualquiera naturaleza que pudieran derivarse. La Administración cuya actuación se haya recurrido podrá solicitar el levantamiento de la suspensión durante el plazo de tres meses desde su adopción, siempre que acredite que de su mantenimiento pudiera seguirse una perturbación grave de los intereses generales o de tercero que el tribunal ponderará en forma circunstanciada".

Esta capacidad de solicitar el levantamiento es, en realidad, de la misma consideración y estructura que el carácter excepcional de la medida al que nos acabamos de referir.

VI. OTROS MECANISMOS DE ACTUACIÓN DE LOS PODERES PÚBLICOS

1. DETERMINACIONES GENERALES

Fundamentalmente la Ley de Garantía de la Unidad de Mercado se refiere en el artículo 28 a los denominados mecanismos adicionales de eliminación obstáculos o barreras detectados por los operadores económico, los consumidores y los usuarios.

El procedimiento está previsto para los supuestos de no utilización del artículo 26. Precisamente, es el párrafo primero el que señala que "...Fuera de los supuestos previstos en el artículo 26 de esta ley.".

La Ley de Garantía de la Unidad de Mercado atribuye a los operadores económicos, los consumidores y usuarios, así como las organizaciones que los representan u otros interesados, la facultad de informar a la Secretaría para la Unidad de Mercado, en cualquier momento y a través de la ventanilla a la que se refiere el artículo 26, sobre cualesquiera obstáculos o barreras relacionadas con la aplicación de esta ley.

En particular, podrá informarse a través de este procedimiento de posibles incumplimientos del principio de cooperación y confianza mutua establecido en el artículo 4.

Cuando los operadores económicos, los consumidores y usuarios, así como las organizaciones que los representan u otros interesados informen de obstáculos o barreras relacionadas con la aplicación de esta ley que hayan recurrido en vía administrativa, no se iniciará este mecanismo hasta que se resuelva el recurso en cuestión y el interesado manifieste su interés en ello.

2. LA FACULTAD DE INFORME DE LA SECRETARIA PARA LA UNIDAD DE MERCADO

Específicamente y fundada en su imparcialidad y en el conocimiento técnico que soporta, el artículo 27 de la Ley de Garantía de la Unidad de Mercado admite que los potencialmente afectados puedan recabar de dicha Unidad su parecer sobre una actuación administrativa afecta a las libertades que quedan dentro de aplicación de la norma. En concreto, contiene estas determinaciones:

a) Posibilidad de los órganos administrativos de solicitar el parecer de la Unidad de Mercado ante la elaboración y aprobación de proyectos que puedan afectar a dichas libertades. Es el artículo 27 de la Ley de Garantía de la Unidad de Mercado el que establece que "Se podrá solicitar informe de valoración a la Secretaría para la Unidad de Mercado por obstáculos o barreras previstos en proyectos normativos que se encuentren en fase de tramitación administrativa. Este informe podrá solicitarse respecto de proyectos normativos que hayan sido o estén siendo sometidos al trámite de audiencia e información pública y será enviado al punto de contacto competente para su remisión al órgano proponente del proyecto en cuestión para su consideración...".

b) Actuación de oficio de la Secretaría para la Unidad de Mercado. Sensu contrario en relación con lo que planteamos en el apartado anterior, cabe la posibilidad de que la propia Secretaría para la Unidad de Mercado sea la que tenga consciencia de la existencia de una actuación administrativa que, potencialmente, pueda afectar a las libertades. En este supuesto, el artículo 27.3 de la Ley de Garantía de la Unidad de Mercado prevé que: "Cuando la Secretaría para la Unidad de Mercado tenga constancia de la posible existencia de obstáculos o barreras relacionadas con la aplicación de esta ley podrá iniciar de oficio el mecanismo previsto en este artículo. El resto de los puntos de contacto para la unidad de mercado podrán solicitar a la Secretaría para la Unidad de Mercado el inicio de este mecanismo. La Secretaría para la Unidad de Mercado tendrá en consideración variables como la viabilidad de la actuación y la especial transcendencia del caso en cuestión para la valoración del inicio del procedimiento conforme a este apartado..."

c) Actuación horizontal en el marco de políticas sectoriales. Se refiere a la actuación en este ámbito el apartado 6 del artículo 27 de la Ley de Garantía de la Unidad de Mercado cuando señala que:

> "La Secretaría para la Unidad de Mercado informará puntualmente a las conferencias sectoriales y a la Conferencia Sectorial para la Mejora Regulatoria y el Clima de Negocios sobre los obstáculos y barreras detectadas por los operadores, consumidores o usuarios u organizaciones que los representan, así como sobre las soluciones alcanzadas y resultados obtenidos, a efectos de impulsar los sistemas de cooperación previstos en el artículo 12.2. Asimismo, la Secretaría para la Unidad de Mercado realizará un seguimiento periódico de los compromisos alcanzados o soluciones propuestas en el marco de este mecanismo".

3. EVALUACIÓN NORMATIVA DE LA UNIDAD DE MERCADO

La obligación de todas las autoridades competentes de evaluar periódicamente su propia normativa al objeto de valorar su impacto sobre la unidad de mercado ya estaba contemplada en la redacción original del artículo 15 de la Ley de Garantía de la Unidad de Mercado, que se reforma por el artículo 6.Diez de la Ley 18/2022. Junto a tal determinación general, estaba y está la obligación de las conferencias sectoriales de impulsar tal evaluación y respecto de la Conferencia Sectorial para la Mejora Regulatoria y el Clima de Negocios, esta asume la labor de "impulsar la evaluación del marco jurídico vigente en un sector económico determinado, cuando se hayan detectado obstáculos a la unidad de mercado, conforme a lo establecido en el artículo 10" (artículo 15.4 LGUM), al igual que estaba previsto podía hacer el Consejo al que sustituye.

Sí que resulta novedosa la inclusión aquí de una referencia explícita al artículo 130 de la Ley 39/2015, de 1 de octubre, del Procedimiento Administrativo Común de las Administraciones Públicas (LPAC), con un mandato dirigido a todas las Administraciones públicas, a pesar de que tal precepto fue declarado contrario al orden constitucional de competencias por la Sentencia del Tribunal Constitucional, 55/2018, de 24 de mayo, de modo que no resulta aplicable a las iniciativas legislativas de las Comunidades Autónomas. Este es el tenor del reformado apartado 1 del artículo 15 de la Ley de Garantía de la Unidad de Mercado:

> "De acuerdo con el artículo 130 de la Ley 39/2015, de 1 de octubre, del Procedimiento Administrativo Común de las Administraciones Públicas, las Administraciones Públicas revisarán periódicamente su normativa vigente para adaptarla a los principios de buena regulación y para comprobar la medida en que las normas en vigor han conseguido los objetivos previstos y si estaba justificado y correctamente cuantificado el coste y las cargas impuestas en ellas".

Con carácter complementario a lo ya referido respecto del artículo 15 de la Ley de Garantía de la Unidad de Mercado, que como hemos visto impone la evaluación periódica de la normativa, la nueva Disposición adicional 6ª de la Ley de Garantía de la Unidad de Mercado establece a este respecto que "Aquellos proyectos normativos elaborados de conformidad con el artículo 26 de la Ley 50/1997, de 27 de noviembre, del Gobierno, que tengan efectos significativos sobre la unidad de mercado deberán someterse a un análisis sobre los resultados de su aplicación. Dicho análisis se realizará de conformidad con el artículo 3 del Real Decreto 286/2017, de 24 de marzo, por el que se regulan el Plan Anual Normativo y el Informe Anual de Evaluación Normativa de la Administración General del Estado y se crea la Junta de Planificación y Evaluación Normativa"[18].

Esto nos permite indicar que en los trámites que hemos identificado en torno a la categoría de la buena regulación que es, precisamente, aquella que valora las diferentes perspectivas que puedan afectar a una realidad regulatoria se incluye expresamente el de la unidad de mercado como uno de los valores a considerar y a evaluar antes de dictar la nueva regulación.

VII. UNA BREVE VALORACIÓN DE CONJUNTO

Se acaban de enunciar una serie de cambios introducidos en la Ley de Garantía de la Unidad de Mercado por la Ley 18/2022 que se dicta para impulsar la creación y mantenimiento de empresas y que tiene, por tanto, un carácter horizontal proyectándose sobre un conjunto de normas que afectan a la regulación de los agentes económicos.

Es difícil efectuar una valoración detallada de un conjunto de normas que, en gran medida, tienen un carácter puntual y se refieren a aspectos muy parciales de la regulación preexistente.

---

18 La referencia está en el apartado 3 del mencionado artículo 3 del Real Decreto 286/2017, donde se dispone que "3. En el caso de que las normas que se evalúen lo sean por razón de su impacto económico, sobre la unidad de mercado o sobre la competencia, los Departamentos ministeriales solicitarán informe previo sobre el borrador de informe de evaluación, a la Oficina Económica del Presidente y a la Secretaría de Estado de Economía y Apoyo a la Empresa. En el caso de que las normas que se evalúen lo sean por razón de su impacto sobre la competencia, los Departamentos ministeriales solicitarán informe previo también a la Comisión Nacional de los Mercados y de la Competencia".

En todo caso, lo que parece que se configura es una apuesta decidida por la ampliación de los interesados en la defensa y preservación de las libertades objeto de la Ley de Garantía de la Unidad de Mercado. La legitimación popular, singularizada en los agentes que actúan en defensa de los intereses generales, es, sin duda, la prueba más evidente.

A partir de ahí, se mantiene, con una serie de matices organizativos, la doble vía entre la Comisión Nacional de los Mercados y de la Competencia y la Secretaría para la Unidad de Mercado que, ciertamente, es confusa porque, en esencia, se trata, como hemos dicho, de una vía alternativa a la impugnación general en el marco de los procedimientos comunes teniendo en cuenta que estos últimos se presentan como alternativos pero no impiden un debate general ni, claro está, un debate especial —concurrente o sucesivo— sobre la legalidad en su conjunto o sobre los aspectos de legalidad que no afecten, estrictamente, a las libertades objeto de regulación.

La apuesta decidida por la función de cooperación trata, sin duda, de establecer un marco en el que el conjunto de las Administraciones Públicas pueda efectuar valoraciones y coordinar su actividad evitando o luchando contra las infracciones previstas en la normativa general.

El efecto real sobre la jurisprudencia y, por ende, sobre las libertades protegidas deberá ser evaluado con posterioridad teniendo en cuenta —eso si— que la posición actual del Tribunal Supremo ha aflorado una interesante doctrina sobre los límites de la regulación y la posibilidad de su control jurisdiccional que no debería abandonarse sino, en su caso, incrementarse.

Capítulo 5
LA LUCHA CONTRA LA MOROSIDAD COMERCIAL: LA FACTURA ELECTRÓNICA

Juan José Benayas Del Álamo
Profesor Asociado de Economía Pública
Universidad San Pablo CEU

I. INTRODUCCIÓN

La lucha contra la morosidad comercial se ha convertido en uno de los principales caballos de batalla del legislador en lo que llevamos de siglo XXI.

Históricamente se ha producido siempre un decalaje temporal entre las entregas de mercancías o ejecución de servicios y su pago por el comprador o receptor de estos servicios. Sobre todo, cuando acudimos al tráfico comercial en el que participaban grandes empresas o Administraciones Públicas, aunque no exclusivamente. Por un lado, bajo la apariencia de cubrir ciertas garantías se aplazaban los pagos de determinadas operaciones comerciales. Por otro, para ciertas empresas, llegó a convertirse en una forma paralela de financiación, ya que podían captar recursos líquidos de financiación con los que, ayudados por los generosos plazos de pago pactados, realizaban inversiones financieras con el que obtenían una rentabilidad adicional a la de su actividad comercial.

Especialmente agresivo llegó a ser el caso de la construcción antes de la crisis financiera que comenzó en 2007 a causa del estallido de la burbuja inmobiliaria.

Las grandes empresas constructoras pactaban un período de pago que, en muchas ocasiones, rondaba los 180 días desde la fecha de factura. A ello se añadía que la factura debía ser aprobada por la constructora tras la aprobación de una proforma previa y el visto bueno del detalle de los trabajos facturados, tanto en cuanto ejecución, número y precio. Eso suponía que, tras numerosas trabas de índole administrativo por parte de la empresa contratista que demoraba la emisión de la factura definitiva y los plazos que ellas mismas establecían de emisión de los pagarés en función de la fecha de entrada de esta factura, estos últimos tuvieran un vencimiento de cerca de 240 días respecto a la fecha de ejecución de los trabajos facturados.

Esta práctica fue copiada por contratistas de envergadura cada vez menor y, en la práctica, supuso la desaparición de un número muy elevado de microempresas dedicadas a los diversos oficios de la construcción a las que la aludida crisis financiera supuso la puntilla definitiva.

Del mismo modo se había establecido una relajación en el pago a proveedores de las Administraciones Públicas que permanecían impunes y ajenas a la asfixia financiera que esta práctica provocaba en las pequeñas empresas que prestaban algún tipo para ellas.

II. ANTECEDENTES

A lo largo de la primera década de este siglo, la Unión Europea ya advirtió de la problemática que deriva de los plazos de pago excesivamente amplios y de la morosidad en el pago de deudas contractuales, debido a que deterioraban la rentabilidad de las empresas, produciendo efectos especialmente negativos en la pequeña y mediana empresa. Una de las primeras iniciativas de la Unión Europea en este sentido fue la Recomendación de la Comisión de 12 de mayo de 1995, relativas a los plazos de pago en las transacciones comerciales. No logró especiales mejoras en materia de morosidad y se hizo necesaria la Directiva 2000/35/CE[1], cuyo objetivo general era fomentar una mayor transparencia en la determinación de los plazos de pago en las operaciones comerciales y también su cumplimiento.

---

[1] Directiva 2000/35/CE del Parlamento Europeo y del Consejo, de 29 de junio de 2000, por la que se establecen medidas de lucha contra la morosidad en las operaciones comerciales. Publicado en: "DOCE " núm. 200, de 8 de agosto de 2000, páginas 35 a 38.

Esta Directiva fue incorporada al derecho interno por medio de la Ley 3/2004, de 2004[2], por la que se establecen medidas de lucha contra la morosidad en las operaciones comerciales, que posteriormente fue reformada parcialmente por las Leyes 15/2010[3] y 11/2013[4].

Cinco años después de la entrada en vigor de la Ley 3/2004[5] contra la morosidad en las operaciones comerciales, hubo de adaptarse a los cambios que se producían en el entorno económico y modificarse para que fuera ampliamente aplicable, tanto en el ámbito de las empresas españolas, como en el del sector público.

Los efectos de la crisis económica se tradujeron en un aumento de impagos, retrasos y prórrogas en la liquidación de facturas vencidas, que afectaron a todos los sectores. En especial, a las pequeñas y medianas empresas, que funcionaban, como en el momento actual, con gran dependencia al crédito a corto plazo y con unas limitaciones de tesorería que hacen especialmente complicada su actividad en el contexto económico.

Con ese objetivo, se priorizó en la Ley 15/2010, la supresión de la posibilidad de "pacto entre las partes", la cual a menudo permitía alargar significativamente los plazos de pago, siendo generalmente las pequeñas y medianas empresas (Pymes) las empresas más perjudicadas.

La aludida reforma tenía por objeto corregir desequilibrios y aprovechar las condiciones de nuestras empresas con el fin de favorecer la competitividad y lograr un crecimiento equilibrado de la economía española. De esa forma, se anticiparon diversas medidas que posteriormente se incluyeron en la Directiva 2011/7/UE, del Parlamento Europeo y del Consejo, de 16 de febrero de 2011, por la que se establecen medidas de lucha contra la morosidad en las operaciones comerciales, que vino a sustituir a la anterior Directiva del año 2000.

La transposición definitiva a la norma interna se produjo mediante el Real Decreto-Ley 4/2013[6], más conocido como *Ley del Emprendedor.*

---

2 Ley 3/2004, de 29 de diciembre, por la que se establecen medidas de lucha contra la morosidad en las operaciones comerciales, publicada en el BOE núm. 314, de 30/12/2014.

3 Ley 15/2010, de 5 de julio, de modificación de la Ley 3/2004, de 29 de diciembre, por la que se establecen medidas de lucha contra la morosidad en las operaciones comerciales, publicada en el BOE núm. 163, de 06/07/2010.

4 Ley 11/2013, de 26 de julio, de medidas de apoyo al emprendedor y de estímulo del crecimiento y de la creación de empleo, publicada en el BOE núm. 179, de 27/07/2013.

5 Ley 3/2004, de 29 de diciembre, por la que se establecen medidas de lucha contra la morosidad en las operaciones comerciales, por la que se establecen medidas de lucha contra la morosidad en las operaciones comerciales.

6 Real Decreto-ley 4/2013, de 22 de febrero, de medidas de apoyo al emprendedor y de estímulo del crecimiento y de la creación de empleo, publicada en el BOE núm. 47, de 23 de febrero de 2013,

III. PRINCIPALES MEDIDAS

1. MEDIDAS DE ORDEN CIVIL

A modo de esquema, la lucha contra la morosidad comercial se centra en las siguientes medidas:

- El plazo de pago que el deudor debe cumplir es de 30 días naturales, tras recibir el producto o la prestación del servicio, si no se hubiese establecido una fecha o plazo de pago en el contrato.
- Además, el plazo de pago no puede ser extendido a más de 60 días naturales, por acuerdo de las partes.
- La recepción de la factura por medios electrónicos producirá los efectos de inicio del cómputo del plazo de pago.
- El acreedor tiene derecho a cobrar una cantidad fija de 40 euros por factura más los intereses sobre la deuda y los "costes de cobro debidamente acreditados" cuando no paguen en plazo los deudores.
- Cualquier pacto que difiera de lo anterior "en cuanto al plazo de pago o el tipo de interés" es nulo.

A pesar de la claridad de la norma, el Tribunal Supremo ha tenido la oportunidad de pronunciarse a este respecto en la Sentencia nº 688/2016, de 23 de noviembre, según la cual *son nulos los plazos de pago en operaciones comerciales mayores a 60 días.* El caso giraba en torno a la nulidad o no, del plazo de pago establecido en el contrato entre un contratista y un subcontratista de 180 días. El Tribunal Supremo declaró nulo el contrato y ordenó el pago de los intereses de demora, calculados a partir de los 60 días.

En resumen:

- Todo contrato o cláusula pactada con un plazo superior a 60 días será nulo de pleno derecho (art. 6.3 del Código Civil[7]).
- La excepción a este plazo que incorpora la Ley sería para aquellos casos en los que por mandato legal o acuerdo expreso, haya un proceso de comprobación o aceptación de los servicios o bienes prestados. El plazo en este caso podría ser mayor a 60 días, con un máximo de 90.

---

páginas 15219 a 15271 (53 pp.).

7 Los actos contrarios a las normas imperativas y a las prohibitivas son nulos de pleno derecho, salvo que en ellas se establezca un efecto distinto para el caso de contravención.

- El hecho de no impugnar el contrato como abusivo previamente, no impide que se reclamen los intereses de demora, según lo establecido en la Ley de Morosidad.

2. OBLIGACIONES MERCANTILES

A) Información general acerca de los aplazamientos de pago a proveedores. Además de esas medidas en materia contractual y financiera para combatir la morosidad, la Ley 15/2010, de 5 de julio, incorporó un apartado de cumplimentación obligatoria en las cuentas anuales a depositar por las empresas en el Registro Mercantil, denominado *deber de información*. En dicho apartado debe detallarse la información sobre los aplazamientos de pago efectuados a proveedores y consignarse también los pagos realizados fuera de ese plazo a proveedores.

El texto del apartado era:

> *INFORMACIÓN SOBRE APLAZAMIENTOS DE PAGO EFECTUADOS A PROVEEDORES. DISPOSICIÓN ADICIONAL TERCERA: DEBER DE INFORMACIÓN DE LA LEY 15/2010, DE 5 DE JULIO*
>
> *El importe total de los pagos realizados a proveedores en el ejercicio XXXX, distinguiendo los que han excedido los límites legales de aplazamiento, el pago medio ponderado excedido de pagos y el importe del saldo pendiente de pago a proveedores al cierre del ejercicio XXXX que acumula un aplazamiento superior al plazo legal de pago se recogen en el siguiente cuadro:*

Deber de información (cuadro cuentas anuales)

Pagos realizados y saldos pendientes de pago a la fecha de cierre del ejercicio XX/XX/XXXX	*XX/XX/XXXX (*) Importe*
Total pagos dentro del plazo máximo legal	***30.000 €***
Resto	***2.000 €***
Total pagos del ejercicio	***23.000 €***
PMPE (DÍAS) de pagos	***65***
Aplazamientos que a la fecha de cierre sobrepasan el plazo máximo legal	***1.500 €***

Deber de información (cuadro cuentas anuales)

Pagos realizados y saldos pendientes de pago a la de cierre del ejercicio XX/XX/XXXX	XX/XX/XXXX (*) Importe
Total pagos dentro del plazo máximo legal	XX.XXX €
Resto	X.XXX €
Total pagos del ejercicio	XX.XXX €

Pagos realizados y saldos pendientes de pago a la de cierre del ejercicio XX/XX/XXXX	XX/XX/XXXX (*) Importe
PMPE (DÍAS) de pagos	XX
Aplazamientos que a la fecha sobrepasan el máximo legal	XX.XXX €

En este cuadro la empresa debía incorporar los pagos que hubiera realizado "dentro del plazo máximo legal" (60 días en 2013) y los que no y el plazo medio ponderado de exceso (PMPE), además de los aplazamientos que a fecha de cierre sobrepasan dicho plazo.

Con posterioridad, el 6 de febrero de 2016 entró en vigor la Resolución de 29 de enero de 2016, del Instituto de Contabilidad y Auditoría de Cuentas[8], sobre la información a incorporar en la memoria de las cuentas anuales en relación con el periodo medio de pago a proveedores en operaciones comerciales, detallando el siguiente desglose de la información:

	N (Ejercicio actual)	N-1 (Ejercicio anterior)
	Días	Días
Periodo medio de pago a proveedores.		
Ratio de operaciones pagadas.		
Ratio de operaciones pendientes de pago.		
	Importe (euros)	Importe (euros)
Total pagos realizados.		
Total pagos pendientes.		

La resolución busca sistematizar la información que debe recoger la memoria sobre el plazo de pago a proveedores, siendo de aplicación a todas las sociedades mercantiles españolas, salvo las dependientes de las Administraciones Públicas.

B) Información acerca de las medidas proyectadas para solucionar posibles problemas de solvencia

Si bien estas medidas pueden considerarse como algo *descafeinadas*, la Ley 31/2014, de 3 de diciembre, por la que se modifica la Ley de Sociedades de Capital (LSC) para la mejora del gobierno corporativo[9], introdujo una reforma según la cual los administradores de la sociedad en el informe de gestión tendrían que informar, además de los aplazamientos de pago, de las medidas que se proyectan para resolver el problema.

---

8 Publicada en el BOE núm. 30, de 4 de febrero de 2016. Referencia BOE-A-2016-1112.

9 Publicada en el BOE núm. 293, de 4 de diciembre de 2014, páginas 99793 a 99826 (34 pp.).

Entendemos que la Ley partiría del supuesto de que las empresas que sobrepasan el plazo de pago legal podrían ser empresas con un problema de solvencia y de gestión empresarial, por lo que, vendrían obligadas a detallar las medidas proyectadas para remediar el problema.

En concreto, lo que dice la modificación del apartado 1 del artículo 262 de la Ley de Sociedades de Capital es que: "Las sociedades que no puedan presentar cuenta de pérdidas y ganancias abreviada deberán indicar en el informe de gestión el periodo medio de pago a sus proveedores: en caso de que dicho periodo medio sea superior al máximo establecido en la normativa de morosidad, habrán de indicarse asimismo las medidas a aplicar en el siguiente ejercicio para su reducción hasta alcanzar dicho máximo".

3. MEDIDAS EN LA LEY CREA Y CRECE

En este orden de cosas, el día 29 de septiembre se publica en el Boletín Oficial del Estado la Ley 18/2022, de 28 de septiembre, de creación y crecimiento de empresas (Ley Crea y Crece). El objetivo de esta Ley, según su exposición de motivos, no es el aumento del tamaño empresarial per se, ya que este depende de la interacción entre el empresario y la respuesta del mercado sino, por un lado, facilitar la creación de nuevas empresas y, por otro, reducir las trabas a las que se enfrentan en su crecimiento, ya sean de origen regulatorio o financiero para lograr con ello un incremento de la competencia en beneficio de los consumidores, de la productividad de nuestro tejido productivo, de la resiliencia de nuestras empresas y de la capacidad para crear empleos de calidad.

Con el objetivo de mejorar el cumplimiento de la Ley de lucha contra la morosidad comercial se incorporan las siguientes medidas:

3.1. Más información en las cuentas anuales

Como hemos explicado anteriormente, en la actualidad todas las sociedades tienen la obligación de incorporar en la memoria de las cuentas anuales la información relativa al período medio de pago a proveedores. En ese sentido, se incluye también de manera obligatoria la necesidad de que las sociedades cotizadas y las no cotizadas que no presenten cuentas anuales abreviadas, informen la memoria (y en su página web) del volumen y número de facturas pagadas dentro del plazo máximo establecido en la normativa de morosidad y el porcentaje sobre el total de facturas pagadas que representan las primeras.

3.2. Medidas en materia de contratación pública

Se habilita, mediante una modificación de la Ley de Contratos del Sector Público, al órgano de contratación para que, en el caso de que se incumpla los plazos de pago entre contratistas y subcontratistas (y se acredite mediante resolución judicial o laudo arbitral que la demora no viene motivada por el incumplimiento de obligaciones contractuales), imponga al contratista una penalización de hasta el 5 % del precio del contrato. Esta penalización se podrá reiterar cada mes que persista el impago hasta alcanzar el 50 % del importe de la factura cuyo plazo de pago se está incumpliendo. Responderá de ello la garantía definitiva que ha debido prestar el contratista principal como uno de los requisitos para contratar con la Administración Pública.

En este orden de cosas, además, se habilita al órgano de contratación para que en determinados contratos (los sujetos a regulación armonizada —SARA— y aquellos que superen los 2.000.000 €) pueda retener de manera provisional la garantía definitiva aportada por el contratista si el subcontratista o suministrador ejercitan frente al contratista principal, en sede judicial o arbitral, acciones dirigidas al abono de las facturas una vez excedido el plazo fijado. Todo ello hasta que este acredite la satisfacción íntegra de los derechos reclamados en la resolución judicial o arbitral firme que ponga fin al litigio.

3.3. Medidas en materia de subvenciones

Se modifica la Ley General de Subvenciones para establecer como requisito de acceso a subvenciones de cuantía superior a 30.000 €, la acreditación del cumplimiento de los plazos de la Ley de Morosidad.

Las sociedades que presenten cuentas anuales abreviadas lo tienen que acreditar mediante declaración responsable ante el órgano concedente de la subvención.

Las sociedades que no presenten cuentas anuales abreviadas deberán acreditarlo con certificación del auditor. Para ello, efectuará sus cálculos atendiendo al plazo efectivo de los pagos al deudor *con independencia de cualquier financiación para el cobro anticipado* del acreedor.

3.4. Medidas en materia de competencia desleal

Se incorpora una modificación de la Ley de Competencia Desleal que prevé que se considera expresamente desleal el incumplimiento reiterado de las normas de lucha contra la morosidad en las operaciones comerciales.

3.5. Medidas en materia de facturación electrónica

Se promueve el uso de la factura electrónica en operaciones entre empresas y autónomos como medida de digitalización empresarial y, al mismo tiempo, mecanismo de lucha contra la morosidad en las operaciones comerciales.

IV. FACTURACIÓN ELECTRÓNICA

1. ANTECEDENTES

1.1. Normativa europea inicial

Con relación a este nuevo impulso a la facturación electrónica, puede resultar interesante conocer cuáles han sido las primeras iniciativas para la implantación de la factura electrónica en el ordenamiento interno.

Destaca por encima del resto la Directiva 2001/115/CE[10], de 20 de diciembre de 2001. La importancia y necesidad de la digitalización produjo que la Unión Europea diera a luz esta Directiva 2001/115/CE en la que se define el marco legal para la emisión de facturas a través de medios telemáticos o electrónicos, autorizando que las facturas expedidas sean transmitidas por medios electrónicos (sin necesidad de imprimirlas en ningún momento) y asegurando que en todos los estados miembros se realizaran las disposiciones necesarias a tal efecto antes de enero de 2004. Esta nueva normativa supuso un importante empuje para las relaciones entre las Administraciones y las empresas que operan en la Unión Europea, así como entre las propias empresas entre sí, ya que gracias a ella comenzó el camino imparable para la optimización de la gestión de las facturas.

Lo más interesante de la Directiva a los efectos que nos interesa, es la admisión de las facturas expedidas, además de en papel, mediante medios electrónicos, siempre que se cumplan una serie de requisitos:

- Consentimiento por parte del cliente.
- Garantía de la autenticidad de su origen y la integridad de su contenido, bien mediante una firma electrónica avanzada, o bien mediante un intercambio electrónico de datos.
- Cuando la conservación se efectúe también por medios electrónicos, se debe garantizar el acceso completo en línea a los datos de que se trate, así como de nuevo, su autenticidad e integridad.

1.2. Ley 53/2002

En el caso que nos ocupa conviene destacar como una de las fechas nucleares, la aprobación de la Ley 53/2002[11], de 30 de diciembre, de Medidas Fiscales, Administra-

---

10 Directiva 2001/115/CE del Consejo, de 20 de diciembre de 2001, por la que se modifica la Directiva 77/388/CEE con objeto de simplificar, modernizar y armonizar las condiciones impuestas a la facturación en relación con el impuesto sobre el valor añadido, publicado en el DOCE núm 15, de 17 de enero de 2002, páginas 24 a 28 (5 pp.).

11 Publicada en el BOE núm 313, de 31 de diciembre de 2002, páginas 46086 a 46191 (106 pp.)

tivas y del Orden Social, que entre otras transpone a la normativa interna española de forma casi literal, en concreto, en la normativa del Impuesto Sobre el Valor Añadido. Con posterioridad se publicó el Real Decreto 1496/2003, de 28 de noviembre, por el que se aprueba el reglamento por el que se regulan las obligaciones de facturación. Fueron varias las normas que se aprobaron en desarrollo de este Real Decreto. Una de ellas fue, aunque cuatro años después, la Orden EHA/962/2007, de 10 de abril, por el que se desarrollaban determinadas disposiciones sobre facturación telemática y conservación electrónica de facturas contenidas en el Real Decreto 1496/2003. Entre otras cosas, trataba de regular de forma clara algunos aspectos que podrían ocasionar conflicto hasta ese momento, a la hora de aplicar de forma práctica la facturación electrónica:

- requisitos para la prestación del consentimiento y revocación de los mismos.
- obligaciones de los emisores y destinatarios de las facturas electrónicas.
- facturas recibidas de terceros países.
- requisitos de los sistemas de firma electrónica, etc...

1.3. Ley 11/2007

De manera conjunta a este desarrollo normativo el 22 de junio de 2007 se produjo un hecho que impulsó de forma concluyente todo lo que se refiere a la Administración Pública. Se publicó la Ley 11/2007[12], de Acceso Electrónico de los Ciudadanos a los Servicios Públicos. Supone el estímulo definitivo para que la relación de los ciudadanos con las Administraciones Públicas se realice por medios electrónicos. A partir de aquí se produjeron dos hitos concretos, en forma de Ley, que se dictan concretamente en materia de facturación electrónica.

1.4. Ley 30/2007

El primero de ellos fue la Ley 30/2007[13], de 30 de octubre, de Contratos en el Sector Público. Vino a establecer, en un primer marco temporal, la obligatoriedad de facturar electrónicamente para los proveedores del Sector Público estatal que fueran sociedades que no pudieran presentar cuenta de pérdidas y ganancias abreviadas. Con posterioridad también se estableció como obligatorio el uso de la factura electrónica en todos los contratos del sector público estatal para el resto de personas físicas y jurídicas, excepto los referente a los contratos menores.

---

12 Publicada en el BOE núm. 150, de 23/06/2007.

13 BOE núm. 261, de 31 de octubre de 2007, páginas 44336 a 44436 (101 pp.).

Dos meses después de la Ley 30/2007[14], se aprueba la Ley 56/2007, de 28 de diciembre, de Medidas de Impulso de la Sociedad de la Información, también muy importante en lo que se refiere a la facturación electrónica.

Por último, la obligación de facturar electrónicamente también se extiende, por parte de la Ley 25/2013[15], a los servicios que las denominadas empresas de servicios de especial trascendencia económica prestan a los consumidores finales en el ámbito de las telecomunicaciones, servicios financieros y de seguro y de suministro de agua, electricidad y gas.

1.5. Real Decreto 1007/2023

El pasado 6 de diciembre se publicó el Real Decreto 1007/2023, de 5 de diciembre, por el que se aprueba el Reglamento que aprueba los requisitos que deben adoptar los sistemas y programas informáticos o electrónicos que soporten los procesos de facturación de empresarios y profesionales, y la estandarización de formatos en los registros de facturación.

Este reglamento sirve de desarrollo de aquellos preceptos de la Ley General Tributaria cuyo objetivo es impedir la producción, comercialización, uso o simple tenencia de programas y sistemas informáticos que permitan la manipulación u ocultación de datos contables, de facturación y de gestión.

Se detallan los requisitos obligatorios de los sistemas informáticos de facturación que utilicen todos aquellos empresarios y profesionales que no utilicen el Sistema Inmediato de Información (SII), con el fin de que garanticen "la integridad, conservación, accesibilidad, legilibilidad, trazabilidad e inalterabilidad de los registros de facturación".

La finalidad que se persigue es que toda operación de venta genere una anotación inalterable en el sistema informático del contribuyente permitiendo, además, la remisión de esta información a la Administración Tributaria.

Todo productor, fabricante o desarrollador de sistemas informáticos para estos fines deberá expedir una declaración responsable en la que quede constancia expresa de que sus sistemas informáticos se ajustan a las normas y responde a dichos requisitos.

La Disposición final cuarta del aludido Real Decreto establece que los obligados tributarios deberán tener operativos los sistemas informáticos adaptados a las características y requisitos especificados:

---

14 BOE núm. 312, de 29/12/2007.

15 Ley 25/2013, de 27 de diciembre, de impulso de la factura electrónica y creación del registro contable de facturas en el Sector Público, publicada en el BOE núm. 311, de 28 de diciembre de 2013, páginas 105860 a 105877 (18 pp.).

- Los contribuyentes del Impuesto sobre sociedades.
- Los contribuyentes del Impuesto sobre la Renta de las Personas Físicas que desarrollen actividades económicas.
- Los contribuyentes del Impuesto sobre la Renta de no Residentes que obtengan rentas mediante establecimiento permanente.
- Las entidades en régimen de atribución de rentas que desarrollen actividades económicas, sin perjuicio de la atribución de rendimientos que corresponda efectuar a sus miembros.

2. FACTURACIÓN ELECTRÓNICA EN LA LEY CREA Y CRECE

Si bien el reglamento entró en vigor el 7 de diciembre de 2023, al día siguiente de su publicación, establece las siguientes especialidades:

- Los productores y comercializadores de programas de facturación tendrán que ponerlos en el mercado en el plazo máximo de nueve meses, a contar desde que se publique la orden ministerial en le que se especifiquen los detalles técnicos.
- Los empresarios y profesionales deberán tener operativos los sistemas informáticos de facturación ya adaptados a las características y requisitos previstos, antes del 1 de julio de 2025.

Así llegamos a la Ley Crea y Crece, que da un gran impulso a la facturación electrónica, entre otros motivos, como mecanismo para luchar contra la morosidad comercial. Impone a los empresarios y profesionales la obligación de expedir, remitir y recibir facturas electrónicas en todas sus relaciones comerciales con otros empresarios y profesionales. Esta nueva regulación prevé un desarrollo reglamentario en el plazo máximo de 6 meses desde la publicación en el Boletín Oficial del Estado de la Ley Crea y Crece. En ese reglamento deberán regularse los requisitos mínimos de interoperabilidad entre los prestadores de soluciones tecnológicas de facturas electrónicas. También establecerá los requisitos técnicos y de información que deberá incluir la factura electrónica con el fin de controlar la fecha de pago (en relación, igualmente, con la lucha contra la morosidad).

La fecha concreta de aprobación del desarrollo reglamentario aludido marcará el día a partir del cual será exigible esta obligación de facturación electrónica entre empresarios y profesionales. Así, para que estos puedan adaptar sus soluciones de facturación, la facturación electrónica será obligatoria:

- Al año de aprobarse el citado desarrollo reglamentario, para aquellas empresas con un volumen de facturación anual superior a 8 millones de euros.
- A los dos años de aprobarse, para el resto de empresarios y profesionales.

3. SUMINISTRO INMEDIATO DE INFORMACIÓN (SII)

3.1. Regulación normativa

Resulta inevitable relacionar la factura electrónica con el Suministro Inmediato de Información (SII) que establece la Agencia Tributaria (AEAT) para la gestión electrónica de los libros registro del Impuesto sobre el Valor Añadido (IVA) para determinadas empresas.

Surge de la necesidad de agilizar los procesos de gestión del Impuesto sobre el Valor Añadido, adaptándose al entorno digital, fruto de la nueva realidad que supone la actual transformación digital. Cada vez vemos cómo las nuevas tecnologías revolucionan la forma en la que las organizaciones interactúan, se comunican y desarrollan su actividad económica. En ese escenario es donde surge la necesidad de la administración tributaria de aprovechar ese ímpetu innovador y responde con un sistema de remisión de información que, en breve, será obligatorio para la casi totalidad de las empresas en España.

El Suministro Inmediato de Información (SII) es un sistema de tramitación del Impuesto sobre el Valor Añadido (IVA) desarrollado por la Agencia Tributaria (AEAT)[16]

---

16 Real Decreto 1512/2018, de 28 de diciembre, por el que se modifican el Reglamento del Impuesto sobre el Valor Añadido, aprobado por el Real Decreto 1624/1992, de 29 de diciembre, el Reglamento por el que se regulan las obligaciones de facturación, aprobado por el Real Decreto 1619/2012, de 30 de noviembre, el Reglamento General de las actuaciones y los procedimientos de gestión e inspección tributaria y de desarrollo de las normas comunes de los procedimientos de aplicación de los tributos, aprobado por el Real Decreto 1065/2007, de 27 de julio, y el Reglamento de los Impuestos Especiales, aprobado por el Real Decreto 1165/1995, de 7 de julio.(BOE, 29-diciembre-2018).
Real Decreto 1075/2017, de 29 de diciembre, por el que se modifican el Reglamento del Impuesto sobre el Valor Añadido, aprobado por el Real Decreto 1624/1992, de 29 de diciembre, el Reglamento del Impuesto sobre Transmisiones Patrimoniales y Actos Jurídicos Documentados, aprobado por el Real Decreto 828/1995, de 29 de mayo, el Reglamento de los Impuestos Especiales, aprobado por el Real Decreto 1165/1995, de 7 de julio, el Reglamento del Impuesto sobre los Gases Fluorados de Efecto Invernadero, aprobado por el Real Decreto 1042/2013, de 27 de diciembre, el Reglamento por el que se regulan las obligaciones de facturación, aprobado por el Real Decreto 1619/2012, de 30 de noviembre, el Real Decreto 3485/2000, de 29 de diciembre, sobre franquicias y exenciones en régimen diplomático, consular y de organismos internacionales y de modificación del Reglamento General de Vehículos, aprobado por el Real Decreto 2822/1998, de 23 de diciembre, y el Real Decreto 1065/2007, de 27 de julio, por el que se aprueba el Reglamento General de las actuaciones y los procedimientos de gestión e inspección tributaria y de desarrollo de las normas comunes de los procedimientos de aplicación de los tributos.(BOE, 30-diciembre-2017).
Real Decreto 296/2016, de 2 de diciembre, para la modernización, mejora e impulso del uso de medios electrónicos en la gestión del Impuesto sobre el Valor Añadido, por el que se modifican el Reglamento del Impuesto sobre el Valor Añadido, aprobado por el Real Decreto 1624/1992, de 29 de diciembre, el Reglamento General de las actuaciones y los procedimientos de gestión e inspección tributaria y de desarrollo de las normas comunes de los procedimientos de aplicación de los tributos,

que obliga a suministrar la información relativa a los registros de facturación (expedidas y recibidas) a través de la Sede Electrónica de la Agencia Tributaria. Para ello establece un plazo máximo de cuatro días (incluidas las facturas simplificadas) que se amplía a 8 días para aquellas organizaciones cuyas facturas sean emitidas por un tercero autorizado.

En una primera fase, el sistema de Suministro Inmediato de Información (SII) es de carácter obligatorio para aquellas organizaciones que tengan obligación de autoliquidar el Impuesto sobre el Valor Añadido de forma mensual:

- Aquellas empresas con un volumen de facturación superior a 6 millones de euros.
- Empresas que estén inscritas en la Agencia Tributaria como grupo a efectos de Impuesto sobre el Valor Añadido.
- Empresas inscritas en el Registro de Devolución Mensual (REDEME).
- Todas las empresas que, de manera voluntaria, se adhieran a este sistema.

Este sistema entró en vigor el 1 de julio de 2017 y, en principio, se remite la información por vía electrónica, basado en el intercambio de mensajes XML o, para aquellos contribuyentes con pocas operaciones, a través de un formulario web.

3.2. Características

A) Simplifica y disminuye las obligaciones formales. Con el suministro de información en tiempo real pierden su efectividad y contenido resúmenes anuales como la declaración anual de operaciones con terceras personas (modelo 347), declaración informativa de operaciones incluidas en los libros registro (modelo 340) y resumen anual del Impuesto sobre el Valor Añadido (modelo 390).

B) Ampliación del plazo para presentar las declaraciones del Impuesto sobre el Valor Añadido. Se amplía de 20 a 30 días el plazo de presentación de la autoliquidación del Impuesto sobre el Valor Añadido.

---

aprobado por el Real Decreto 1065/2007, de 27 de julio, y el Reglamento por el que se regulan las obligaciones de facturación, aprobado por el Real Decreto 1619/2012, de 30 de noviembre.(BOE, 06-diciembre-2016)

Orden HFP/417/2017, de 12 de mayo, por la que se regulan las especificaciones normativas y técnicas que desarrollan la llevanza de los Libros registro del Impuesto sobre el Valor Añadido a través de la Sede electrónica de la Agencia Estatal de Administración Tributaria establecida en el artículo 62.6 del Reglamento del Impuesto sobre el Valor Añadido, aprobado por el Real Decreto 1624/1992, de 29 de diciembre, y se modifica otra normativa tributaria.(BOE, 15-mayo-2017).

C) Deberían agilizarse los procedimientos de devolución del Impuesto sobre el Valor Añadido. De hecho, esta es la filosofía del Registro de Devolución Mensual (REDEME). En la práctica no siempre es así. Llegan a darse muchos casos de declaraciones a ingresar cuando autoliquidaciones anteriores con resultado a devolver aún no han sido aprobadas ni devueltas.

D) Acuse de recibo avisando de posibles errores. La Agencia Tributaria avisa en el mensaje de recepción de las autoliquidaciones del Impuesto sobre el Valor Añadido de posibles errores, para que sean corregidos a través del sistema. Si bien es cierto que de esta manera se optimiza la fiabilidad de la información fiscal, también las empresas asumen una carga administrativa de depuración que, en otros casos, solo sería exigible si la organización sufriera un procedimiento de inspección o comprobación.

E) Datos fiscales de contraste. En caso de discrepancias los contribuyentes tendrían la opción de contrastar su libro declarado con otro contrastado con la información procedente de terceros.

V. REFERENCIAS BIBLIOGRÁFICAS

PÉREZ PUEYO, MARÍA ANUNCIACIÓN, *La morosidad en las operaciones comerciales.* Tesis de la Universidad de Zaragoza. 2013.

PERICÁS CLIMENT, Daniel. *Evolución de la implantación de la factura electrónica en España.* Revista Digital CEMCI. Número 35: julio a septiembre de 2017.

https://www2.deloitte.com/es/es/pages/technology/solutions/suministro-inmediato-informacion-sii.html (consultada el 21 de noviembre de 2022).

SECCIÓN III
LA FINANCIACIÓN ALTERNATIVA Y LA INVERSIÓN

Capítulo 6
FISCALIDAD DE LAS EMPRESAS DE NUEVA CREACIÓN O STARTUPS

Isabel Lima Pinilla
Profesora Doctora de Economía Pública
Universidad San Pablo CEU

SUMARIO: I. INTRODUCCIÓN. II.PROMULGACIÓN DE LA LEY DE STARTUPS ENMARCADA EN EL PLAN DE RECUPERACIÓN, TRANSFORMACIÓN Y RESILIENCIA. III. DELIMITACIÓN CONCEPTUAL DE EMPRESA EMERGENTE O STARTUPS QUE SE ENCUENTRAN DENTRO DEL ÁMBITO DE APLICACIÓN DE LA LEY. IV. CERTIFICACIÓN DEL CARÁCTER INNOVADOR DEL PRODUCTO O MODELO DE NEGOCIO Y DE LA ESCALABILIDAD DEL MODELO DE NEGOCIO Y ACREDITACIÓN DE LA CONDICIÓN DE EMPRESA EMERGENTE. 1. Certificación de emprendimiento innovador y de escalabilidad del modelo de negocio. 2. Acreditación de la condición de empresa emergente. V. TRATAMIENTO FISCAL DE LAS EMPRESAS EMERGENTES POR LA LEY DE STARTUPS. 1. Un menor tipo de gravamen en el Impuesto sobre Sociedades y en el Impuesto sobre la Renta de No Residentes. 2.La posibilidad de aplazamiento del pago de la cuota tributaria. 3. No obligatoriedad de realización de pagos fraccionados. 4. Beneficios fiscales para retención de talento. 4.1. Regla especial exención retribución en especie consistente en la entrega de acciones o participaciones o concesión del derecho de compra de acciones o participaciones por parte del empleador a los trabajadores. 4.2. Regla especial de imputación temporal de la parte de esta retribución en especie que excede del importe exento y su valoración. 4.3. Régimen especial para trabajadores desplazados a territorio español. 4.4. Ampliación de la aplicación de exenciones del artículo 7 y del artículo 42.3 de la Ley del Impuesto sobre la renta de las personas físicas a sujetos pasivos del Impuesto sobre la renta de no residentes. VI. CONCLUSIONES. VII.REFERENCIAS BIBLIOGRÁFICAS.

I. INTRODUCCIÓN

El Gobierno español en el Plan de Recuperación, Transformación y Resiliencia, en el Componente 13, establece la necesidad de promulgar una normativa que tenga como objeto paran impulsar la creación y crecimiento de empresas innovadoras, basadas en el conocimiento, empresas de base digital y rápido crecimiento, conocidas como empresas emergentes o *startups* y la atracción de inversores y trabajadores para estas empresas.

Para dar cumplimiento a esto, el 22 de diciembre de 2022 se publicó en el Boletín Oficial del Estado la Ley 28/2022, de 21 de diciembre, de fomento del ecosistema de las empresas emergentes (Ley de Startups).

Con el fin de alcanzar los objetivos recogidos en Plan de Recuperación, Transformación y Resiliencia, la Ley de Startups establece una serie de incentivos administrativos, mercantiles y fiscales para este tipo de empresas, para sus trabajadores y sus inversores.

En este capítulo nos centraremos en el análisis de los beneficios fiscales que el legislador va a utilizar como instrumento para potenciar la creación de estas empresas en España, la atracción de inversores y de talento.

El capítulo se divide en los siguientes epígrafes. El primer epígrafe contiene la introducción. En el segundo epígrafe se aborda el origen y los motivos para la promulgación de la Ley de Startups. En el tercer epígrafe se delimita concepto de empresa emergente. En él se expone que requisitos debe cumplir una empresa para ser considerada empresa emergente y por consiguiente pueda disfrutar de los beneficios establecidos en la normativa. En el cuarto epígrafe se establecen que acreditaciones y certificaciones debe conseguir una empresa para que pueda aplicarse la Ley de Startups. En el quinto epígrafe se analizan en profundidad los incentivos fiscales establecidos en la normativa y que tienen como objeto la creación de empresas emergentes en España y la atracción de trabajadores cualificados para estas empresas. Se revisa el tratamiento fiscal que la norma concede a las empresas emergentes, a sus trabajadores, con especial atención del régimen de los trabajadores impatriados y por último, se estudia la aplicación de exenciones del artículo 7 y del artículo 42.3 Ley 35/2006, de 28 de noviembre, del Impuesto sobre la renta de las personas físicas y de modificación parcial de las leyes de los Impuestos sobre sociedades, sobre la renta de no residentes y sobre el patrimonio (LIRPF) sujetos pasivos del Impuesto sobre la renta de no residentes (IRNR). Para este estudio, se analizan los artículos que regulan este tema en la Ley de Startups, se realiza una revisión bibliográfica sobre esta materia y se presentan una serie de simulaciones para evidenciar los efectos que puede tener la aplicación de la normativa en la cuota tributaria de las empresas emergentes y de los trabajadores de estas empresas. Por último, se establecen una serie de conclusiones alcanzadas tras este estudio.

II. PROMULGACIÓN DE LA LEY DE STARTUPS ENMARCADA EN EL PLAN DE RECUPERACIÓN, TRANSFORMACIÓN Y RESILIENCIA

Con el fin de superar la situación de crisis económica y social causada por la pandemia del coronavirus, la Unión Europea ha articulado un instrumento de recuperación a través de los fondos *Next Generation*. Consiste en un programa de dotaciones económicas de la Unión Europea a los Estados miembros para los próximos siete años. Su objetivo es relanzar la actividad económica para superar la crisis en el corto plazo y mejorar el potencial de crecimiento con reformas estructurales y medidas para aumentar la productividad a medio y largo plazo.

La estrategia española para canalizar esos fondos *Next Generation* se recoge el Plan de Recuperación, Transformación y Resiliencia. Con esta estrategia, a través de reformas legislativas e inversiones, no sólo se pretende recuperar la economía, sino relanzarla y modernizarla para que pueda afrontar los desafíos del futuro[1].

En el Plan de Recuperación, Transformación y Resiliencia uno de los objetivos es el establecimiento de un marco jurídico que impulse el crecimiento y modernización de nuestro tejido empresarial. Para dar cumplimiento a este objetivo, el Gobierno de España ha trabajado en la promulgación de dos normas, la Ley 18/2022, de 28 de septiembre, de creación y crecimiento de empresas (Ley Crea y Crece) y Ley de Startups.

La Ley Crea y Crece se enmarca en el Componente 13 del Plan de Recuperación, Transformación y Resiliencia, que tiene por título Impulso a las pequeñas y medianas empresas (pymes). Las medidas promulgadas por esta ley están dirigidas a agilizar la creación de empresas, mejorar la regulación para el desarrollo de actividades económicas, reducir la morosidad comercial y facilitar el acceso a financiación.

La Ley de Startups, que fue publicada el 22 de diciembre de 2022 en el Boletín Oficial del Estado, recoge en su Preámbulo que establecerá diferentes medidas para fomentar el emprendimiento basado en la innovación. La norma establece incentivos paran impulsar la creación y crecimiento de empresas innovadoras, basadas en el conocimiento, empresas de base digital y rápido crecimiento, conocidas como empresas emergentes o startups y a la atracción de inversores en la creación y crecimiento de estas empresas, también conocidos como *business angels*. Esta normativa también se enmarca en el Componente 13 del Plan de Recuperación, Transformación y Resiliencia.

La norma supone una modificación en aspectos relacionados con la definición de empresa emergente o *startups*, beneficios fiscales y administrativos para estas empresas y para sus trabajadores e inversores[2].

De acuerdo con el Preámbulo de la ley, la necesidad de la promulgación de una normativa específica y de aplicación exclusiva para este tipo de modelo empresarial radica en que las empresas emergentes presentan características específicas que hacen difícil su encaje en el marco normativo tradicional. Entre estas características específicas po-

1 Gobierno de España (2021). *Plan de recuperación, transformación y resiliencia*. https:// https://www.lamoncloa.gob.es/temas/fondos-recuperacion/Documents/30042021-Plan_Recuperacion_%20Transformacion_%20Resiliencia.pdf

2 MOROY HUERTO, F.: "La nueva ley de startups: ¿un nuevo impulso al ecosistema emprendedor-inversor en España?", *Revista Española de Capital Riesgo*, nº 2-3, 2022, p. 19.

demos destacar que son empresas con un carácter altamente innovador, lo que conlleva una gran incertidumbre sobre el éxito de su modelo de negocio, lo que dificulta la captación de financiación en la fase de creación. Por otro lado, son empresas que cuentan con un gran potencial de expansión y en caso de éxito se necesitan también importantes inversiones para poder llevar a cabo estas expansiones. Por último, hay que destacar que su carácter innovador hace necesaria la captación y retención de trabajadores altamente cualificados y esto implica unos altos costes laborales desde el inicio de la actividad, momento en el que todavía no existen ingresos suficientes para retribuir a estos trabajadores mediante instrumentos salariales clásicos.

Todas estas características justifican la necesidad de desarrollar normativas mercantiles, civiles, laborales y fiscales específicas para las *startups* y así, las han llevado a cabo otros países de nuestro entorno, los cuales han establecido para este tipo de empresas beneficios fiscales para los emprendedores, inversores y trabajadores, normas que persiguen la simplificación, reducción y agilización de los trámites ante la Administración para la creación de este tipo de empresas y normas que tienen como objeto la flexibilidad en la gestión de la empresa y en las aplicación de los principios mercantiles y concursales.

Nuestra Ley de Startups tiene como objetivo que España se convierta en un país a la vanguardia del movimiento emprendedor con las herramientas necesarias para poder competir con el resto de los países del entorno en la atracción y retención de iniciativas. Además, pretende impulsar una transformación del tejido empresarial basada en la innovación[3]. Para alcanzar estos objetivos establece beneficios fiscales para este tipo de empresas, para sus trabajadores y sus inversores, como hemos señalado, que se establecen en otros países de nuestro entorno. Además, supone una reducción de las trabas administrativas en la constitución, en este sentido la ley prevé la creación de las empresas emergentes en un sólo paso, mediante el otorgamiento de un número de identificación fiscal, de manera que la *startup* pueda completar los trámites de su constitución con posterioridad. Por último, hay que destacar que la norma suprime el doble trámite registral y notarial y establece un procedimiento íntegramente electrónico.

En este capítulo nos centraremos en el estudio de los incentivos fiscales preceptuados por la ley.

---

3 RUANO MARRÓN, L.A; RUÍZ NAVARRO, J y MEDINA TAMAYO, R. *"Evaluación del proyecto de ley de fomento del ecosistema de las empresas emergentes"*, *Revista Española de Capital Riesgo*, nº 2-3, 2022, p.31.

III. DELIMITACIÓN CONCEPTUAL DE EMPRESA EMERGENTE O STARTUPS QUE SE ENCUENTRAN DENTRO DEL ÁMBITO DE APLICACIÓN DE LA LEY

Antes de explicar cuáles son los beneficios fiscales establecidos por la Ley de Startups debemos delimitar el concepto de empresas emergentes, también denominadas startups. Para ello, recurrimos al artículo 3 de la norma. Este precepto en su apartado uno establece que "*se entiende por empresa emergente toda persona jurídica, incluidas las empresas de base tecnológica creadas al amparo de la Ley 14/2011, de 1 de junio, de la Ciencia, la Tecnología y la Innovación, que reúna simultáneamente las siguientes condiciones:*

a) Ser de nueva creación o, no siendo de nueva creación, cuando no hayan transcurrido más de cinco años desde la fecha de inscripción en el Registro Mercantil, o Registro de Cooperativas competentes, de la escritura pública de constitución, con carácter general, o de siete en el caso de empresas de biotecnología, energía, industriales y otros sectores estratégicos o que hayan desarrollado tecnología propia, diseñada íntegramente en España, que se determinarán a través de la orden a la que hace referencia el artículo 4.1.

b) No haber surgido de una operación de fusión, escisión o transformación de empresas que no tengan consideración de empresas emergentes. Los términos concentración o segregación se consideran incluidos en las anteriores operaciones.

c) No distribuir ni haber distribuido dividendos, o retornos en el caso de cooperativas.

d) No cotizar en un mercado regulado.

e) Tener su sede social, domicilio social o establecimiento permanente en España.

f) Tener al 60 % de la plantilla con un contrato laboral en España. En las cooperativas se computarán dentro de la plantilla, a los solos efectos del citado porcentaje, los socios trabajadores y los socios de trabajo, cuya relación sea de naturaleza societaria.

g) Desarrollar un proyecto de emprendimiento innovador que cuente con un modelo de negocio escalable, según lo previsto en el artículo 4".

Del artículo 3 debemos extraer que para que una empresa emergente esté dentro del ámbito de aplicación de la ley debe estar constituida como persona jurídica y debe ser innovadora. Se considerará que una empresa emergente es innovadora cuando su finalidad sea resolver un problema o mejorar una situación existente mediante el desarrollo de productos, servicios o procesos nuevos o mejorados sustancialmente en comparación con el estado de la técnica y que lleve implícito un riesgo de fracaso tecnológico o industrial o en el propio modelo de negocio. Es importante destacar que el carácter innovador puede ser del producto, pero también del modelo de negocio. (art.4.1 Ley de Startups)

Por otro lado, debe basar y desarrollar su actividad, en la tecnología, con modelo de negocio escalable, es decir, con capacidad para generar ingresos de forma mucho más rápida de lo que crece su estructura de costes[4].

En el último párrafo del apartado 2 del artículo 3 de la ley se aclara que se entiende por empresa de base tecnológica, considerando que son aquellas empresas cuya actividad exige la generación o un uso intensivo de conocimiento científico-técnico y tecnologías para la generación de nuevos productos, procesos o servicios y para la canalización de las iniciativas de investigación, desarrollo e innovación y la transferencia de sus resultados.

Otro de los requisitos que debe cumplir una empresa emergente para poder acogerse a los beneficios de la ley, es que debe ser una empresa de nueva creación. Se establecen dos reglas para la determinación de una *startups* como empresa de nueva creación.

En primer lugar, se establece una regla general por la que se considera una empresa como empresa de nueva creación cuando desde el momento de inscripción en el registro no haya transcurrido más de 5 años.

En segundo lugar, se establece una regla especial para las empresas de biotecnología, energía, industriales y otros sectores estratégicos o que hayan desarrollado tecnología propia, diseñada íntegramente en España, en cuyo caso desde la inscripción en el registro no pueden haber transcurrido más de 7 años para que estas sean consideradas empresas de nueva creación.

Por consiguiente, el legislador establece un plazo más amplio para estas últimas con el fin de favorecer a un mayor número de empresas de estos sectores y de empresas que hayan desarrollado su propia tecnología.

Es importante destacar que no se excluye a una empresa de la calificación de empresa de nueva creación cuando alguno de sus socios fundadores lo hubiera sido ya de una primera, segundo o tercera empresa emergente, que ya se hubiera podido aplicar los beneficios establecidos por la Ley de Startups.

Señalar que, otro de los requisitos que se le exige a la *startups* para poder acogerse a la ley es que cuente con *sede social, domicilio social o establecimiento permanente en España.*

Además, se exige que la mayor parte de su plantilla, al menos el 60 % de los trabajadores de la empresa, cuenten con contrato laboral en España.

---

4 GADEA, M.J.: "El desarrollo de modelos de negocio escalables y su repercusión en el entorno económico y social", *Finance, Markets and Valuation*, nº 1, 2018, p. 23.

Por otro lado, la ley, en su artículo 6, establece unos supuestos de exclusión:

- Dejar de cumplir algunos de los requisitos citados.
- Ser una empresa cotizadas en mercados organizados.
- Distribuir dividendo o haber distribuido dividendos.
- Alcanzar un volumen de negocios superior a los 10 millones de euros.
- Perder la calificación de empresa de nueva creación por la expiración del plazo legal marcado.
- Extinción de la empresa.
- Que la empresa emergente sea adquirida por empresa que no tenga tal calificación.

Por último destacar que, la ley excluye su aplicación y por consiguiente no se podrán aplicar incentivos aplicados en ella a aquellas empresas emergentes fundadas o dirigidas por personas que no estén al corriente de sus obligaciones fiscales y con la Seguridad Social, que hayan sido condenados por sentencia firmo por delito de administración desleal, insolvencia punible, delitos societario, delito de blanqueo de capitales, delito de financiación del terrorismo, por delitos contra la Hacienda pública y la Seguridad Social, por delitos de prevaricación, cohecho, tráfico de influencias, malversación de caudales públicos, fraudes y exacciones ilegales o por delitos urbanísticos así como a la pena de pérdida de la posibilidad de obtener subvenciones o ayudas públicas. Asimismo, no podrán acogerse a dichos beneficios quienes hayan perdido la posibilidad de contratar con la Administración (art. 3.3 Ley Statups).Tampoco podrán seguir disfrutando de los beneficios establecidos por la Ley de Startups aquellas empresas que hayan generados daños medioambientales recogidos en Reglamento (UE) 2020/852 del Parlamento Europeo y del Consejo de 18 de junio de 2020 relativo al establecimiento de un marco para facilitar las inversiones sostenibles y por el que se modifica el Reglamento (UE) 2019/2088.

Algunos expertos consideran que se debería elevar el período de antigüedad para que sean consideradas empresas de nueva creación, ya que un gran número de startups se quedarán fuera del ámbito de aplicación de esta ley y; por consiguiente, no podrán beneficiarse de los incentivos establecidos.

También es objeto de crítica el que se exija que el 60% de la plantilla cuente con contrato laboral en España, ya que la mayoría de los trabajadores de las startups cuentan con un contrato mercantil, son trabajadores autónomos[5].

---

5 RUANO MARRÓN, L.A; RUÍZ NAVARRO, J y MEDINA TAMAYO, R. *Evaluación del proyecto de ley de fomento del ecosistema de las empresas emergentes*, *cit.*, p. 45.

Por último, se advierte que el preceptuar como causa de exclusión el que el volumen de negocios anual alcance los 10 millones de euros supone una penalización para aquellas empresas que logren tener éxito desde su inicio, como es el caso de las startups del sector de comercio electrónico, ya que en este sector las entidades suelen tener desde el inicio una facturación superior al establecido. Este extremo refleja que la normativa no distingue entre tipos de compañías, generalizando datos económicos que no se acomodan a las diferentes actividades de las empresas emergentes[6].

IV. CERTIFICACIÓN DEL CARÁCTER INNOVADOR DEL PRODUCTO O MODELO DE NEGOCIO Y DE LA ESCALABILIDAD DEL MODELO DE NEGOCIO Y ACREDITACIÓN DE LA CONDICIÓN DE EMPRESA EMERGENTE

Además de cumplir los requisitos recogidos en el epígrafe anterior, para que una empresa pueda disfrutar de los beneficios establecidos en la Ley de Startups, incluidos los incentivos fiscales, es necesario que, por un lado, haya conseguido la certificación del carácter innovador de su producto o/y de su modelo de negocio y la certificación de la escalabilidad de su modelo de negocio y, por otro, debe acreditar la condición de empresa emergente.

1. CERTIFICACIÓN DE EMPRENDIMIENTO INNOVADOR Y DE ESCALABILIDAD DEL MODELO DE NEGOCIO

De acuerdo con el artículo 4.1 de la Ley de Startups para que una empresa pueda acogerse a los incentivos establecidos en su normativa deberá solicitar a la Empresa Nacional de Innovación S.M.E.,S.A (ENISA) que certifique que es una empresa emergente que cumple todos los requisitos para encajar en el ámbito de aplicación de esta ley, preceptuados en el artículo 3 de la citada normativa y que además no ha incurrido en ninguna de las causas de exclusión.

ENISA es una entidad de capital público. Fue creada en 1982, adscrita al Ministerio de Industria, Comercio y Turismo, a través de la Dirección General de Industria y de la Pequeña y Mediana Empresa. Su accionista mayoritario es la Dirección General de Patrimonio del Estado. ENISA tiene por objeto social desarrollar y fomentar el emprendimiento y la innovación transformadora de proyectos y empresas en nuevos modelos de

6 MARTÍN MOLINA, P.B.: "Estudio de las medidas tributarias relativas al proyecto de ley de las startups", *Revista Española de Capital Riesgo*, nº 2-3, 2022, p.12.

producción, distribución y consumo, más competitivos e innovadores, más sostenibles, exportables y resilientes[7].

Para certificar el carácter innovador ENISA deberá atender a una Orden Ministerial en la que se determinará los criterios a evaluar. La orden ministerial será una norma conjunta del Ministerio de Asuntos Económicos y Transformación Digital, del Ministerio de Industria, Comercio y Turismo y del Ministerio de Ciencia e Innovación. Para la redacción de la citada orden ministerial y establecer los criterios de innovación, los ministerios deberán apoyarse en referencias nacionales e internacionales y en criterios que emanan de la propia industria a través de los foros de participación.

Para la evaluación concreta del carácter innovador de las empresas debemos recordar lo establecido en el artículo 3.2 de la Ley de Startups que en su primer apartado reza lo siguiente: *"Se considerará que una empresa emergente es innovadora cuando su finalidad sea resolver un problema o mejorar una situación existente mediante el desarrollo de productos, servicios o procesos nuevos o mejorados sustancialmente en comparación con el estado de la técnica y que lleven implícito un riesgo de fracaso tecnológico o industrial".*

Por lo tanto, ENISA debe certificar que la empresa es una empresa emergente que cumple con las características recogidas en el artículo 3 de la Ley de Startups, que el producto o/y que el modelo de negocio tiene un carácter innovador y que el modelo de negocio es escalable.

ENISA cuenta con un plazo máximo de 3 meses para resolver, contados a partir de la fecha en la que se presenta la solicitud, completa con toda la información requerida, de la certificación por parte de la *startup*. En el caso de que ENISA no responda en el plazo establecido se entenderá estimada la solicitud por silencia administrativo positivo.

Los criterios en los que se debe basar para la certificación son al menos los siguientes:

- Grado de innovación: Se valorará haber recibido financiación pública en los últimos tres años, sin haber sufrido revocación por incorrecta o insuficiente ejecución de la actividad financiada. También se tendrán en cuenta los gastos en investigación, desarrollo e innovación tecnológica respecto de los gastos totales de la empresa durante los dos ejercicios anteriores, o en el ejercicio anterior cuando se trate de empresas de menos de dos años.
- Grado de atractivo del mercado: se analizará la oferta y demanda del sector y las estrategias de captación de clientes.

7 GARCÍA BRUSTENGA, J.: "El papel de ENISA en el marco de la nueva Ley de Startups", *Revista Española de Capital Riesgo*, nº 2-3, 2022, p.54

- Fase de vida de la empresa: se estudiará la implementación de prototipos y la consecución, por lo menos, de un producto viable o la puesta en marcha de al menos un servicio.
- Escalabilidad del modelo de negocio: se evaluará la escalabilidad del número de usuarios, del número de operaciones y la facturación anual.
- Competencia: se realizará un estudio comparativo con el resto de las empresas del sector y la diferenciación que presenta sobre éstas.
- Equipo: se valorará la experiencia, formación y trayectoria profesional de los trabajadores.
- Dependencia de proveedores, suministradores y contratos de alquiler.
- Clientes: se tendrá en cuenta el volumen de clientes o usuarios.

En resumen, para certificar el grado de innovación de la *startup* solicitante, ENISA valorará los procesos diferenciados de la empresa, la utilización de tecnología propia, la diferenciación del producto o servicio, la diferenciación relevante en la aproximación al mercado, así como el desarrollo y utilización de patentes u otros modelos de protección. y para acreditar la escalabilidad, tendrá en cuenta el grado de atractivo del mercado, la fase de vida de la empresa y su posición frente a su competencia, los contratos con proveedores y clientes y la solvencia y adecuación de los equipos fundador y directivo[8].

2. ACREDITACIÓN DE LA CONDICIÓN DE EMPRESA EMERGENTE

Para la acreditación de la condición de empresa emergente será necesario y suficiente con la inscripción de dicha condición en el Registro Mercantil o Registro de Cooperativas competente, siempre que se cumplan los requisitos recogidos en los artículos 3 y 4 de la Ley de Startups.

Es importante destacar que para que la empresa pueda acogerse a los beneficios de carácter fiscal la Administración tributaria podrá comprobar el cumplimiento y el mantenimiento de los requisitos.

Una vez determinadas los requisitos que se exigen para que una empresa emergente pueda acogerse a los beneficios preceptuados por la Ley de Startups, nos centraremos en el análisis de los incentivos fiscales recogidos para este tipo de empresas, que es el objeto de estudio de este capítulo.

8 GARCÍA BRUSTENGA, J., *El papel de ENISA en el marco de la nueva Ley de Startups, cit.*, p. 63.

V. TRATAMIENTO FISCAL DE LAS EMPRESAS EMERGENTES POR LA LEY DE STARTUPS

Al objeto de establecer un marco normativo para el apoyo a la creación y el crecimiento de estas empresas emergentes en España, de atraer inversores y de atraer trabajadores cualificado en la Ley de Startups se han establecido una serie de beneficios fiscales para estas empresas, para sus inversores y para sus trabajadores. No obstante, estos incentivos son menos atractivos que los establecidos en la legislación de otros países de nuestro entorno.

Francia ha articulado en su normativa diferentes instrumentos que tienen como finalidad la atracción de startups, inversores o teletrabajadores. En el país existen diferentes tipos de visados para facilitar la constitución de empresas emergentes en Francia lo que origina que un mayor número de emprendedores elijan Francia para establecerse. Entre ellos, cuentan con el *Talent Passport*, que pueden solicitar los fundadores de *startups* que tengan un "proyecto innovador que quieran desarrollar en Francia", que haya sido reconocido por las instituciones públicas (sea a nivel local o nacional) y medios económicos suficientes que se correspondan con el salario mínimo anual. La duración de este permiso es de cuatro años, aunque es renovable. También ha regulado un visado especial dedicado al ecosistema tecnológico, la *French Tech Visa*. Este es un proceso aún más simplificado para la obtención de un permiso de residencia de varios años dedicado a los fundadores de *startups* seleccionados por incubadoras y aceleradoras asociadas, los trabajadores reclutados por compañías con base en Francia y reconocidas como innovadoras por el Ministerio de Economía y Finanzas francés y los inversores internacionales establecidos en esta región. Por lo tanto, los fundadores de compañías emergentes de fuera de este país pueden aplicar al *Talent Passport* bajo la *French Tech Visa* para fundadores. Y, por el contrario, aquellos que no hayan sido seleccionados por una incubadora asociada no se pueden beneficiar de la visa, pero sí del pasaporte de talento. Por último, hay que destacar, el programa *French Tech Ticket*, que tiene como finalidad incentivar a los emprendedores a establecer su *startup* en Francia ofreciéndoles soporte personalizado. En concreto, financiación para cubrir gastos profesionales, un período de 12 meses con una incubadora asociada, el permiso de residencia mediante el *Talent Passport*, un programa de apoyo con *masterclass* y eventos de *networking* y asistentes que ayuden con los trámites administrativos[9].

Italia es otro de los países de nuestro entorno a la cabeza del emprendimiento emergente. Ha establecido políticas que tienen como finalidad la atracción y retención de emprendedores. Para tal fin, ha creado la *Startup Visa* y el *Startup Hub*. El primero de

9 République française (2022). *Lancez votre startup en France.* https://www.welcometofrance.com/fiche/fiche-synthese-start-upers (consultada 4 de noviembre de 2022).

ellos, la *Startup Visa*, va dirigido los emprendedores no residentes en Italia que quieren establecer en Italia sus negocios[10]. Por otro lado, la *Startup Hub* va dirigido a los residentes que quieran prolongar su estancia y establecer una *startup* innovadora. Esto dos instrumentos son la Ley de Startup, que fue promulgada por el Gobierno de Italia en el año 2016. En esta normativa, al igual que ocurre en la nuestra se delimita el concepto de *startup* y, por consiguiente, que empresas pueden acogerse a los beneficios establecidos en la norma. Como requisitos para ser considerada una empresa *startup* se exige ser nuevas o haber operado menos de cinco años, tener su sede en algún país europeo, siempre que cuente con una sucursal en Italia, no superar los cinco millones de facturación anual o no distribuir beneficios. Además, se exige que se dedique a producir, desarrollar o comercializar bienes o servicios de alto valor tecnológico y tenga carácter innovador, para lo que será necesario que, al menos, el 15% de los gastos de la firma se inviertan en I+D, que un tercio de sus trabajadores tengan un doctorado o estén en proceso de conseguirlo o que dos tercios dispongan de un máster, así como que la empresa tenga registradas varias patentes[11].

Por último, señalar el caso de Portugal como país que ha llevado medidas a cabo con el fin de atraer empresas emergentes a su territorio, atraer talento e inversores para este tipo de empresas. Los instrumentos que ha utilizado con la finalidad expuesta son *Startup Visa, Tech Visa, Startup Voucher, One Stop Shop* o *Startup Hub*[12]. Además en el año 2023 se ha promulgado la Lei nº 21/2023, de 25 de maio, *das Startups e Scaleups*.

Cabe advertir que nuestras medidas fiscales para potenciar el establecimiento de empresas emergentes en nuestro país, la atracción de inversión y de talento no son tan competitivas como las de estos países y además llegan más tarde, al igual que el resto de medidas establecidas en nuestra Ley de Startups no son tan competitivas como la de estos países[13].

---

10 Ministero dello Sviluppo Económico, Ministero degli Affari Esteri e della Cooperazione Internazionale e Ministero dell'Interno (2018). Una nuova politica dei visti per attrarre talenti innovativi da tutto il mondo Italia Startup Visa. https://italiastartupvisa.mise.gov.it/media/documents/Linee%20Guida%20ISV%20ITA%2020_03_2018%20def.pdf (consultada 4 de noviembre de 2022).

11 Italian Ministry of Economic Development (2016), Executive Summary of the new Italian legislation on innovative startups. https://italiastartupvisa.mise.gov.it/media/documents/Executive_Summary_Italy's_Startup_Act_02_03_2016.pdf (consultada 4 de noviembre de 2022)

12 Startup Portugal. Como Incorporar um Negócio em Portugal: Primeiros Passos. https://startupportugal.com/2021-1-14-how-to-incorporate-a-business-in-portugal-first-steps (consultada 4 de noviembre de 2022)

13 MARTÍN MOLINA, P.B., *Estudio de las medidas tributarias relativas al proyecto de ley de las startups, cit*, p.14.

La regulación en materia que realiza la Ley de Startups se recoge en:

Título I. Incentivos fiscales, atracción de inversión extranjera y fidelización del talento, Capítulo I. Incentivos Fiscales. Cuenta con dos artículos, el artículo 7 y el artículo 8. En el artículo 7 se preceptúa la tributación de las empresas emergentes, estableciendo el tipo de gravamen aplicable a las empresas emergentes que son sujeto pasivo del Impuesto sobre sociedades o del Impuesto sobre la renta de no residentes, siempre que, en uno u otro caso, obtengan las rentas mediante establecimiento permanente situado en territorio español. En el artículo 8 se regula el aplazamiento de la tributación de las *startups*.

Disposición Final Segunda. En esta disposición se establece la modificación del artículo 14.1 de Ley del Impuesto sobre la renta de no residentes, aprobado por el Real Decreto Legislativo 5/2004, de 5 de marzo, estableciendo una serie de exenciones para los sujetos pasivos del impuesto.

Disposición Final Tercera. A través de esta disposición, el legislador modifica la Ley 35/2006, de 28 de noviembre, del Impuesto sobre la Renta de las Personas Físicas y de modificación parcial de las leyes de los Impuestos sobre sociedades, sobre la renta de no residentes y sobre el patrimonio, en su artículo 14, artículo 42.3 y artículo 43. Con esta modificación se pretende la configuración de incentivos con el objeto de atraer talento.

A continuación, analizaremos cada una de las medidas recogidas en la norma, con las que se pretende incentivar la creación de este tipo de empresas, atraer inversores y atraer capital humano competitivo. Las medidas son las siguientes:

- Menor tipo de gravamen para empresas emergentes que son sujeto pasivo del Impuesto sobre sociedades o del Impuesto sobre la renta de no residentes, siempre que en uno u otro caso, obtengan las rentas mediante establecimiento permanente situado en territorio español.
- Aplazamiento del pago de la cuota tributaria del Impuesto sobre sociedades o del Impuesto sobre la renta de no residentes siempre que el sujeto pasivo obtenga rentas mediante establecimiento permanente en territorio español.
- No obligatoriedad de la realización de pagos fraccionados que de deban efector a cuenta de la liquidación anual del Impuesto sobre sociedades o del Impuesto sobre la renta de no residentes siempre que el sujeto pasivo obtenga rentas mediante establecimiento permanente en territorio español.
- Incentivos fiscales a la inversión extranjera.
- Beneficios fiscales para la retención del talento.

Antes de entrar a analizar cada uno de estos puntos, es importante señalar que algunos autores consideran que el contenido en materia fiscal en la Ley de Startups es demasiado escaso, que no establece un verdadero régimen fiscal especial para este tipo de empresas y que el legislador sólo se ha limitado a realizar remisiones mediante disposiciones finales a cada impuesto que queda afectado por la nueva normativa[14].

1. UN MENOR TIPO DE GRAVAMEN EN EL IMPUESTO SOBRE SOCIEDADES Y EN EL IMPUESTO SOBRE LA RENTA DE NO RESIDENTES

Para el cálculo de la cuota del Impuesto sobre sociedades se aplica a la base imponible el tipo impositivo del 25 por ciento, de acuerdo con el artículo 29.1 de la Ley del Impuesto sobre Sociedades. En el caso del Impuesto sobre la renta de no residentes, el artículo 19 establece que para determinar la deuda tributaria *"a la base imponible determinada con arreglo al artículo anterior se aplicará el tipo de gravamen que corresponda de entre los previstos en la normativa del Impuesto de Sociedades"*.

Por consiguiente, el tipo de gravamen general que se aplica a las rentas obtenidas por personas jurídicas mediante establecimiento permanente situado en territorio español es del 25 por ciento.

La Ley de Startups establece una mejora en cuanto al tipo de gravamen para las empresas emergentes, que supone una reducción del porcentaje de gravamen.

El artículo 7 de la citada normativa preceptúa que *"Los contribuyentes del Impuesto sobre Sociedades y del Impuesto sobre la Renta de no Residentes que obtengan rentas mediante establecimiento permanente situado en territorio español y que tengan la condición de empresa emergente conforme al Título Preliminar de esta Ley, tributarán en el primer período impositivo en que, teniendo dicha condición, la base imponible resulte positiva y en los tres siguientes, siempre que mantengan la condición citada, al tipo del 15 por ciento en los términos establecidos en el apartado 1 del artículo 29 de la Ley 27/2014, de 27 de noviembre, del Impuesto sobre Sociedades"*.

Por consiguiente, tendrá lugar una rebaja del tipo impositivo de 10 puntos porcentuales en el primer período impositivo en el que su base imponible resulte positiva y en los tres siguientes. Para la aplicación de este beneficio fiscal en estos períodos impositivos deberán tener y mantener la condición de empresa emergente, la pérdida de esta condición supone la exclusión de este beneficio fiscal.

Con esta medida el legislador pretende atraer emprendedores a España, no obstante, parece insuficiente, ya que la mayoría de las empresas emergentes no cuentan con bases imponibles positivas en sus primeros años de vida al no contar con beneficios y esta circunstancia hay que ponerla en relación la pérdida de la condición de empresa de nueva creación y por consiguiente, la imposibilidad de disfrutar de los beneficios fisca-

---

14 MARTÍN MOLINA, P.B., *Estudio de las medidas tributarias relativas al proyecto de ley de las startups, cit*, p.14.

les establecidos en la norma, cuando han transcurrido desde su inscripción el registro mercantil, 5 años o 7 años en el caso de la empresas de biotecnología, energía, industriales y otros sectores estratégicos o que hayan desarrollado tecnología propia, diseñada íntegramente en España. Por consiguiente, es muy previsible que en la mayoría de los casos quede sin efectos este beneficio fiscal.

Con el fin de explicar este extremo vamos a realizar la siguiente simulación. Se trataría de una empresa que obtiene pérdidas en los tres primeros períodos impositivos y es a partir del cuarto período impositivo cuando comienza a obtener beneficios.

Tabla 1. Simulación tipo gravamen aplicable

Período impositivo	Base imponible. (Antes de compensación)	Base imponible. (Después de compensación)	Tipo gravamen (%)	Cuota
1°	-6.000	-6.000		0
2°	-5.000	-5.000		0
3°	-1.000	-1.000		0
4°	4.000	0		0
5°	4.500	0		0
6°	6.000	2.500	25	625

Fuente: Elaboración propia a partir de la normativa del Impuesto sobre Sociedades y de la Ley de Startups.

En los tres primeros períodos impositivos cuenta con bases imponibles negativas, acumulando un importe de base imponibles negativas pendientes de compensar de 12.000 €.

En el cuarto período obtiene un resultado positivo y compensará 4.000 € de los 12.000 € del importe de bases imponibles negativas de los ejercicios anteriores, quedando pendiente de compensar un importe de 8.000 €.

En el quinto período impositivo cuenta con una base imponible positiva y compensará 4.500 € del importe las bases imponibles que tenía pendiente de compensar, quedando pendiente de compensar 3.500 €.

En el sexto período impositivo la empresa simulada obtiene por primera vez beneficios. Presenta una base imponible de 6.000 € y una base imponible después de compensar las bases imponibles negativas que todavía quedaban pendientes de 2.500 €. Al haber transcurrido más de 5 años desde la inscripción de la empresa en el registro mercantil, ha perdido a condición de empresa de nueva creación y por consiguiente, el tipo que gravará su base imponible para la determinación de su cuota íntegra será del

25 porciento y no de 15%. La empresa no habrá tenido posibilidad de aplicación del incentivo fiscal.

Algunos autores consideran que debería ampliarse el plazo de aplicación de este incentivo y al mismo tiempo consideran que también debe aumentar el plazo en el que una empresa es considerada empresa de nueva creación para que tuviese efectos y pudiera ser aprovechada por este tipo de empresas[15].

2. LA POSIBILIDAD DE APLAZAMIENTO DEL PAGO DE LA CUOTA TRIBUTARIA

El artículo 8.1 de la Ley de Startups establece la posibilidad de que las empresas emergentes que son objeto de aplicación de la norma soliciten a la Administración tributaria el aplazamiento de la deuda tributaria. Dicha solicitud deberá realizada en el momento de la presentación de la liquidación del Impuesto sobre sociedades y o de la liquidación del impuesto sobre la renta de no residentes. Esta concesión está referida exclusivamente a la deuda tributaria de los dos primeros períodos impositivos en los que la base imponible del Impuesto sea positiva.

De acuerdo con la citada normativa "*La Administración tributaria del Estado concederá el aplazamiento, con dispensa de garantías, por un período de doce y seis meses, respectivamente, desde la finalización del plazo de ingreso en período voluntario de la deuda tributaria correspondiente a los citados períodos impositivos*"

Es importante señalar que quedarán excluidas de este beneficio aquellas empresas emergentes que no se encuentren al corriente de sus obligaciones tributarias en la fecha que se efectúe la solicitud de aplazamiento. Por otro lado, hay que destacar que no podrá solicitarse el aplazamiento de las declaraciones complementarias.

La *startup* deberá realizar el pago de la deuda tributaria aplazada en el plazo de un mes desde el día siguiente al de vencimiento de cada uno de los plazos señalados, sin que tenga lugar el devengo de intereses de demora.

Es importante señalar que para que una empresa pueda aplicarse este beneficio fiscal, no debe haber incurrido en ninguna causa de exclusión recogida en la normativa, como la condición de empresa de nueva creación. La interactuación de esta causa de exclusión con la circunstancia, que hemos señalado en el epígrafe anterior, que este tipo de empresas no suelen arrojar beneficios en sus primeros años de vida, puede suponer que en la práctica la mayoría de las *startups* no puedan ejercitar nunca el derecho a solicitar el aplazamiento del pago del impuesto.

---

[15] RUANO MARRÓN, L.A; RUÍZ NAVARRO, J y MEDINA TAMAYO, R. *Evaluación del proyecto de ley de fomento del ecosistema de las empresas emergentes, cit.*, p. 46.

Con el fin de aclarar esto presentamos la siguiente simulación:

Tabla 2. Simulación derecho aplazamiento deuda tributaria

Año	Base imponible (Antes de compensación)	Base imponible (Después de compensación)	Tipo gravamen (%)	Cuota	Derecho aplazamiento
1°	-6.000	-6.000		0	
2°	-5.000	-5.000		0	
3°	-1.000	-1.000		0	
4°	4.000	0		0	
5°	4.500	0		0	
6°	6.000	2.500	25	625	NO

Fuente: Elaboración propia a partir de la normativa del Impuesto sobre Sociedades y de la Ley de Startups.

Como ya hemos señalado anteriormente, en el sexto período impositivo la empresa simulada obtiene por primera vez beneficios y una base imponible, después de compensación de las bases imponibles negativas de ejercicios anteriores de 2.500 €. Pero, como ya se ha indicado la condición de empresa de nueva creación al haber transcurrido más de 5 años desde la inscripción de la empresa en el registro mercantil y dicha pérdida le excluye del derecho de optar por el aplazamiento del pago de la deuda tributaria.

En el caso del incentivo objeto de análisis de este epígrafe ocurre lo mismo que con el incentivo anterior, quedará sin aplicación para muchas empresas que los primeros años de vida cuenten con pérdidas. Por ello, hubiera sido importante un plazo de la condición de empresa de nueva creación más amplio en el caso de las startups. El legislador, para el establecimiento del plazo, debería haber tenido en cuenta que por su carácter innovador, tecnológico y por el coste que es supone contar con trabajadores muy cualificados no son empresas que en los primeros ejercicios económicos cuenten con beneficios.

3. NO OBLIGATORIEDAD DE REALIZACIÓN DE PAGOS FRACCIONADOS

Otro de los beneficios fiscales que concede la Ley de Startups a las empresas emergentes es que de acuerdo con el artículo 8.2, éstas no están obligadas a la presentación de pagos fraccionados a cuenta de la liquidación anual del Impuesto sobre sociedades y o del Impuesto de la renta de no residentes, regulados en regulados en el artículo 40 de la Ley del Impuesto sobre Sociedades y 23.1 de la Ley del Impuesto sobre la renta de no residentes, correspondiente al periodo impositivo inmediato posterior a cada uno de los referidos en el artículo 8.1 de la Ley de Startups, siempre que en ellos se mantenga la condición de empresa emergente. Se exige como en los dos incentivos anteriores que obtengan rentas mediante establecimiento permanente situado en España.

Como en el caso del incentivo anterior este beneficio tributario se refiere exclusivamente a los dos primeros períodos impositivos en los que la base imponible del Impuesto sea positiva.

Al igual que ocurre con las dos medidas anteriores el hecho de que gran cantidad de startups no cuenten con beneficios en los primeros ejercicios y que una empresa deja de ser empresa de reducida dimensión una vez transcurridos más de 5 años desde su inscripción en el Registro Mercantil y por consiguiente queda excluida de la aplicación de la norma, originará que muchas *startups* no puedan beneficiarse de este derecho. Como se ha hecho en los casos anteriores, simulamos que ocurriría:

Tabla 3. Simulación obligación a realizar pagos fraccionados

Año	Base imponible (Antes de compensación)	Base imponible (Después de compensación)	Tipo gravamen (%)	Cuota	Derecho aplazamiento	Obligación a realizar pagos fraccionados
1°	-6.000	-6.000		0		
2°	-5.000	-5.000		0		
3°	-1.000	-1.000		0		
4°	4.000	0		0		
5°	4.500	0		0		
6°	6.000	2.500	25	625	NO	SÍ

Fuente: Elaboración propia a partir de la normativa del Impuesto sobre Sociedades y de la Ley de Startups.

De la simulación se desprende que la empresa no disfrutará en ningún período impositivo de los beneficios fiscales establecidos en los artículos 7 y 8 de la Ley de Startups, que son las medidas que deben servir como instrumento para incentivar la creación y la retención en España de este tipo de empresas. A partir del año en el que cuente con base imponible, estará sujeta a un tipo de gravamen de un 25% y no de un 15%, no tendrá derecho a solicitar el aplazamiento de la deuda tributaria y deberá presentar pagos fraccionados a cuenta de la liquidación anual del impuesto.

4. BENEFICIOS FISCALES PARA RETENCIÓN DE TALENTO

Con el fin de que las empresas emergentes, objeto de aplicación de la Ley de Startups, puedan atraer y retener a sus trabajadores, trabajadores en los que destaca su alto nivel de cualificación, se establecen beneficios fiscales para estos.

El primero está referido a la exención que corresponde a la retribución en especie de trabajo consistente en la entrega de acciones o participaciones concedida por la empresa a sus trabajadores y reguladas por el Impuesto sobre la renta de las personas físicas en el artículo 42.

En segundo lugar, se establece una regla especial de imputación temporal de la parte de esta retribución en especie que excede del importe exento.

4.1. Regla especial exención retribución en especie consistente en la entrega de acciones o participaciones o concesión del derecho de compra de acciones o participaciones por parte del empleador a los trabajadores

De acuerdo con el artículo 42 de la Ley del Impuesto sobre la renta de las personas físicas "*Constituyen rentas en especie la utilización, consumo u obtención, para fines particulares, de bienes, derechos o servicios de forma gratuita o por precio inferior al normal de mercado, aun cuando no supongan un gasto real para quien las conceda*"

Una de las fórmulas de pago a los empleados utilizadas por las empresas es la entrega de acciones o participaciones de la empresa.

El artículo 42.3 de la Ley del Impuesto sobre la renta de las personas físicas regula una exención para este tipo de retribuciones en especie que pueden percibir los contribuyentes. Este artículo reza que *"la entrega a los trabajadores en activo, de forma gratuita o por precio inferior al normal de mercado, de acciones o participaciones de la propia empresa o de otras empresas del grupo de sociedades, en la parte que no exceda, para el conjunto de las entregadas a cada trabajador, de 12.000 euros anuales, siempre que la oferta se realice en las mismas condiciones para todos los trabajadores de la empresa, grupo o subgrupos de empresa".*

Para la aplicación de la exención se exigirá, de acuerdo con el artículo 43.2 del Real Decreto 439/2007, de 30 de marzo, por el que se aprueba el Reglamento del Impuesto sobre la Renta de las Personas Físicas y se modifica el Reglamento de Planes y Fondos de Pensiones, aprobado por Real Decreto 304/2004, de 20 de febrero (RIRPF) del cumplimiento de los siguientes requisitos:

1.º Que la oferta se realice en las mismas condiciones para todos los trabajadores de la empresa y contribuya a la participación de estos en la empresa. En el caso de grupos o subgrupos de sociedades, el citado requisito deberá cumplirse en la sociedad a la que preste servicios el trabajador al que le entreguen las acciones.

No obstante, no se entenderá incumplido este requisito cuando para recibir las acciones o participaciones se exija a los trabajadores una antigüedad mínima, que deberá ser la misma para todos ellos, o que sean contribuyentes por este Impuesto.

2.º Que cada uno de los trabajadores, conjuntamente con sus cónyuges o familiares hasta el segundo grado, no tengan una participación, directa o indirecta, en la sociedad en la que prestan sus servicios o en cualquier otra del grupo, superior al 5 por ciento.

3.º Que los títulos se mantengan, al menos, durante tres años.

El incumplimiento del plazo a que se refiere el número 3.º anterior motivará la obligación de presentar una autoliquidación complementaria, con los correspondientes intereses de demora, en el plazo que medie entre la fecha en que se incumpla el requisito y la finalización del plazo reglamentario de declaración correspondiente al período impositivo en que se produzca dicho incumplimiento.

La Ley de empresas emergentes realiza una modificación del artículo 42.3 Ley del Impuesto sobre la renta de las personas físicas. En su Disposición final tercera, en el apartado Dos, eleva el límite de exención de 12.000 euros anuales a 50.000 euros anuales en el caso de entrega de acciones o participaciones concedidas a los trabajadores de startups y en el caso de concesión del derecho de compra de acciones o participaciones, denominado *stock opcion*.

Además, en ese mismo apartado de la Disposición final tercera se establece que no será necesario que la oferta se realice en las mismas condiciones para todos los trabajadores de la empresa, grupo o subgrupos de empresa. Esto supone una modificación del artículo 43.2 del Reglamento de Planes y Fondos de Pensiones. No obstante, se exige que debe efectuarse la misma dentro de la política retributiva general de la empresa y contribuir a la participación de los trabajadores en esta última.

Es importante señalar que en el caso de que la entrega de acciones o participaciones derive de ejercicio de opciones de compra (*stock opcion*) sobre acciones o participaciones previamente concedidas a los trabajadores por la empresa emergente, la condición de empresa emergente se debe cumplir en el momento de la concesión de la opción y así se recoge en el último párrafo del apartado Dos de la Disposición final tercera.

La mejora que hace la Ley de Startups del tratamiento fiscal de la retribución en especie consistente, en el pago con acciones o con stock opción sobre acciones, supone instrumento de atracción y retención de trabajadores. Además, este modelo de retribución ya se venía utilizando en el sector de las empresas emergentes con el fin de aumentar las retribuciones y fidelizando a los empleados en sus puestos de trabajo.

4.2. Regla especial de imputación temporal de la parte de esta retribución en especie que excede del importe exento y su valoración

El importe de la retribución en especie, consistente en la entrega de acciones o participaciones de la empresa, en el caso de los trabajadores empleados en empresas emergentes, que superen los 50.000 euros anuales, se imputarán en el periodo impositivo en que el capital de la sociedad sea objeto de admisión a negociación en Bolsa de valores en cualquier sistema multilateral de negociación, español o extranjero, o bien en el período impositivo en el que se produzca la salida del patrimonio del contribuyente de la acción o participación correspondiente.

En el supuesto de que transcurrido el plazo de diez años a contar desde la entrega de las acciones o participaciones no se haya producido ninguna de estas dos circunstancias sin que se haya producido alguna de las circunstancias el trabajador imputará los rendimientos que exceden de ese límite exento en ese período impositivo.

En el caso de las *stock opción*, el factor temporal es un elemento importante. Al trabajador se le imputa la retribución en especie en el período impositivo en el que ejercita la opción y se valora por la diferencia entre el precio al que ejercita la acción y el valor de mercado que tengas esas acciones en el momento que se esté realizando la operación, teniendo en cuenta, que como hemos señalado, el importe de la retribución estará exento hasta los 50.000 € en el caso de las empresas emergentes.

Por otro lado, debemos tener en cuenta que si entre el fecha en la que se concedieron las *stock opcion* al trabajador y la fecha en la este ejerce el derecho a compra han transcurrido un período superior a dos años la parte que exceda del límite exento (50.000 €), será considerado un rendimiento irregular, computándose solamente el 70% de este para la determinación del rendimiento neto de trabajo y por consiguiente sólo tributará ese 70% de la renta en especie que supere el citado límite exento.

A continuación, realizamos una simulación, con fin de mostrar el beneficio fiscal que suponen estas medidas que acabamos de analizar. Calculamos la declaración de IRPF aplicando el límite de exención de 12.000 € y aplicando el límite de 50.000 €, a un contribuyente de 30 años, soltero que trabaja en una startup. Percibe en el período impositivo acciones de la empresa por valor de 60.000 €.

Tabla 4. Comparación cuota tributaria aplicando exención con límite de 12.000 € y con límite de 50.000 € en caso retribución acciones empresa startup

	Liquidación previa a Ley Startups	Liquidación posterior a Ley Startups
Renta Dineraria	200.000	200.000
RentaEspecie (Acciones empresa)	60.000	60.000
Exención	12.000	50.000
Renta Especie no exenta (Acciones empresa)	48.000	10.000
Rendimientos Íntegros del Trabajo	248.000	210.000
Gastos Deducibles.	22.000	22.000
Rendimiento Neto de Trabajo	226.000	188.000
Base Imponible	226.000	188.000
Base Liquidable	226.000	188.000
Mínimo personal	5.550	5.550
Cuota íntegra.	88.914,30	72.384,30
Cuota líquida.	88.914,30	72.384,30
Resultado de la declaración	88.914,30	72.384,30
AHORRO FISCAL	**16.530,00**	

Fuente: Elaboración propia a partir de la normativa del Impuesto sobre la Renta de las Personas Físicas y de la Ley de Startups.

La simulación muestra que derivado de la ampliación del límite de exención con la entrada en vigor de la Ley de Startup el trabajador computaría 38.000 € menos en concepto de retribución en especie por las acciones que ha recibido de la empresa, presentando la misma diferencia entre bases imponible y resultando un ahorro fiscal, después de la aplicación de gravamen de 16.530 €.

Esta medida puede ser una medida atractiva para trabajadores con retribuciones los suficientemente altas para que tenga incidencia esta ampliación de exención, en caso contrario no supondrá incentivo alguno.

A continuación, realizamos simulación con el mismo contribuyente pero considerando que no percibe acciones sino que hace tres años, percibió stock opción y en el período impositivo liquidado ha ejercido la opción.

Tabla 5. Comparación cuota tributaria aplicando exención con límite de 12.000 € y con límite de 50.000€ en caso retribución stock opción empresa startup en el momento de ejercicio de la opción

	Liquidación previa a Ley Startups	Liquidación posterior a Ley Startups
Renta Dineraria	200.000	200.000
RentaEspecie (Acciones empresa)	60.000	60.000
Exención	12.000	50.000
Renta Especie no exenta. (Acciones empresa)	48.000	10.000
Rendimientos Íntegros del Trabajo	248.000	210.000
Reducción rentas irregulares	14.400	3.000
Gastos Deducibles.	22.000	22.000
Rendimiento Neto de Trabajo	211.600	185.000
Base Imponible	211.600	185.000
Base Liquidable	211.600	185.000
Mínimo personal	5.550	5.550
Cuota íntegra.	82.650,30	71.079,30
Cuota líquida.	82.650,30	71.079,30
Resultado de la declaración	82.650,30	71.079,30
AHORRO FISCAL	**11.571,00**	

Fuente: Elaboración propia a partir de la normativa del Impuesto sobre la Renta de las Personas Físicas y de la Ley de Startups.

La simulación muestra que derivado de la ampliación del límite de exención con la entrada en vigor de la Ley de Startup el trabajador computaría 38.000 € menos en concepto de retribución en especie por las acciones que ha recibido de la empresa, como en la simulación anterior. En este caso la diferencia entre bases imponibles no se mantiene debido al importe de la reducción por rentas irregulares que en el caso de la liquidación calculada sin tener en cuenta la ampliación del límite de exención para la retribución mediante stock opción es mayor al ser mayor la cantidad computada por tal retribución. De acuerdo con la simulación la medida analizada supondría un ahorro fiscal de 11.571 €.

Al igual que en la retribución mediante entrega de acciones, la ampliación de la exención Esta medida puede ser una medida atractiva para trabajadores con retribuciones los suficientemente altas para que tenga incidencia esta ampliación del límite, en caso contrario no supondrá incentivo alguno.

4.3. Régimen especial para trabajadores desplazados a territorio español

El régimen especial para trabajadores desplazados a territorio español o régimen fiscal de impatriados, nació con el objetivo de atraer a España personal cualificado. Con este fin de atraer talento, la Ley del Impuesto sobre la renta de las personas físicas establece en su artículo 93 dicho régimen fiscal: *1. Las personas físicas que adquieran su residencia fiscal en España como consecuencia de su desplazamiento a territorio español podrán optar por tributar por el Impuesto sobre la Renta de no Residentes, con las reglas especiales previstas en el apartado 2 de este artículo, manteniendo la condición de contribuyentes por el Impuesto sobre la Renta de las Personas Físicas, durante el período impositivo en que se efectúe el cambio de residencia y durante los cinco períodos impositivos siguientes, cuando, en los términos que se establezcan reglamentariamente, se cumplan las siguientes condiciones:*

a) Que no hayan sido residentes en España durante los diez períodos impositivos anteriores a aquel en el que se produzca su desplazamiento a territorio español.

b) Que el desplazamiento a territorio español se produzca como consecuencia de alguna de las siguientes circunstancias:

1.º Como consecuencia de un contrato de trabajo, con excepción de la relación laboral especial de los deportistas profesionales regulada por el Real Decreto 1006/1985, de 26 de junio.

Se entenderá cumplida esta condición cuando se inicie una relación laboral, ordinaria o especial distinta de la anteriormente indicada, o estatutaria con un empleador en España, o cuando el desplazamiento sea ordenado por el empleador y exista una carta de desplazamiento de este.

2.º Como consecuencia de la adquisición de la condición de administrador de una entidad en cuyo capital no participe o, en caso contrario, cuando la participación en la misma no determine la consideración de entidad vinculada en los términos previstos en el artículo 18 de la Ley del Impuesto sobre Sociedades.

c) Que no obtenga rentas que se calificarían como obtenidas mediante un establecimiento permanente situado en territorio español.

El contribuyente que opte por la tributación por el Impuesto sobre la Renta de no Residentes quedará sujeto por obligación real en el Impuesto sobre el Patrimonio.

El Ministro de Hacienda y Administraciones Públicas establecerá el procedimiento para el ejercicio de la opción mencionada en este apartado.

2. La aplicación de este régimen especial implicará, en los términos que se establezcan reglamentariamente, la determinación de la deuda tributaria del Impuesto sobre la Renta de las Personas Físicas con arreglo a las normas establecidas en el texto refundido de la Ley del Impuesto sobre la Renta de no Residentes, aprobado por el Real Decreto Legislativo

5/2004, de 5 de marzo, para las rentas obtenidas sin mediación de establecimiento permanente con las siguientes especialidades:

a) No resultará de aplicación lo dispuesto en los artículos 5, 6, 8, 9, 10, 11 y 14 del Capítulo I del citado texto refundido.

b) La totalidad de los rendimientos del trabajo obtenidos por el contribuyente durante la aplicación del régimen especial se entenderán obtenidos en territorio español.

c) A efectos de la liquidación del impuesto, se gravarán acumuladamente las rentas obtenidas por el contribuyente en territorio español durante el año natural, sin que sea posible compensación alguna entre aquellas.

d) La base liquidable estará formada por la totalidad de las rentas a que se refiere la letra c) anterior, distinguiéndose entre las rentas a que se refiere el artículo 25.1. f) del texto refundido de la Ley del Impuesto sobre la Renta de no Residentes, y el resto de rentas.

e) Para la determinación de la cuota íntegra:

1.º A la base liquidable, salvo la parte de la misma correspondiente a las rentas a que se refiere el artículo 25.1.f) del texto refundido de la Ley del Impuesto sobre la Renta de no Residentes, se le aplicarán los tipos que se indican en la siguiente escala:

Base liquidable — Euros	Tipo aplicable — Porcentaje
Hasta 600.000 euros	24
Desde 600.000,01 euros en adelante	47

2.º A la parte de la base liquidable correspondiente a las rentas a que se refiere el artículo 25.1.f) del texto refundido de la Ley del Impuesto sobre la Renta de no Residentes, se le aplicarán los tipos que se indican en la siguiente escala:

Base liquidable del ahorro — Hasta euros	Cuota íntegra — Euros	Resto base liquidable del ahorro — Hasta euros	Tipo aplicable — Porcentaje
0	0	6.000	19
6.000,00	1.140	44.000	21
50.000,00	10.380	150.000	23
200.000,00	44.880	En adelante	26

f) Las retenciones e ingresos a cuenta en concepto de pagos a cuenta del impuesto se practicarán, en los términos que se establezcan reglamentariamente, de acuerdo con la normativa del Impuesto sobre la Renta de no Residentes.

No obstante, el porcentaje de retención o ingreso a cuenta sobre rendimientos del trabajo será el 24 por ciento. Cuando las retribuciones satisfechas por un mismo pagador de rendimientos del trabajo durante el año natural excedan de 600.000 euros, el porcentaje de retención aplicable al exceso será el 47 por ciento.

El mayor beneficio que establece el citado precepto de la Ley del Impuesto sobre la renta de las personas físicas para los trabajadores desplazados que adquieren la residencia fiscal en España, la posibilidad de que esas rentas de trabajo que obtiene en nuestro país estén sujetas al Impuesto sobre la renta de no residentes, que es un impuesto proporcional y no al Impuesto sobre la renta de las personas físicas, que es un impuesto de carácter progresivo.

La Ley de Startups mejora el régimen fiscal que acabamos de exponer en los siguientes aspectos:

- Se reduce el período de no residencia en España previo al desplazamiento.
- Se amplían las circunstancias que deben originar el desplazamiento.
- Se amplia la aplicación de este régimen especial a más tipos de contribuyentes.

Como acabamos de señalar se rebaja el período de no residencia en España previo a desplazamiento a nuestro territorio. Esta modificación se recoge en la Disposición final tercera, en el apartado Quinto, que modificará el artículo 93 de la Ley del Impuesto sobre la renta de las personas físicas, estableciendo como requisito de acceso "*que no hayan sido residentes en España durante los cinco períodos impositivos anteriores a aquél en el que se produzca su desplazamiento a territorio español*". Por lo tanto, se rebaja de 10 a 5 períodos impositivos el requisito de no residencia respecto a la normativa aplicable para trabajadores de otro tipo de empresas.

En el artículo 93 de la Ley del Impuesto sobre la renta de las personas físicas se exige que el desplazamiento del trabajador se produzca como consecuencia de alguna de las circunstancias determinadas por el propio artículo. La Ley de Startups la Disposición final tercera, en el apartado Quinto añade dos nuevas circunstancias que originarían también el acceso al régimen especial de trabajadores impatriados. Estas son las siguientes:

- En el supuesto que el desplazamiento a territorio español se produzca como consecuencia de un contrato de trabajo cuando, sin ser ordenado el desplazamiento por el empleador, la actividad laboral se preste a distancia, mediante el uso exclusivo de medios y sistemas informáticos, telemáticos y de telecomunicación. En particular, se entenderá cumplida esta circunstancia en el caso de trabajadores por cuenta ajena que cuenten con el visado de teletrabajo de carácter internacional previsto en la Ley 14/2013, de 27 de septiembre, de apoyo a los emprendedores y a su internacionalización.

- En el supuesto de que el desplazamiento a territorio español se produzca como consecuencia de la adquisición de la condición de administrador de una empresa emergente.

Por último, se amplía el tipo de contribuyentes a los que se puede aplicar el régimen especial de impatriados. La Ley de Startups, modificando el artículo 93 de la Ley del Impuesto sobre la renta de las personas físicas, en la Disposición final tercera, en el apartado Quinto, introduce la posibilidad de que el régimen especial de trabajadores desplazados pueda ser también de aplicación al cónyuge, a hijos menores de 25 de años o cualquiera que sea su edad en el caso de las personas con discapacidad y en el caso de que no exista vínculo matrimonial al otro progenitor del descendiente referidos, siempre que se cumplan las circunstancias establecidas por la norma:

a) Que se desplacen a territorio español con el contribuyente a que se refiere el apartado 1 anterior o en un momento posterior, siempre que no hubiera finalizado el primer período impositivo en el que a este le resulte de aplicación el régimen especial.

b) Que adquieran su residencia fiscal en España.

c) Que cumplan las condiciones a que se refieren las letras a) y c) del apartado 1 de este artículo.

d) Que la suma de las bases liquidables, a que se refiere la letra d) del apartado 2 de este artículo, de los contribuyentes en cada uno de los períodos impositivos en los que les resulte de aplicación este régimen especial, sea inferior a la base liquidable del contribuyente a que se refiere el apartado 1 anterior.

En resumen, con esta medida se pretende mejorar el régimen fiscal de impatriados, que contiene el artículo 93 de la Ley del Impuesto sobre la renta de las personas físicas y que pretendía atraer a España personal cualificado, dándoles la opción de tributar por el Impuesto sobre la renta de no residentes, que es un impuesto con tipo de gravamen más bajo que el que gravarían las rentas de estos trabajadores si quedaran gravadas, de forma automática al Impuesto sobre la renta de las personas físicas, el cual presenta un carácter progresivo. Las mejoras de la Ley de Startups originarán que un mayor número de trabajadores expatriados puedan acogerse a este régimen fiscal, al reducir el período previo de exclusión de 10 a 5 años, al aumentar el número de circunstancias que deben originar el desplazamiento a España y al incluir como sujetos de este régimen fiscal a los familiares directos, cónyuge, progenitor de sus hijos y descendientes del impatriado.

4.4. Ampliación de la aplicación de exenciones del artículo 7 y del artículo 42.3 de la Ley del Impuesto sobre la renta de las personas físicas a sujetos pasivos del Impuesto sobre la renta de no residentes

La Ley de Startups, en la Disposición Final Segunda, amplía la aplicación de las exenciones recogidas en los artículos 7[16] y 42.3 de la Ley del Impuesto sobre la renta de

[16] Artículo 7 LIRPF: *"Estarán exentas las siguientes rentas:*
a) Las prestaciones públicas extraordinarias por actos de terrorismo y las pensiones derivadas de medallas y condecoraciones concedidas por actos de terrorismo.
b) Las ayudas de cualquier clase percibidas por los afectados por el virus de inmunodeficiencia humana, reguladas en el Real Decreto-Ley 9/1993, de 28 de mayo.
c) Las pensiones reconocidas en favor de aquellas personas que sufrieron lesiones o mutilaciones con ocasión o como consecuencia de la Guerra Civil, 1936/1939, ya sea por el régimen de clases pasivas del Estado o al amparo de la legislación especial dictada al efecto.
d) Las indemnizaciones como consecuencia de responsabilidad civil por daños personales, en la cuantía legal o judicialmente reconocida.
Igualmente estarán exentas las indemnizaciones por idéntico tipo de daños derivadas de contratos de seguro de accidentes, salvo aquellos cuyas primas hubieran podido reducir la base imponible o ser consideradas gasto deducible por aplicación de la regla 1.ª del apartado 2 del artículo 30 de esta Ley, hasta la cuantía que resulte de aplicar, para el daño sufrido, el sistema para la valoración de los daños y perjuicios causados a las personas en accidentes de circulación, incorporado como anexo en el texto refundido de la Ley sobre responsabilidad civil y seguro en la circulación de vehículos a motor, aprobado por el Real Decreto Legislativo 8/2004, de 29 de octubre.
e) Las indemnizaciones por despido o cese del trabajador, en la cuantía establecida con carácter obligatorio en el Estatuto de los Trabajadores, en su normativa de desarrollo o, en su caso, en la normativa reguladora de la ejecución de sentencias, sin que pueda considerarse como tal la establecida en virtud de convenio, pacto o contrato.
Sin perjuicio de lo dispuesto en el párrafo anterior, en los supuestos de despidos colectivos realizados de conformidad con lo dispuesto en el artículo 51 del Estatuto de los Trabajadores, o producidos por las causas previstas en la letra c) del artículo 52 del citado Estatuto, siempre que, en ambos casos, se deban a causas económicas, técnicas, organizativas, de producción o por fuerza mayor, quedará exenta la parte de indemnización percibida que no supere los límites establecidos con carácter obligatorio en el mencionado Estatuto para el despido improcedente.
El importe de la indemnización exenta a que se refiere esta letra tendrá como límite la cantidad de 180.000 euros.
f) Las prestaciones reconocidas al contribuyente por la Seguridad Social o por las entidades que la sustituyan como consecuencia de incapacidad permanente absoluta o gran invalidez.
Asimismo, las prestaciones reconocidas a los profesionales no integrados en el régimen especial de la Seguridad Social de los trabajadores por cuenta propia o autónomos por las mutualidades de previsión social que actúen como alternativas al régimen especial de la Seguridad Social mencionado, siempre que se trate de prestaciones en situaciones idénticas a las previstas para la incapacidad permanente absoluta o gran invalidez de la Seguridad Social. La cuantía exenta tendrá como límite el importe de la prestación máxima que reconozca la Seguridad Social por el concepto que corresponda. El exceso tributará como rendimiento del trabajo, entendiéndose producido, en caso de concurrencia de prestaciones de la Seguridad Social y de las mutualidades antes citadas, en las prestaciones de estas últimas.

g) Las pensiones por inutilidad o incapacidad permanente del régimen de clases pasivas, siempre que la lesión o enfermedad que hubiera sido causa de aquéllas inhabilitara por completo al perceptor de la pensión para toda profesión u oficio.

h) Las prestaciones por maternidad o paternidad y las familiares no contributivas reguladas, respectivamente, en los Capítulos VI y VII del Título II y en el Capítulo I del título VI del texto refundido de la Ley General de la Seguridad Social, aprobado por el Real Decreto Legislativo 8/2015, de 30 de octubre y las pensiones y los haberes pasivos de orfandad y a favor de nietos y hermanos, menores de veintidós años o incapacitados para todo trabajo, percibidos de los regímenes públicos de la Seguridad Social y clases pasivas.

Asimismo, las prestaciones reconocidas a los profesionales no integrados en el régimen especial de la Seguridad Social de los trabajadores por cuenta propia o autónomos por las mutualidades de previsión social que actúen como alternativas al régimen especial de la Seguridad Social mencionado, siempre que se trate de prestaciones en situaciones idénticas a las previstas en el párrafo anterior por la Seguridad Social para los profesionales integrados en dicho régimen especial. La cuantía exenta tendrá como límite el importe de la prestación máxima que reconozca la Seguridad Social por el concepto que corresponda. El exceso tributará como rendimiento del trabajo, entendiéndose producido, en caso de concurrencia de prestaciones de la Seguridad Social y de las mutualidades antes citadas, en las prestaciones de estas últimas.

En el caso de los empleados públicos encuadrados en un régimen de Seguridad Social que no de derecho a percibir la prestación por maternidad o paternidad a que se refiere el primer párrafo de esta letra, estará exenta la retribución percibida durante los permisos por parto, adopción o guarda y paternidad a que se refieren las letras a), b) y c) del artículo 49 del texto refundido de la Ley del Estatuto Básico del Empleado Público, aprobado por el Real Decreto Legislativo 5/2015, de 30 de octubre o la reconocida por la legislación específica que le resulte de aplicación por situaciones idénticas a las previstas anteriormente. La cuantía exenta de las retribuciones o prestaciones referidas en este párrafo tendrá como límite el importe de la prestación máxima que reconozca la Seguridad Social por el concepto que corresponda. El exceso tributará como rendimiento del trabajo.

Igualmente estarán exentas las demás prestaciones públicas por nacimiento, parto o adopción múltiple, adopción, maternidad o paternidad, hijos a cargo y orfandad.

i) Las prestaciones económicas percibidas de instituciones públicas con motivo del acogimiento de personas con discapacidad, mayores de 65 años o menores, sea en la modalidad simple, permanente o preadoptivo o las equivalentes previstas en los ordenamientos de las Comunidades Autónomas, incluido el acogimiento en la ejecución de la medida judicial de convivencia del menor con persona o familia previsto en la Ley Orgánica 5/2000, de 12 de enero, reguladora de la responsabilidad penal de los menores.

Igualmente estarán exentas las ayudas económicas otorgadas por instituciones públicas a personas con discapacidad con un grado de minusvalía igual o superior al 65 por ciento o mayores de 65 años para financiar su estancia en residencias o centros de día, siempre que el resto de sus rentas no excedan del doble del indicador público de renta de efectos múltiples.

j) Las becas públicas, las becas concedidas por las entidades sin fines lucrativos a las que sea de aplicación el régimen especial regulado en el Título II de la Ley 49/2002, de 23 de diciembre, de régimen fiscal de las entidades sin fines lucrativos y de los incentivos fiscales al mecenazgo, y las becas concedidas por las fundaciones bancarias reguladas en el Título II de la Ley 26/2013, de 27 de diciembre, de cajas de ahorros y fundaciones bancarias en el desarrollo de su actividad de obra social, percibidas para cursar estudios reglados, tanto en España como en el extranjero, en todos los niveles y grados del sistema educativo, en los términos que reglamentariamente se establezcan.

Asimismo estarán exentas, en los términos que reglamentariamente se establezcan, las becas públicas y las concedidas por las entidades sin fines lucrativos y fundaciones bancarias mencionadas anteriormente para investigación en el ámbito descrito por el Real Decreto 63/2006, de 27 de enero, por el que se aprue-

ba el Estatuto del personal investigador en formación, así como las otorgadas por aquellas con fines de investigación a los funcionarios y demás personal al servicio de las Administraciones públicas y al personal docente e investigador de las universidades.

k) Las anualidades por alimentos percibidas de los padres en virtud de decisión judicial.

l) Los premios literarios, artísticos o científicos relevantes, con las condiciones que reglamentariamente se determinen, así como los premios "Príncipe de Asturias", en sus distintas modalidades, otorgados por la Fundación Príncipe de Asturias.

m) Las ayudas de contenido económico a los deportistas de alto nivel ajustadas a los programas de preparación establecidos por el Consejo Superior de Deportes con las federaciones deportivas españolas o con el Comité Olímpico Español, en las condiciones que se determinen reglamentariamente.

n) Las prestaciones por desempleo reconocidas por la respectiva entidad gestora cuando se perciban en la modalidad de pago único establecida en el Real Decreto 1044/1985, de 19 de junio, por el que se regula el abono de la prestación por desempleo en su modalidad de pago único, siempre que las cantidades percibidas se destinen a las finalidades y en los casos previstos en la citada norma.

Esta exención estará condicionada al mantenimiento de la acción o participación durante el plazo de cinco años, en el supuesto de que el contribuyente se hubiera integrado en sociedades laborales o cooperativas de trabajo asociado o hubiera realizado una aportación al capital social de una entidad mercantil, o al mantenimiento, durante idéntico plazo, de la actividad, en el caso del trabajador autónomo.

ñ) Los rendimientos positivos del capital mobiliario procedentes de los seguros de vida, depósitos y contratos financieros a través de los cuales se instrumenten los Planes de Ahorro a Largo Plazo a que se refiere la disposición adicional vigésima sexta de esta Ley, siempre que el contribuyente no efectúe disposición alguna del capital resultante del Plan antes de finalizar el plazo de cinco años desde su apertura.

Cualquier disposición del citado capital o el incumplimiento de cualquier otro requisito de los previstos en la disposición adicional vigésima sexta de esta Ley antes de la finalización de dicho plazo, determinará la obligación de integrar los rendimientos a que se refiere el párrafo anterior generados durante la vigencia del Plan en el período impositivo en el que se produzca tal incumplimiento.

o) Las gratificaciones extraordinarias satisfechas por el Estado español por la participación en misiones internacionales de paz o humanitarias, en los términos que reglamentariamente se establezcan.

p) Los rendimientos del trabajo percibidos por trabajos efectivamente realizados en el extranjero, con los siguientes requisitos:

1.º Que dichos trabajos se realicen para una empresa o entidad no residente en España o un establecimiento permanente radicado en el extranjero en las condiciones que reglamentariamente se establezcan. En particular, cuando la entidad destinataria de los trabajos esté vinculada con la entidad empleadora del trabajador o con aquella en la que preste sus servicios, deberán cumplirse los requisitos previstos en el apartado 5 del artículo 16 del texto refundido de la Ley del Impuesto sobre Sociedades, aprobado por el Real Decreto Legislativo 4/2004, de 5 de marzo.

2.º Que en el territorio en que se realicen los trabajos se aplique un impuesto de naturaleza idéntica o análoga a la de este impuesto y no se trate de un país o territorio considerado como paraíso fiscal. Se considerará cumplido este requisito cuando el país o territorio en el que se realicen los trabajos tenga suscrito con España un convenio para evitar la doble imposición internacional que contenga cláusula de intercambio de información.

La exención se aplicará a las retribuciones devengadas durante los días de estancia en el extranjero, con el límite máximo de 60.100 euros anuales. Reglamentariamente podrá establecerse el procedimiento para calcular el importe diario exento.

Esta exención será incompatible, para los contribuyentes destinados en el extranjero, con el régimen de excesos excluidos de tributación previsto en el reglamento de este impuesto, cualquiera que sea su importe. El contribuyente podrá optar por la aplicación del régimen de excesos en sustitución de esta exención.

las personas físicas[17], los sujetos pasivos de la Ley del Impuesto sobre la renta de no residentes y también amplía para estos sujetos pasivos, la exención de las rentas percibidas por razón de necesidad a favor de los españoles residentes en el exterior y retornados,

q) Las indemnizaciones satisfechas por las Administraciones públicas por daños personales como consecuencia del funcionamiento de los servicios públicos, cuando vengan establecidas de acuerdo con los procedimientos previstos en el Real Decreto 429/1993, de 26 de marzo, por el que se regula el Reglamento de los procedimientos de las Administraciones públicas en materia de responsabilidad patrimonial.

r) Las prestaciones percibidas por entierro o sepelio, con el límite del importe total de los gastos incurridos.

s) Las ayudas económicas reguladas en el artículo 2 de la Ley 14/2002, de 5 de junio.

t) Las derivadas de la aplicación de los instrumentos de cobertura cuando cubran exclusivamente el riesgo de incremento del tipo de interés variable de los préstamos hipotecarios destinados a la adquisición de la vivienda habitual, regulados en el artículo decimonoveno de la Ley 36/2003, de 11 de noviembre, de medidas de reforma económica.

u) Las indemnizaciones previstas en la legislación del Estado y de las Comunidades Autónomas para compensar la privación de libertad en establecimientos penitenciarios como consecuencia de los supuestos contemplados en la Ley 46/1977, de 15 de octubre, de Amnistía.

v) Las rentas que se pongan de manifiesto en el momento de la constitución de rentas vitalicias aseguradas resultantes de los planes individuales de ahorro sistemático a que se refiere la disposición adicional tercera de esta Ley.

w) Los rendimientos del trabajo derivados de las prestaciones obtenidas en forma de renta por las personas con discapacidad correspondientes a las aportaciones a las que se refiere el artículo 53 de esta Ley, hasta un importe máximo anual de tres veces el indicador público de renta de efectos múltiples.

Igualmente estarán exentos, con el mismo límite que el señalado en el párrafo anterior, los rendimientos del trabajo derivados de las aportaciones a patrimonios protegidos a que se refiere la disposición adicional decimoctava de esta Ley.

x) Las prestaciones económicas públicas vinculadas al servicio, para cuidados en el entorno familiar y de asistencia personalizada que se derivan de la Ley de promoción de la autonomía personal y atención a las personas en situación de dependencia.

y) La prestación de la Seguridad Social del Ingreso Mínimo Vital, las prestaciones económicas establecidas por las Comunidades Autónomas en concepto de renta mínima de inserción para garantizar recursos económicos de subsistencia a las personas que carezcan de ellos, así como las demás ayudas establecidas por estas o por entidades locales para atender, con arreglo a su normativa, a colectivos en riesgo de exclusión social, situaciones de emergencia social, necesidades habitacionales de personas sin recursos o necesidades de alimentación, escolarización y demás necesidades básicas de menores o personas con discapacidad cuando ellos y las personas a su cargo, carezcan de medios económicos suficientes, hasta un importe máximo anual conjunto de 1,5 veces el indicador público de rentas de efectos múltiples.

Asimismo, estarán exentas las ayudas concedidas a las víctimas de delitos violentos a que se refiere la Ley 35/1995, de 11 de diciembre, de ayudas y asistencia a las víctimas de delitos violentos y contra la libertad sexual, y las ayudas previstas en la Ley Orgánica 1/2004, de 28 de diciembre, de Medidas de Protección Integral contra la Violencia de Género, y demás ayudas públicas satisfechas a víctimas de violencia de género por tal condición.

z) Las prestaciones y ayudas familiares percibidas de cualquiera de las Administraciones Públicas, ya sean vinculadas a nacimiento, adopción, acogimiento o cuidado de hijos menores."

17 Artículo 42.3 de la Ley del Impuesto sobre la renta de las personas físicas:" 3. *Estarán exentos los siguientes rendimientos del trabajo en especie:*

que engloban la prestación por ancianidad, por incapacidad absoluta y por asistencia sanitaria.

A continuación; y a modo de resumen de todas las medidas fiscales que se han introducido mediante al Ley de Startups, se presenta una tabla en la que se enumeran las medidas y se establece el artículo de la ley que las regula.

---

a) Las entregas a empleados de productos a precios rebajados que se realicen en cantinas o comedores de empresa o economatos de carácter social. Tendrán la consideración de entrega de productos a precios rebajados que se realicen en comedores de empresa las fórmulas indirectas de prestación del servicio cuya cuantía no supere la cantidad que reglamentariamente se determine, con independencia de que el servicio se preste en el propio local del establecimiento de hostelería o fuera de éste, previa recogida por el empleado o mediante su entrega en su centro de trabajo o en el lugar elegido por aquel para desarrollar su trabajo en los días en que este se realice a distancia o mediante teletrabajo.
b) La utilización de los bienes destinados a los servicios sociales y culturales del personal empleado. Tendrán esta consideración, entre otros, los espacios y locales, debidamente homologados por la Administración pública competente, destinados por las empresas o empleadores a prestar el servicio de primer ciclo de educación infantil a los hijos de sus trabajadores, así como la contratación, directa o indirectamente, de este servicio con terceros debidamente autorizados, en los términos que reglamentariamente se establezcan.
c) Las primas o cuotas satisfechas a entidades aseguradoras para la cobertura de enfermedad, cuando se cumplan los siguientes requisitos y límites:
1.º Que la cobertura de enfermedad alcance al propio trabajador, pudiendo también alcanzar a su cónyuge y descendientes.
2.º Que las primas o cuotas satisfechas no excedan de 500 euros anuales por cada una de las personas señaladas en el párrafo anterior o de 1.500 euros para cada una de ellas con discapacidad. El exceso sobre dicha cuantía constituirá retribución en especie.
d) La prestación del servicio de educación preescolar, infantil, primaria, secundaria obligatoria, bachillerato y formación profesional por centros educativos autorizados, a los hijos de sus empleados, con carácter gratuito o por precio inferior al normal de mercado.
e) Las cantidades satisfechas a las entidades encargadas de prestar el servicio público de transporte colectivo de viajeros con la finalidad de favorecer el desplazamiento de los empleados entre su lugar de residencia y el centro de trabajo, con el límite de 1.500 euros anuales para cada trabajador. También tendrán la consideración de cantidades satisfechas a las entidades encargadas de prestar el citado servicio público, las fórmulas indirectas de pago que cumplan las condiciones que se establezcan reglamentariamente.
f) En los términos que reglamentariamente se establezcan, la entrega a los trabajadores en activo, de forma gratuita o por precio inferior al normal de mercado, de acciones o participaciones de la propia empresa o de otras empresas del grupo de sociedades, en la parte que no exceda, para el conjunto de las entregadas a cada trabajador, de 12.000 euros anuales, siempre que la oferta se realice en las mismas".

Tabla 6. Cuadro resumen medidas fiscales y artículos de referencia

Grupos de medidas fiscales	Artículo de referencia
Fiscalidad para empresas emergentes: Tipo de gravamen 15%. Opción aplazamiento pago cuota tributaria. Opción a no presentación pagos fraccionados.	Arts. 7 y 8
Fiscalidad para los trabajadores de empresas emergentes: Ampliación del límite de exención en entrega de acciones y *stock opcion* a 50.000 €	Disposición final tercera. Apartados Uno, Dos y Tres
Fiscalidad de trabajadores impatriados: Reducción del período de exclusión previo. Ampliación de las circunstancias que deben originar el desplazamiento. Extensión de la aplicación del régimen de expatriados a cónyuge, progenitor de los descendientes y descendientes.	Disposición final tercera. Apartado Quinto.
Aplicación de exenciones del artículo 7 y del artículo 42.3 LIRPF a sujetos pasivos del IRNR	Disposición Final Segunda

Fuente: Elaboración propia a partir de la Ley de Startups.

Con estas medidas el legislador pretende dar cumplimiento a los establecido en Plan de Recuperación, Transformación y Resiliencia, en su componente 13. Estas medidas suponen una modificación de determinados aspectos de nuestra Ley del Impuesto sobre Sociedades, Ley del Impuesto sobre la renta de las personas físicas y Ley del Impuesto sobre la renta de no residentes. Y tiene como fin último que nuestro país pueda competir en la creación y crecimiento de empresas emergentes que dinamicen nuestra economía.

VI. CONCLUSIONES

La aprobación de la Ley de Startups en España tuvo lugar en diciembre de 2022 y en países de nuestro entorno ya cuentan con una norma aprobada desde hace años. Este retraso nos resta competitividad, ya que estos países llevan años atrayendo este tipo de empresas y personal cualificado.

Analizando la delimitación de empresa emergente, delimitación necesaria para establecer los requisitos que necesariamente se han de cumplir para disfrutar de los beneficios fiscales recogidos en la normativa, se evidencia una conceptualización algo confusa y desordenada. Esto puede llevar a conflictos en la aplicación de los beneficios establecidos. Será necesario un reglamento que termine de establecer de forma clara y concisa, que empresas son sujetos de aplicación de la Ley de Startups.

Como hemos analizado, para que una empresa pueda ser considerada empresa emergente y por consiguiente pueda disfrutar de los beneficios ella y sus trabajadores, establecidos en la normativa, es necesario que sea empresa de nueva creación. En la norma reza, que para ello reza que no pueden haber transcurrido más de 5 años o 7 años, en el caso de determinadas empresas, desde su inscripción en el Registro Mercantil. Este plazo es demasiado breve, ya que este tipo de entidades, generalmente no cuentan con beneficios en los primeros años de vida. Analizando los beneficios fiscales para la empresa, tipo de gravamen del 15 por ciento, opción de aplazamiento de pago de la cuota tributaria, no obligatoriedad de realizar pagos fraccionados en los primeros ejercicios económicos se evidencia que muchas *startups* no llegarán nunca a disfrutar de estos incentivos, porque para cuando quieran contar con beneficios en sus cuentas de pérdidas y ganancias, ya no serán empresas de nueva creación y no estarán sujetas de la Ley de Startups. Sería importante, analizar este extremo y ampliar el plazo para la calificación de una empresa, como empresa de nueva creación a estos efectos.

Tras el estudio de los incentivos que se recogen en la ley para la atracción de talento se consideran que las medidas fiscales establecidas pueden resultar un buen instrumento para ese objetivo, ya que supondrán un importante ahorro de cuota tributaria para estos trabajadores e incentivará determinadas fórmulas de pago, pago a través de acciones de la empresa, que son más factibles para el empresario en los primeros años de vida de la empresa.

Por último, concluir, que es importante para la economía de nuestro país contar con esta normativa, pero que necesariamente, se deberá analizar los efectos que va teniendo su aplicación con el fin de corregir su redacción, para que el mayor número de startups posibles, puedan acogerse a los beneficios y que suponga un verdadero instrumento de atracción de emprendedores, inversores y trabajadores cualificados.

VII. REFERENCIAS BIBLIOGRÁFICAS

GADEA, M.J.: "El desarrollo de modelos de negocio escalables y su repercusión en el entorno económico y social", *Finance, Markets and Valuation*, nº 1, 2018, p. 23.

GARCÍA BRUSTENGA, J., *El papel de ENISA en el marco de la nueva Ley de Startups, cit.*, p. 63.

GARCÍA BRUSTENGA, J.: "El papel de ENISA en el marco de la nueva Ley de Startups", *Revista Española de Capital Riesgo*, nº 2-3, 2022, p.54

Gobierno de España (2021). *Plan de recuperación, transformación y resiliencia.* https://https://www.lamoncloa.gob.es/temas/fondos-recuperacion/Documents/30042021-Plan_Recuperacion_%20Transformacion_%20Resiliencia.pdf

Italian Ministry of Economic Development (2016), Executive Summary of the new Italian legislation on innovative startups. https://italiastartupvisa.mise.gov.it/media/documents/Executive_Summary_Italy's_Startup_Act_02_03_2016.pdf (consultada 4 de noviembre de 2022)

MARTÍN MOLINA, P.B., *Estudio de las medidas tributarias relativas al proyecto de ley de las startups, cit*, p.14

MARTÍN MOLINA, P.B.: "Estudio de las medidas tributarias relativas al proyecto de ley de las startups", *Revista Española de Capital Riesgo*, nº 2-3, 2022, p.12

Ministero dello Sviluppo Económico, Ministero degli Affari Esteri e della Cooperazione Internazionale e Ministero dell'Interno (2018). Una nuova politica dei visti per attrarre talenti innovativi da tutto il mondo Italia Startup Visa. https://italiastartupvisa.mise.gov.it/media/documents/Linee%20Guida%20ISV%20ITA%2020_03_2018%20def.pdf (consultada 4 de noviembre de 2022)

MOROY HUERTO, F.: "La nueva ley de startups: ¿un nuevo impulso al ecosistema emprendedor-inversor en España?", *Revista Española de Capital Riesgo*, nº 2-3, 2022, p. 19.

République française (2022). *Lancez votre startup en France.* https://www.welcometofrance.com/fiche/fiche-synthese-start-upers (consultada 4 de noviembre de 2022)

RUANO MARRÓN, L.A; RUÍZ NAVARRO, J y MEDINA TAMAYO, R. *"Evaluación del proyecto de ley de fomento del ecosistema de las empresas emergentes", Revista Española de Capital Riesgo*, nº 2-3, 2022, p.31

RUANO MARRÓN, L.A; RUÍZ NAVARRO, J y MEDINA TAMAYO, R. *Evaluación del proyecto de ley de fomento del ecosistema de las empresas emergentes, cit.*, p. 45.

RUANO MARRÓN, L.A; RUÍZ NAVARRO, J y MEDINA TAMAYO, R. *Evaluación del proyecto de ley de fomento del ecosistema de las empresas emergentes, cit.*, p. 46.

Startup Portugal. Como Incorporar um Negócio em Portugal: Primeiros Passos. https://startupportugal.com/2021-1-14-how-to-incorporate-a-business-in-portugal-first-steps (consultada 4 de noviembre de 2022).

Capítulo 7
LAS PLATAFORMAS DE FINANCIACIÓN PARTICIPATIVA: ESPECIAL REFERENCIA AL CROWDFUNDING*

Cecilio Molina Hernández
Profesor de Derecho Mercantil (Titular acreditado)
Universidad Pontificia Comillas

SUMARIO: I. CONSIDERACIONES GENERALES: EL CRECIMIENTO DE EMPRESAS A TRAVÉS DEL CROWDFUNDING. II. EL MARCO NORMATIVO DE LAS PLATAFORMAS DE FINANCIACIÓN PARTICIPATIVA. 1. El Reglamento (UE) 2020/1503 del Parlamento Europeo y del Consejo, de 7 de octubre de 2020, relativo a los proveedores europeos de servicios de financiación participativa para empresas, y por el que se modifican el Reglamento (UE) 2017/1129 y la Directiva (UE) 2019/1937. 2. La Ley 5/2015, de 27 de abril, de fomento de la financiación empresarial. III. LAS PLATAFORMAS DE FINANCIACIÓN PARTICIPATIVA. 1. La autorización de las plataformas de financiación participativa por la Comisión Nacional del Mercado de Valores. 2. El registro de las plataformas de financiación participativa. 3. Las fichas de datos. 3.1. La ficha de datos fundamentales de la plataforma de financiación participativa. 3.2. La ficha de datos fundamentales de la inversión. IV. LAS AUTORIDADES NACIONALES COMPETENTES: LA COMISIÓN NACIONAL DEL MERCADO DE VALORES Y OTRAS AUTORIDADES NACIONALES COMPETENTES. V. EL SISTEMA DE INFRACCIONES Y

* Este trabajo se realiza en el seno del Proyecto de Investigación "Sostenibilidad corporativa y reestructuración empresarial" (PID2021-125466NB-I00, financiado por MCIN/ AEI / 10.13039/501100011033 / "FEDER Una manera de hacer Europa"), liderado por Ana Belén Campuzano y del que formo parte como miembro del equipo de investigación y en el marco de los trabajos desarrollados por los investigadores de la Cátedra de la Universidad San Pablo CEU y Mutua Madrileña.

I. CONSIDERACIONES GENERALES: EL CRECIMIENTO DE EMPRESAS A TRAVÉS DEL CROWDFUNDING

La Ley 18/2022, de 28 de septiembre, de creación y crecimiento de empresas se ha promulgado en España con la idea fundamental de potenciar el crecimiento económico de nuestro país y el aumento de la productividad, en aras de reforzar todos los sectores de la economía.

En esta norma, se han introducido numerosos cambios, que, mayoritariamente, desde el prisma societario, buscan consolidar al tejido empresarial. Pequeñas y medianas empresas que, hasta el momento, como consecuencia de la paralización de la economía, a causa del Covid-19, se encontraban con falta de liquidez. Para ello, la Ley cuenta con el objetivo doble de facilitar la creación de nuevas empresas y reducir las trabas a las que se enfrentan en su crecimiento, ya sean de origen regulatorio o financiero, para lograr con ello un incremento de la competencia en beneficio de los consumidores, de la productividad de nuestro tejido productivo, de la resiliencia de nuestras empresas y de la capacidad para crear empleos de calidad[1].

El objetivo de esta obra, de la que esta aportación forma parte, no es otro que el análisis de todas las mejoras que buscan ayudar a la creación y al crecimiento de las empresas. A fin de evitar reiteraciones innecesarias, por tanto, procedemos a analizar el mecanismo del crowdfunding que, aunque ya contaba con regulación en nuestro país, se ha incorporado en esta Ley para ayudar a pequeñas y medianas empresas en su crecimiento económico y financiero[2].

La incorporación de las plataformas de financiación participativa en la Ley 18/2022, de 28 de septiembre, de creación y crecimiento de empresas, en esencia, no ha supuesto realmente un mecanismo de apoyo al crecimiento de las empresas españolas. El obje-

---

1 Véase el Preámbulo de la Ley 18/2022, de 28 de septiembre, de creación y crecimiento de empresas.

2 No sólo se ocupa la Ley del crowdfunding, sino que también analiza la inversión colectiva y el capital riesgo.

tivo de esta Ley, en relación a las plataformas de financiación participativa, no ha sido otro que el de adaptar el régimen de las plataformas españolas al Reglamento (UE) 2020/1503 del Parlamento Europeo y del Consejo, de 7 de octubre de 2020, relativo a los proveedores europeos de servicios de financiación participativa para empresas, y por el que se modifican el Reglamento (UE) 2017/1129 y la Directiva (UE) 2019/1937[3]. En palabras del Preámbulo de la Ley, el objetivo central de la incorporación del régimen de las plataformas de financiación participativa en el marco normativo de creación y crecimiento de empresas ha sido el siguiente: *El Reglamento de la Unión Europea que regula las plataformas de financiación participativa será de aplicación directa en España a partir del 10 de noviembre del 2021. Para permitir que las plataformas de financiación participativa sujetas hasta ahora a su régimen jurídico nacional se adapten a este Reglamento de la Unión Europea en aquellos supuestos en que les sea aplicable, el propio Reglamento prevé un periodo transitorio de veinticuatro meses para que dichas plataformas dispongan de tiempo suficiente para adaptar su actividad empresarial a lo dispuesto en el Reglamento europeo. Durante ese período transitorio, los Estados miembros pueden establecer procedimientos simplificados que permitan que las personas jurídicas que han sido autorizadas con arreglo a la legislación nacional presten servicios de financiación participativa incluidos en el ámbito de aplicación del Reglamento, a condición de que los proveedores de servicios de financiación participativa cumplan los requisitos que se establecen en el propio Reglamento.*

Por tanto, si bien es cierto que el crowdfunding es un mecanismo de inversión en negocios empresariales que, sin duda, revertirá en el crecimiento del tejido empresarial español, no encontramos en la Ley 18/2022, de 28 de septiembre, de creación y crecimiento de empresas, ningún estímulo adicional a la potenciación de los inversores en actividades empresariales y en negocios económicos de diversa índole. El objetivo, en definitiva, ha sido la adaptación de la normativa española al régimen comunitario de las plataformas de financiación participativa. En cualquier caso, la nota positiva de esta regulación es la adaptación paulatina de las plataformas de financiación participativa españolas al Derecho de la Unión Europea, de tal forma que podrán recabar inversiones de cualquier persona de los distintos países de la Unión Europea y que, en esencia, servirán para fomentar el crecimiento del tejido empresarial español. La actividad empresarial y, especialmente, las pequeñas y medianas empresas, dependen en gran medida del funcionamiento del mercado de financiación, intermediado tradicionalmente a través de entidades bancarias o bien a través del acceso directo a los mercados de capitales (Bolsas y demás mercados regulados); sin embargo, una acusada restricción del crédito disponible junto con un significativo incremento de su coste en los últimos años ha pro-

3 NAVARRO MARTÍNEZ-AVIAL, G., MURO MATOSES, A. y GONZÁLEZ MARTÍNEZ, J., "Comentario a la Ley 18/2022, de 28 de septiembre, de creación y crecimiento de empresas", *Diario La Ley*, nº 10147, octubre de 2022, p. 2.

vocado la restricción de las empresas a la financiación. Esta situación se ha hecho sentir especialmente en nuestro país, dada la fuerte dependencia de las empresas españolas a la financiación bancaria, a raíz de la crisis que ha provocado, a partir del año 2009, una muy acusada reducción en el acceso al crédito bancario acompañado de un paralelo incremento de su coste[4].

No obstante, en el marco del fomento empresarial español, de creación y crecimiento de las empresas, se encuentra también aprobada la Ley 28/2022, de 21 de diciembre, de fomento del ecosistema de las empresas emergentes, en virtud de la cual, se plantea la deducción fiscal en empresas nuevas o de reciente creación. Por ello, el crowdfunding, como mecanismo de apoyo al crecimiento a las empresas, puede contar con una serie de ventajas fiscales que, por un lado, sirvan de estímulo a los inversores y, por otro lado, permita el desarrollo de empresas en nuestro país.

II. EL MARCO NORMATIVO DE LAS PLATAFORMAS DE FINANCIACIÓN PARTICIPATIVA

La Ley 5/2015, de 27 de abril, de fomento de la financiación empresarial, en su Título V, establecía por primera vez un régimen jurídico para las plataformas de financiación participativa, consideradas, en su momento, como un novedoso mecanismo de desintermediación financiera desarrollado sobre la base de las nuevas tecnologías, cuyo crecimiento ha sido significativo en los últimos años, antes de la publicación de la referida Ley, como en la actualidad.

Como ya hemos comentado, la Ley de creación y crecimiento de empresas ha procedido a la modificación del régimen de estas plataformas, adaptándolas al Derecho de la Unión Europea. En este contexto, se ha conseguido una evidente simplificación del régimen jurídico de las plataformas de financiación participativa, merced a la vinculación del Derecho español a las disposiciones del Reglamento comunitario. En definitiva, por tanto, el régimen jurídico de las plataformas de financiación participativa, en España, se rigen por el Reglamento 2020/1503 y la Ley 5/2015, de 27 de abril, de fomento de la financiación empresarial[5], que comentamos a continuación.

---

4 LÓPEZ ORTEGA, R., "Las plataformas de financiación participativa (crowdfunding) en la Ley 5/2015, de 27 de abril, de fomento de la financiación empresarial", *Revista de Derecho Bancario y Bursátil*, nº 144, 2016, p. 88; RODRÍGUEZ DE LAS HERAS, T., "Las plataformas de financiación participativa (crowdfunding) en el Proyecto de Ley de Fomento de la Financiación Empresarial: Concepto y funciones", *Revista de Derecho del Mercado de Valores*, nº 15, 2014.

5 La entrada en vigor de la reforma de esta Ley tuvo lugar el 10 de noviembre de 2022.

1. EL REGLAMENTO (UE) 2020/1503 DEL PARLAMENTO EUROPEO Y DEL CONSEJO, DE 7 DE OCTUBRE DE 2020, RELATIVO A LOS PROVEEDORES EUROPEOS DE SERVICIOS DE FINANCIACIÓN PARTICIPATIVA PARA EMPRESAS, Y POR EL QUE SE MODIFICAN EL REGLAMENTO (UE) 2017/1129 Y LA DIRECTIVA (UE) 2019/1937

La norma comunitaria cuenta con varios objetivos. Destaca, en primer lugar, la necesaria armonización de la diversa regulación de estas plataformas en los ordenamientos nacionales, que obstaculizan la prestación transfronteriza de servicios de financiación participativa y tienen con ello un efecto directo sobre el funcionamiento del mercado interior en cuanto a dichos servicios[6].

En segundo lugar, la consideración del Reglamento, respecto de la financiación participativa, sostiene que representa un tipo cada vez más importante de intermediación en la que un proveedor de servicios de financiación participativa opera, sin asumir ningún riesgo propio, a través de una plataforma digital abierta al público, con objeto de poner en contacto o facilitar el contacto a inversores o prestamistas potenciales con empresas que busquen financiación. En concreto, la financiación consistirá en préstamos o en adquisición de valores negociables o de otros instrumentos admitidos para la financiación participativa.

En tercer lugar, y como consecuencia de lo anterior, el ámbito de aplicación del Reglamento incluye tanto la financiación participativa de crédito como la financiación participativa de inversión, ya que se pueden estructurar esos tipos de financiación participativa como alternativas de financiación comparables.

Tal y como se establece en el artículo 1.1 del Reglamento 2020/1503, encontramos requisitos uniformes para la prestación de servicios de financiación participativa, la organización, la autorización y la supervisión de los proveedores de servicios de financiación participativa, la explotación de plataformas de financiación participativa y la transparencia y las comunicaciones publicitarias en relación con la prestación de servicios de financiación participativa en la Unión.

En definitiva, el Reglamento 2020/1503 ha provisto de un régimen unitario y, a la postre, uniforme, respecto de las plataformas de financiación participativa. En el sistema comunitario, de libre mercado y prestación de servicios en todo el territorio de la Unión Europea, la eliminación de tratamientos dispares en cuanto a la regulación de estas plataformas fomentará un sistema ordenado, único y seguro para las inversiones en proyectos empresariales nacionales o transfronterizos.

---

6 CAMPUZANO, A. B., "Las plataformas de financiación participativa", en CUENA CASAS, M. (dir.), *Aspectos legales de la financiación en masa o crowdfunding,* Tirant lo Blanch, 2020, p. 243.

2. LA LEY 5/2015, DE 27 DE ABRIL, DE FOMENTO DE LA FINANCIACIÓN EMPRESARIAL

La Ley 5/2015, de 27 de abril, de fomento de la financiación empresarial, en su Título V, establecía por primera vez un régimen jurídico para las plataformas de financiación participativa, dando cobertura a las actividades comúnmente denominadas como "crowdfunding".

El régimen jurídico de las plataformas de financiación participativa, en sus orígenes, contaba con una serie de disposiciones propias y diferenciadas respecto del ordenamiento de otros países de la Unión Europea. Por ello, la entrada en vigor del Reglamento 2020/1503, de aplicación directa en todos los países de la Unión desde el 10 de noviembre de 2021[7], ha sustanciado el cambio del régimen jurídico de las plataformas de financiación participativa que, en nuestro caso, se ha efectuado como consecuencia de la promulgación de la Ley 18/2022, de 28 de septiembre, de creación y crecimiento de empresas.

La Ley 5/2015, de 27 de abril, de fomento de la financiación empresarial, en su nueva regulación, distingue, por un lado, el régimen jurídico de las plataformas de financiación participativa armonizadas por el Derecho de la Unión Europea, que son aquellas entidades que prestan servicios de financiación participativa en España, reguladas por el Reglamento 2020/1503, y que, por tanto, quedarán sujetas a este Reglamento y a la ley española, y, por otro lado, el régimen jurídico de las plataformas de financiación participativa no armonizadas, que son aquellas entidades que prestan servicios de financiación participativa en España, reguladas por el Reglamento 2020/1503, pero que no estén sujetas a dicho Reglamento por incurrir en algunas excepciones previstas, y que abordaremos más adelante.

III. LAS PLATAFORMAS DE FINANCIACIÓN PARTICIPATIVA

La nueva regulación de las plataformas de financiación participativa, prevista en la Ley 5/2015, de 27 de abril, de fomento de la financiación empresarial, no aporta un concepto sobre esta figura. No obstante, el Preámbulo de la Ley 18/2022, de 28 de septiembre, de creación y crecimiento de empresas, define a las plataformas de financiación participativa ("plataformas de crowdfunding") como empresas cuya actividad consiste en poner en contacto, de manera profesional y a través de páginas web u otros medios electrónicos, a una pluralidad de personas físicas o jurídicas que ofrecen financiación

---

7 Véase artículo 51 del Reglamento 2020/1503.

con otras personas físicas o jurídicas que la solicitan en nombre propio para destinarlo a un proyecto concreto[8].

En España, estas plataformas parecen abocadas al desarrollo de actividades de crowdfunding, exclusivamente. El término surge de la combinación de crowd —multitud— y funding —financiación—, y, básicamente, alude a la unión de personas para conseguir una suma de dinero y financiar una determinada idea o proyecto. En España se suele traducir por micromecenazgo, aunque también se conoce como financiación en masa o por suscripción, cuestación popular, financiación colectiva o participativa y microfinanciación colectiva[9].

1. LA AUTORIZACIÓN DE LAS PLATAFORMAS DE FINANCIACIÓN PARTICIPATIVA POR LA COMISIÓN NACIONAL DEL MERCADO DE VALORES

Las entidades que quieran actuar como plataformas de financiación participativa deberán solicitar una autorización[10] ante la Comisión Nacional del Mercado de Valores, salvo que ya hayan obtenido autorización idéntica por otro organismo de otro Estado miembro. Esta excepcionalidad se debe a la legitimación para el desarrollo de operaciones transfronterizas de estas entidades.

El artículo 47 de la Ley 5/2015, de 27 de abril, de fomento de la financiación empresarial legitima a la Comisión Nacional del Mercado de Valores a la concesión de autorizaciones para las plataformas de financiación participativa con actividad en España, siguiendo las disposiciones del Reglamento 2020/1503. En este sentido, el artículo 12 de la referida norma comunitaria, contempla todos los datos que se han de aportar a fin de lograr la correspondiente autorización.

Como consecuencia de la adaptación de la legislación española a la norma comunitaria, la Disposición transitoria cuarta de la Ley 18/2022, de 28 de septiembre, de creación y crecimiento de empresas, bajo el título "Periodo transitorio respecto a los servicios de financiación participativa prestados de conformidad con la Ley 5/2015, de 27 de abril, de fomento de la financiación empresarial", prevé que los proveedores de

---

8 Un desarrollo del concepto de las plataformas de financiación participativa lo encontramos en RODRÍGUEZ MARTÍNEZ, I., "El servicio de mediación electrónica de las plataformas de financiación participativas: marco regulador", *Revista de Derecho Bancario y Bursátil,* nº 149, 2018, pp. 229 y siguientes.

9 CAMPUZANO, A. B., "Las plataformas de financiación participativa", en CUENA CASAS, M. (dir.), *Aspectos legales de la financiación en masa o crowdfunding,* Tirant lo Blanch, 2020, p. 238.

10 GARCÍA-PITA Y LASTRES, J. L., *Plataformas de financiación participativa y "Financial Crowdfunding",* Tirant lo Blanch, 2016, pp. 118-200, donde se hace un estudio profundo sobre los requisitos de la autorización para la consecución del reconocimiento como plataforma de financiación participativa.

servicios de financiación participativa autorizados de conformidad con la Ley 5/2015, de 27 de abril, de fomento de la financiación empresarial, deberán presentar ante la Comisión Nacional del Mercado de Valores la documentación que justifique que cumplen con los requisitos establecidos en el artículo 12 del Reglamento 2020/1503 para poder continuar prestando los servicios de financiación participativa incluidos en el ámbito de aplicación de dicho Reglamento a partir del 10 de noviembre de 2022, fecha de entrada en vigor de la nueva regulación de las plataformas de financiación participativa. En nuestra opinión, el error del legislador, en este punto, deviene de la falta de aplicación temporal de esta medida transitoria, habiendo sido necesario que las plataformas contasen con un límite mensual o anual concreto para incorporar en la autorización todos los datos previstos en el referido artículo.

Si que establece, por el contrario, el precepto, que si transcurridos dos meses desde el acuse de recibo de la documentación por la Comisión Nacional del Mercado de Valores, ésta no comunica objeción alguna a la entidad, se entenderá concedida la autorización por el procedimiento simplificado al que se refiere el artículo 12.11 del Reglamento 2020/1503[11]. En caso de que se comunique una objeción por la Comisión Nacional del Mercado de Valores, el plazo de dos meses anteriormente referido volverá a contar desde que se presentó la documentación necesaria para solventar la objeción.

2. EL REGISTRO DE LAS PLATAFORMAS DE FINANCIACIÓN PARTICIPATIVA

Una vez que las plataformas de financiación participativa hayan conseguido la preceptiva autorización para su funcionamiento como tal, se procederá a su inscripción en un registro, a cargo de la Comisión Nacional del Mercado de Valores[12]. El artículo 48 de la Ley 5/2015, de 27 de abril, de fomento de la financiación empresarial, contempla

---

11 La remisión que esta disposición transitoria no es correcta, y se entiende el procedimiento simplificado, en cuanto a la información a aportar, previsto en el artículo 12.14 del Reglamento 2020/1503, que reza así:
"Cuando una entidad autorizada en virtud de las Directivas 2009/110/CE, 2013/36/UE, 2014/65/UE o (UE) 2015/2366 o de la normativa nacional aplicable a los servicios de financiación participativa antes de la entrada en vigor del presente Reglamento solicite autorización como proveedor de servicios de financiación participativa en virtud del presente Reglamento, la autoridad competente no le exigirá que facilite información o documentos que ya haya presentado al solicitar la autorización con arreglo a dichas Directivas o al Derecho nacional, siempre que dicha información o dichos documentos sigan actualizados y la autoridad competente tenga acceso a ellos".

12 LÓPEZ ORTEGA, R., "Las plataformas de financiación participativa (crowdfunding) en la Ley 5/2015, de 27 de abril, de fomento de la financiación empresarial", *Revista de Derecho Bancario y Bursátil,* nº 144, 2016, p. 95.

que, en el referido registro, actualizado y público[13], se contendrán los datos de la denominación social, dirección de dominio de Internet y domicilio social de la plataforma de financiación participativa[14], así como la identidad de los administradores y una relación de los socios con participación significativa.

La inscripción en el registro se practicará una vez otorgada la preceptiva autorización y tras su constitución e inscripción en el registro público que corresponda según su naturaleza. Esta inscripción previa de la empresa constituida alude, básicamente, al Registro Mercantil, en la medida en que el acceso a la actividad está reservado a sociedades de capital que se constituyen de forma indefinida. En la actualidad, todas las plataformas registradas operan bajo la forma de sociedad anónima o de sociedad limitada, sociedades que para considerarse anónimas o limitadas requieren la inscripción en el Registro Mercantil[15].

13 En este momento, en nuestro país, contamos con 21 plataformas de financiación participativa armonizadas, en atención al listado público que se encuentra en la web de la Comisión Nacional del Mercado de Valores: https://www.cnmv.es/Portal/Consultas/Servicios-Financiacion-Participativa/Indice.aspx (consultado el 27 de diciembre de 2023).

14 Véase el artículo 14 del Reglamento 2020/1503, donde se recogen todos los datos que debe contener cualquier registro de estas características:
"a) el nombre, la forma jurídica y, en su caso, el identificador de entidad jurídica del proveedor de servicios de financiación participativa; b) la denominación comercial, la dirección postal y la dirección de internet de la plataforma de financiación participativa gestionada por el proveedor de servicios de financiación participativa; c) el nombre y la dirección de la autoridad competente que haya concedido la autorización y sus datos de contacto; d) información sobre los servicios de financiación participativa que esté autorizado a prestar el proveedor de servicios de financiación participativa; e) una lista de los Estados miembros en los que el proveedor de servicios de financiación participativa haya notificado su intención de prestar servicios de financiación participativa de conformidad con lo dispuesto en el artículo 18; f) cualquier otro servicio prestado por el proveedor de servicios de financiación participativa y no regulado por el presente Reglamento, con una referencia a la normativa aplicable de la Unión o nacional; g) toda sanción impuesta al proveedor de servicios de financiación participativa o a sus directivos".

15 CAMPUZANO, A. B., "Las plataformas de financiación participativa", en CUENA CASAS, M. (dir.), *Aspectos legales de la financiación en masa o crowdfunding*, Tirant lo Blanch, 2020, p. 264, donde la autora añade al respecto: "En efecto, si se verifica la voluntad de no inscribir una sociedad anónima o limitada y, en cualquier caso, transcurrido un año desde el otorgamiento de la escritura sin que se haya solicitado su inscripción, se aplicarán las normas de la sociedad colectiva o, en su caso, las de la sociedad civil si la sociedad en formación hubiera iniciado o continuado sus operaciones (art. 39.1 LSC)".

3. LAS FICHAS DE DATOS

3.1. La ficha de datos fundamentales de la plataforma de financiación participativa

El artículo 24 del Reglamento 2020/1503 analiza la ficha de datos fundamentales de las plataformas de financiación participativa que presten el servicio de la gestión individualizada de carteras de préstamos; este precepto es al que se remite, en cuanto a su contenido, el artículo 52 de la Ley 5/2015, de 27 de abril, de fomento de la financiación empresarial.

La información a facilitar para la ficha de datos fundamentales de la inversión se recoge en las partes H e I del Anexo I del Reglamento 2020/1503[16]. Además, se deberá recoger la información sobre las personas físicas o jurídicas responsables de la información proporcionada en la ficha de datos fundamentales de la inversión. En el caso de las personas físicas, incluidos los miembros de los órganos de administración, de gestión o de supervisión del proveedor de servicios de financiación participativa, el nombre y la función de la persona física, mientras que, en el caso de las personas jurídicas, la denominación y el domicilio social. Por último, se precisará la siguiente declaración de

16 El contenido de toda esa información es el siguiente:
"Parte H: Tarifas, información y vías de recurso: a) Las tarifas cobradas al inversor y los costes soportados por este en relación con las inversiones, especialmente los costes administrativos que resulten de la venta de instrumentos admitidos para la financiación participativa; b) Dónde y cómo obtener de forma gratuita información complementaria sobre el proyecto de financiación participativa, el promotor del proyecto y la entidad instrumental; c) Cómo y a quién puede dirigir el inversor una reclamación sobre la inversión o sobre la conducta del promotor del proyecto o el proveedor de servicios de financiación participativa.
Parte I: Información sobre el servicio de gestión individualizada de carteras de préstamos que presten los proveedores de servicios de financiación participativa: a) Identidad, forma jurídica, titularidad, puestos directivos y datos de contacto del proveedor de servicios de financiación participativa; b) El tipo de interés mínimo y máximo de los préstamos que puedan estar a disposición de las carteras individuales de los inversores; c) La fecha de vencimiento mínima y máxima de los préstamos que puedan estar a disposición de las carteras individuales de los inversores; d) Cuando se utilicen, la gama y la distribución de las categorías de riesgo a las que puedan pertenecer los préstamos, así como las tasas de impago y una media ponderada del tipo de interés por categoría de riesgo con un desglose adicional por año de concesión de los préstamos a través del proveedor de servicios de financiación participativa; e) Los elementos principales de la metodología interna para evaluar el riesgo de crédito de los distintos proyectos de financiación participativa y para definir las categorías de riesgo; f) En caso de que se ofrezca un tipo objetivo de rentabilidad de la inversión: un tipo objetivo anual y el intervalo de confianza de dicho tipo objetivo anual sobre el período de inversión, teniendo en cuenta los gastos y las tasas de impago; g) Los procedimientos, las metodologías internas y los criterios de selección de los proyectos de financiación participativa para la cartera individual de préstamos del inversor; h) La cobertura y las condiciones de cualquier garantía del capital aplicable; i) La gestión de los préstamos de la cartera, especialmente si un promotor del proyecto no cumple sus obligaciones; j) Las estrategias de diversificación del riesgo; k) Los gastos que debe pagar el promotor del proyecto o el inversor, especialmente cualquier deducción del interés que deba pagar el promotor del proyecto".

responsabilidad: "El proveedor de servicios de financiación participativa declara que, hasta donde alcanza su conocimiento, no se ha omitido ningún dato y la información no es sustancialmente engañosa ni inexacta. El proveedor de servicios de financiación participativa es responsable de la preparación de esta ficha de datos fundamentales de la inversión".

Las personas físicas y jurídicas responsables de la información proporcionada en la ficha de datos fundamentales de la inversión a nivel de plataforma, incluida su posible traducción, responderán civilmente en las siguientes situaciones: a) Cuando la información sea engañosa o inexacta; b) Cuando la ficha de datos fundamentales de la inversión omita datos fundamentales necesarios para ayudar a los inversores a la hora de considerar la financiación del proyecto de financiación participativa.

Por último, la ficha de datos fundamentales de la inversión a nivel de plataforma será imparcial, clara y no engañosa, y no contendrá notas a pie de página, salvo las que incluyan referencias a la normativa aplicable, incluidas las citas que convengan. Se presentará en un soporte duradero, independiente, que se distinga claramente de las comunicaciones publicitarias y, si se imprime, consistirá en un máximo de seis caras de papel en tamaño A4.

3.2. La ficha de datos fundamentales de la inversión

El artículo 23 del Reglamento 2020/1503 se ocupa de la ficha de datos fundamentales de la inversión, precepto al que se remite, en cuanto a su contenido, el artículo 51 de la Ley 5/2015, de 27 de abril, de fomento de la financiación empresarial.

En este sentido, podemos decir que la información a presentar[17], en relación a la inversión, se tendrá que realizar en una de las lenguas oficiales del Estado miembro cuya autoridad competente haya concedido la autorización para actuar como plataforma de financiación participativa o, en su caso, en la lengua oficial del Estado miembro en la que la plataforma de financiación participativa desee realizar una inversión.

---

17 PALMA ORTIGOSA, A., "Los deberes de información en el crowdfunding. Especial atención a las plataformas de financiación participativa", *Revista de Derecho Bancario y Bursátil*, nº 151, 2018, p. 325, donde el autor justifica la rigurosidad de la información a presentar: "Dicho en otras palabras, con esta información lo que se pretende es reducir las asimetrías de información que tan presentes están en este tipo de proyectos, facilitando con ello que el inversor disponga de los datos suficientes para realizar una inversión adecuada y con conocimiento suficiente del proyecto al que financia, evitando así realizar una selección incorrecta del proyecto, selección errónea que por cierto, como bien apunta la doctrina, no solo dependerá de esa falta de información, sino que en muchos casos también influirá la falta de preparación y experiencia del propio inversor".

La información a facilitar para la ficha de datos fundamentales de la inversión se recoge en el Anexo I del Reglamento 2020/1503[18]. Además, la información se completará con la siguiente cláusula de exención de responsabilidad, que deberá figurar bajo el

18 El contenido de toda esa información es el siguiente:
"Parte A: Información sobre el promotor del proyecto y el proyecto de financiación participativa: a) Identidad, forma jurídica, titularidad, puestos directivos y datos de contacto; b) Todas las personas físicas o jurídicas responsables de la información facilitada en la ficha de datos fundamentales de la inversión. Si se trata de personas físicas, incluidos los miembros de los órganos de administración, de gestión o de supervisión del promotor del proyecto, indicar el nombre y el cargo de la persona física; si se trata de personas jurídicas, indicar la denominación y el domicilio social, además de la siguiente declaración de responsabilidad: "El promotor del proyecto declara que, hasta donde alcanza su conocimiento, no se ha omitido ningún dato y la información no es sustancialmente engañosa ni inexacta. El promotor del proyecto es el responsable de la elaboración de esta ficha de datos fundamentales de la inversión"; c) Actividades principales del promotor del proyecto, productos o servicios ofrecidos por el promotor del proyecto; d) Un hipervínculo a los estados financieros más recientes del promotor del proyecto, si se dispone de ellos; e) Principales cifras y coeficientes financieros anuales del promotor del proyecto de los tres últimos años, si se dispone de ellos; f) Descripción del proyecto de financiación participativa, incluidas su finalidad y características principales.
Parte B: Principales características del proceso de financiación participativa y, en su caso, condiciones para captar capital o tomar prestados fondos: a)Importe mínimo de capital que se ha de captar o de fondos que se han de tomar en préstamo para cada oferta de financiación participativa y número de ofertas completadas por el promotor del proyecto o el proveedor de servicios de financiación participativa para el proyecto de que se trate; b) Plazo para alcanzar el objetivo del capital que se ha de captar o de fondos que se han de tomar en préstamo; c) Información sobre las consecuencias si no se alcanza dentro del plazo el objetivo de captación capital o de fondos tomados en préstamo; d) Importe máximo de la oferta, si difiere del importe mínimo de capital o de fondos que se menciona en la letra a); e) Importe de los recursos propios comprometidos por el promotor del proyecto en el proyecto de financiación participativa; f) Modificaciones de la composición del capital o de los préstamos del promotor del proyecto relacionados con la oferta de financiación participativa; g) Existencia y condiciones de un período de reflexión precontractual para inversores no experimentados.
Parte C: Factores de riesgo; Exposición de los principales riesgos asociados con la financiación del proyecto de financiación participativa, el sector, el proyecto, el promotor del proyecto, los valores negociables y los instrumentos admitidos para la financiación participativa o los préstamos, incluidos, en su caso, los riesgos geográficos.
Parte D: Información relativa a la oferta de valores negociables y a los instrumentos admitidos para la financiación participativa: a) Importe total y tipo de valores negociables e instrumentos admitidos para la financiación participativa que se van a ofrecer; b) Precio de suscripción; c) Si se acepta la sobredemanda de suscripciones y cómo se asigna; d) Condiciones de suscripción y pago; e) Custodia y entrega a los inversores de los valores negociables y los instrumentos admitidos para la financiación participativa; f) Cuando la inversión se garantice con un aval o una garantía real: i) precisar si el avalista o el proveedor de la garantía real es una persona jurídica, ii) precisar la identidad, la forma jurídica y los datos de contacto del avalista o del proveedor de la garantía real, iii) ofrecer información sobre la naturaleza y las condiciones del aval o de la garantía real; g) En su caso, compromiso firme de recompra de los valores negociables o los instrumentos admitidos para la financiación participativa, así como el plazo para dicha recompra; h) Para los instrumentos distintos de acciones o participaciones, el tipo de interés nominal, la fecha de devengo de los intereses, las fechas de pago de intereses, la fecha de vencimiento y el rendimiento aplicable.

Parte E: Información sobre la entidad instrumental: a) Si existe una entidad instrumental interpuesta entre el promotor del proyecto y el inversor; b) Datos de contacto de la entidad instrumental.
Parte F: Derechos del inversor: a) Derechos principales inherentes a los valores negociables o los instrumentos admitidos para la financiación participativa; b) Restricciones a las que están sujetos los valores negociables o los instrumentos admitidos para la financiación participativa, en particular pactos parasociales u otros acuerdos que impidan su negociabilidad; c) Descripción de cualquier restricción a la negociación de valores negociables o de los instrumentos admitidos para la financiación participativa; d) Posibilidades del inversor de desprenderse de la inversión; e) En relación con los instrumentos de renta variable, la distribución del capital y los derechos de voto antes y después de la ampliación de capital resultante de la oferta (suponiendo que se suscriban todos los valores negociables o los instrumentos admitidos para la financiación participativa).
Parte G: Comunicaciones relacionadas con préstamos: Cuando la oferta de financiación participativa incluya la facilitación de la concesión de préstamos, la ficha de datos fundamentales de la inversión contendrá la siguiente información, en lugar de la mencionada en las partes D, E y F del presente anexo: a) la naturaleza, la duración y las condiciones del préstamo; b) los tipos de interés aplicables o, en su caso, cualquier otra forma de compensación al inversor; c) las medidas de mitigación del riesgo, especialmente si existen avalistas o proveedores de garantía real u otro tipo de garantías; d) calendario de reembolso del principal y de abono de los intereses; e) cualquier incumplimiento de los contratos de crédito por parte del promotor del proyecto en los últimos cinco años; f) la gestión del préstamo, especialmente en situaciones en las que el promotor del proyecto no cumple sus obligaciones.
Parte H: Tarifas, información y vías de recurso: a) Las tarifas cobradas al inversor y los costes soportados por este en relación con las inversiones, especialmente los costes administrativos que resulten de la venta de instrumentos admitidos para la financiación participativa; b) Dónde y cómo obtener de forma gratuita información complementaria sobre el proyecto de financiación participativa, el promotor del proyecto y la entidad instrumental; c) Cómo y a quién puede dirigir el inversor una reclamación sobre la inversión o sobre la conducta del promotor del proyecto o el proveedor de servicios de financiación participativa.
Parte I: Información sobre el servicio de gestión individualizada de carteras de préstamos que presten los proveedores de servicios de financiación participativa: a) Identidad, forma jurídica, titularidad, puestos directivos y datos de contacto del proveedor de servicios de financiación participativa; b) El tipo de interés mínimo y máximo de los préstamos que puedan estar a disposición de las carteras individuales de los inversores; c) La fecha de vencimiento mínima y máxima de los préstamos que puedan estar a disposición de las carteras individuales de los inversores; d) Cuando se utilicen, la gama y la distribución de las categorías de riesgo a las que puedan pertenecer los préstamos, así como las tasas de impago y una media ponderada del tipo de interés por categoría de riesgo con un desglose adicional por año de concesión de los préstamos a través del proveedor de servicios de financiación participativa; e) Los elementos principales de la metodología interna para evaluar el riesgo de crédito de los distintos proyectos de financiación participativa y para definir las categorías de riesgo; f) En caso de que se ofrezca un tipo objetivo de rentabilidad de la inversión: un tipo objetivo anual y el intervalo de confianza de dicho tipo objetivo anual sobre el período de inversión, teniendo en cuenta los gastos y las tasas de impago; g) Los procedimientos, las metodologías internas y los criterios de selección de los proyectos de financiación participativa para la cartera individual de préstamos del inversor; h) La cobertura y las condiciones de cualquier garantía del capital aplicable; i) La gestión de los préstamos de la cartera, especialmente si un promotor del proyecto no cumple sus obligaciones; j) Las estrategias de diversificación del riesgo; k) Los gastos que debe pagar el promotor del proyecto o el inversor, especialmente cualquier deducción del interés que deba pagar el promotor del proyecto".

título de la ficha de datos fundamentales de la inversión ("La presente oferta de financiación participativa no ha sido verificada ni aprobada por las autoridades competentes ni por la Autoridad Europea de Valores y Mercados (AEVM). La idoneidad de su experiencia y conocimientos no se ha evaluado necesariamente antes de que se le concediera acceso a esta inversión. Al realizar esta inversión, usted asume plenamente el riesgo que comporta, incluido el de pérdida parcial o total del dinero invertido") y la siguiente advertencia de riesgo[19] ("Invertir en este proyecto de financiación participativa entraña riesgos, incluido el de pérdida parcial o total del dinero invertido. Su inversión no está cubierta por los sistemas de garantía de depósitos establecidos de conformidad con la Directiva 2014/49/UE del Parlamento Europeo y del Consejo. Su inversión no está cubierta por los sistemas de indemnización de los inversores establecidos de conformidad con la Directiva 97/9/CE del Parlamento Europeo y del Consejo. Es posible que no obtenga rendimiento alguno de su inversión. No se trata de un producto de ahorro y recomendamos no invertir más del 10 % de su patrimonio neto en proyectos de financiación participativa. Es posible que no pueda vender los instrumentos de inversión cuando lo desee. Aun cuando pueda venderlos, podría sufrir pérdidas").

La información contenida en la ficha de datos fundamentales de la inversión deberá ser imparcial, clara y no engañosa y no podrá incorporar notas a pie de página, salvo las que incluyan referencias a la normativa aplicable, incluidas las citas que convengan. Se presentará en un soporte duradero, independiente, que se distinga claramente de las comunicaciones publicitarias y, si se imprime, consistirá en un máximo de seis caras de papel en tamaño A4, salvo en el caso de instrumentos admitidos a efectos de financiación participativa cuando la información exigida con arreglo a la parte F del anexo I exceda de un formato en papel de tamaño A4 por una sola cara en formato impreso, se incluirá el resto en un anexo adjunto a la ficha de datos fundamentales de la inversión.

La responsabilidad por la información que figura en la ficha de datos fundamentales de la inversión recaerá en el promotor del proyecto o en sus órganos de administración, dirección o supervisión. En este caso, la ficha de datos de la inversión deberá asimismo recoger la identificación de las personas responsables, identificándose el nombre y cargo, si se trata de personas físicas, o por su denominación y domicilio social, si se trata de personas jurídicas, y se adjuntarán las declaraciones de todos los responsables en las que se confirme que, hasta donde alcanza su conocimiento, la información contenida en la ficha de datos fundamentales de la inversión responde a la realidad y no contiene omisiones que puedan afectar a su contenido.

---

19 Sobre esta cuestión, véase ASENSI MERÁS, A., "Los riesgos asociados a las plataformas digitales de financiación participativa derivados de la privacidad y la protección de datos personales en el mercado", *Revista de Derecho del Sistema Financiero,* nº 3, 2022, 35 pp.

Prevé, en último lugar, que la responsabilidad civil de las personas físicas o jurídicas se entenderá también respecto de la traducción de la información cuando la información sea engañosa o inexacta, o cuando la ficha de datos fundamentales de la inversión omita datos fundamentales necesarios para ayudar a los inversores a la hora de considerar la financiación del proyecto de financiación participativa.

IV. LAS AUTORIDADES NACIONALES COMPETENTES: LA COMISIÓN NACIONAL DEL MERCADO DE VALORES Y OTRAS AUTORIDADES NACIONALES COMPETENTES

La Comisión Nacional del Mercado de Valores es la autoridad competente española para el desempeño de todas las funciones de investigación y supervisión de las plataformas de financiación participativa en relación al desarrollo de sus funciones en el contexto del cumplimiento de las previsiones propias de la normativa comunitaria y española. En este sentido, además de las facultades que ostenta como máximo órgano responsable de la supervisión, inspección y sanción, atendiendo a las disposiciones de la Ley 6/2023, de 17 de marzo, de los Mercados de Valores y de los Servicios de Inversión, cuenta con una serie de funciones propias de investigación y supervisión en el caso concreto de las plataformas de financiación participativa[20], previstas en el artículo 49 de la Ley 5/2015, de 27 de abril, de fomento de la financiación empresarial.

Por un lado, en materia de investigación, la Comisión Nacional del Mercado de Valores cuenta con las siguientes facultades propias: 1) la exigencia de información y documentos a los proveedores de servicios de financiación participativa y a terceros designados para desempeñar funciones en relación con la prestación de servicios de financiación participativa, y a las personas físicas o jurídicas que los controlan o que son controladas por ellos; 2) la exigencia de información a los auditores y a los directivos de los proveedores de servicios de financiación participativa, y de los terceros designados para desempeñar funciones en relación con la prestación de servicios de financiación participativa; y 3) las inspecciones o investigaciones *in situ* en locales que no sean el domicilio particular de personas físicas, y acceder a los locales para acceder a documentos o datos de cualquier tipo, cuando existan sospechas razonables de que se guardan en ellos documentos u otras informaciones relacionadas con el objeto de una inspección o

---

20 Véase el artículo 49.2 de la Ley 5/2015, de 27 de abril, de fomento de la financiación empresarial. Sobre esta cuestión, GARCÍA-PITA Y LASTRES, J. L., *Plataformas de financiación participativa y "Financial Crowdfunding"*, Tirant lo Blanch, 2016, pp. 232 y siguientes, donde el autor explica, con gran acierto, esta delimitación de las funciones de la Comisión Nacional del Mercado de Valores, en relación a las plataformas de financiación participativa, de forma que, estas normas propias sólo se aplicarán de forma específica a estas entidades, frente al régimen general de supervisión, inspección y sanción recogido en la Ley del Mercado de Valores, aplicable a cualquier entidad.

investigación que pudieran ser relevantes para demostrar una infracción del Reglamento 2020/1503.

Por otro lado, en cuestiones de supervisión, la Comisión Nacional del Mercado de Valores también reúne facultades propias, tales como: 1) la suspensión de una oferta de financiación participativa por un período máximo de diez días hábiles consecutivos, cada vez que existan sospechas fundadas de que se ha infringido el Reglamento 2020/1503; 2) la prohibición o la suspensión de las comunicaciones publicitarias, o la exigencia al proveedor de servicios de financiación participativa o al tercero designado para desempeñar funciones en relación con la prestación de servicios de financiación participativa que cesen o suspendan las comunicaciones publicitarias, por un período máximo de diez días hábiles consecutivos, cada vez que existan sospechas fundadas de que se ha infringido el Reglamento 2020/1503; 3) la prohibición de una oferta de financiación participativa si se descubre una infracción del Reglamento 2020/1503, o si se tienen sospechas fundadas de que se va a infringir; 4) la suspensión de la prestación de servicios de financiación participativa por un período máximo de diez días hábiles consecutivos, o exigir que lo haga el proveedor de servicios de financiación participativa, cada vez que existan sospechas fundadas de que se ha infringido el Reglamento 2020/1503; 5) la prohibición de la prestación de servicios de financiación participativa si se descubre una infracción del Reglamento 2020/1503; 6) la comunicación pública del hecho de que un proveedor de servicios de financiación participativa o un tercero designado para desempeñar funciones en relación con la prestación de servicios de financiación participativa no cumple sus obligaciones; 7) la revelación de toda la información importante que pueda afectar a la prestación de servicios de financiación participativa, o exigírselo al proveedor de servicios de financiación participativa o al tercero designado para desempeñar funciones en relación con la prestación de servicios de financiación participativa, con el fin de garantizar la protección del inversor o el buen funcionamiento del mercado; 8) la suspensión de la prestación de servicios de financiación participativa o exigírselo al proveedor de servicios de financiación participativa o al tercero designado para desempeñar funciones en relación con la prestación de servicios de financiación participativa, cuando la propia Comisión Nacional del Mercado de Valores considere que la situación del proveedor de servicios de financiación participativa es tal que la prestación de servicios de financiación participativa sería perjudicial para los intereses de los inversores; y 9) la transferencia de los contratos vigentes a otro proveedor de servicios de financiación participativa en el caso de que se revoque la autorización del proveedor de servicios de financiación participativa de conformidad con el artículo 17, apartado 1, párrafo primero, letra c) del Reglamento 2020/1503, previo acuerdo de los clientes y del proveedor de servicios de financiación participativa receptor. Como consecuencia de esta medida, la Comisión Nacional del Mercado de Valores publicará en el plazo de nueve meses desde la publicación de la Ley 18/2022, de 28 de septiembre, de creación y crecimiento de empresas, esto es, el 29 de septiembre de 2022, una guía en la que se detallará el proceso de cesión de los contratos, detallando el criterio para elegir la plataforma de financiación participativa cesionaria de dichos contratos.

Para el desarrollo de estas funciones propias, en relación a las plataformas de financiación participativa, la Comisión Nacional del Mercado de Valores actuará de forma conjunta con el Banco de España, como se desprende del artículo 50 de la Ley 5/2015, de 27 de abril, de fomento de la financiación empresarial. En este sentido, respecto de plataformas que publiquen proyectos consistentes en la solicitud de préstamos, incluidos los préstamos participativos, el Banco de España deberá facilitar a la Comisión Nacional del Mercado de Valores la información que precise y prestar, en el ámbito propio, la cooperación y asistencia activas que la Comisión pudiera recabar para el eficaz ejercicio de las competencias anteriormente referidas en materia de investigación y supervisión. En concreto, se precisa que podrá solicitar cuantos datos, documentos o medios probatorios se hallen a disposición del Banco de España, y requerir su asistencia para el mejor ejercicio de las funciones de supervisión, inspección y sanción a cargo de la Comisión Nacional del Mercado de Valores. Para estas actuaciones conjuntas, la Comisión Nacional del Mercado de Valores y el Banco de España podrán establecer los instrumentos y procedimientos comunes para el desarrollo de estas colaboraciones.

Además, por último, la Comisión Nacional del Mercado de Valores deberá comunicar no sólo al Banco de España sino también al Ministerio de Asuntos Económicos y Transformación Digital todas las revocaciones, suspensiones y renuncias de las autorizaciones de plataformas de financiación participativa que, como consecuencia de sus facultades propias de investigación y supervisión, pudieran tener lugar ante la comisión de infracciones por parte de estas entidades.

V. EL SISTEMA DE INFRACCIONES Y SANCIONES DE LAS PLATAFORMAS DE FINANCIACIÓN PARTICIPATIVA

Las plataformas de financiación participativa están sometidas a un régimen de obligaciones y prohibiciones previstas en el Reglamento 2020/1503. En este sentido, el legislador español, en cuanto a las infracciones, hace una remisión directa a cada una de esas obligaciones y prohibiciones, para la consideración de un listado extenso de infracciones en las que podrían incurrir las plataformas y que, como consecuencia, se someterían a las sanciones —leves, graves o muy graves— previstas en la Ley 5/2015, de 27 de abril, de fomento de la financiación empresarial.

1. LAS INFRACCIONES

1.1. La prestación de servicios de financiación participativa

La primera de las infracciones gira en torno al desarrollo de los servicios de financiación participativa que, en ningún caso, podrán ejercerse por entidades que hayan logrado la autorización como plataforma de financiación participativa.

En este sentido, las plataformas de financiación participativa deberán actuar de manera honesta, equitativa y profesional atendiendo al mejor interés de sus clientes[21], tal y como se establece en el artículo 3.2 del Reglamento 2020/1503. La actuación honesta, equitativa y profesional gira en torno a tres deberes que se recogen a continuación. En primer lugar, los proveedores de servicios de financiación participativa no pagarán ni aceptarán ningún tipo de remuneración, descuento o rendimiento no pecuniario por orientar las órdenes de los inversores hacia una determinada oferta de financiación participativa realizada en sus plataformas de financiación participativa o a una determinada oferta de financiación participativa realizada en una plataforma de financiación participativa de un tercero.

En segundo lugar, los proveedores de servicios de financiación participativa podrán proponer a los inversores individualmente proyectos de financiación participativa específicos que correspondan a uno o varios parámetros específicos o indicadores de riesgo elegidos por el inversor. Cuando el inversor desee realizar una inversión en los proyectos de financiación participativa propuestos, tendrá que estudiar todas las ofertas de financiación participativa y tomar de forma expresa una decisión de inversión respecto de cada una de ellas. En ese caso, los proveedores que ofrezcan una gestión individualizada de carteras de préstamos deberán hacerlo respetando los parámetros comunicados por los inversores y tomarán las medidas necesarias para ofrecer el mejor resultado posible a dichos inversores. Los proveedores de servicios de financiación participativa deberán comunicar a los inversores el proceso de toma de decisiones para la ejecución del mandato discrecional que han recibido. Así, en cualquier caso, los proveedores podrán decidir, en nombre de los inversores, dentro de los parámetros acordados sin tener que pedir a los inversores que estudien todas las ofertas de financiación participativa ni que tomen una decisión de inversión respecto de cada una de ellas.

Por último, en tercer lugar, cuando se emplee una entidad instrumental para la prestación de servicios de financiación participativa, solo podrá ofrecerse a través de dicha entidad instrumental un activo no líquido o indivisible. Este requisito se aplicará sobre la base de un enfoque de transparencia al activo no líquido o indivisible subyacente

---

21 ZUNZUNEGUI, F., "Encuadre sistemático y conceptual de la financiación participativa (Crowdfunding)", en CUENA CASAS, M. (dir.), *Aspectos legales de la financiación en masa o crowdfunding*, Tirant lo Blanch, 2020, p. 42.

en poder de estructuras financieras o jurídicas que sean propiedad total o parcial de la entidad instrumental, o estén bajo su control total o parcial.

1.2. La gestión eficaz y prudente

El órgano de dirección del proveedor de servicios de financiación participativa asumirá el deber del desarrollo y cumplimiento de políticas y procedimientos adecuados, con objeto de garantizar una gestión eficaz y prudente[22], incluidas la separación de funciones, la continuidad de la actividad y la prevención de conflictos de intereses, de una manera que promueva la integridad del mercado y el interés de sus clientes.

En este sentido, será el encargado de establecer sistemas y controles adecuados, para analizar los riesgos con los préstamos propuestos a través de la plataforma, también desarrollará procedimientos adecuados para la ejecución de servicios de gestión individualizada de carteras y revisará, al menos cada dos años, las salvaguardas prudenciales y el plan de continuidad de actividades.

1.3. La diligencia debida

El artículo 5 del Reglamento 2020/1503 señala los requisitos de la diligencia debida, exigible respecto de los promotores de proyectos que propongan que sus proyectos se financien mediante la plataforma de financiación participativa del proveedor de servicios de financiación participativa[23].

En concreto, la diligencia debida se materializará en dos extremos: que el promotor del proyecto carezca de antecedentes penales por lo que se refiere a infracciones de normas nacionales en ámbitos del Derecho mercantil, la insolvencia, los servicios financieros, el blanqueo de capitales, el fraude o las obligaciones en materia de responsabilidad profesional, y que el promotor del proyecto no esté establecido en un país o territorio no cooperador, reconocido como tal por la política pertinente de la Unión, ni en un tercer país de alto riesgo con arreglo al artículo 9, apartado 2, de la Directiva 2015/849.

1.4. La gestión individualizada de carteras de préstamos

Uno de los servicios que pueden ejercer las plataformas de financiación participativa consiste en la gestión individualizada de carteras de préstamos. En este contexto, las

---

22 Sobre la prudencia de las entidades que prestan servicios de inversión, LISSOWSKA, M., "La regulación europea del crowdfunding: situación actual y desarrollos recientes", en CUENA CASAS, M. (dir.), *Aspectos legales de la financiación en masa o crowdfunding*, Tirant lo Blanch, 2020, p. 104.

23 CAMPUZANO, A. B., "Las plataformas de financiación participativa", en CUENA CASAS, M. (dir.), *Aspectos legales de la financiación en masa o crowdfunding*, Tirant lo Blanch, 2020, pp. 278-279.

plataformas deberán ejecutar las órdenes siguiendo las directrices que se le hayan encomendado por parte del inversor. Fundamentalmente, en este punto, se prevé que las entidades comuniquen de manera constante las operaciones que se van realizando en el desarrollo de la gestión de las carteras de préstamos.

1.5. La tramitación de reclamaciones

Otro de los deberes a cargo de las plataformas de financiación participativa consiste en el desarrollo de procedimientos eficaces y transparentes que permitan una tramitación rápida, imparcial y coherente de las reclamaciones recibidas de los clientes y publicarán descripciones de dichos procedimientos. En este sentido, desarrollarán una plantilla normalizada de reclamación y llevarán un registro de todas las reclamaciones recibidas, de forma gratuita, y las medidas adoptadas, estando obligadas a dar respuesta a las reclamaciones de manera oportuna e imparcial y comunicarán el resultado al reclamante dentro de un plazo razonable.

1.6. El conflicto de interés

En el desarrollo de las funciones propias de los proveedores de los servicios de financiación participativa, otro de los deberes que mantienen gira en relación a la evitación de los conflictos de intereses, de forma que no tendrán participación alguna en las ofertas de financiación participativa que se encuentren en sus plataformas de financiación participativa[24].

En este sentido, cuando recurran a terceros para la ejecución de funciones operativas, los proveedores de servicios de financiación participativa tomarán todas las medidas razonables a fin de evitar riesgos operativos adicionales, ya que mantendrán la responsabilidad con respecto a estas actividades externalizadas.

1.7. La prestación de servicios de custodia de activos de clientes y de servicios de pago

Los proveedores de servicios de financiación participativa también podrán desarrollar servicios de custodia de activos de clientes y servicios de pago. En el primero de los casos, los servicios de custodia exigirán de información a los clientes, mientras que los servicios de pago requerirán el depósito de los fondos en el Banco Central o en una de las entidades autorizadas conforme a la Directiva 2013/36.

---

[24] CAMPUZANO, A. B., "Las plataformas de financiación participativa", en CUENA CASAS, M. (dir.), *Aspectos legales de la financiación en masa o crowdfunding,* Tirant lo Blanch, 2020, p. 259.

1.8. Los requisitos prudenciales

Los proveedores de servicios de financiación participativa deberán establecer mecanismos de salvaguarda de sus operaciones, mediante recursos propios o una póliza de seguro. En relación al seguro, el artículo 11 del Reglamento 2020/1503 reúne los requisitos que han de mantener las pólizas de seguro.

1.9. La autorización

Como ya hemos tenido oportunidad de analizar, las plataformas de financiación participativa deberán contar con una autorización para el desarrollo como tal. A partir de ahí, en la autorización se deberán especificar las actividades que desarrollarán, de forma que, si quieren ampliar el elenco de actividades, deberán presentar una modificación de la autorización, reflejando, en ese momento, las nuevas actividades a realizar[25].

1.10. La supervisión

Las plataformas de financiación participativa se someterán a la supervisión de la autoridad nacional competente que le haya expedido la autorización para el ejercicio de las funciones propias de estas plataformas. En este sentido, la autoridad competente de que se trate evaluará el cumplimiento de las obligaciones previstas en el Reglamento 2020/1503.

Como consecuencia, la autoridad nacional competente determinará la frecuencia y exhaustividad de la evaluación teniendo en cuenta la naturaleza, escala y complejidad de las actividades del proveedor de servicios de financiación participativa. A efectos de dicha evaluación, la autoridad competente de que se trate podrá someter al proveedor de servicios de financiación participativa a inspecciones sobre el terreno. Y, además, deberán facilitar toda la información que se les precise en aras de justificar la supervisión realizada en el cumplimiento de sus obligaciones, por un lado, y en el desarrollo de las actividades de forma correcta, por parte de las plataformas de financiación participativa.

En este sentido, las plataformas de financiación participativa podrán ser responsables, en estas supervisiones e inspecciones, de falta de cooperación o desacato, teniendo en cuenta el contenido del artículo 30.1 del Reglamento 2020/1503.

---

[25] GARCÍA-PITA Y LASTRES, J. L., *Plataformas de financiación participativa y "Financial Crowdfunding"*, Tirant lo Blanch, 2016, pp. 89-118.

1.11. La información

Sin duda alguna, el principal deber que reúne toda plataforma de financiación participativa gira en torno a toda la información que deberán transmitir y publicar, en aras de una buena gestión de su actividad y como muestra de una necesaria transparencia.

En este sentido, la información a aportar recaerá sobre los siguientes extremos: desarrollo de funciones como proveedores de servicios de financiación participativa, información a los clientes, publicación de la tasa de impago, la ficha de datos fundamentales de la inversión, el desarrollo voluntario de un tablón de anuncios, la conservación en un registro de toda la documentación que han alcanzado durante, al menos, cinco años, y las comunicaciones publicitarias.

1.12. La prestación transfronteriza de servicios de financiación participativa

Uno de los objetivos, precisamente, de la regulación de estas plataformas en el Reglamento 2020/1503 ha sido para lograr la armonización de las normas nacionales de plataformas de financiación participativa. En este contexto, la necesaria armonización se hacía como consecuencia de la necesidad de que estas plataformas pudieran desarrollar servicios de forma transfronteriza.

Toda plataforma deberá contar con una autorización para actuar en estas circunstancias. Para ello, la autoridad nacional competente, además de las actividades a realizar, dará la aprobación respecto de los países de la Unión Europea en los que se desarrollarán funciones por parte de una plataforma de financiación participativa.

1.13. La prueba inicial de conocimientos y simulación de la capacidad de soportar pérdidas

Especial atención otorga el Reglamento 2020/1503 a los inversores potenciales y no experimentados en estas cuestiones. Para ello, las plataformas de financiación participativa solicitarán información sobre la experiencia, los objetivos de inversión, la situación financiera y la comprensión básica de los riesgos que conlleva invertir en general e invertir en los tipos de inversión ofrecidos en la plataforma de financiación participativa con que cuenta el inversor no experimentado potencial.

Esta evaluación sobre el inversor no experimentado se deberá realizar, al menos, cada dos años. En este contexto, la colaboración por parte de los inversores se torna fundamental, tanto para saber sus conocimientos, como también para evaluar la capacidad que ostentan para soportar pérdidas.

Además, en aras de una mayor protección sobre estos inversores, se deberá establecer un período de reflexión precontractual. No obstante, este plazo, de tan solo cuatro días naturales, nos parece excesivamente corto.

2. EL RÉGIMEN SANCIONADOR

El artículo 54 de la Ley 5/2015, de 27 de abril, de fomento de la financiación empresarial, recoge el sistema sancionador de las plataformas de financiación participativa[26] en cuanto cometan una de las infracciones contempladas en el artículo inmediato anterior. El legislador español, en armonización de lo previsto en el régimen comunitario de las plataformas de financiación participativa, ha recogido el régimen de sanciones por infracciones graves o muy graves. No se han detallado, por el contrario, las sanciones por infracciones leves, por lo que entendemos que, ante el descuido del legislador, se someterán a algunas de las medidas sancionadoras previstas para las infracciones graves.

En este contexto, se entiende como infracción muy grave a tenor de lo establecido en el artículo 53.2 de la Ley 5/2015, de 27 de abril, de fomento de la financiación empresarial, aquella que reúna las siguientes circunstancias: la concurrencia de un alto grado de responsabilidad de la persona responsable, la infracción se haya extendido en el tiempo, se haya puesto en grave riesgo el funcionamiento del mercado o se haya producido graves consecuencias para los intereses de los pequeños inversores. A partir de ahí, para la consideración de las infracciones graves o leves, el legislador no ha contemplado requisitos propios.

En primer lugar, para las infracciones muy graves, se ha previsto la aplicación de una o varias de las siguientes sanciones: 1) multa por importe de hasta la mayor de las siguientes cantidades (el triple de los beneficios derivados de la infracción en caso de que puedan determinarse; en el caso de una persona jurídica, 700.000 euros, o el 7 por ciento de su volumen de negocios total durante el ejercicio precedente, de acuerdo con los últimos estados financieros disponibles aprobados por el órgano de dirección; en el caso de una persona física, 700.000 euros); 2) la revocación de la autorización expedida para la actuación en el mercado como plataforma de financiación participativa; 3) la prohibición de solicitar la autorización para operar como plataforma de financiación participativa por un plazo no inferior a un año ni superior a cinco; 4) la prohibición que impida a cualquier miembro del órgano de dirección de la persona jurídica responsable de la infracción o a cualquier otra persona física considerada responsable de la infracción ejercer funciones directivas en proveedores de servicios de financiación participativa por plazo no superior a diez años; 5) la declaración pública en la que consten la persona física o jurídica responsable y la naturaleza de la infracción; y 6) el requeri-

26 Sobre el régimen sancionador de las plataformas de financiación participativa, véase CAMPUZANO, A. B., "Las plataformas de financiación participativa", en CUENA CASAS, M. (dir.), *Aspectos legales de la financiación en masa o crowdfunding*, Tirant lo Blanch, 2020, pp. 297-298; GARCÍA-PITA Y LASTRES, J. L., *Plataformas de financiación participativa y "Financial Crowdfunding"*, Tirant lo Blanch, 2016, pp. 230-231.

miento dirigido a la persona física o jurídica para que ponga fin a su conducta infractora y se abstenga de repetirla.

En segundo lugar, para las infracciones graves, se ha previsto la aplicación de una o varias de las siguientes sanciones: 1) multa por importe de hasta la mayor de las siguientes cantidades (el doble de los beneficios derivados de la infracción en caso de que puedan determinarse; en el caso de una persona jurídica, 500.000 euros, o el 5 por ciento de su volumen de negocios total durante el ejercicio precedente, de acuerdo con los últimos estados financieros disponibles aprobados por el órgano de dirección; en el caso de una persona física, 500.000 euros); 2) la suspensión de la autorización expedida para la actuación en el mercado como plataforma de financiación participativa por un plazo no superior a un año; 3) la prohibición de solicitar la autorización para operar como plataforma de financiación participativa por un plazo no superior a un año; 4) la prohibición que impida a cualquier miembro del órgano de dirección de la persona jurídica responsable de la infracción o a cualquier otra persona física considerada responsable de la infracción ejercer funciones directivas en proveedores de servicios de financiación participativa por plazo no superior a un año; 5) la declaración pública en la que consten la persona física o jurídica responsable y la naturaleza de la infracción; y 6) el requerimiento dirigido a la persona física o jurídica para que ponga fin a su conducta infractora y se abstenga de repetirla.

Por último, el régimen sancionador hace una previsión propia para las circunstancias de que la sanción recaiga sobre una persona jurídica que sea matriz o una filial de una matriz. En este caso, precisa el artículo 54.3 de la Ley 5/2015, de 27 de abril, de fomento de la financiación empresarial, que cuando la persona jurídica sea una empresa matriz o una filial de una empresa matriz que deba elaborar cuentas consolidadas de conformidad con la Directiva 2013/34/UE del Parlamento Europeo y del Consejo, de 26 de junio de 2013, sobre los estados financieros anuales, los estados financieros consolidados y otros informes afines de ciertos tipos de empresas, por la que se modifica la Directiva 2006/43/CE del Parlamento Europeo y del Consejo, y se derogan las Directivas 78/660/CEE y 83/349/CEE del Consejo, el volumen de negocios total anual pertinente será el volumen de negocios total anual, o el tipo de ingresos correspondientes, conforme a la legislación pertinente de la Unión Europea en materia de contabilidad, de acuerdo con las cuentas consolidadas disponibles más recientes aprobadas por el órgano de dirección de la empresa matriz última.

VI. LAS PLATAFORMAS DE FINANCIACIÓN PARTICIPATIVA NO ARMONIZADAS POR EL DERECHO DE LA UNIÓN EUROPEA

El artículo 55 de la Ley 5/2015, de 27 de abril, de fomento de la financiación empresarial, recoge el régimen de las plataformas de financiación participativa no armonizadas por el Derecho de la Unión Europea.

En nuestra opinión, este título no es acertado por las razones que exponemos a continuación. Por un lado, y como veremos ahora, a pesar de no encontrarse armonizadas por el Derecho de la Unión Europea, sin embargo, el artículo 55.1.b) contempla que, en todo caso, estas plataformas se someterán íntegramente al régimen jurídico establecido en el Reglamento 2020/1503 y a esta ley. Y, por otro lado, como consecuencia de lo anterior, una apreciación subjetiva propia parece llevar a entender que estas plataformas de financiación participativa, en ningún caso, se adaptan al Derecho de la Unión Europea, cuando, realmente, no es así.

Se entiende, por tanto, como plataforma de financiación participativa no armonizada por el Derecho de la Unión Europea, aquella plataforma que no se somete al Reglamento 2020/1503, por incurrir en una de las excepciones previstas en su artículo 1.2.a) o 1.2.c).

La primera de las excepciones se refiere a los servicios de financiación participativa que se presten a promotores de proyectos que sean consumidores según la definición del artículo 3, letra a), de la Directiva 2008/48/CE. En este sentido, se entiende como consumidor la persona física que, en las operaciones reguladas por la propia Directiva, actúa con fines que están al margen de su actividad comercial o profesional[27].

La segunda de las excepciones consiste en las ofertas de financiación participativa cuyo importe sea superior a 5.000.000 de euros, calculado a lo largo de un período de 12 meses, como resultado sumatorio de dos cuestiones, que se detallan a continuación. Por un lado, el importe total de las ofertas de valores negociables[28] e instrumentos admitidos para la financiación participativa[29] que se definen en el artículo 2, apartado 1, letras

27 La Ley 5/2015, de 27 de abril, de fomento de la financiación empresarial, con anterioridad, permitía que los proyectos de financiación participativa sean de tipo empresarial, formativo o de consumo. Advierte sobre esta cuestión, aduciendo que el régimen de la Ley española difería del comunitario, CAMPUZANO, A. B., "Las plataformas de financiación participativa", *op. cit.,* p. 246.

28 Se entiende como "valores negociables": las categorías de valores que son negociables en el mercado de capitales, con excepción de los instrumentos de pago, como: acciones de sociedades y otros valores equiparables a las acciones de sociedades, asociaciones u otras entidades, y certificados de depósito representativos de acciones; bonos y obligaciones u otras formas de deuda titulizada, incluidos los certificados de depósito representativos de tales valores; los demás valores que dan derecho a adquirir o a vender tales valores negociables o que dan lugar a una liquidación en efectivo, determinada por referencia a valores negociables, divisas, tipos de interés o rendimientos, materias primas u otros índices o medidas.
Esta definición se extrae por la remisión que el Reglamento hace respecto del artículo 4, apartado 1, punto 44, de la Directiva 2014/65/UE.

29 Se entiende como "instrumentos admitidos para la financiación participativa", respecto de cada Estado miembro, las participaciones de una sociedad de responsabilidad limitada que no estén sujetas a restricciones que, en la práctica, impedirían que se negociara con ellas, incluidas las restricciones relativas a la manera en que dichas participaciones se ofrecen o anuncian al público.

m) y n) del mismo Reglamento, y las cantidades obtenidas mediante préstamos a través de una plataforma de financiación participativa por un determinado promotor de un proyecto. Y, por otro lado, el importe total de las ofertas de valores negociables realizadas al público por el promotor de un proyecto a que se refiere la cuestión anterior, en su calidad de oferente de conformidad con la excepción prevista en el artículo 1, apartado 3[30], o en el artículo 3, apartado 2[31], del Reglamento 2017/1129.

Una vez atendidas las excepciones que hará, por tanto, que las plataformas de financiación participativa sean consideradas plataformas no armonizadas por el Derecho de la Unión Europea, por dedicarse a las actividades excluyentes del Reglamento comunitario, el artículo 55 recoge, de forma exhaustiva, el régimen jurídico de estas plataformas. Como decíamos, nos parece una incongruencia el título previsto para estas plataformas, porque, a pesar de su *no armonización,* estas plataformas se someterán íntegramente al contenido del Reglamento 2020/1503 y la Ley 5/2015. Asimismo, estas entidades se inscribirán por la Comisión Nacional del Mercado de Valores en un registro específico denominado "Plataformas de Financiación Participativa no armonizadas por la Unión Europea"[32].

Su ámbito territorial de actuación es excluyente, pues no podrán, en ningún caso, prestar servicios transfronterizos, por lo que quedarán limitadas a su actuación en un único Estado. De hecho, como consecuencia de esta limitación, estas entidades quedarán obligadas a informar a sus clientes de que no están autorizadas a prestar sus servicios de financiación participativa de forma transfronteriza. En relación a la información, en España, estas entidades deberán comunicar anualmente a la Comisión Nacional del Mercado de Valores que siguen bajo este régimen por haber desarrollado estas actividades excepcionales.

Por último, estarán bajo el control, supervisión e inspección de la Comisión Nacional del Mercado de Valores, en tanto en cuanto, estas entidades no armonizadas españolas se someterán al régimen de infracciones y sanciones propios de las entidades armonizadas y que ya hemos analizado previamente.

---

30 Ofertas públicas de valores cuyo importe total en la Unión sea inferior a 1.000.000 de euros, importe que se calculará sobre un período de doce meses.

31 Ofertas públicas de valores en las que un Estado miembro decida eximir del requisito obligatorio de publicar un folleto informativo y siempre que el importe total de cada una de esas ofertas en la Unión sea inferior a 8.000.000 de euros, límite que se calculará sobre un período de doce meses.

32 De hecho, al presentar la solicitud de autorización de plataformas de financiación participativa ante la Comisión Nacional del Mercado de Valores, la entidad deberá manifestar expresamente su intención de ser considerada como plataforma de financiación participativa no armonizada por el Derecho de la Unión Europea.

Por ello, como conclusión, y como manteníamos al principio, el término "no armonización" no nos parece acertado puesto que cumplen, en todo caso, el Derecho de la Unión Europea en lo concerniente al desarrollo de la entidad y cumplimiento de su régimen jurídico. La no armonización reside en el desarrollo de actividades que la norma comunitaria ha excluido expresamente para su consideración como entidades armonizadas y que, por tanto, no podrán desarrollar actividades transfronterizas. Por tanto, consideramos que el término más apropiado sería el de plataformas de financiación participativa *nacionales,* sometidas al Derecho comunitario, que, sin embargo, por el desarrollo de esa actividad excepcional, exclusivamente prestan su servicio en el territorio de cada país de la Unión Europea.

VII. LA AGRUPACIÓN DE INVERSORES

El artículo 56 de la Ley 5/2015, de 27 de abril, de fomento de la financiación empresarial recoge la posibilidad de la agrupación de inversores[33]. En este sentido, las plataformas de financiación participativa que cuenten con una autorización para actuar como tal podrán utilizar mecanismos, gestionados por la propia plataforma, para agrupar a los inversores, tales como una sociedad de responsabilidad limitada, cuyo objeto social y única actividad consista en ser tenedora de las participaciones de la empresa en que se invierte o en la concesión de préstamos a dicha empresa.

Esta entidad se encontrará sometida a la Comisión Nacional del Mercado de Valores, al Banco de España o a la Dirección General de Seguros y Fondos de Pensiones, así como otras figuras que se utilicen habitualmente para estos fines en otros países de la Unión Europea.

En este sentido, la participación de los inversores en estos mecanismos se podrá realizar por cualquier medio permitido por el mecanismo utilizado y por la legislación aplicable a dicho mecanismo. En consecuencia, la agrupación de los inversores a través de estos mecanismos podrá tener lugar una vez finalizada la financiación, siempre que la posibilidad de agrupación se hubiera previsto en los contratos de la plataforma con los inversores.

---

33 ÁLVAREZ ROYO-VILLANOVA, S., "Crowdfunding de inversiones (*equity crowdfunding*)", en CUENA CASAS, M. (dir.), *Aspectos legales de la financiación en masa o crowdfunding,* Tirant lo Blanch, 2020, pp. 323 y siguientes.

VIII. PRINCIPALES CONCLUSIONES

Tras varios años de tramitación parlamentaria, se ha de ver como un gran éxito la promulgación del Reglamento (UE) 2020/1503 del Parlamento Europeo y del Consejo, de 7 de octubre de 2020, relativo a los proveedores europeos de servicios de financiación participativa para empresas, y por el que se modifican el Reglamento (UE) 2017/1129 y la Directiva (UE) 2019/1937.

En nuestra opinión, el objetivo de esta norma es lograr una necesaria armonización en la regulación de las plataformas de financiación participativa con la idea de que puedan desarrollar funciones de forma transfronteriza[34]. Las plataformas de financiación participativa cuentan con una abundante *regulación administrativizada*, como consecuencia de los requisitos de autorización, registro e información que deben seguir y actualizar para el desarrollo de estas operaciones.

Una de los hitos como consecuencia de esta necesaria armonización gira en torno a las actividades que pueden prestar las plataformas de financiación participativa. En este sentido, si desarrollan actividades prohibidas, el legislador español, en un desacierto nominativo, las ha categorizado como plataformas de financiación participativa no armonizadas por el Derecho de la Unión Europea. No obstante, como hemos tenido oportunidad de comentar, el régimen jurídico de estas plataformas se adaptará, en todo caso, al Reglamento 2020/1503, por lo que aconsejamos que se denominen plataformas de financiación participativa nacionales, ya que, en ningún caso, podrán desarrollar actividades transfronterizas.

El objetivo de estas plataformas es claro. Apoyar a los negocios pequeños y medianos que tengan la idea de crecer en el territorio de la Unión Europea. El crecimiento empresarial ha de ser uno de los propósitos prioritarios en todos los países europeos, de forma que se facilite la inversión y la ayuda a la creación y al desarrollo de iniciativas empresariales. Éste no es otro que el desarrollo de los proveedores de servicios de financiación participativa.

IX. REFERENCIAS BIBLIOGRÁFICAS

ÁLVAREZ ROYO-VILLANOVA, S., "Crowdfunding de inversiones (*equity crowdfunding*)", en CUENA CASAS, M. (dir.), *Aspectos legales de la financiación en masa o crowdfunding*, Tirant lo Blanch, 2020, pp. 323-359.

---

[34] De esta manera, se evita que las disposiciones nacionales de estas plataformas puedan desarrollar la regulación de manera diferente. Alertaba de esta posibilidad LISSOWSKA, M., "La regulación europea del crowdfunding: situación actual y desarrollos recientes", en CUENA CASAS, M. (dir.), *Aspectos legales de la financiación en masa o crowdfunding*, Tirant lo Blanch, 2020, p. 120.

ASENSI MERÁS, A., "Los riesgos asociados a las plataformas digitales de financiación participativa derivados de la privacidad y la protección de datos personales en el mercado", *Revista de Derecho del Sistema Financiero,* nº 3, 2022, 35 pp.

CAMPUZANO, A. B., "Las plataformas de financiación participativa", en CUENA CASAS, M. (dir.), *Aspectos legales de la financiación en masa o crowdfunding,* Tirant lo Blanch, 2020, pp. 237-298.

GARCÍA-PITA Y LASTRES, J. L., *Plataformas de financiación participativa y "Financial Crowdfunding",* Tirant lo Blanch, 2016.

LISSOWSKA, M., "La regulación europea del crowdfunding: situación actual y desarrollos recientes", en CUENA CASAS, M. (dir.), *Aspectos legales de la financiación en masa o crowdfunding,* Tirant lo Blanch, 2020, pp. 99-122.

LÓPEZ ORTEGA, R., "Las plataformas de financiación participativa (crowdfunding) en la Ley 5/2015, de 27 de abril, de fomento de la financiación empresarial", *Revista de Derecho Bancario y Bursátil,* nº 144, 2016, pp. 83-106.

NAVARRO MARTÍNEZ-AVIAL, G., MURO MATOSES, A. y GONZÁLEZ MARTÍNEZ, J., "Comentario a la Ley 18/2022, de 28 de septiembre, de creación y crecimiento de empresas", *Diario La Ley,* nº 10147, octubre de 2022, 4 pp.

PALMA ORTIGOSA, A., "Los deberes de información en el crowdfunding. Especial atención a las plataformas de financiación participativa", *Revista de Derecho Bancario y Bursátil,* nº 151, 2018, pp. 317-336.

RODRÍGUEZ DE LAS HERAS, T., "Las plataformas de financiación participativa (crowdfunding) en el Proyecto de Ley de Fomento de la Financiación Empresarial: Concepto y funciones", *Revista de Derecho del Mercado de Valores,* nº 15, 2014.

RODRÍGUEZ MARTÍNEZ, I., "El servicio de mediación electrónica de las plataformas de financiación participativas: marco regulador", *Revista de Derecho Bancario y Bursátil,* nº 149, 2018, pp. 219-254.

ZUNZUNEGUI, F., "Encuadre sistemático y conceptual de la financiación participativa (Crowdfunding)", en CUENA CASAS, M. (dir.), *Aspectos legales de la financiación en masa o crowdfunding,* Tirant lo Blanch, 2020, pp. 37-57.

Capítulo 8
INSTITUCIONES DE INVERSIÓN COLECTIVA (UNDERTAKINGS FOR COLLECTIVE INVESTMENT IN TRANSFERABLE SECURITIES). UNA VISIÓN DESDE EL MERCADO

ENRIQUE SANJUÁN Y MUÑOZ
Magistrado especialista mercantil CGPJ
Profesor Asociado de Derecho Mercantil
Universidad de Málaga

I. CONCEPTO, EVOLUCIÓN Y PROYECCIÓN FUTURA

El régimen básico de la inversión colectiva en España lo podemos encontrar en dos normas fundamentalmente, para los supuestos de tipo abierto y de tipo cerrado respectivamente: una de ellas es la Ley de instituciones de inversión colectiva de 2003[1] y otra la que regula el capital riesgo y otros organismos de inversión colectiva de tipo cerrado de 2014[2]. Sin embargo y aún a pesar de los años de origen de las normas que hemos reseñado, la evolución de las mismas ha sido constante. Las recientes reformas que se han producido, entre otras[3], en la Ley 35/2003[4], de 4 de noviembre, de Instituciones de

1 Tras la Directiva 85/611/CEE reguladora de los Organismos de Inversión Colectiva en Valores Mobiliarios (OICVM) la aprobación de la norma de 2003 vino a transponer las dos Directivas que modificaron la primera: por un lado la Directiva 2001/107/CE, del Parlamento Europeo y del Consejo de 21 de enero de 2002, que modificó aquella con vistas a la regulación de las sociedades de gestión y los folletos simplificados;y por otro lado la Directiva 2001/108/CEE, del Parlamento Europeo y del Consejo de 21 de enero de 2002, que la modifica en lo que se refiere a las inversiones. Estas Directivas completan la introducción de la inversión colectiva mobiliaria en el mercado único de servicios financieros, al extender el pasaporte comunitario a las sociedades gestoras y al ampliar la gama de activos e instrumentos financieros en los que pueden invertir dichos organismos (OICVM). Su reglamento de desarrollo se aprobó por el Real Decreto 1082/2012, de 13 de julio, por el que se aprueba el Reglamento de desarrollo de la Ley 35/2003, de 4 de noviembre, de instituciones de inversión colectiva, aunque también ampliamente reformado.

2 Para Losada R y Laborda R, "La Interconexión en las Instituciones de Inversión Colectiva No Alternativas y El Riesgo Sistémico." *IDEAS Working Paper Series from RePEc* (2020): n. p. 7, *En Europa, las IIC pueden dividirse en dos categorías en función de su regulación: i) IIC alternativas, sujetas principalmente a la Directiva relativa a los gestores de fondos de inversión alternativos (AIFMD, por sus siglas en inglés); y ii) IIC no alternativas, sujetas principalmente a la Directiva relativa a la inversión colectiva en valores mobiliarios (UCITS) y al Reglamento sobre fondos del mercado monetario (MMFR2).* https://www.cnmv.es/DocPortal/Publicaciones/MONOGRAFIAS/71_InterconexionIICyRSistemico.pdf

La AIFMD se refiere a la Directiva 2011/61/UE del Parlamento Europeo y del Consejo, de 8 de junio de 2011, relativa a los gestores de fondos de inversión alternativos y por la que se modifican las Directivas 2003/41/CE y 2009/65/CE y los Reglamentos (CE) n.º 1060/2009 y (UE) n.º 1095/2010. La Directiva sobre UCITS se refiere a la Directiva 2009/65/CE del Parlamento Europeo y del Consejo, de 13 de julio de 2009, por la que se coordinan las disposiciones legales, reglamentarias y administrativas sobre determinados organismos de inversión colectiva en valores mobiliarios. Finalmente, el MMFR hace alusión al Reglamento (UE) 2017/1131 del Parlamento Europeo y del Consejo, de 14 de junio de 2017, sobre fondos del mercado monetario.

3 Entre ellas se han producido reformas en los tipos de sociedades (Ley de Sociedades de Capital, texto refundido aprobado por Real Decreto Legislativo 1/2010, de 2 de julio (Ref. BOE-A-2010-10544), en el Capital riesgo (Ley 22/2014, de 12 de noviembre, por la que se regulan las entidades de capital-riesgo, otras entidades de inversión colectiva de tipo cerrado y las sociedades gestoras de entidades de inversión colectiva de tipo cerrado, y por la que se modifica la Ley 35/2003, de 4 de noviembre, de Instituciones de Inversión Colectiva) o plataformas de financiación colectiva o crowfunding (Ley 5/2015, de 27 de abril, de fomento de la financiación empresarial).

4 Ley 6/2023, de 17 de marzo, de los Mercados de Valores y de los Servicios de Inversión. (BOE núm. 66, de 18 de marzo de 2023). Ley 18/2022, de 28 de septiembre (Ref. BOE-A-2022-15818). Real

Inversión Colectiva, tienen como común denominador la necesidad del impulso al emprendimiento y la competitividad del sector, aunque estas sean motivadas, en muchas ocasiones, precisamente por la normativa europea que debemos armonizar[5] y las nuevas instituciones que se deben regular al menos por seguridad jurídica[6]. La idea que centra lo anterior es, precisamente, la de considerar estos instrumentos de financiación alternativa del crecimiento empresarial (crowfunding[7], inversión colectiva y capital riesgo[8]) desde la flexibilización de los mecanismos que lo permiten.

Por ello cuando definimos la Institución de Inversión Colectiva (IIC) como *aquellas que tienen por objeto la captación de fondos, bienes o derechos del público para gestionarlos e invertirlos en bienes, derechos, valores u otros instrumentos, financieros o no, siempre que el rendimiento del inversor se establezca en función de los resultados colectivos*

Decreto-ley 24/2021, de 2 de noviembre (Ref. BOE-A-2021-17910). Ley 5/2021, de 12 de abril (Ref. BOE-A-2021-5773). Real Decreto-ley 11/2020, de 31 de marzo (Ref. BOE-A-2020-4208). Real Decreto-ley 22/2018, de 14 de diciembre (Ref. BOE-A-2018-17294). Real Decreto-ley 19/2018, de 23 de noviembre (Ref. BOE-A-2018-16036). Ley 25/2015, de 28 de julio (Ref. BOE-A-2015-8469). Ley 11/2015, de 18 de junio (Ref. BOE-A-2015-6789). Ley 5/2015, de 27 de abril (Ref. BOE-A-2015-4607).

5 Así podemos verlo por ejemplo en la última de las reformas, Ley 18/2022, en donde se afecta el artículo 40 de la norma de Instituciones de Inversión Colectiva, añadiendo las referencias que eran necesarias en la legislación española a la figura regulada en el Reglamento (UE) 2015/760 del Parlamento Europeo y del Consejo, de 29 de abril de 2015, sobre los fondos de inversión a largo plazo europeos.

6 Los Fondos de inversión a largo plazo (FILP) se introdujeron, conforme a la exposición de motivos, en el citado Reglamento para dar acceso a inversores minoristas a la inversión en pequeñas y medianas empresas no cotizadas, permitiéndoles invertir en un tipo de activo (préstamos sindicados, deuda privada, participaciones y acciones y otros) solo disponible, hasta entonces, para inversores institucionales. Se trataba entonces de recoger los mismos en nuestro derecho interno de igual forma que ya se recogían otros como los de capital riesgo (Fondos de Capital Riesgo Europeo o los Fondos de Emprendimiento Europeos).

7 Se trata de empresa cuya actividad consiste en poner en contacto, de manera profesional y a través de páginas web u otros medios electrónicos, a una pluralidad de personas físicas o jurídicas que ofrecen financiación con otras personas físicas o jurídicas que la solicitan en nombre propio para destinarlo a un proyecto concreto.

8 Se entiende por entidades de capital-riesgo (ECR) aquellas entidades de inversión colectiva de tipo cerrado que obtienen capital de una serie de inversores mediante una actividad comercial cuyo fin mercantil es generar ganancias o rendimientos para los inversores. Y por inversión colectiva de tipo cerrado la realizada por las entidades de capital-riesgo y demás entidades de inversión colectiva en las que la política de desinversión de sus socios o partícipes cumpla con los siguientes requisitos: a) Que las desinversiones se produzcan de forma simultánea para todos los inversores o partícipes, y b) que lo percibido por cada inversor o partícipe lo sea en función de los derechos que correspondan a cada uno de ellos, de acuerdo con los términos establecidos en sus estatutos o reglamentos para cada clase de acciones o participaciones.

(art. 1 Ley 35/2003), en realidad estamos hablando de una herramienta[9] puesta al servicio del desarrollo empresarial como financiación y del inversor como instrumento que, en el ámbito de la colectividad, beneficia al conjunto de la actividad económica y al crecimiento y va necesariamente unido a la protección del mismo y más en concreto del inversor particular. La definición de las Instituciones de Inversión Colectiva (IIC) se hace de forma amplia y flexible[10] para que pueda comprender no solo las domiciliadas en España, sino las autorizadas en otros Estados y comercializadas en España, las sociedades gestoras de todas ellas y los depositarios.

Con la Directiva 2011/61/EU, del Parlamento europeo y del Consejo, de 8 de junio de 2011, relativa a los gestores de fondos de inversión alternativos, se afectaron principalmente dos normas en España para su transposición. Por un lado, la Ley 22/2014, de 12 de noviembre, que entró en vigor el 14/11/2014 y derogó la anterior Ley de Capital Riesgo (Ley 25/2005, de 24 de noviembre, reguladora de las entidades de capital-riesgo y sus sociedades gestoras), dado el impacto que la Directiva tenía sobre dicho sistema. Por otro, se modifica de forma amplia la Ley 35/2005 así como su reglamento de desarrollo siguiendo posteriormente la incorporación de la Directiva 2014/91/UE del Parlamento europeo y del Consejo, de 23 de julio de 2014, que modificó la Directiva 2009/65/CE (conocida como UCITS IV- *Undertakings for Collective Investment in Transferable Securities*), por la que se coordinan las disposiciones legales, reglamentarias y administrativas sobre determinados organismos de inversión colectiva en valores mobiliarios (OICVM), en lo que se refiere a las funciones de depositario, las políticas de remuneración y las sanciones que regula de manera similar a la Directiva el régimen del depositario y las políticas retributivas de las gestoras.

Desde el punto de vista de la competitividad y del lado de la oferta, un objetivo crucial de la política económica reconocido en la exposición de motivos de la última reforma *es el de eliminar las barreras a la entrada y salida de empresas que obstaculizan la eficiente asignación de los recursos y, con ello, el crecimiento de la productividad, que es, a largo plazo, el principal factor determinante del crecimiento potencial de la economía*. Se parte para ello de un axioma: *cuando las mejoras regulatorias del entorno empresarial son*

---

9 Annunziata, Filippo, "Collective Investment Undertakings in the EU: How to Frame a Definition after the AIFMD (April 21, 2017). "RTDF N° 1, 2017, Bocconi Legal Studies Research Paper No. 2956246, Available at SSRN: https://ssrn.com/abstract=2956246

10 Una definición amplia la tenemos en Mateu JL, "La inversión colectiva dirigida hacia los mercados financieros", en *Los mercados financieros. Campuzano AB et al.* Tirant. 11/2017: "Las Instituciones de Inversión Colectiva (IIC) son aquellas que captan públicamente fondos, bienes o derechos para invertirlos y gestionarlos de forma conjunta en activos financieros o no financieros."

muy sustanciales, también están asociadas a incrementos significativos en el crecimiento de la renta per cápita[11].

Desde el punto de vista de la demanda, se pretende que estas instituciones sean el canal natural para la participación de los hogares españoles en los mercados de capitales: abierta por tanto.

Impulsar y mejorar la inversión colectiva tanto desde el punto de vista privado como público[12] y la gestión de dichas entidades[13] de forma menos exigente ha sido esa constante en las modificaciones que la norma de Instituciones de Inversión Colectiva ha venido sufriendo y alguna de las cuales destacamos a continuación. Y todo ello no necesariamente en un contexto de crisis (como señalaría el RDL 24/2021 que posteriormente veremos) sino como herramientas comunes, aunque sin embargo es precisamente el contexto de crisis el que ha venido a motivar una más que necesaria adaptación a estos elementos de inversión y financiación[14].

La compleja evolución de la implantación de las Instituciones de Inversión Colectiva se puede ver en sus antecedentes históricos[15]. La primera regulación en España data de 1952 con una reforma del régimen jurídico fiscal de las sociedades de inversión mo-

---

11 OECD (2021), OECD *Regulatory Policy Outlook 2021*, OECD Publishing, Paris. https://doi.org/10.1787/38b0fdb1-en.(Ultima visita 6/10/2022).

12 La idea es también potenciar instrumentos lanzados por el Instituto de Crédito Oficial y entre ellos el Fond-ICO Pyme, Fond-ICO Next Tech, Fond-ICO Global y Fond-ICO Infraestucturas ESG.

13 La modificación en los artículos 40 y 43 de la Ley 25/2003 de 4 de noviembre de Instituciones de Inversión Colectiva y en el apartado primero del artículo 41 de la Ley 22/2014, de 12 de noviembre, por la que se regulan las entidades de capital-riesgo, otras entidades de inversión colectiva de tipo cerrado y las sociedades gestoras de entidades de inversión colectiva de tipo cerrado, y por la que se modifica la Ley 35/2003, de 4 de noviembre, de Instituciones de Inversión Colectiva, permitirá la posibilidad de constituir Sociedades Gestoras de Entidades de Inversión Colectiva de tipo Cerrado bajo la forma de Sociedad de Responsabilidad Limitada, como ya ocurre con todos los tipos de Empresas de Servicios de Inversión. Con ello, afirma la exposición de motivos, *en última instancia se reducen las limitaciones a la constitución de sociedades gestoras, ya que la constitución bajo la forma de sociedad de responsabilidad limitada tiene unos requisitos para su constitución y funcionamiento menores a los de las sociedades anónimas.*

14 En la exposición de motivos del citado Real Decreto-ley 24/2021 de 2 de noviembre se recogía que *En el contexto actual de recuperación económica derivado de la pandemia COVID-19, resulta de capital importancia impulsar los mecanismos de financiación no-bancaria, permitiendo a las empresas y al conjunto de la economía obtener la necesaria financiación para garantizar la continuidad o desarrollo de su actividad. Destaca especialmente la extraordinaria y urgente necesidad de permitir que los fondos armonizados y, sobre todo, los vehículos de capital-riesgo, puedan aplicar lo antes posible la reducción de cargas administrativas que establece la directiva y las posibilidades de pre-comercializar fondos con plenas garantías de seguridad jurídica para los inversores.*

15 Para un completo estudio de ello véase Torrecilla Fradejas A, "Las Instituciones de inversión colectiva" en *Curso de Bolsa y Mercados Financieros*, Ariel, 2001, pp. 1081 a 1101.

biliaria[16]. Los primeros fondos de inversión que se crean en nuestro país son *Gesfondo (1965) y Nuvofondo (1966)* con el Banco Urquijo. Desde ahí los reiterados cambios y creciente desarrollo de los fondos han llevado a constantes modificaciones legales de los que destacamos particularmente los que se producen en los últimos años en la Ley 35/2003.

En el año 2018 la norma fue modificada en dos ocasiones[17] que atienden a las necesidades de transparencia y control del riesgo que se están poniendo de manifiesto por la utilización y generalización de estos instrumentos de inversión[18]. En ellas se recogen determinadas obligaciones de información y transparencia y se dota a la Comisión Nacional del Mercado de Valores de nuevas herramientas de supervisión. La justificación es el fuerte crecimiento de la industria de gestión de activos y su elevado peso relativo dentro del sector financiero y la necesidad de actuar y responder de forma más ágil y eficaz a los riesgos para la estabilidad financiera que puedan originar las instituciones de inversión colectiva.

La reforma de 2020[19] estuvo muy condicionada por el COVID-19[20]. Mediante la misma se modificó la Ley para prever expresamente la posibilidad de que la Comisión Nacional del Mercado de Valores exija a las Sociedades Gestoras de Instituciones de In-

---

16 Una de las últimas reformas en la regulación al momento de escribir este capítulo también es fiscal. En la Ley 28/2022, de 21 de diciembre, de fomento del ecosistema de las empresas emergentes, se recogerá que tendrán la consideración de rendimientos del trabajo los derivados directa o indirectamente de participaciones, acciones u otros derechos, incluidas comisiones de éxito, que otorguen derechos económicos especiales en alguna de las entidades relacionadas en su apartado segundo, obtenidos por las personas administradoras, gestoras o empleadas de dichas entidades o de sus entidades gestoras o entidades de su grupo. Entre ellas se recogen, las entidades definidas en el artículo 3 de la Ley 22/2014, de 12 de noviembre, por la que se regulan las entidades de capital riesgo, otras entidades de inversión colectiva de tipo cerrado y las sociedades gestoras de entidades de inversión colectiva de tipo cerrado, y por la que se modifica la Ley 35/2003, de 4 de noviembre, de Instituciones de Inversión Colectiva. También los fondos de capital riesgo europeos regulados en el Reglamento (UE) n.º 345/2013, del Parlamento Europeo y del Consejo, de 17 de abril de 2013, sobre los fondos de capital riesgo europeos.

17 Real Decreto-ley 19/2018, de 23 de noviembre, de servicios de pago y otras medidas urgentes en materia financiera. Ley 11/2018, de 28 de diciembre, por la que se modifica el Código de Comercio, el texto refundido de la Ley de Sociedades de Capital aprobado por el Real Decreto Legislativo 1/2010, de 2 de julio, y la Ley 22/2015, de 20 de julio, de Auditoría de Cuentas, en materia de información no financiera y diversidad.

18 También la reforma producida por la Ley 25/2015, de 28 de julio, de mecanismo de segunda oportunidad, reducción de la carga financiera y otras medidas de orden social, ya puso de manifiesto esto aclarando que era legislación especial a efectos de concurso de acreedores.

19 Real Decreto-ley 11/2020, de 31 de marzo, por el que se adoptan medidas urgentes complementarias en el ámbito social y económico para hacer frente al COVID-19.

20 En este sentido el artículo 16 del Real Decreto 102/2019, de 1 de marzo, por el que se crea la Autoridad Macroprudencial Consejo Estabilidad Financiera, se establece su régimen jurídico y se de-

versión Colectiva medidas para reforzar la liquidez, dirigidas a establecer plazos de preaviso que permitan a las Sociedades Gestoras de Instituciones de Inversión Colectiva en casos extremos (riesgo sistémico) gestionar de modo ordenado y equitativo posibles escenarios de acumulación de peticiones de reembolso que podrían afectar a la estabilidad y confianza en el sistema financiero.

Con la Ley 5/2021, de 12 de abril[21], cuyo principal objetivo era transponer al ordenamiento jurídico español la Directiva (UE) 2017/828[22], se aprovecha y se recoge la obligación, más desarrollada, de las sociedades gestoras de estas entidades de elaborar y publicar una política de implicación partiendo esencialmente de la regulación de la figura también de los asesores de voto o *proxy advisors*[23]. Esta política debe explicar, entre otros aspectos, cómo integran la implicación de los accionistas en su política de inversión y cómo han ejercido, en su caso, los derechos de voto en las juntas generales de accionistas de las sociedades en las que invierten, en especial en las votaciones más importantes y, en su caso, el recurso a los servicios de asesores de voto.

Con la reforma que se produce por el Real Decreto-ley 24/2021, de 2 de noviembre[24], se introdujeron determinadas medidas necesarias para la transposición de la Directiva (UE) 2019/1160[25], que permitía a los organismos de inversión colectiva y a

---

sarrollan determinados aspectos relativos a las herramientas macroprudenciales. Se trata de evitar o analizar previamente ante los riesgos sistémicos. https://www.amcesfi.es/wam/es/

21 Ley 5/2021, de 12 de abril, por la que se modifica el texto refundido de la Ley de Sociedades de Capital, aprobado por el Real Decreto Legislativo 1/2010, de 2 de julio, y otras normas financieras, en lo que respecta al fomento de la implicación a largo plazo de los accionistas en las sociedades cotizadas

22 Directiva (UE) 2017/828 del Parlamento Europeo y del Consejo de 17 de mayo de 2017 por la que se modifica la Directiva 2007/36/CE en lo que respecta al fomento de la implicación a largo plazo de los accionistas en las sociedades cotizadas, modifica la Ley 35/2003, de 4 de noviembre, de Instituciones de Inversión Colectiva y la Ley 22/2014, de 12 de noviembre, por la que se regulan las entidades de capital-riesgo, otras entidades de inversión colectiva de tipo cerrado y las sociedades gestoras de entidades de inversión colectiva de tipo cerrado, y por la que se modifica la Ley 35/2003, de 4 de noviembre, de Instituciones de Inversión Colectiva.

23 Sobre el desarrollo de esta figura véase mi trabajo Sanjuán y Muñoz, E, *Proxy advisors en sociedades cotizadas, un análisis desde el mercado, en Derecho de Sociedades, Concursal y de los Mercados Financieros: libro homenaje al profesor Adolfo Sequeira Martín*, 2022, pp. 321-334.

24 Real Decreto-ley 24/2021, de 2 de noviembre, de transposición de directivas de la Unión Europea en las materias de bonos garantizados, distribución transfronteriza de organismos de inversión colectiva, datos abiertos y reutilización de la información del sector público, ejercicio de derechos de autor y derechos afines aplicables a determinadas transmisiones en línea y a las retransmisiones de programas de radio y televisión, exenciones temporales a determinadas importaciones y suministros, de personas consumidoras y para la promoción de vehículos de transporte por carretera limpios y energéticamente eficientes.

25 Directiva (UE) 2019/1160 del Parlamento Europeo y del Consejo de 20 de junio de 2019 por la que se modifican las Directivas 2009/65/CE y 2011/61/UE en lo que respecta a la distribución transfronteriza de organismos de inversión colectiva.

los fondos alternativos (incluyendo el capital riesgo) operar transfronterizamente. La exposición de motivos de la misma habla de mejorar las condiciones para la inversión colectiva transfronteriza y estrategia de desbancarización de la economía europea, facilitando el acceso a la inversión de los clientes minoristas entre distintos los Estados miembros, garantizando en todo caso su adecuada protección. Con ello se genera un mercado nuevo más amplio y de mayor crecimiento. Una medida tan sencilla como la eliminación de la presencia física local en el Estado de destino[26] y el uso de medios telemáticos[27] (todavía haciendo referencia a elementos electrónicos y telefónicos) o la precomercialización[28] de los productos (que hasta entonces no tenía regulación) facilitaría sin duda el uso de estos instrumentos.

La reciente Ley 18/2022, de 28 de septiembre, de creación y crecimiento de empresas nos dice que *El objetivo de esta ley no es el aumento del tamaño empresarial per se, ya que este depende de la interacción entre el empresario y la respuesta del mercado sino, por un lado, facilitar la creación de nuevas empresas y, por otro, reducir las trabas a las que se enfrentan en su crecimiento, ya sean de origen regulatorio o financiero para lograr con ello un incremento de la competencia en beneficio de los consumidores, de la productividad de nuestro tejido productivo, de la resiliencia de nuestras empresas y de la capacidad para crear empleos de calidad.* En su texto destaca la modificación de la regulación existente hasta el momento y la posibilidad de crear una Sociedad de Responsabilidad Limitada con un capital social de un euro y su constitución telemática[29] a través del Centro de

---

26 Estas medidas se recogen en la modificación del artículo 15.1 y en el nuevo artículo 16 quáter.2 de la Ley 35/2003, de 4 de noviembre, y en el nuevo artículo 75 ter.2 de la Ley 22/2014, de 12 de noviembre.

27 Se trata del régimen general que se impone con la reforma Ley 18/2022.

28 A través de la introducción de un nuevo artículo 2 bis, en la Ley 35/2003, de 4 de noviembre y de un nuevo artículo 75 bis en la Ley 22/2014, de 12 de noviembre, se fijaba una definición armonizada de las actividades de comunicación y contacto con inversores que pueden realizarse con carácter previo al establecimiento de un fondo de inversión, y las condiciones para ello. La precomercialización debe dirigirse a inversores profesionales y referirse a una idea de inversión, si bien la adquisición de acciones o participaciones solo puede hacerse tras la autorización y registro del fondo.

29 Se modifican los artículos 15 y 16 de la Ley 14/2013, de 27 de septiembre, de apoyo a los emprendedores y su internacionalización, para dotarlos de mayor precisión en los trámites que se llevan a cabo y mejorar así la utilización del sistema CIRCE. Entre otras modificaciones, en relación con la constitución de sociedades de responsabilidad limitada sin estatutos tipo, se precisa que habrá de emplearse la escritura pública con formato estandarizado para agilizar así la tramitación, se reduce el plazo en que el registrador deberá inscribir de forma definitiva la escritura de constitución en el Registro Mercantil y se precisa que la publicación de la inscripción de la sociedad en el Boletín Oficial del Registro Mercantil estará exenta del pago de tasas. Se deroga el título XII de la Ley de Sociedades de Capital, relativo a la sociedad limitada nueva empresa.

Información y Red de Creación de Empresas (CIRCE)[30]. Asimismo, corrige, introduce y flexibiliza los mecanismos de financiación alternativa a que ya hemos hecho referencia como el crowdfunding[31], la inversión colectiva[32] y el capital riesgo[33]. Por ello modificará dichas normas.

---

30 La reforma del Centro de Información y Red de Creación de Empresas (CIRCE) queda pendiente en la transposición de la Directiva (UE) 2019/1151 del Parlamento Europeo y del Consejo, de 20 de junio de 2019, por la que se modifica la Directiva (UE) 2017/1132 en lo que respecta a la utilización de herramientas y procesos digitales en el ámbito del Derecho de sociedades. Esta Directiva exige, entre otros aspectos, que una sociedad de responsabilidad limitada pueda registrarse íntegramente en línea en unos plazos determinados.

31 El Capítulo V introduce un nuevo régimen jurídico para las plataformas de financiación participativa (también conocidas como "plataformas de crowdfunding"). Las plataformas de financiación participativa estaban reguladas en la Ley 5/2015, de 27 de abril, de fomento de la financiación empresarial hasta la aprobación del Reglamento (UE) 2020/1503 del Parlamento Europeo y del Consejo, relativo a los proveedores europeos de servicios de financiación participativa para empresas, y por el que se modifican el Reglamento (UE) 2017/1129 y la Directiva (UE) 2019/1937, que contiene una regulación completa a la que ahora se adapta la norma. El Reglamento de la Unión Europea no se aplica a determinadas plataformas, como las que solo intermedian ofertas de financiación participativa cuyo importe sea superior a 5.000.000 euros, a pesar de que este tipo de plataformas sí estaban incluidas en el ámbito de aplicación de la Ley 5/2015, de 27 de abril. Es por este motivo que el artículo 14 regula la figura de las "plataformas no armonizadas", con el fin de que estas plataformas no se enfrenten a una situación de falta de seguridad jurídica y claridad. Asimismo, se aclara que dentro de un grupo empresarial pueden coexistir sociedades con autorización para operar como plataformas de financiación participativa y sociedades con autorización para operar como empresas de capital riesgo, actuando siempre con autorizaciones separadas y contando siempre con las salvaguardias necesarias para la eliminación de cualquier conflicto de interés.

32 Destacará y lo veremos la regulación de los fondos de inversión a largo plazo europeo que permiten a los inversores minoristas a la inversión en pequeñas y medianas empresas no cotizadas, y por ello invertir en préstamos sindicados, deuda privada, participaciones, acciones y otros, hasta ese momento solo disponible para inversores institucionales.

33 Afectará por lo tanto también a la Ley 22/2014, de 12 de noviembre, por la que se regulan las entidades de capital riesgo, otras entidades de inversión colectiva de tipo cerrado y las sociedades gestoras de entidades de inversión colectiva de tipo cerrado, y por la que se modifica la Ley 35/2003, de 4 de noviembre, de Instituciones de Inversión Colectiva. En cuanto a ello y por lo que aquí interesa se introducen los denominados fondos de deuda y sociedades gestoras de fondos de deuda, Fondos de Inversión a Largo Plazo Europeos. Se introduce un nuevo artículo 4 bis para reconocer la figura de los llamados fondos de deuda. En el contexto de recuperación económica tras la crisis derivada de la pandemia del COVID-19, el desarrollo de este tipo de vehículos puede contribuir a aliviar la situación de endeudamiento de algunas empresas, y con ello, facilitar de nuevo su crecimiento. Se establecen obligaciones y requisitos adicionales para que las sociedades gestoras puedan constituir fondos de deuda, orientadas a garantizar la adecuada gestión del riesgo de crédito. También se introduce en el artículo 18 la posibilidad de que las entidades de capital riesgo puedan invertir en instrumentos de deuda y que forme parte de su coeficiente obligatorio de inversión (Reglamento (UE) 2015/760, sobre los fondos de inversión a largo plazo europeos); se regula como objeto principal del capital riesgo, la inversión en entidades financieras cuya actividad se encuentre sustentada principalmente en la aplicación de tecnología a nuevos modelos de negocio, aplicaciones, procesos o productos.

La última de ellas ha sido la Ley 6/2023, de 17 de marzo, de los Mercados de Valores y de los Servicios de Inversión, que vuelve a insistir en que la reforma que se produce en la Ley 35/2003 lo es para la mejora de la competitividad y para la adaptación de las Directivas Europeas. En su regulación resalta la definición como instrumento financiero y no como valor negociable de las participaciones en que se divide el fondo

Como podemos ver, por tanto, nos encontramos con una legislación que ha ido evolucionando para conseguir una más eficaz y extendida utilización y con un mayor y mejor control por las instituciones de supervisión. Pero sobre todo ha ido evolucionando desde la conjunción con la normativa europea que es la que ha ido dando impulso y generalización a ello.

Desde ese ámbito e impulso europeo nos encontramos entonces con la necesidad de tener en cuenta que la Unión Europea, para hacer frente a la tarea de la recuperación de las economías de los distintos países, estableció los Planes NextGenerationEU[34], que dotarán a los Estados miembros en los próximos años de fondos de la Unión para apoyar la recuperación. Esto conlleva reestructurar nuestro mercado y también las instituciones (o los productos y servicios) a través de las que se canalizan esas inversiones y sobre todo a largo plazo. La última reforma se refiere solo al Reglamento (UE) 2015/760 del Parlamento Europeo y del Consejo, de 29 de abril de 2015 y en concreto a los fondos de inversión a largo plazo europeos como vehículo credo para dar acceso a los inversores minoristas a la inversión en pequeñas y medianas empresas no cotizadas, permitiéndoles, conforme se afirma, invertir en un tipo de activo (préstamos sindicados, deuda privada, participaciones y acciones y otros) que solo tenían los institucionales.

II. FORMA Y DESARROLLO DE LAS INSTITUCIONES DE INVERSIÓN COLECTIVA Y SUS SOCIEDADES GESTORAS

1. INSTITUCIONES DE TIPO ABIERTO

Hasta la aprobación de la Directiva 2011/61/UE del Parlamento Europeo y del Consejo, de 8 de junio de 2011, la normativa europea en materia de inversión colectiva se había limitado a introducir unas normas homogéneas para ciertas instituciones de inversión colectiva (IIC). Estas normas se referían a materias como los activos aptos en los que puede invertir la institución, límites a la concentración y liquidez, así como requisitos de organización, gestión y supervisión, y el régimen del depositario, que hacían de estos organismos de inversión colectiva en valores mobiliarios productos usados

---

34 https://ec.europa.eu/info/strategy/recovery-plan-europe_es

ampliamente por los inversores minoristas al representar un fácil acceso a un conjunto de instrumentos financieros diversificado y gestionado de forma profesional. Esta armonización de los fondos de inversión, que tiene su origen en 1985, se fue perfeccionando hasta que en el año 2009 se aprobó un texto refundido: la Directiva 2009/65/CE del Parlamento Europeo y del Consejo, de 13 de julio de 2009, por la que se coordinan las disposiciones legales, reglamentarias y administrativas sobre determinados organismos de inversión colectiva en valores mobiliarios. Esta Directiva se incorporó a nuestro ordenamiento jurídico mediante la modificación de la Ley 35/2003, de 4 de noviembre, de Instituciones de Inversión Colectiva, que regula las Instituciones de Inversión Colectiva armonizadas por dicha directiva, que son de tipo abierto, así como otras Instituciones de Inversión Colectiva no armonizadas con especial presencia en nuestro mercado. A tales efectos, se entenderá por Institución de Inversión Colectiva de tipo abierto aquella cuyo objeto sea la inversión colectiva de los fondos captados entre el público y cuyo funcionamiento esté sometido al principio del reparto de riesgos, y cuyas unidades, a petición del tenedor, sean recompradas o reembolsadas, directa o indirectamente, con cargo a los activos de estas instituciones[35].

2. SOCIEDADES Y FONDOS DE INVERSIÓN

Las Instituciones de Inversión colectiva a que se refiere la norma de 2003 revestirán necesariamente la forma de (1) sociedad de inversión o (2) fondo de inversión y podrán ser de carácter financiero o no financiero, pero sus sociedades gestoras (SGIIC) son —en realidad—, sociedades anónimas o (con la nueva reforma) de responsabilidad limitada cuyo objeto social consiste (además de otros en los que pueden ser autorizados) en la gestión de las inversiones, el control y la gestión de riesgos, la administración, representación y gestión de las suscripciones y reembolsos de los fondos y las sociedades de inversión.

Para poder comprender la clasificación y regulación hemos de ir a su ámbito, partiendo de que lo que recoge la norma es una conjunción de Instituciones de Inversión Colectiva, distintas de las de Capital Riesgo, pero que incluye las que se pueden formar conforme a la misma, las que se pueden constituir conforme a la normativa europea y las que operan desde su constitución en otros estados. De esta forma el ámbito debe ser matizado:

35 La acción realizada por una Institución de Inversión Colectiva para asegurar que el valor de mercado de sus acciones o participaciones en un mercado secundario oficial o en cualquier otro mercado regulado o sistema multilateral de negociación domiciliado en la Unión Europea no se desvíe sensiblemente de su valor liquidativo se entenderá como equivalente a estas recompras o reembolsos.

a) La regulación de la Ley 35/2003 se aplica a las Instituciones de Inversión Colectiva que tengan en España su domicilio social en el caso de sociedades de inversión, o que se hayan autorizado en España, en el caso de fondos.

b) También se aplicará a las IIC autorizadas en otro Estado miembro (de tipo abierto) de la Unión Europea, pero que cumplan lo previsto en la Directiva 2009/65/CE del Parlamento Europeo y del Consejo, de 13 de julio de 2009, por la que se coordinan las disposiciones legales, reglamentarias y administrativas sobre determinados organismos de inversión colectiva en valores mobiliarios, y que se comercialicen en España. En caso de su actuación en España para la comercialización se les aplican normas específicas que veremos y que parten de dicha Directiva.

c) La regulación prevista en la ley de 2003 también se aplica a las Instituciones de Inversión Colectiva constituidas en otro Estado miembro de la Unión Europea (de tipo abierto), gestionadas por sociedades gestoras autorizadas en un Estado miembro al amparo de la Directiva 2011/61/UE del Parlamento Europeo y del Consejo, de 8 de junio de 2011, relativa a los gestores de fondos de inversión alternativos y por la que se modifican las Directivas 2003/41/CE y 2009/65/CE y los Reglamentos (CE) n.º 1060/2009 y (UE) n.º 1095/2010, cuando se comercialicen en España a inversores profesionales. De igual forma las normas de su actuación en España para comercialización son específicas.

d) Se aplica también a las Instituciones de Inversión Colectiva constituidas en terceros Estados (de tipo abierto) gestionadas por gestoras autorizadas en un Estado miembro al amparo de la Directiva 2011/61/UE del Parlamento Europeo y del Consejo, de 8 de junio de 2011, cuando se comercialicen en España a inversores profesionales. Nuevamente las normas de su actuación en España para comercialización son específicas.

e) A las Instituciones de Inversión Colectiva gestionadas por sociedades gestoras no domiciliadas en la Unión Europea (de tipo abierto) cuando se comercialicen en España a inversores profesionales. También en este caso tienen normas específicas de actuación en España.

f) Se aplicará también la ley a las Instituciones de Inversión Colectiva señaladas en las anteriores letras c), d) y e) cuando se comercialicen en España a inversores no profesionales. También tienen normas específicas para comercialización.

g) Las normas previstas en los apartados b, c, d, e y f anteriores también se aplican a Sociedades de inversión inmobiliaria (art. 37 de la norma)

La sociedad de inversión es en realidad una sociedad sujeta a lo previsto en la norma que regula dichas instituciones y, en lo no previsto en ella, por lo dispuesto en el texto refundido de la Ley de Sociedades de Capital 1/2010 y la Ley 3/2009, de 3 de abril, sobre modificaciones estructurales de las sociedades mercantiles. El número de accionistas de las sociedades de inversión no podrá ser inferior a 100. De igual forma podrán crearse sociedades de inversión por compartimentos, con una denominación específica, bajo un único contrato constitutivo y mismos estatutos sociales[36]. En este caso cada compartimento dará lugar a la emisión de acciones o de diferentes series de acciones, representativas de la parte del capital social que les sea atribuida. Cada compartimiento deberá cumplir los requisitos de capital social mínimo, número mínimo de accionistas y requisitos de distribución que la norma recoge.

Cuando se trata de fondos de inversión, hablamos entonces de patrimonios separados, que se constituyen con aportaciones de sus participes y los rendimientos obtenidos de estos. No tienen personalidad jurídica y pertenecen a una pluralidad de inversores que pueden ser personas naturales, jurídicas e incluso otras instituciones de inversión colectiva. Tendremos un depositario de esas inversiones por un lado y una sociedad gestora[37] que no es la propietaria, pero tiene facultades de dominio en concurrencia con aquel. Para determinar limitaciones en costes, gastos y obligaciones, se permite que dichos fondos de inversión se estructuren por compartimentos, aunque bajo el mismo y único contrato constitutivo y reglamento de gestión[38]. En ningún caso podrán existir compartimentos de carácter financiero en Instituciones de Inversión Colectiva de carácter no financiero, ni a la inversa. Del mismo modo, no podrán existir compartimentos con el carácter de Institución de Inversión Colectiva de inversión libre o de Ins-

---

36 Pueden existir distintas clases de participaciones, con las mismas comisiones, que se diferencien por otros factores como la divisa de denominación o el comercializador. Cuando un fondo se estructura en compartimentos y en clases de participación, se asigna un código ISIN que va ligado a la emisión. La asignación de los códigos ISIN depende de la estructura del fondo: 1 Si el fondo no tiene compartimentos ni clases, el código ISIN se asigna al propio fondo. 2. Si el fondo tiene compartimentos, pero no clases de participaciones, el ISIN se asignará a cada compartimiento y no al propio fondo. 3. Si el fondo tiene compartimentos y clases de participación, los ISIN se asignarán a cada una de las clases de participación y no al propio fondo ni al compartimiento.
En aquellos casos de transformación de la estructura de una Institución de Inversión Colectiva, la Sociedad de Gestión de la Institución de Inversión Colectiva tendrá que indicar previamente a la Comisión Nacional del Mercado de Valores a cuál de los niveles inferiores trasladar el ISIN que tenga asignado el nivel superior existente en la estructura (en el supuesto de IIC que pasan a tener compartimentos y/o clases de participaciones), o cual de los ISIN asignados a los niveles inferiores existentes se traslada al nivel superior de la estructura (en el caso de IIC que dejan de tener compartimentos y/o clases de participaciones).

37 La sociedad gestora tiene facultades de dominio sin ser propietaria del fondo, con el concurso de un depositario, y cuyo objeto es la captación de fondos, bienes o derechos del público para gestionarlos e invertirlos en bienes, derechos, valores u otros instrumentos, financieros o no, siempre que el rendimiento del inversor se establezca en función de los resultados colectivos (art. 3.1.).

38 Cada compartimento recibirá una denominación específica en la que necesariamente deberá incluirse la denominación del fondo.

titución de Inversión Colectiva de inversión libre en aquellas Instituciones de Inversión Colectiva que no tengan tal naturaleza.

Las referidas participaciones no tienen tampoco valor nominal[39] y tienen naturaleza de valores negociables que podrán representarse mediante certificados nominativos o mediante anotaciones en cuenta. Con la modificación que se produce en la nueva ley del mercado de valores, también podrán serlo, en cuanto esté desarrollado, omediante sistemas basados en tecnología de registros distribuidos. Dentro de un mismo fondo, o en su caso, de un mismo compartimento, podrán existir distintas clases de participaciones que se podrán diferenciar, entre otros aspectos, por la divisa de denominación, por la política de distribución de resultados o por las comisiones que les sean aplicables. Cada clase de participaciones recibirá una denominación específica, que irá precedida de la denominación del fondo y, en su caso, del compartimento. Por lo tanto, nombre del fondo, compartimento y clase configurará su denominación.

Además, debemos tener en cuenta que distinguimos entre Instituciones de Inversión Colectiva principal y subordinada. Por Institución de Inversión Colectiva subordinada se entenderá aquella Institución de Inversión Colectiva o uno de sus compartimentos que haya sido autorizada a invertir, como mínimo el 85% de sus activos en participaciones o acciones de otra Institución de Inversión Colectiva o de uno de los compartimentos de esta, que recibirá el nombre de Institución de Inversión Colectiva principal. Las Instituciones de Inversión Colectiva subordinadas no podrán invertir en más de una Institución de Inversión Colectiva principal.

El reglamento recogerá también la distinción entre Fondos de inversión cotizados y Sociedades de Inversión de Capital Variable (SICAV) índice cotizadas[40]. Son fondos de inversión cotizados aquellos cuyas participaciones estén admitidas a negociación en bolsa de valores y siempre que cumplan lo previsto reglamentariamente para ello (ETF[41]). Cuando la cotización es de una Sociedad de Inversión de Capital Variable hablamos de Sociedades de Inversión de Capital Variable índice cotizada.

---

39 El valor liquidativo de cada clase de participación será el que resulte de dividir el valor de la parte del patrimonio del fondo que corresponda a dicha clase por el número de participaciones de esa clase en circulación

40 Tengamos en cuenta que conforme a los artículos 101.3, 105.6 y 106.2 de la Ley 6/2023 del Mercado de Valores, no quedarán sujetas por ello a determinadas obligaciones de información sobre informes financieros, inversión en otros instrumentos o autocartera.

41 Exchange Traded Funds.

3. INSTITUCIONES DE INVERSIÓN COLECTIVAS CON Y SIN CARÁCTER FINANCIERO

Cuando hablamos de Instituciones de Inversión Colectiva de carácter financiero que cumplan con la Directiva 2009/65/CE del Parlamento Europeo y del Consejo, de 13 de julio de 2009[42], o de otras IIC de carácter financiero que pudiéramos decir son similares, entonces entendemos que son Instituciones de Inversión Colectiva de carácter financiero aquellas que tengan por objeto la inversión en activos e instrumentos financieros conforme a los criterios desarrollados legalmente y sujetos a los criterios distintivos de la aplicación de la normativa europea o nacional que ahora veremos. Si se trata de una sociedad su denominación es "SICAV" o Sociedad de Inversión de Capital Variable. Y si es un Fondo será "Fondo de Inversión" o las siglas "F.I.".

Cuando hablamos de otro tipo de Instituciones de Inversión Colectiva de carácter financiero diferentes a las anteriores, que no cumplan con la Directiva 2009/65/CE del Parlamento Europeo y del Consejo, de 13 de julio de 2009, hablamos de Instituciones de Inversión Colectiva de inversión libre. Se trata de Instituciones de Inversión Colectiva de carácter financiero que deben cumplir con los principios generales de política de inversiones y además pueden conceder créditos a terceros. Las denominaciones "Fondo de Inversión Libre" o "Sociedad de Inversión Libre", o sus siglas "FIL" o "SIL" serán privativas de las entidades autorizadas, constituidas y registradas conforme a lo establecido en la Ley y su normativa de desarrollo. También tendremos "IIC de IIC de Inversión Libre" que son Instituciones de Inversión Colectiva a las que les aplican las reglas sobre Instituciones de Inversión Colectiva de carácter financiero, con las excepciones que se determinen reglamentariamente, Dicha denominación o sus siglas "IICIICIL" serán privativas también. Las Instituciones de Inversión Colectiva de inversión libre tendrán como mínimo 25 accionistas o partícipes.

---

42 Se aplicará a aquellas cuyo objeto exclusivo sea la inversión colectiva, en valores mobiliarios o en otros activos financieros líquidos a que se refiere el artículo 50, apartado 1 de la misma Directiva, de los capitales obtenidos del público, y cuyo funcionamiento esté sometido al principio de reparto de riesgos, y cuyas participaciones sean, a petición de los partícipes, recompradas o reembolsadas, directa o indirectamente, con cargo a los activos de estos organismos. Se asimilará a tales recompras o reembolsos el hecho de que un OICVM actúe para que el valor de sus participaciones en bolsa no se separe sensiblemente de su valor de inventario neto. No se aplicará a los organismos de inversión colectiva de tipo cerrado; los organismos de inversión colectiva que obtengan capitales sin promover la venta de sus participaciones entre el público en la Comunidad o en cualquier parte de esta; los organismos de inversión colectiva respecto de los cuales la venta de sus participaciones esté reservada por el reglamento del fondo o por los documentos constitutivos de la sociedad de inversión al público de terceros países; las categorías de organismos de inversión colectiva fijadas por la normativa del Estado miembro en el que esté establecido el organismos de inversión colectiva, y para las que sean inadecuadas las normas previstas en el capítulo VII y en el artículo 83, habida cuenta de su política de inversión y de endeudamiento.

Todas las que no se encuentren en las categorías que hemos señalado son Instituciones de Inversión Colectiva de carácter no financiero. No obstante, de ellas diferenciamos las Institución de Inversión Colectiva inmobiliaria que son aquellas de carácter no financiero que tienen por objeto principal la inversión en bienes inmuebles de naturaleza urbana para su arrendamiento[43]. Las denominaciones "Fondo de Inversión Inmobiliaria" o "Sociedad de Inversión Inmobiliaria", o sus siglas, "F.I.I." y "S.I.I." serán privativas de las entidades autorizadas, constituidas y registradas conforme a lo establecido en esta ley.

Las Instituciones de Inversión Colectiva inmobiliaria pueden ser sociedades de inversión inmobiliaria o Fondos de inversión inmobiliaria. Las primeras serán sociedades anónimas y su gestión puede encomendarse a una sociedad gestora. Los segundos se rigen por la normativa propia y en defecto por lo previsto para los fondos de inversión financiera.

Cualesquiera otras que no sean las anteriores y no sean de inversión financiera, distintas de las Instituciones de Inversión Colectiva inmobiliarias, se regirán por lo dispuesto para las no financieras y, adicionalmente, por las disposiciones especiales que apruebe el Ministro de Economía o, con su habilitación expresa, la Comisión Nacional del Mercado de Valores.

Resumiendo, en un cuadro las reservas de denominaciones tenemos lo siguiente:

Siglas	Nombre
ICC	Institución de Inversión Colectiva
FI	Fondo de Inversión de carácter financiero
SICAV	Sociedad de Inversión de Capital variable
IICIL	IIC de inversión libre.
SIL	Sociedad de Inversión Libre.
FIL	Fondo de Inversión Libre
IICIICIL	IIC de IIC de inversión libre.
SII	Sociedad de Inversión Inmobiliaria.
FII	Fondo de inversión inmobiliaria
FI cotizado	Fondo de Inversión cotizado
SICAV índice cotizada	Sociedad de inversión de capital variable índice cotizada

Fuente: elaboración propia.

[43] Las Instituciones de Inversión Colectiva inmobiliaria invertirán su activo en bienes inmuebles, que podrán adquirir en sus distintas fases de construcción, pudiendo compatibilizarlo, de acuerdo con las limitaciones que se establezcan reglamentariamente, con la inversión de una parte de su activo en valores negociados en mercados secundarios.

III. GESTIÓN DE LAS INSTITUCIONES DE INVERSIÓN COLECTIVA

1. RÉGIMEN GENERAL DE GESTIÓN

Las Sociedades Gestoras de Instituciones de Inversión Colectivas (SGIIC) son sociedades anónimas o de responsabilidad limitada cuyo objeto social consistirá, entre otras, en la gestión de las inversiones, el control y la gestión de riesgos, la administración, representación y gestión de las suscripciones y reembolsos de los fondos y las sociedades de inversión. Podrán delegar, total o parcialmente, en terceras entidades la gestión de los activos que integren los patrimonios de las Instituciones de Inversión Colectivas gestionadas de acuerdo con las condiciones que se establezcan reglamentariamente. En ningún caso la responsabilidad de la sociedad de gestión se podrá ver afectada por el hecho de que ésta delegue funciones en terceros. La denominación "Sociedad Gestora de Instituciones de Inversión Colectiva" y sus siglas "SGIIC" serán privativas de las entidades inscritas en el registro correspondiente de la Comisión Nacional del Mercado de Valores, no pudiendo ninguna otra entidad utilizar dichas denominaciones u otras que induzcan a confusión con ellas.

2. FUNCIONES COMPLEMENTARIAS Y ADICIONALES

Además de las funciones propias de gestión, las sociedades gestoras podrán realizar otro tipo de funciones a las que bien con carácter complementario, adicionales o no, deberán ser autorizadas. Entre las que tienen carácter principal destacan dos:

a) Gestión discrecional e individualizada de carteras de inversiones, incluidas las pertenecientes a fondos de pensiones.

b) Administración, representación, gestión y comercialización de entidades de capital riesgo, de Entidades de Inversión Colectiva Cerradas, de fondos de capital riesgo europeos (FCRE), fondos de emprendimiento social europeos (FESE) y fondos de inversión a largo plazo europeos (FILPE), y otros vehículos de inversión colectiva regulados por la normativa de la Unión Europea en los términos establecidos por la Ley 22/2014, de 12 de noviembre, por la que se regulan las entidades de capital riesgo, otras entidades de inversión colectiva de tipo cerrado y las sociedades gestoras de entidades de inversión colectiva de tipo cerrado, y por la que se modifica la Ley 35/2003, de 4 de noviembre, de Instituciones de Inversión Colectiva.

Con carácter complementario se recogen, previa autorización la de asesoramiento sobre inversiones, custodia y administración de las participaciones de los fondos de inversión y, en su caso, de las acciones de las sociedades de inversión de los FCRE, FESE y FILPE y otros vehículos de inversión colectiva regulados por la normativa de la Unión

Europea, recepción y transmisión de órdenes de clientes en relación con uno o varios instrumentos financieros.

Con carácter adicional se recoge que podrán comercializar acciones o participaciones de Instituciones de Inversión Colectiva[44].

Las sociedades gestoras estarán obligadas a atender y resolver las quejas y reclamaciones que los accionistas de sociedades de inversión o los partícipes de fondos de inversión puedan presentar, relacionados con sus intereses y derechos legalmente reconocidos. A estos efectos, las sociedades gestoras deberán contar con un departamento o servicio de atención al cliente encargado de atender y resolver las quejas y reclamaciones. Las entidades llevarán un registro interno de todas las reclamaciones recibidas de sus clientes, en el que incorporarán una copia de la reclamación recibida y de la contestación trasladada al reclamante[45].

3. SOCIEDADES GESTORAS AUTORIZADAS O CON NECESARIA AUTORIZACIÓN

Las Sociedades Gestoras de Instituciones de Inversión Colectiva autorizadas en España y reguladas por la Directiva 2009/65/CE del Parlamento Europeo y del Consejo, de 13 de julio de 2009, autorizadas en España, podrán ejercer la actividad a que se refiera la autorización en otros Estados miembros de la Unión Europea, ya sea a través del establecimiento de una sucursal, ya sea mediante la libre prestación de servicios. Si tal SGIIC se limita a proponer sin establecimiento de una sucursal la comercialización de las acciones y participaciones de una IIC que gestione y se encuentre autorizada en España, en un Estado miembro de la Unión Europea distinto de España, tal actividad estará sujeta sólo a los requisitos previstos para comercialización de las acciones y participaciones de IIC españolas reguladas por la Directiva 2009/65/CE del Parlamento Europeo y del Consejo, de 13 de julio de 2009, en el ámbito de la Unión Europea. En este caso para darse de alta se incluirá una indicación de que la Sociedad Gestora que gestiona la Institución de Inversión Colectiva también la comercializa.

---

[44] Esta actividad adicional podrá ser realizada directamente o mediante agentes o apoderados en las condiciones que reglamentariamente se determinen, así como mediante entidades autorizadas para la prestación de servicios de inversión. En la actividad de comercialización podrá intervenir una entidad mediadora entre la sociedad gestora y la entidad comercializadora, entre cuyas funciones se incluya la custodia de participaciones a nombre de la entidad comercializadora y la canalización de la operativa de suscripción y reembolso de participaciones de fondos de inversión

[45] Las sociedades gestoras que gestionen fondos y sociedades establecidos en otro Estado miembro de la Unión Europea al amparo de la Directiva 2009/65/CE estarán obligadas a atender y resolver las quejas o reclamaciones en la lengua o en una de las lenguas oficiales del Estado miembro de origen del fondo o sociedad.

Las SGIIC autorizadas en España de conformidad con la Directiva 2011/61/UE, del Parlamento Europeo y del Consejo, de 8 de junio de 2011, podrán, ya sea directamente o mediante el establecimiento de una sucursal, gestionar Instituciones de Inversión Colectiva establecidas en otro Estado miembro siempre que la Sociedad Gestora (SGIIC) esté autorizada a gestionar ese tipo de Instituciones de Inversión Colectiva así como prestar en otro Estado miembro los servicios a los que se refiere el artículo 40.1.a) y 40.2 para los que haya sido autorizada. Una Sociedad Gestora de Instituciones de Inversión Colectiva (SGIIC) autorizada en España al amparo de la Directiva 2011/61/UE del Parlamento Europeo y del Consejo, de 8 de junio de 2011, podrá gestionar una Institución de Inversión Colectiva domiciliada en un Estado no miembro de la Unión Europea no comercializada en la Unión Europea siempre que cumpla con las siguientes condiciones: a) Que la Sociedad Gestora de la Institución de Inversión Colectiva cumpla respecto de dicha Institución de Inversión Colectiva todos los requisitos fijados en esta Ley, salvo la obligación de nombrar un depositario contenida en el artículo 11.1.f) y la obligación de auditar el informe anual al que hace referencia el artículo 17 respecto de esas Instituciones de Inversión Colectiva. b) Que existan acuerdos de cooperación entre la Comisión Nacional del Mercado de Valores y las autoridades de supervisión del Estado no miembro de la Unión Europea en el que está establecida la Institución de Inversión Colectiva con objeto de garantizar al menos un intercambio eficaz de información que permita a la Comisión Nacional del Mercado de Valores llevar a cabo sus funciones de acuerdo con esta Ley.

A las sociedades gestoras no domiciliadas en la Unión Europea que pretendan abrir una sucursal en España les será de aplicación el procedimiento de autorización previa con las adaptaciones que se establezcan reglamentariamente. Si pretenden prestar servicios sin sucursal deberán ser autorizadas en la forma y condiciones que se fijen reglamentariamente. En ambos casos la autorización podrá ser denegada, o condicionada, por motivos prudenciales, por no darse un trato equivalente a las entidades españolas en su país de origen, o por no quedar asegurado el cumplimiento de la normativa establecida en esta Ley y en su desarrollo reglamentario, a la que deberán ajustarse en su funcionamiento. También quedará sujeta a la previa autorización de la Comisión Nacional del Mercado de Valores, la creación por una sociedad gestora española o por un grupo de sociedades gestoras españolas, de una sociedad gestora extranjera, o la adquisición de una participación en una sociedad gestora ya existente, cuando dicha sociedad gestora extranjera vaya a ser constituida o se encuentre domiciliada en un Estado que no sea miembro de la Unión Europea. Reglamentariamente se determinará la información que deba incluirse en la solicitud.

Las empresas de servicios de inversión que exclusivamente pueden prestar los servicios de inversión previstos en la Ley del Mercado de Valores, podrán obtener autorización para realizar las actividades previstas para las Sociedades Gestoras de Instituciones de Inversión Colectiva, renunciando en este caso a la autorización obtenida en virtud de la Directiva 93/22/CEE, del Consejo, de 10 de mayo de 1993, relativa a los servicios de inversión en el ámbito de los valores negociables.

4. DEPOSITARIOS

Cada institución tendrá un solo depositario. Ninguna entidad podrá ser simultáneamente gestora y depositaria de una misma institución, salvo en los supuestos normativos en que, con carácter excepcional, se admita esta posibilidad. El depositario de Instituciones de Inversión Colectiva podrá delegar en terceros, y estos a su vez subdelegar, la función de depósito. No obstante, y al existir la posibilidad de principal y subordinada, cuando la Institución de Inversión Colectiva principal y la subordinada tengan depositarios distintos, estos últimos celebrarán un acuerdo de intercambio de información a fin de que ambos depositarios puedan desempeñar sus funciones.

Los depositarios son las entidades a las que se encomienda el depósito o custodia de los valores, efectivo y, en general, de los activos objeto de las inversiones de las Instituciones de Inversión Colectiva, así como la vigilancia de la gestión de las Sociedades Gestoras de Instituciones de Inversión Colectiva y, en su caso, de los administradores de las IIC con forma societaria y las demás funciones que les asigna la ley. Podrán ser depositarios, con domicilio o sucursal en España, los bancos, las cajas de ahorros, las cooperativas de crédito, las sociedades y las agencias de valores. Todos ellos deberán ostentar la condición de entidad participante en los sistemas de compensación, liquidación y registro en los mercados en los que vayan a operar, sea como tal o a través de otra entidad participante.

En caso de concurso del depositario el nuevo artículo 64 bis, tras la reforma de la Ley 6/2023 del Mercado de Valores,se aplicarán las especialidades previstas en la propia ley con carácter preferente a la normativa que resultara de aplicación al depositario en su condición de entidad de crédito o empresa de servicio de inversión(art. 578 TRLCon 1/2020 y concordantes). De esta forma el procedimiento concursal del depositario no produce de derecho la disolución de la institución cuyos activos custodia, aunque, en dicho supuesto, el depositario cesará en sus funciones, iniciándose los trámites para su sustitución. En el caso de sustitución del depositario por causa de concurso, revocación o suspensión, las sociedades de inversión afectadas deberán convocar las juntas generales de accionistas en el plazo de tres meses, prorrogable, previa justificación, por un mes adicional, con el fin de ratificar al depositario sustituto o para designar a uno nuevo. El plazo para convocar las juntas generales se contará a partir del día siguiente al que la CNMV publique la resolución de sustitución. De incumplirse este plazo la sociedad será dada de baja del registro de la CNMV[46].

---

46 Tengamos en cuenta además el artículo 76 también reformado.

IV. RÉGIMEN DE INVERSIONES

1. PRINCIPIOS GENERALES PARA LA INVERSIÓN[47]

Tal y como hemos visto, el objeto de las Instituciones de Inversión Colectiva (y por tanto la Gestión de ello también) varía en función de qué tipología estemos hablando: financieras, inmobiliarias u otras. De otra forma dicho si se trata de Instituciones de Inversión Colectiva financieras o no financieras[48].

El artículo 23 de la norma recoge una línea general de actuación para dicha inversión que posteriormente se irá matizando, según el supuesto, para cada uno de los tipos que hemos señalado. En cualquier caso, la inversión deberá atender a tres grandes principios:

a) Liquidez. Las Instituciones de Inversión Colectiva deberán tener liquidez suficiente, según la naturaleza de la institución, del partícipe o accionista y de los activos en los que se invierta. Ello supone el establecimiento de límites de inversión. Así por ejemplo y con carácter general, la inversión en activos e instrumentos financieros de un mismo emisor, o de entidades del mismo grupo, no podrá superar el cinco por ciento[49] o el 15 por ciento, respectivamente del activo de la Institución de Inversión Colectiva. También y con carácter general las Instituciones de Inversión Colectiva de carácter financiero no podrán endeudarse más allá del 10 por ciento de su activo. Asimismo, en el caso de las sociedades de inversión, cuando se trate de préstamos para la adquisición de inmuebles indispensables para la continuación de sus actividades, tampoco podrán superar dicho límite, en cuyo caso estos préstamos y los previstos anteriormente no podrán superar el 15 por ciento de sus activos.

---

[47] A este respecto también debemos tener en cuenta el informe final del IOSCO sobre los Principios para la valoración de Instituciones de Inversión Colectiva. Este informe, elaborado por el Comité de Gestión de Inversiones (C 5), contiene una lista de principios cuya finalidad es facilitar a la industria y los reguladores una base sólida y común para valorar y contrastar la calidad de la regulación y las prácticas del sector en la valoración de las IIC. https://www.iosco.org/library/pubdocs/pdf/IOSCOPD413.pdf. También en 2015 lanzó dos informes más: *Liquidity Management Tools in Collective Investment Schemes: Results from an IOSCO Committee 5 survey to members y Standards for the Custody of Collective Investment Schemes' Assets. Final Report.*

[48] Un inicial estudio de ello se puede ver en López Martín, MC, y Rodero Franganillo R. "Los Activos de las instituciones de inversión colectiva de carácter financiero." *Estudios de economía aplicada* 23.1 (2005): 93-124.

[49] El límite del cinco por ciento queda ampliado al 10 por ciento siempre que el total de las inversiones de la IIC en valores en los que supere el cinco por ciento no exceda del 40 por ciento del activo de la misma.

b) Diversificación del riesgo[50]. Las Instituciones de Inversión Colectiva deberán limitar la concentración del riesgo de contrapartida de forma que se garantice la suficiente diversificación. Cuando por circunstancias excepcionales relativas a los instrumentos financieros en los que haya invertido una institución de inversión colectiva, a sus emisores o a los mercados, no resulte posible la valoración o la venta a su valor razonable de dichos instrumentos y se deriven perjuicios graves en términos de equidad para los intereses de los partícipes o accionistas, la sociedad gestora o la sociedad de inversión, con el conocimiento del depositario, podrá transferir los activos afectados por estas circunstancias incorporándolos en otra institución de inversión colectiva o compartimento, de nueva creación, y de la misma forma jurídica que la Institución de Inversión Colectiva original, en las condiciones que reglamentariamente se determinan, sin necesidad de autorización de la Comisión Nacional del Mercado de Valores, aunque con comunicación previa.

c) Transparencia. Las Instituciones de Inversión Colectiva deberán definir claramente su perfil de inversión, que habrá de quedar reflejado en los instrumentos informativos previstos en la misma norma incluidos hechos relevantes. La sociedad gestora, para cada uno de los fondos de inversión que administre, y las sociedades de inversión deberán publicar para su difusión entre los accionistas, partícipes y público en general un folleto, un documento con los datos fundamentales para el inversor, un informe anual y un informe semestral, con el fin de que, de forma actualizada, sean públicamente conocidas todas las circunstancias que puedan influir en la apreciación del valor del patrimonio y perspectivas de la institución, en particular los riesgos inherentes que comporta, así como el cumplimiento de la normativa aplicable[51].

No debemos olvidar que en todos estos supuestos partimos de la necesidad de rentabilidad pues aún con riesgo lo que se está ofreciendo al minorista es una rentabilidad individual (que ha de anualizarse) que depende del rendimiento colectivo del fondo en igualdad de tramo y por la diferencia entre los valores liquidativos de inicio y final del periodo de inversión de cada participe. Este cálculo será por tanto conforme a la siguiente fórmula:

$$r_t = \frac{VL_t - VL_i}{VL_i} \text{ x } 100$$

---

50 Un análisis del mismo se puede ver en Belles-Sampera, Jaume y Miguel Santolino. "Asignación óptima de capital en base al perfil de riesgo de las instituciones de inversión colectiva: una aplicación de las medidas de riesgo distorsionadas." *Revista de métodos cuantitativos para la economía y la empresa* 15 (2013): 65-86.

51 Para cumplir el principio de transparencia, las IIC deberán definir claramente su vocación inversora, de tal forma que el inversor conozca con precisión a qué categoría de las establecidas por la Comisión Nacional del Mercado de Valores pertenece la institución.

Siendo r_t el rendimiento del periodo Pi-Pt, calculado desde la diferencia entre el Valor Liquidativo final (Precio de Venta) según el tiempo que se mantenga la inversión VL^t y el Valor Liquidativo inicial VL_i (Precio de Compra).

Si queremos anualizarlo tendremos entonces que hacer lo siguiente:

$$r_{ta} = \left[\left(\frac{VL_t}{VL_i} \right)^{\frac{365}{Número\ de\ días\ de\ inversión}} - 1 \right] x\ 100$$

Debemos tener en cuenta que el precio de compra y el precio de venta se incrementa por las diferentes comisiones.

Ese valor liquidativo del fondo parte de considerar el valor de mercado del mismo (patrimonio neto deducidos los gastos imputables y de depósito) dividido entre el número total de participaciones.

2. PRODUCTOS DE INVERSIÓN EN SUPUESTOS DE INSTITUCIONES DE INVERSIÓN COLECTIVA FINANCIEROS

Las Instituciones de Inversión Colectiva de carácter financiero pueden invertir en diferentes tipos de activos e instrumentos financieros conforme a lo previsto en la Ley del Mercado de Valores[52], partiendo de que se trate de mercados regulados[53] (funcionamiento regular nos dice), con protección semejante a la que se tiene en el mercado español, acciones y participaciones en otras Instituciones de Inversión Colectiva autorizadas conforme a la Directiva 2009/65/CE, siempre que el reglamento, los estatutos, o alternativamente el folleto de la Institución de Inversión Colectiva cuyas participaciones o acciones se prevea adquirir, no autoricen a invertir más de un 10 por ciento del activo de la institución en participaciones o acciones de otras Instituciones de Inversión

52 Tengamos en cuenta que la regulación actual se encuentra en la Ley 6/2023, de 17 de marzo, de los Mercados de Valores y de los Servicios de Inversión que ha derogado el Real Decreto Legislativo 4/2015, de 23 de octubre, por el que se aprueba el texto refundido de la Ley del Mercado de Valores, pero que la normativa reglamentaria se remite a la anterior de 1988 y en concreto al artículo 2, primer inciso y párrafo a) del segundo inciso, de la Ley del Mercado de Valores, admitidos a cotización en bolsas de valores o en otros mercados o sistemas organizados de negociación, cualquiera que sea el Estado en que se encuentren radicados. Conforme a la DF25, en su apartado cuarto, de la Ley 6/2003, hasta que se dicten las normas reglamentarias de desarrollo de la presente ley, se mantendrán en vigor las normas vigentes sobre los mercados de valores y los servicios de inversión, en tanto no se opongan a lo establecido en la misma.

53 Sobre el funcionamiento de estos mercados véase De Vivero de Porras, MC, “Instrumentos financieros, fondos de inversión y derivados”, en *Situación, tendencias y retos del Sistema Financiero*. AAVV. Aranzadi 2022. pp. 162 y 163.

Colectiva. Acciones y participaciones de otras Instituciones de Inversión Colectiva no autorizadas conforme a la Directiva 2009/65/CE, siempre que estas últimas no tengan por finalidad invertir, a su vez, en otras Instituciones de Inversión Colectiva, y siempre que entre otros requisitos el reglamento de los fondos o alternativamente el folleto de la Institución de Inversión Colectiva cuyas participaciones o acciones se prevea adquirir no autoricen a invertir más de un 10 por ciento del activo de la institución en participaciones o acciones de otras Instituciones de Inversión Colectiva. Depósitos en entidades de crédito que sean a la vista o puedan ser retirados, con un vencimiento no superior a 12 meses, siempre que la entidad de crédito tenga su sede en un Estado miembro de la Unión Europea o, si el domicilio social de la entidad de crédito está situado en un Estado no miembro, esté sujeta a normas prudenciales equivalentes a las que exige la normativa española, en virtud de lo que la Comisión Nacional del Mercado de Valores determine. Instrumentos financieros derivados negociados en un similares mercados o sistemas de negociación, siempre que el activo subyacente consista en los mismos activos o instrumentos referidos, índices financieros, tipos de interés, tipos de cambio o divisas, en los que la Institución de Inversión Colectiva de carácter financiero pueda invertir según su política de inversión declarada en el folleto y en el documento con los datos fundamentales para el inversor. Instrumentos financieros derivados no negociados en un mercado o sistema de negociación que cumpla los requisitos exigidos, siempre que se cumplan previstos para la composición del activo subyacente, las contrapartes de las operaciones de derivados sean entidades sujetas a supervisión prudencial y pertenezcan a las categorías aprobadas por la Comisión Nacional del Mercado de Valores, las posiciones en derivados estén sujetas a una valoración diaria fiable y puedan liquidarse en cualquier momento a su valor de mercado mediante una operación de signo contrario a iniciativa de la Institución de Inversión Colectiva de carácter financiero. Instrumentos del mercado monetario siempre que sean líquidos y tengan un valor que pueda determinarse con precisión en todo momento y cumplan otra serie de requisitos cuando no sean negociados en mercados o sistemas conforme a los requisitos generales establecidos. Otros productos que sean valores o instrumentos financieros distintos de los previstos en los párrafos anteriores.

En el caso de las sociedades de inversión, las mismas podrán adquirir los bienes muebles e inmuebles indispensables para el ejercicio directo de su actividad.

Pero por el contrario este tipo de entidades de carácter financiero no podrán adquirir metales preciosos ni ningún otro tipo de materia prima o de bienes muebles o inmuebles diferentes de los contemplados en los apartados anteriores de este artículo. Tampoco podrán recibir fondos del público en forma de depósito, préstamo, cesión temporal de activos financieros u otras análogas.

Operativamente tampoco se les permite que los valores y otros activos que integren la cartera puedan pignorarse o constituir garantía de ninguna clase, salvo para servir de garantía en las operaciones que la institución realice en mercados oficiales, mercados no organizados de derivados[54], siempre que se encuentren amparados por los acuerdos de compensación contractual y garantías financieras regulados en el Real Decreto Ley 5/2005, de 11 de marzo, de reformas urgentes para el impulso de la productividad y para la mejora de la contratación pública.

3. INSTITUCIONES DE INVERSIÓN COLECTIVA DE INVERSIÓN LIBRE (*HEDGE FUNDS*)

Las Instituciones de Inversión Colectiva de Inversión Libre son Instituciones de Inversión Colectiva de carácter financiero. Estas podrán conceder créditos a terceros y además se les aplica las reglas de las Instituciones de Inversión Colectiva de carácter financiero contenidas en este reglamento, con las siguientes excepciones:

a) Deberán invertir al menos el 60% de su patrimonio en Instituciones de Inversión Colectiva de inversión libre constituidas en España y en Instituciones de Inversión Colectiva extranjeras similares, o bien domiciliadas en países pertenecientes a la Unión Europea o a la Organización para la Cooperación y el Desarrollo Económicos (OCDE), o bien cuya gestión haya sido encomendada a una sociedad gestora sujeta a supervisión con domicilio en un país perteneciente a la Unión Europea o a la Organización para la Cooperación y el Desarrollo Económicos (OCDE).

b) No podrán invertir más del 10% de su patrimonio en una única Institución de Inversión Colectiva de las que se refiere el párrafo anterior. El exceso sobre dicho límite podrá regularizarse por la Institución de Inversión Colectiva en el plazo de un año contado desde el momento en que se produjo, siempre que dicho exceso se haya producido con posterioridad a la fecha de la última adquisición parcial o total de los valores en cuestión. No obstante, cuando el exceso supere los límites en más de un 35%, la Institución de Inversión Colectiva de Institución de Inversión Colectiva de inversión libre deberá reducir dicho exceso a un porcentaje inferior al 35% del límite en el plazo de seis meses, sin perjuicio de la regularización total en el plazo de un año.

Debemos destacar aquí los denominados fondos Master-Feeders, que parten de la regulación para la Comisión Nacional del Mercado de Valores[55]. *Es frecuente en el ám-*

---

54 Por un importe no superior a la liquidación diaria de pérdidas y ganancias generados como consecuencia de los cambios en la valoración de dichos instrumentos.

55 CNMV, *Comunicación de la Comisión Nacional del Mercado de Valores sobre las pautas de actuación a seguir por las sociedades gestoras de instituciones de inversión colectiva en la inversión de las Instituciones de Inversión Colectiva gestionadas en otras Instituciones de Inversión Colectiva y en las delegaciones de funciones. 2010, Localizable en* https://www.cnmv.es/DocPortal/FAQ/FAQ_IIC.pdf

bito de los "hedge funds" invertir en éstos a través de fondos subordinados o "feeder", que a su vez invierten todo o la mayor parte de su patrimonio en un fondo principal o "master", cuya cartera recogerá los activos últimos en los que se quiere materializar la política de inversión. El término anglosajón "Master-Feeder" hace referencia por tanto a fondos que se componen por un fondo principal (master) y otros subordinados (feeder), que aportan el 100% de sus inversiones al fondo principal. Los fondos subordinados, que pueden tener diferentes formas jurídicas y ser de distintos países, son los encargados de atraer el capital que después transfieren al fondo principal, cuyos gestores son los responsables finales de realizar todas las inversiones de la cartera y que en España el principal debe ser español.

4. INVERSIÓN DE INSTITUCIONES DE INVERSIÓN COLECTIVA INMOBILIARIA

Como ya sabemos, las Instituciones de Inversión Colectiva inmobiliaria son aquellas de carácter no financiero que tengan por objeto principal la inversión en bienes inmuebles de naturaleza urbana para su arrendamiento. En ningún caso, la Institución de Inversión Colectiva podrá explotar el negocio y servicios anexos a los inmuebles integrantes de su activo, más allá del arrendamiento del local. Estas invertirán todo su activo en bienes inmuebles, que podrán adquirir en sus distintas fases de construcción, pudiendo compatibilizarlo, de acuerdo con las limitaciones que se establezcan reglamentariamente, con la inversión de una parte de su activo en valores negociados en mercados secundarios. Los accionistas o partícipes de Instituciones de Inversión Colectiva inmobiliaria podrán ser arrendatarios de los bienes inmuebles que integren el activo de las mismas, así como ostentar cualquier derecho distinto del derivado de su condición de accionista o partícipe y realizar aportaciones, originarias o derivativas, en especie.

Las Instituciones de Inversión Colectiva inmobiliaria deberán respetar las reglas que se establezcan en relación con el plazo mínimo de permanencia de las inversiones, la adquisición y enajenación de bienes inmuebles, la adquisición y enajenación de opciones de compra, de compromisos de compra a plazo y de derechos reales, la concentración de flujos financieros resultantes del arrendamiento de los bienes inmuebles, y la financiación con garantía hipotecaria. Los bienes inmuebles que integren el activo de las Instituciones de Inversión Colectiva inmobiliaria no podrán enajenarse hasta que no hayan transcurrido tres años desde su adquisición, salvo que medie, con carácter excepcional, autorización expresa de la Comisión Nacional del Mercado de Valores.

Se considerarán inversiones en inmuebles de naturaleza urbana: a) Las inversiones en inmuebles finalizados con un límite máximo del 15% sobre el patrimonio de la Institución de Inversión Colectiva[56]. b) Las inversiones en inmuebles en fase de construcción, incluso si se adquieren sobre plano[57], siempre que al promotor o constructor le haya sido concedida la autorización o licencia para edificar. c) La compra de opciones de compra[58] cuando el valor de la prima no supere el 5% del precio de ejercicio del inmueble, así como los compromisos de compra a plazo de inmuebles, siempre que el vencimiento de las opciones y compromisos no supere el plazo de dos años y que los correspondientes contratos no establezcan restricciones a su libre transmisibilidad. d) La titularidad de cualesquiera otros derechos reales sobre bienes inmuebles, siempre que les permita cumplir su objetivo de ser arrendados[59]. e) La titularidad de concesiones administrativas que permita el arrendamiento de inmuebles.

5. CATEGORÍAS DE LA INVERSIÓN

Las categorías de la inversión pueden analizarse desde diferentes aspectos. El tratado por la Comisión Nacional del Mercado de Valores parte de la vocación inversora, pero también podríamos analizarlo por el estilo de gestión (mayor o menor riesgo, búsqueda de mayor o menor crecimiento, más o menos conservador, etc.) y actualmente incluso por la tipología de productos anexos a la sostenibilidad, más responsable y circular[60].

56 Entrarían en esta categoría las siguientes: 1.ª Inversiones en una sociedad cuyo activo esté constituido mayoritariamente por bienes inmuebles, siempre que la adquisición de aquella sea con el objeto de disolverla en el plazo de seis meses desde su adquisición y el inmueble sea objeto de arrendamiento a partir de esta. 2.ª Inversiones en entidades de arrendamiento de viviendas referidas en el capítulo III del título VII del texto refundido de la Ley del Impuesto sobre Sociedades, aprobado por el Real Decreto Legislativo 4/2004, de 5 de marzo. 3.ª Inversiones en una sociedad cuyo activo esté constituido mayoritariamente por bienes inmuebles, siempre que los inmuebles sean objeto de arrendamiento. 4.ª Inversiones en sociedades anónimas cotizadas de inversión en el mercado inmobiliario contempladas en la Ley 11/2009, de 26 de octubre, por la que se regulan las Sociedades Anónimas Cotizadas de Inversión en el Mercado Inmobiliario, siempre que no tengan participaciones en el capital o patrimonio de otras Instituciones de Inversión Colectiva inmobiliaria. 5.ª Las inversiones en otras Instituciones de Inversión Colectiva inmobiliarias, siempre que en el reglamento del fondo o los estatutos de la sociedad cuyas participaciones o acciones se prevea adquirir no autoricen a invertir más de un 10% del activo de la institución en participaciones o acciones de otras Instituciones de Inversión Colectiva. Adicionalmente, las normas sobre régimen de inversiones, prevención de conflictos de interés, endeudamiento y valoración de bienes inmuebles deberán ser similares a las incluidas en este capítulo.

57 Las inversiones en inmuebles a través de compra sobre plano y de compromisos de compra no podrán representar más del 40% del patrimonio.

58 La inversión en opciones de compra no podrá superar el 10 por cien del patrimonio; a los efectos de este límite, las opciones de compra se valorarán por la prima total pagada.

59 En lo concerniente a la adquisición de inmuebles de viviendas acogidas a algún régimen de protección pública, se estará a la legislación especial que resulte de aplicación.

60 Barko, T., Cremers, M., y Renneboog, L. (2021): "Shareholder Engagement on Environmental, Social and Governance Performance", Journal of Business Ethics, 1-69 - https://doi.org/10.1007/

Desde la Circular 1/2009, de 4 de febrero, de la Comisión Nacional del Mercado de Valores, sobre las categorías de instituciones de inversión colectiva en función de su vocación inversora[61] se contemplan diferentes clasificaciones de fondos de inversión en función de la vocación inversora. Todo ello parte del Reglamento (UE) 2017/1131 sobre fondos del mercado monetario y el objetivo de es establecer para los fondos del mercado monetario unas normas comunes en la Unión Europea en relación con la composición de la cartera, activos aptos, su vencimiento, liquidez y diversificación así como calidad crediticia de los emisores y de los instrumentos del mercado monetario en los que invierten para evitar una disparidad en los niveles de protección de los inversores y prevenir y mitigar cualquier riesgo potencial de contagio derivado de posibles retiradas bruscas y masivas de fondos por parte de los inversores.

Conforme a ello tendríamos los siguientes:

<table>
<tr><th>Vocación</th><th>Definición</th></tr>
<tr><td>FMM a corto plazo de valor liquidativo constante de deuda pública</td><td rowspan="4">Las IIC autorizadas como fondos del mercado monetario (FMM) de conformidad con el Reglamento (UE) 2017/1131 sobre fondos del mercado monetario, en función de la categoría a la que en cada caso pertenezcan.</td></tr>
<tr><td>FMM a corto plazo de valor liquidativo de baja volatilidad</td></tr>
<tr><td>FMM a corto plazo de valor liquidativo variable</td></tr>
<tr><td>FMM estándar de valor liquidativo variable</td></tr>
<tr><td>Renta fija euro a corto plazo</td><td>IIC que no habiendo sido clasificadas como monetarias reúnan los siguientes requisitos:
Ausencia de exposición total a renta variable.
Duración de la cartera igual o inferior a 1 año.
Máximo del 10 % de la exposición total en riesgo divisa.</td></tr>
<tr><td>Renta fija euro</td><td>Ausencia de exposición total a renta variable.
Duración de la cartera superior a un año.
Máximo del 10 % de la exposición total en riesgo divisa.</td></tr>
</table>

s10551-021-04850-z; Dimson, E., Karakas, O., y Li, X. (2015): "Active Ownership", Review of Financial Studies, 28(12), 3225-3268 - https://doi.org/10.1093/rfs/hhv044; Semenova, N., y Hassel, L. G. (2019): "Private Engagement by Nordic Institutional Investors on Environmental, Social and Governance Risks in Global Companies", Corporate Governance: An international Review, 27(2), 144-161 - http://dx.doi.org/10.1111/corg.12267.

61 Modificada por la Circular 1/2019, de 28 de marzo, de la Comisión Nacional del Mercado de Valores por la que se modifica la Circular 1/2009, de 4 de febrero, sobre las categorías de instituciones de inversión colectiva en función de su vocación inversora, modificada parcialmente por la Circular 3/2011, de 9 de junio.

Vocación	Definición
Renta fija internacional	Ausencia de exposición total a renta variable. Posibilidad de tener más del 10 % de la exposición total en riesgo divisa.
Renta fija mixta euro	Menos del 30 % de la exposición total en renta variable. La suma de las inversiones en valores de renta variable emitidos por entidades radicadas fuera del área euro, más la exposición al riesgo divisa no superará el 30 %.
Renta fija mixta internacional	Menos del 30 % de la exposición total en renta variable. La suma de las inversiones en valores de renta variable emitidos por entidades radicadas fuera del área euro, más la exposición al riesgo divisa podrá superar el 30 %.
Renta variable mixta euro	Entre el 30 % y el 75 % de la exposición total en renta variable. La suma de las inversiones en valores de renta variable emitidos por entidades radicadas fuera del área euro, más la exposición al riesgo divisa no superará el 30 %.
Renta variable mixta internacional	Entre el 30 % y el 75 % de la exposición total en renta variable. La suma de las inversiones en valores de renta variable emitidos por entidades radicadas fuera del área euro, más la exposición al riesgo divisa podrá superar el 30 %.
Renta variable euro	Más del 75 % de la exposición total en renta variable. Al menos el 60 % de la exposición total en renta variable emitida por entidades radicadas en el área euro. Máximo del 30 % de la exposición total en riesgo divisa.
Renta variable internacional	Más del 75 % de la exposición total en renta variable no habiendo sido clasificado como renta variable euro.
IIC que replica un índice	IIC que replican o reproducen un índice, incluidas las IIC cotizadas del artículo 79 del RIIC.
IIC con objetivo concreto de rentabilidad no garantizado	IIC que tengan un objetivo concreto de rentabilidad no garantizado.
Garantizado de rendimiento fijo	IIC para el que existe garantía de un tercero y que asegura la inversión más un rendimiento fijo.
Garantizado de rendimiento variable	IIC con la garantía de un tercero y que asegura la recuperación de la inversión inicial más una posible cantidad total o parcialmente vinculada a la evolución de instrumentos de renta variable, divisa o cualquier otro activo. Además incluye toda aquella IIC con la garantía de un tercero que asegura la recuperación de la inversión inicial y realiza una gestión activa de una parte del patrimonio.

Vocación	Definición
De garantía parcial	IIC con objetivo concreto de rentabilidad a vencimiento, ligado a la evolución de instrumentos de renta variable, divisa o cualquier otro activo, para el que existe la garantía de un tercero y que asegura la recuperación de un porcentaje inferior al 100 % de la inversión inicial. Además incluye toda aquella IIC con la garantía de un tercero que asegura la recuperación de un porcentaje inferior al 100 % de la inversión inicial y realiza una gestión activa de una parte del patrimonio.
Retorno absoluto	IIC que se fija como objetivo de gestión, no garantizado, conseguir una determinada rentabilidad/riesgo periódica. Para ello sigue técnicas de valor absoluto, "relative value", dinámicas.
Global	IIC cuya política de inversión no encaje en ninguna de las vocaciones señaladas anteriormente."

V. PRECOMERCIALIZACIÓN Y COMERCIALIZACIÓN DE LAS PARTICIPACIONES

1. CONCEPTO DE PRECOMERCIALIZACIÓN

Sería el Real Decreto-ley 24/2021[62]el que introdujo una regulación de la precomercialización[63] de los fondos alternativos con el fin de armonizar sus condiciones en todos los Estados miembros. Hasta ese momento no existía una definición homogénea de precomercialización y las condiciones bajo las que se permitía variaban. A través de la introducción de un nuevo artículo 2 bis, en la Ley 35/2003, de 4 de noviembre y de un nuevo artículo 75 bis en la Ley 22/2014, de 12 de noviembre, se fijó una definición armonizada de las actividades de comunicación y contacto con inversores que pueden realizarse con carácter previo al establecimiento de un fondo de inversión, y las condiciones para ello. La precomercialización debe dirigirse a inversores profesionales y

[62] Real Decreto-ley 24/2021, de 2 de noviembre, de transposición de directivas de la Unión Europea en las materias de bonos garantizados, distribución transfronteriza de organismos de inversión colectiva, datos abiertos y reutilización de la información del sector público, ejercicio de derechos de autor y derechos afines aplicables a determinadas transmisiones en línea y a las retransmisiones de programas de radio y televisión, exenciones temporales a determinadas importaciones y suministros, de personas consumidoras y para la promoción de vehículos de transporte por carretera limpios y energéticamente eficientes.

[63] Precomercialización en el ámbito de la Unión Europea de Instituciones de Inversión Colectiva distintas a las reguladas por la Directiva 2009/65/CE del Parlamento Europeo y del Consejo, de 13 de julio de 2009, en el ámbito de la Unión Europea gestionadas por sociedades gestoras autorizadas en España de conformidad con la Directiva 2011/61/UE del Parlamento Europeo y del Consejo, de 8 de junio de 2011, en el ámbito de la Unión Europea.

referirse a una idea de inversión, si bien la adquisición de acciones o participaciones solo puede hacerse tras la autorización y registro del fondo.

De conformidad a ello se entiende por precomercialización el suministro de información o la comunicación, directa o indirecta, sobre estrategias de inversión o ideas de inversión por parte de una sociedad gestora autorizada en España de conformidad con la Directiva 2011/61/UE del Parlamento Europeo y del Consejo, de 8 de junio de 2011, de la UE, o realizada en su nombre a potenciales inversores profesionales domiciliados o registrados en la Unión, a fin de comprobar su interés por una Institución de Inversión Colectiva distinta a las reguladas por la Directiva 2009/65/CE del Parlamento Europeo y del Consejo, de 13 de julio de 2009, o un compartimento aún no establecido o ya establecido pero cuya comercialización todavía no se haya notificado, en el Estado miembro en el que los inversores potenciales estén domiciliados o tengan su domicilio social, y que en cada caso no sea equivalente a una oferta o colocación al potencial inversor para invertir en las participaciones o acciones de dicha Institución de Inversión Colectiva o compartimento.

2. CONDICIONES DE PRECOMERCIALIZACIÓN

La precomercialización se regula a partir de la idea de que solo sea informativa, que no pueda ser suficiente para que se adquiera el producto y que sea trascendental que el posible inversor busque una más completa información. Debe entonces garantizarse por las mismas entidades gestoras que los inversores no adquirirán participaciones o acciones en una Institución de Inversión Colectiva a través de precomercialización y que los posibles inversores contactados en el marco de la precomercialización solo puedan adquirir participaciones o acciones en dicha Institución de Inversión Colectiva a través de la comercialización permitida con arreglo a la norma. No obstante, toda suscripción por parte de inversores que sean profesionales, en un plazo de dieciocho meses después de que una sociedad gestora haya comenzado la precomercialización, de participaciones o acciones de una Institución de Inversión Colectiva mencionada en la información proporcionada en el contexto de la precomercialización, o de una Institución de Inversión Colectiva establecida como resultado de la precomercialización, se considerará como el resultado de una comercialización y estará sujeta a los procedimientos de notificación aplicables a la comercialización.

Esa precomercialización podrá hacerse directa o a través de tercero en nombre de la sociedad gestora pero para ello necesita estar autorizado como empresa de servicios de inversión con arreglo a la Directiva 2014/65/UE del Parlamento Europeo y del Consejo, como una entidad de crédito con arreglo a la Directiva 2013/36/UE del Parlamento Europeo y del Consejo, como una sociedad de gestión de organismos de inversión colectiva en valores mobiliarios (OICVM) con arreglo a la Directiva 2009/65/CE, como una sociedad gestora con arreglo a la presente ley o cuando actúe como un agente vinculado con arreglo a la Directiva 2014/65/UE. Dicho tercero estará sujeto a las condiciones establecidas en el presente artículo.

Las Sociedades Gestoras de Instituciones de Inversión Colectiva españolas autorizadas podrán realizar actividades de precomercialización, sin necesidad de autorización o información previa de la Comisión Nacional del Mercado de Valores sobre el contenido o los destinatarios[64], en el ámbito de la Unión Europea de las acciones o participaciones de Instituciones de Inversión Colectiva distintas a las reguladas por la Directiva 2009/65/CE del Parlamento Europeo y del Consejo, de 13 de julio de 2009, excepto cuando la información presentada a los posibles inversores profesionales: a) sea suficiente como para permitir a los inversores comprometerse a adquirir participaciones o acciones de una determinada Institución de Inversión Colectiva; b) sea equivalente a formularios de suscripción o documentos similares, ya sea en forma de borrador o en versión definitiva, o c) sea equivalente a documentos constitutivos, un folleto o documentos de oferta de una Institución de Inversión Colectiva todavía no establecido en su versión definitiva. Se trata en definitiva de no motivar que con ello, es decir con lo que se informa, ya se tome o pueda tomar una decisión. Así por ejemplo si se facilita un borrador de folleto o de documentos de oferta, no pueden contener información suficiente que permita, con ellos, a los inversores adoptar una decisión de inversión. Dichos folletos deberán indicar claramente que no constituyen una oferta o una invitación de suscripción de participaciones o acciones de una Institución de Inversión Colectiva, y que la información allí mostrada no es fiable porque está incompleta y puede estar sujeta a cambios.

---

64 Las sociedades gestoras enviarán sin embargo a la Comisión Nacional del Mercado de Valores, en el plazo de dos semanas tras haber comenzado la precomercialización, una carta informal, en papel o por medios electrónicos. En dicha carta se especificarán los Estados miembros donde se haya realizado la precomercialización y los períodos durante los cuales esté teniendo o haya tenido lugar la precomercialización, se hará una descripción sucinta de la precomercialización que incluya información sobre las estrategias de inversión presentadas y, si procede, una lista de las Instituciones de Inversión Colectiva y los compartimentos de Instituciones de Inversión Colectiva que fueron objeto de precomercialización. La Comisión Nacional del Mercado de Valores informará sin demora a las autoridades competentes de los Estados miembros en los que la sociedad gestora lleve o haya llevado a cabo la precomercialización. Las autoridades competentes del Estado miembro en el que esté teniendo o haya tenido lugar la precomercialización podrán solicitar a la Comisión Nacional del Mercado de Valores que faciliten información suplementaria sobre la precomercialización que esté teniendo o haya tenido lugar en su territorio.

3. COMERCIALIZACIÓN

3.1. Comercialización interna y transfronteriza

Se entiende por comercialización de una Institución de Inversión Colectiva la captación mediante actividad publicitaria[65], por cuenta de la Institución de Inversión Colectiva o cualquier entidad que actúe en su nombre o en el de uno de sus comercializadores, de clientes para su aportación a la Institución de Inversión Colectiva de fondos, bienes o derechos[66]. En todo caso, las actividades de venta, enajenación, intermediación, suscripción, posterior reembolso o transmisión de las acciones, participaciones o valores representativos del capital o patrimonio de la Institución de Inversión Colectiva en cuestión relacionados con la comercialización de la Institución de Inversión Colectiva deberá realizarse a través de los intermediarios financieros.

La comercialización transfronteriza nos permite distinguir diferentes supuestos:

a) La comercialización en España de las acciones y participaciones de las Instituciones de Inversión Colectiva autorizadas en otro Estado miembro de la Unión Europea de acuerdo con la Directiva 2009/65/CE del Parlamento Europeo y del Consejo, de 13 de julio de 2009, será libre con sujeción a las normas previstas en este artículo, desde que la autoridad competente del Estado miembro de origen de la Institución de Inversión Colectiva comunique a la Institución de Inversión Colectiva que ha remitido a la Comisión Nacional del Mercado de Valores el escrito de notificación con información sobre las disposiciones y modalidades de comercialización de las acciones o participaciones en España, y cuando proceda, sobre las clases de estas o sobre las series de aquellas, el reglamento del fondo de inversión o los documentos constitutivos de la sociedad, su folleto, el último informe anual y en su caso el informe semestral sucesivo, el documento con los

---

65 Se entenderá por actividad publicitaria toda forma de comunicación dirigida a potenciales inversores con el fin de promover, directamente o a través de terceros que actúen por cuenta de la Institución de Inversión Colectiva o de la sociedad gestora de Institución de Inversión Colectiva, la suscripción o la adquisición de participaciones o acciones de Institución de Inversión Colectiva. En todo caso, hay actividad publicitaria cuando el medio empleado para dirigirse al público sea a través de llamadas telefónicas iniciadas por la Institución de Inversión Colectiva o su sociedad gestora, visitas a domicilio, cartas personalizadas, correo electrónico o cualquier otro medio telemático, que formen parte de una campaña de difusión, comercialización o promoción.

66 La campaña se entenderá realizada en territorio nacional siempre que esté dirigida a inversores residentes en España. En el caso de correo electrónico o cualquier otro medio telemático, se presumirá que la oferta se dirige a inversores residentes en España cuando la Institución de Inversión Colectiva o su sociedad gestora, o cualquier persona que actúe por cuenta de éstos en el medio informático, proponga la compra o suscripción de las acciones o participaciones o facilite a los residentes en territorio español la información necesaria para apreciar las características de la emisión u oferta y adherirse a ella.

datos fundamentales para el inversor y el certificado acreditativo de que la Institución de Inversión Colectiva cumple las condiciones impuestas por la Directiva 2009/65/CE del Parlamento Europeo y del Consejo, de 13 de julio de 2009. Las Instituciones de Inversión Colectiva deberán respetar las disposiciones normativas vigentes en España que no se encuentren en el ámbito de la Directiva 2009/65/CE del Parlamento Europeo y del Consejo, de 13 de julio de 2009, así como las normas que regulan la publicidad en España. La Comisión Nacional del Mercado de Valores supervisará el cumplimiento de estas obligaciones.

b) La comercialización en España a inversores profesionales[67], de las acciones y participaciones de las Instituciones de Inversión Colectiva establecidas en otro Estado miembro de la Unión Europea gestionados por gestoras autorizadas en un Estado miembro al amparo de la Directiva 2011/61/UE del Parlamento Europeo y del Consejo, de 8 de junio de 2011, será libre con sujeción a las normas previstas en este artículo, desde que la autoridad competente del Estado miembro de origen de la gestora le comunique a dicha gestora que ha remitido a la Comisión Nacional del Mercado de Valores el escrito de notificación correspondiente. Cuando se trate de una Institución de Inversión Colectiva subordinada, ésta solo se podrá comercializar en España cuando la Institución de Inversión Colectiva principal esté domiciliada en la Unión Europea y esté gestionada por una gestora autorizada al amparo de la Directiva 2011/61/UE del Parlamento Europeo y del Consejo, de 8 de junio de 2011.

c) Cuando se trate de comercialización en España a inversores profesionales de las acciones y participaciones de Instituciones de Inversión Colectiva constituidas en un Estado no miembro[68] de la Unión Europea gestionadas por gestoras autorizadas en un Estado miembro de acuerdo con la Directiva 2011/61/UE del Parlamento Europeo y del Consejo, de 8 de junio de 2011 y se dirija a inversores profesionales, requerirá que con carácter previo se acredite ante la Comisión Nacional del Mercado de Valores que la normativa española regula la misma categoría de Instituciones de Inversión Colectiva a la que pertenece la institución extranjera y que la Institución de Inversión Colectiva, está sujeta en su Estado de origen a una normativa específica de protección de los intereses de los accionistas o partícipes semejante a la normativa española en esta materia y que existen acuerdos adecuados de cooperación entre las autoridades competentes del Estado miembro de origen de la sociedad gestora y las autoridades de supervisión del

---

[67] Inversor profesional lo será conforme a la Ley del Mercado de Valores.

[68] Siempre que el país en el que está establecida la Institución de Inversión Colectiva no figure en la lista de países y territorios no cooperantes establecida por el Grupo de Acción Financiera Internacional sobre el Blanqueo de Capitales. Esto es algo común a todos los supuestos de terceros países.

Estado no miembro de la Unión Europea en el que está establecida la Institución de Inversión Colectiva con objeto de garantizar al menos un intercambio eficaz de información[69] que permita a las autoridades competentes llevar a cabo sus funciones de acuerdo con la Directiva 2011/61/UE del Parlamento Europeo y del Consejo, de 8 de junio de 2011.

d) Si se trata de comercialización en España a inversores profesionales y no profesionales, de las acciones y participaciones de Instituciones de Inversión Colectiva gestionadas por gestoras no domiciliadas en la Unión Europea, dirigida a inversores profesionales, requerirá que con carácter previo se acredite ante la Comisión Nacional del Mercado de Valores que la normativa española regula la misma categoría de Instituciones de Inversión Colectiva a la que pertenece la institución extranjera y, que la Institución de Inversión Colectiva, o la gestora que actué en su nombre, está sujeta en su Estado de origen a una normativa específica de protección de los intereses de los accionistas o partícipes semejante a la normativa española en esta materia. Además, se requiere informe favorable de la autoridad del Estado de origen a la que esté encomendado el control e inspección de la Institución de Inversión Colectiva o de la gestora que actué en su nombre, con respecto al desarrollo de las actividades de ésta y acuerdos de cooperación. Este régimen es aplicable también a los supuestos de comercialización a no profesionales en los dos anteriores supuestos.

e) Cuando es comercialización de las acciones y participaciones de Instituciones de Inversión Colectiva españolas reguladas por la Directiva 2009/65/CE del Parlamento Europeo y del Consejo, de 13 de julio de 2009, en el ámbito de la Unión Europea deberán remitir a la Comisión Nacional del Mercado de Valores un escrito de notificación que contenga información sobre las disposiciones y modalidades de comercialización de las acciones o participaciones en el Estado miembro de acogida, y cuando proceda, sobre las clases de éstas o sobre las series de aquéllas. Similar información se requerirá cuando se trate de comercialización el ámbito de la Unión Europea de Instituciones de Inversión Colectiva distintas a las reguladas por la Directiva 2009/65/CE del Parlamento Europeo y del Consejo, de 13 de julio de 2009, en el ámbito de la Unión Europea gestionadas por sociedades gestoras autorizadas en España de conformidad con la Directiva 2011/61/UE del Parlamento Europeo y del Consejo, de 8 de junio de 2011.

---

69 También se exige que el tercer país en el que esté establecida la Institución de Inversión Colectiva de fuera de la Unión Europea haya firmado un acuerdo con España que se ajuste plenamente a los preceptos establecidos en el artículo 26 del Modelo de Convenio Tributario sobre la Renta y sobre el Patrimonio de la Organización para la Cooperación y el Desarrollo Económicos (OCDE) y garantice un intercambio efectivo de información en materia tributaria, incluyendo, si procede, acuerdos multilaterales en materia de impuestos.

f) Si es desde España a otros países es obligatorio que la Comisión Nacional del Mercado de Valores comunique a esos terceros países la revocación de la autorización para comercialización cuando esta se produzca. A las Instituciones de Inversión Colectiva autorizadas en España que comercialicen sus acciones o participaciones en otro Estado miembro de la Unión Europea de acuerdo con lo establecido en este artículo, se les aplicará, en todo caso, la normativa española en relación con la frecuencia de cálculo y publicación del valor liquidativo de las participaciones o acciones, a los efectos de suscripción, reembolso, venta y recompra.

3.2. Folleto informativo (Key Investor Information Document o KIID)[70]

La sociedad gestora, para cada uno de los fondos de inversión que administre, y las sociedades de inversión deberán publicar para su difusión entre los accionistas, partícipes y público en general un folleto, un documento con los datos fundamentales para el inversor, un informe anual y un informe semestral, con el fin de que, de forma actualizada, sean públicamente conocidas todas las circunstancias que puedan influir en la apreciación del valor del patrimonio y perspectivas de la institución, en particular los riesgos inherentes que comporta, así como el cumplimiento de la normativa aplicable. El folleto contendrá los estatutos o el reglamento de las Instituciones de Inversión Colectiva, según proceda, y se ajustará a lo previsto en el texto refundido de la Ley del Mercado de Valores. En dicho documento se identificará la Institución de Inversión Colectiva y la autoridad que la autoriza y supervisa, objetivos y política de inversión, rendimientos históricos y escenarios, costes y gastos asociados, perfil de riesgo, etc. Ese folleto no da lugar a responsabilidad civil como consecuencia solo de los datos fundamentales para el inversor, o de su posible traducción, a menos que sean engañosos, inexactos o incoherentes en relación con las correspondientes partes del folleto. En el documento con los datos fundamentales para el inversor se incluirá una advertencia clara al respecto.

"El documento con los datos fundamentales para el inversor[71]", sustituye al anterior folleto simplificado y presenta dos novedades sustanciales respecto a éste, a fin de ayudar al inversor a adoptar decisiones fundadas. Por una parte, se armoniza completamente este documento con el objetivo de hacer perfectamente comparables los fondos y sociedades armonizados de cualquier Estado miembro. En segundo término, los datos

---

70 En desarrollo de la comunicación a la CNMV podemos ver la Circular 3/2022, de 21 de julio, de la Comisión Nacional del Mercado de Valores, sobre el folleto de las instituciones de inversión colectiva y el registro del documento con los datos fundamentales para el inversor. En vigor desde el 1 de enero de 2023.

71 La nueva redacción dada al artículo 15 quinquies, 2, apartado d, ya no requiere la previa aprobación por la CNMV.

se presentarán de forma abreviada y fácilmente comprensibles para el inversor, así en este instrumento únicamente han de contenerse los datos esenciales para adoptar tales decisiones. Para aquellas Instituciones de Inversión Colectiva que tengan la consideración de Instituciones de Inversión Colectiva financieras, con la excepción de las que figuren inscritas en el Registro de Instituciones de Inversión Colectiva de Inversión Libre o en el Registro de Instituciones de Inversión Colectiva de Instituciones de Inversión Colectiva de Inversión Libre de la Comisión Nacional del Mercado de Valores, el documento de datos fundamentales para el inversor al que hace referencia el Reglamento (UE) nº 583/2010 de la Comisión Europea, de 1 de julio de 2010, por el que se establecen disposiciones de aplicación de la Directiva 2009/65/CE del Parlamento Europeo y del Consejo en lo que atañe a los datos fundamentales para el inversor y a las condiciones que deben cumplirse al facilitarse estos datos o el folleto en un soporte duradero distinto del papel o a través de un sitio web, es exigible desde el 1 de julio de 2011, en sustitución del folleto simplificado. El documento de datos fundamentales para el inversor deberá ajustarse en su contenido al citado Reglamento de la Comisión Europea[72] de conformidad a lo siguiente: No obstante lo anterior, el documento de datos fundamentales para el inversor al que hace referencia el Reglamento (UE) n.º 1286/2014 del Parlamento Europeo y del Consejo de 26 de noviembre de 2014 sobre los documentos de datos fundamentales relativos a los productos de inversión minorista vinculados y los productos de inversión basados en seguros, les será exigible desde el momento señalado en dicho Reglamento. El documento de datos fundamentales para el inversor deberá ajustarse en su contenido al citado Reglamento y sustituirá al documento de datos fundamentales para el inversor al que hace referencia el Reglamento (UE) n.º 583/2010 de la Comisión Europea, de 1 de julio de 2010.

4. PROTECCIÓN DEL MINORISTA

Partiendo de la distinción entre las Instituciones de Inversión Colectiva sujetas a la regulación de la Directiva 2009/65/CE y las que no lo son, el artículo 16 quarter recoge cuáles deben ser los servicios disponibles para los minoristas en cuanto a la comercialización en el ámbito de la Unión Europea de Instituciones de Inversión Colectiva distintas a las reguladas dicha Directiva y en el ámbito de la Unión Europea gestionadas por sociedades gestoras autorizadas en España de conformidad con la Directiva 2011/61/UE del Parlamento Europeo y del Consejo, de 8 de junio de 2011, en el ámbito de la Unión Europea.

---

72 El documento con los datos fundamentales se ajustará a lo previsto en el Reglamento (UE) 1286/2014 del Parlamento Europeo y del Consejo de 26 de noviembre de 2014 sobre los documentos de datos fundamentales relativos a los productos de inversión minorista vinculados y los productos de inversión basados en seguros.

Debemos partir de que como regla general es aplicable lo previsto en el Reglamento (UE) 2015/760[73], en tanto a fondos de inversión a largo plazo (FILPE). De esta forma el gestor de un fondo de inversión a largo plazo, cuyas participaciones o acciones pretendan comercializarse entre inversores minoristas, establecerá, en cada Estado miembro en el que se proponga comercializar dichas participaciones o acciones, servicios que permitan realizar suscripciones, efectuar pagos a los partícipes o accionistas, recomprar o reembolsar las participaciones o acciones, y facilitar la información que el fondo de inversión a largo plazo y el gestor del mismo están obligados a proporcionar. Además, las sociedades gestoras facilitarán, en cada Estado miembro en el que se propongan comercializar participaciones o acciones de una Institución de Inversión Colectiva entre inversores minoristas, servicios (directa o indirectamente) para llevar a cabo las tareas siguientes:

a) procesar las órdenes de los inversores de suscripción, pago, recompra y reembolso en relación con las participaciones o acciones de la Institución de Inversión Colectiva, de conformidad con las condiciones establecidas en la documentación de la Institución de Inversión Colectiva;

b) proporcionar información a los inversores sobre cómo se pueden cursar las órdenes a que se refiere la letra a) y cómo se abona el producto de la recompra y el reembolso;

c) facilitar el tratamiento de la información relativa al ejercicio, por parte de los inversores, de los derechos asociados a su inversión en la IIC en el Estado miembro donde la Institución de Inversión Colectiva se comercializa;

d) poner a disposición de los inversores, a efectos de examen y de la obtención de copias, la información y los documentos requeridos con arreglo al artículo 17.

e) proporcionar a los inversores, en un soporte duradero, información pertinente respecto a las tareas que los servicios realizan, tal como se define en el artículo 2, apartado 1, letra m), de la Directiva 2009/65/CE, y

f) actuar como punto de contacto para la comunicación con las autoridades competentes.

Con antelación suficiente a la suscripción de las participaciones o acciones deberá entregarse gratuitamente el último informe semestral, exceptuando el caso de renovaciones de fondos con objetivo concreto de rentabilidad a vencimiento garantizado o no, y el documento con los datos fundamentales para el inversor a los suscriptores y, previa solicitud, el folleto y los últimos informes anual y trimestral publicados. Además, y con carácter general en la página web de la sociedad de inversión o de la sociedad de

[73] Reglamento (UE) 2015/760 del Parlamento Europeo y del Consejo, de 29 de abril de 2015, sobre los fondos de inversión a largo plazo europeos.

gestión se publicará una versión actualizada de los documentos informativos que han de entregarse.

Cualquier comunicación a partícipes o accionistas deberá ser remitida por medios telemáticos, excepto cuando aquellos inversores que no sean considerados clientes profesionales tal y como están definidos en los artículos 194 y 195 de la Ley 6/2023, de 17 de marzo, de los Mercados de Valores y de los Servicios de Inversión, no faciliten los datos necesarios para ello o cuando manifiesten por escrito la preferencia por recibirla físicamente, en cuyo caso se le remitirá en papel, siempre de modo gratuito. La sociedad gestora o la sociedad de inversión podrá informar a sus clientes actuales de que se producirá un cambio automático a la comunicación en formato electrónico si no solicitan la continuación de la remisión de información en papel en el plazo de ocho semanas.".

VI. COMISIONES

Es evidente que la compra y venta (entrada y salida) del fondo parte de una serie de gastos que tendrá que soportar el fondo y por tanto el cliente y que se denominan comisiones. Estas comisiones pueden ser de muy diverso tipo. Así tenemos la comisión de gestión a la sociedad gestora, comisión de depósito a la entidad depositaria, comisión de intermediación por la prestación de servicios de análisis financiero y comisiones de suscripción, reembolso o conversión y/o cambio de compartimento, al cliente que toman en cuenta las anteriores.

La forma de tomar en consideración dichas comisiones es el Ratio TER (*Total Expense Ratio*) en donde se consideran los costes totales del fondo, incluyendo comisiones de gestión, deposito, gastos asociados de otro tipo, consultoría, administrativos, impuestos, etc.

El cálculo total sería el siguiente:

$$TER = \frac{Costes\ Totales\ del\ Fondo}{Valor\ Activos\ Totales\ del\ fondo}$$

Los "Ongoing charges" u OGC (gastos corrientes) también nos sirve como ratio para calcular los gastos totales de los fondos de inversión. El OGC entró en vigor en el año 2011 dentro de una serie de medidas incluidas en la directiva europea 2009/65/EC. Los gastos incluidos en el cálculo del OGC son los siguientes: Comisión de gestión, Comisión de depósito, Costes de servicios exteriores (por ejemplo, auditorías), Gastos regulatorios (registro en la CNMV), Costes de distribución y comercialización, Gastos derivados de la inversión en otras Instituciones de Inversión Colectiva (i.e. otros fondos). Los gastos no incluidos son: Comisión de éxito, Comisión de suscripción, Comisión de reembolso, Costes de transacción, Costes de financiación (uso de derivados)

La diferencia entre el TER y el OGC es la exclusión de la comisión de éxito. Esos datos se pueden ver en el documento de "Datos fundamentales para el inversor" (DFI).

VII. LA REFORMA DE LA LEY 18/2022 PARA LA CREACIÓN Y EL CRECIMIENTO DE EMPRESAS

Como conclusión a todo lo anterior y centrándonos en el mercado, podríamos decir que las tres ideas base que recoge la última reforma de la Ley 18/2022 parten de intentar conseguir entre sus objetivos medidas para potenciar los instrumentos de financiación del crecimiento empresarial, flexibilizando los mecanismos de financiación alternativa como el crowdfunding, la inversión colectiva y el capital riesgo. Por lo tanto la flexibilización es trascendental[74], aún a pesar de la complejidad del sistema, en cuanto a los mecanismos de financiación a través de este sistema de inversión. No obstante debemos considerar, con algún autor, que "*... el aumento de los activos de la industria de inversión colectiva en España, el alto grado de concentración, su interconexión con el sector bancario y la mayor asunción de riesgos en los últimos años sugieren la necesidad de un análisis (más) profundo y continuo de esta industria para evaluar su propia resistencia y la del sector financiero en su conjunto*[75]."

Desde ahí hemos considerado tres puntos esenciales:

1º. En concreto y en lo que a Instituciones de Inversión Colectiva se refiere también hemos recogido que se modifica el artículo 40 de la Ley 35/2003, añadiendo las referencias necesarias en la legislación española a la figura regulada en el Reglamento (UE) 2015/760 sobre los fondos de inversión a largo plazo europeos. Ello permite a las SGIIC la administración, representación, gestión y comercialización de entidades de capital riesgo, de Entidades de Inversión Colectiva Cerradas, de fondos de capital riesgo europeos (FCRE), fondos de emprendimiento social europeos (FESE) y fondos de inversión a largo plazo europeos (FILPE),

---

74 Desde el punto de vista del inversor véase Trecourt, Pierre and Peres, Florian and Singh, Sameer, "Creating Factor Clusters in the Alternative Undertakings for Collective Investment in Transferable Securities (UCTIS) Universe" (June 6, 2022). Journal of Investment Strategies, Vol. 11, No. 2, 2022, Available at SSRN: https://ssrn.com/abstract=4221160

75 Un análisis de la evolución en España de estos productos se puede ver en Mayordomo, Sergio and Álvarez Román, Laura, "Developments in the collective investment industry in Spain between 2008 and 2019 "(October 13, 2020). Banco de Espana Article 32/20, SSRN: https://ssrn.com/abstract=3716217. En el citado trabajo se concluye que "En definitiva, el aumento de los activos de la industria de inversión colectiva en España, el alto grado de concentración, su interconexión con el sector bancario y la mayor asunción de riesgos en los últimos años sugieren la necesidad de un análisis profundo y continuo de esta industria para evaluar su propia resistencia y la del sector financiero en su conjunto".

y otros vehículos de inversión colectiva regulados por la normativa de la Unión Europea en los términos establecidos por la Ley 22/2014, de 12 de noviembre, por la que se regulan las entidades de capital riesgo, otras entidades de inversión colectiva de tipo cerrado y las sociedades gestoras de entidades de inversión colectiva de tipo cerrado, y por la que se modifica la Ley 35/2003, de 4 de noviembre, de Instituciones de Inversión Colectiva. Lo que se permite con dicha ampliación a los fondos de inversión a largo plazo europeos (FILPE) es igualmente la posibilidad de que los inversores minoristas inviertan en pequeñas y medianas empresas no cotizadas, y en activos como préstamos sindicados, deuda privada, participaciones, acciones y otros solo disponible, hasta entonces, para inversores institucionales.

2°. Una segunda importante afectación de flexibilización es la posibilidad de constitución de sociedades gestoras bajo el régimen de sociedad de responsabilidad limitada. La modificación se lleva a la Instituciones de Inversión Colectiva y al Capital Riesgo y permite la posibilidad de constituir Sociedades Gestoras de Entidades de Inversión Colectiva de tipo Cerrado bajo la forma de Sociedad de Responsabilidad Limitada, como ya ocurre con todos los tipos de Empresas de Servicios de Inversión. Con ello en última instancia se reducen las limitaciones a la constitución de sociedades gestoras, ya que la constitución bajo la forma de sociedad de responsabilidad limitada tiene unos requisitos para su constitución y funcionamiento menores a los de las sociedades anónimas. Esta modificación también se introduce en los artículos 40 y 43 de la Ley 35/2003, de 4 noviembre, de Instituciones de Inversión Colectiva con el mismo propósito.

3°. La tercera es la pretensión de que estas medidas de mejora del marco normativo aplicables a la inversión colectiva y al capital riesgo, puedan servir también para potenciar y reforzar instrumentos de financiación pública como los desplegados por el Instituto de Crédito Oficial: Fond-ICO Pyme, Fond-ICO Next Tech, Fond-ICO Global y Fond-ICO Infraestucturas ESG. Se trata entonces de lograr que el capital privado de inversores minoristas financie el régimen de ayudas para la recuperación que se han puesto en marcha y con ello canalizar el ahorro a la inversión y esta al desarrollo y crecimiento económico.

VIII. REFERENCIAS BIBLIOGRÁFICAS

ANNUNZIATA, Filippo, "Collective Investment Undertakings in the EU: How to Frame a Definition after the AIFMD (April 21, 2017). "RTDF N° 1 - 2017, Bocconi Legal Studies Research Paper No. 2956246, Available at SSRN: https://ssrn.com/abstract=2956246

BARKO, T., CREMERS, M., y RENNEBOOG, L. (2021): "Shareholder Engagement on Environmental, Social and Governance Performance", Journal of Business Ethics, 1-69, https://doi.org/10.1007/s10551-021-04850-z;

BELLES-SAMPERA, Jaume, and Miguel SANTOLINO. "Asignación óptima de capital en base al perfil de riesgo de las instituciones de inversión colectiva: una aplicación de las medidas de riesgo distorsionadas." *Revista de métodos cuantitativos para la economía y la empresa* 15 (2013): 65-86. Print.

CNMV, *Comunicación de la Comisión Nacional del Mercado de Valores sobre las pautas de actuación a seguir por las sociedades gestoras de instituciones de inversión colectiva en la inversión de las Instituciones de Inversión Colectiva gestionadas en otras Instituciones de Inversión Colectiva y en las delegaciones de funciones. 2010, Localizable en* https://www.cnmv.es/DocPortal/FAQ/FAQ_IIC.pdf

DE VIVERO DE PORRAS, MC, "Instrumentos financieros, fondos de inversión y derivados", en *Situación, tendencias y retos del Sistema Financiero*. AAVV. Aranzadi 2022.

DIMSON, E., KARAKAS, O., y LI, X. (2015): "Active Ownership", Review of Financial Studies, 28(12), 3225-3268 - https://doi.org/10.1093/rfs/hhv044

LOSADA, R. y LABORDA, R., "La Interconexión en Las Instituciones de Inversión Colectiva No Alternativas y El Riesgo Sistémico." *IDEAS Working Paper Series from RePEc* (2020)

MATEU JL, "La inversión colectiva dirigida hacia los mercados financieros", en *Los mercados financieros. Campuzano AB et al.* Tirant. 11/2017

MAYORDOMO, Sergio and ÁLVAREZ ROMÁN, Laura, "Developments in the collective investment industry in Spain between 2008 and 2019 "(October 13, 2020). Banco de España Article 32/20, SSRN: https://ssrn.com/abstract=3716217.

OECD (2021), OECD *Regulatory Policy Outlook 2021*, OECD Publishing, Paris. https://doi.org/10.1787/38b0fdb1-en.(Ultima visita 6/10/2022).

RODERO FRANGANILLO R. "Los Activos de las instituciones de inversión colectiva de carácter financiero." *Estudios de economía aplicada* 23.1 (2005): 93-124.

SANJUÁN Y MUÑOZ, E, *Proxy advisors en sociedades cotizadas, un análisis desde el mercado, en Derecho de Sociedades, Concursal y de los Mercados Financieros: libro homenaje al profesor Adolfo Sequeira Martín*, 2022

SEMENOVA, N., y HASSEL, L. G. (2019): "Private Engagement by Nordic Institutional Investors on Environmental, Social and Governance Risks in Global Companies", Corporate Governance: An international Review, 27(2), 144-161 - http://dx.doi.org/10.1111/corg.12267.

TRECOURT, Pierre and PERES, Florian and SINGH, Sameer, "Creating Factor Clusters in the Alternative Undertakings for Collective Investment in Transferable Securities (UCTIS) Universe" (June 6, 2022). Journal of Investment Strategies, Vol. 11, No. 2, 2022, Available at SSRN: https://ssrn.com/abstract=4221160

TORRECILLA FRADEJAS A, "Las Instituciones de inversión colectiva" en *Curso de Bolsa y Mercados Financieros*, Ariel,2001.pp. 1081 a 110.

Capítulo 9
CAPITAL RIESGO Y ENTIDADES DE TIPO CERRADO

Javier Iturrioz Del Campo
Profesor Titular de Finanzas
Universidad San Pablo CEU

Cristina Isabel Dopacio
Profesora Titular de Organización de Empresas
Universidad San Pablo CEU

Ricardo Palomo Zurdo
Catedrático de Finanzas
Universidad San Pablo CEU

I. EL CAPITAL RIESGO: INTRODUCCIÓN Y OBJETO

La reciente Ley 18/2022, de 28 de septiembre, de creación y crecimiento de empresas, incluye un capítulo específico con una serie de disposiciones que tratan de impulsar y mejorar la inversión colectiva y el capital riesgo en España. Se trata de un sector que, desde 2020, ha experimentado una considerable aceleración y dinamización, y cuyo correcto y más efectivo funcionamiento puede resultar muy favorable para el conjunto de la actividad económica. Ahora bien, ese estímulo al capital riesgo y su flexibilización debe armonizarse con una adecuada protección del inversor particular.

Se trata de una acción regulatoria que tiene como objetivo colaborar en el desarrollo del tejido empresarial representado por las pequeñas y medianas empresas, pues es notorio que las pequeñas y medianas empresas (pymes) tienen una mayor debilidad estructural respecto a las empresas de mayor tamaño, en diversas facetas, como la dependencia financiera, la productividad, la menor capacidad exportadora, la reducida inversión en innovación o la más lenta digitalización.

Por otra parte, la Ley 6/2023, de 17 de marzo, de los Mercados de Valores y de los Servicios de Inversión, modifica algunos artículos que afectan a la inversión colectiva y al Capital Riesgo.

En este contexto, una cuestión recurrente en las últimas décadas es el necesario impulso al capital-riesgo como forma alternativa de financiación para el acceso a los mercados financieros de valores (generalmente sólo accesibles a las grandes empresas) o a la financiación intermediada por la banca. En la última década se ha desarrollado considerablemente la llamada financiación participativa de plataformas (*crowdfunding/crowdlending* y otras modalidades) que han contribuido, particularmente, al desarrollo de jóvenes empresas, muchas de ellas con un fuerte componente innovador y de transformación digital.

Figura 1. El Capital Riesgo en el contexto de las fuentes y canales de financiación actuales

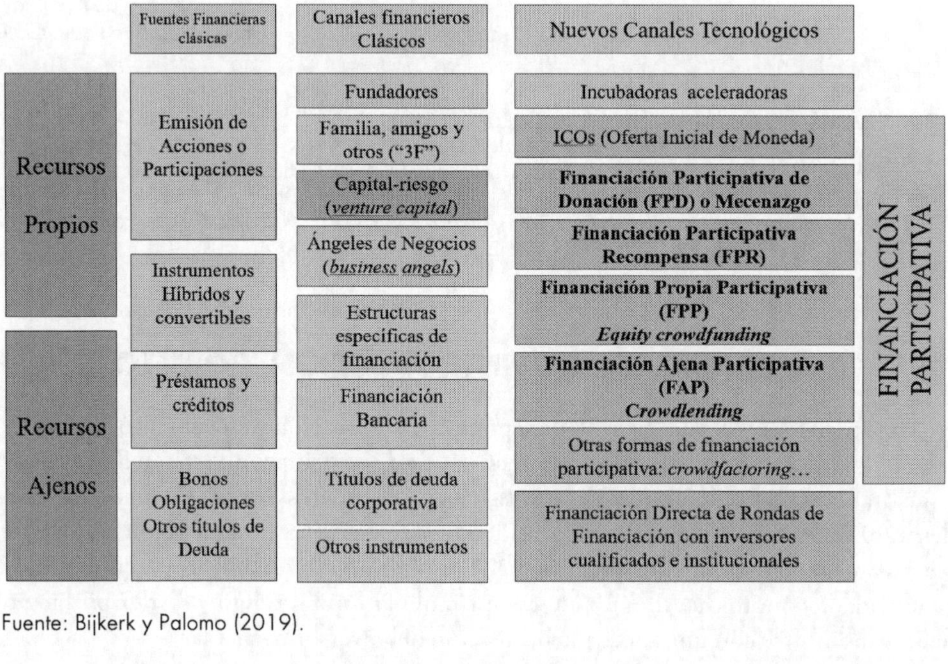

Fuentes Financieras clásicas
Canales financieros Clásicos
Nuevos Canales Tecnológicos

Recursos Propios
Recursos Ajenos

Emisión de Acciones o Participaciones
Instrumentos Híbridos y convertibles
Préstamos y créditos
Bonos Obligaciones Otros títulos de Deuda

Fundadores
Familia, amigos y otros ("3F")
Capital-riesgo (*venture capital*)
Ángeles de Negocios (*business angels*)
Estructuras específicas de financiación
Financiación Bancaria
Títulos de deuda corporativa
Otros instrumentos

Incubadoras aceleradoras
ICOs (Oferta Inicial de Moneda)
Financiación Participativa de Donación (FPD) o Mecenazgo
Financiación Participativa Recompensa (FPR)
Financiación Propia Participativa (FPP) ***Equity crowdfunding***
Financiación Ajena Participativa (FAP) ***Crowdlending***
Otras formas de financiación participativa: *crowdfactoring*…
Financiación Directa de Rondas de Financiación con inversores cualificados e institucionales

FINANCIACIÓN PARTICIPATIVA

Fuente: Bijkerk y Palomo (2019).

La figura del Capital Riesgo, clasificada siempre como una fórmula alternativa de financiación, ha gozado de un gran desarrollo en el ámbito empresarial anglosajón, pero ha requerido mayor esfuerzo para su difusión en España, probablemente por la fuerte bancarización y por el menor impulso de los promotores de sociedades y fondos de Capital Riesgo.

Conceptualmente, el Capital Riesgo consiste en la inversión en el capital de una empresa, de forma minoritaria y temporal, con el objetivo de obtener un beneficio mediante la venta futura de la participación en el capital. Se puede diferenciar entre: las entidades participadas, que son las empresas que reciben los recursos financieros, siendo habitual que se trate de pequeñas y medianas empresas con grandes perspectivas de rentabilidad y/o crecimiento, por lo que se suelen pertenecer a sectores innovadores; y las entidades inversoras, que pueden adoptar diferentes formas que se encuentran recogidas dentro de las denominadas entidades de Inversión Colectiva de tipo cerrado a las que se hace referencia posteriormente[1].

La inversión realizada en estas operaciones societarias se concreta en la adquisición de capital social de forma minoritaria y temporal, ya que el beneficio de la entidad inversora se encuentra determinado por la potencial plusvalía obtenida mediante la venta futura de la participación en el capital (proceso de desinversión o salida de la sociedad participada). La desinversión suele realizarse a medio o largo plazo y puede corresponder la mera venta directa de las participaciones al resto de socios o a terceros o a la venta de las mismas tras una operación de salida a mercados de valores.

Las entidades inversoras suelen ser entidades especializadas que aportan recursos financieros de forma temporal (3 a 10 años) a cambio de una participación (habitualmente minoritaria) en el capital de las empresas no cotizadas con un elevado potencial de crecimiento. Además, se complementa con el apoyo mediante el asesoramiento, la credibilidad frente a terceros, y la experiencia en diferentes sectores o mercados, instrumentada habitualmente mediante la participación de las entidades de capital riesgo en los consejos de administración de las empresas participadas. Entre los principales tipos de inversiones se encuentran las siguientes:

- Instituciones financieras.
- Fondos de pensiones.
- Compañías de Seguros.
- Fondos de Fondos: se trata de Fondos que en lugar de invertir directamente en las compañías, lo hacen en Fondos de Capital Riesgo (FCR). Estos captan recur-

1 Son entidades de capital-riesgo (ECR) las entidades de inversión colectiva de tipo cerrado que obtienen capital de una serie de inversores mediante una actividad comercial cuyo fin mercantil es generar ganancias o rendimientos para los inversores.

sos de los inversores y los destinan a la actividad propia del Capital Riesgo, con fuerte alineación de intereses entre los inversores (gestores) y las empresas en que invierte (BBVA, 2022)

- Empresas no financieras.
- *Family Office*: Los llamados *family office* se constituyen como una empresa privada que nace con el objetivo de preservar la riqueza en una familia de generación a generación. Para ello, se gestiona el patrimonio invirtiendo en activos tanto financieros como no financieros. Los *family office* se encargan de todo lo que engloba al patrimonio familiar (FINTEC, 2022)
- Inversores Públicos.
- Instituciones Académicas.
- Fondos Soberanos.
- Otros gestores de activos.
- Fundaciones, donaciones, etc.

El objetivo de estos medios de inversión-financiación-participación es contribuir a la expansión y desarrollo de la empresa participada, para que su valor aumente y para que transcurrido un tiempo indeterminado se realice un proceso de venta de las participaciones en el capital con la finalidad de que ello genere plusvalías sustanciales sobre la inversión realizada. Para una empresa, el hecho de superar los procesos a los establecidos por los analistas de las compañías inversoras, implica también la consecución de una reputación financiera y de viabilidad que puede ser muy valiosa ante nuevos inversores, e incluso, ante futuros clientes.

Por tanto, el capital riesgo tiene una doble función: por una parte, para la entidad participada, principalmente pequeñas y medianas empresas, es un sistema de financiación alternativo al bancario. Se utiliza fundamentalmente por sociedades con considerables niveles de riesgo, que suelen tener dificultades para conseguir financiación mediante los instrumentos habituales, como es el caso de nuevas o aun jóvenes empresas. Al adquirir parte del capital, la sociedad inversora tiene interés en el éxito de la empresa receptora, pudiendo ofrecer como valor añadido la participación en el consejo de administración y el asesoramiento en las decisiones estratégicas. Por otra parte, para la entidad inversora se trata de una inversión en el capital de las empresas participadas, de la que espera obtener plusvalías con la venta futura de esas participaciones si se cumple la esperanza de un incremento de su valor.

La evolución del Capital Riesgo ha permitido distinguir entre el denominando *venture capital* (que se refiere a la financiación de empresas que se encuentran en las primeras fases de desarrollo) y el *private equity* (que incluye a la inversión en empresas con una trayectoria consolidada).

II. REFERENCIA A LA EVOLUCIÓN DEL CAPITAL RIESGO

El Capital Riesgo tiene su origen en los Estados Unidos de América, en los años cuarenta del siglo XX, bajo la denominación de *venture capital* (Sahlman, 1990), en el que una entidad (*limited partnership)* buscaba obtener un beneficio derivado de la plusvalía obtenida con la venta del capital de empresas con potencial en las que previamente habían entrado mediante la adquisición de capital social. Estas entidades tenían a unos gestores con responsabilidad ilimitada (*general partners*) y a los aportantes de los fondos (*limited partners*) con responsabilidad limitada. En 1946 se creó la *American Research and Development* (ARD), que es considerada como la primera empresa de Capital Riesgo. Este fondo logró multiplicar por más de 5.000 veces los 70.000 dólares que invirtió en la *Digital Equipment Company*. En sus orígenes las características fundamentales de las operaciones de Capital Riesgo fueron la aportación de nuevo de capital para financiar pequeñas empresas, así como una participación minoritaria en lo que se denominó *venture capital*.

En España, el origen del término "Capital Riesgo" se produce por traducción del témino anglosajón *venture capital*. De esta forma se trata de una fuente financiera mediante la cual unos especialistas de inversión canalizan el dinero de determinados inversores hacia empresas en etapas iniciales o en proceso de crecimiento, utilizando participaciones temporales y minoritarias (Martí Pellón, 2002). La primera entidad de Capital Riesgo en España se remonta a 1972, cuando la Sociedad para el Desarrollo Industrial de Galicia (SODIGA) inició la realización de operaciones de este tipo con el objetivo de revitalizar el tejido empresarial gallego.

Hasta finales de los años 70 del siglo XX, la financiación realizada a través del capital riesgo fue relativamente moderada. En 1979 la revisión de la normativa que prohibía a los fondos de pensiones invertir en productos con riesgo supuso un importante aumento del volumen de operaciones. Durante estos años se utilizó la denominación *de venture capital* para referirse a las operaciones de este tipo, pero se empezaron a realizar operaciones en empresas, con diversos conflictos accionariales (como sucesión de las empresas, salida del empresario o fragmentación empresarial). Además, la aportación del inversor no implicaba inicialmente la entrada de nuevos recursos, siendo habitual la adquisición de acciones ya emitidas. También se buscaba que la participación aspirase a ser mayoritaria y, además, las operaciones se ampliaron a empresas medianas y grandes. Para incluir estos nuevos aspectos se acuñó el término "*private equity*", que en España fue integrado dentro del de Capital Riesgo.

Cabe indicar que la propia denominación española de Capital Riesgo no ha estado exenta de controversia, pues ya en los años noventa se planteaba que la palabra riesgo no era acertada por sus connotaciones de desalentar el interés por esta fórmula de financiación, y fueron varios los expertos que proponían la denominación "Capital Inversión" como más adecuada.

Al objeto de impulsar el emergente sector del Capital Riesgo, en 1986 se creó la Asociación Española de Capital, Crecimiento e Inversión (ASCRI) que, en 2022, cambió la denominación a SpainCap. Esta entidad aglutina entidades de *venture capital* y *private equity*, así como a sus inversores, incluyendo aseguradoras y fondos de pensiones. Los miembros de SpainCap invierten a medio y largo plazo en compañías no cotizadas, desde *start ups* a empresas consolidadas, apostando: por la financiación estable a través de capital, por la innovación y por el apoyo en la gestión. La misión de esta organización patronal es conectar a todos los actores de la industria en España, representando sus intereses ante la Administración, medios de comunicación y opinión pública, tanto a nivel nacional como internacional, a través de alianzas.

Entre sus objetivos se encuentra establecer un marco regulatorio para el sector y comunicar el efecto de su actividad sobre el tejido industrial y la creación de empleo. Para ello cuenta con diferentes tipos de socios:

- Socios Gestores, que se encargan de promover, solicitar y realizar toda clase de actividades para las entidades participadas.
- Socios Asesores, quienes se dedican a prestar servicios de asesoramiento, tales como contable, fiscal, financiero, laboral, etc. Para ejercer su actividad se sustentan en la capacidad, experiencia y conocimientos.
- Socios Inversores (*Limited Partners*) que son inversores institucionales o sociedades que invierten en capital riesgo, entre las que se incluyen fondos de pensiones, bancos, compañías aseguradoras, *family offices* y fondos soberanos.

En los años 90 del pasado siglo se produjo un nuevo incremento en el volumen de aportaciones, motivado por los avances de las empresas tecnológicas en el auge de las empresas de Internet. Así, alrededor del año 2000, se consiguió una cifra récord en cuanto al volumen de fondos de capital riesgo, pero a principios del siglo XXI la burbuja se desinfló, y las cotizaciones en bolsa cayeron. Esto supuso una reducción de los niveles de inversión, volviendo a importes similares a los de mediados de los años 90. Este proceso ha supuesto que estas entidades opten por la concienciación de la necesidad de buscar oportunidades fuera de sus fronteras y por la diversificación en distintos sectores.

III. LA VINCULACIÓN FINANCIERA EN LAS OPERACIONES DE CAPITAL RIESGO

En las operaciones de Capital Riesgo se pueden diferenciar varias fases secuenciales a lo largo del tiempo que tienen que ver con el proceso de negociación y formalización de los acuerdos alcanzados y que pueden variar considerablemente en plazos y condiciones, e incluso, en función del sector de actividad.

En este sentido, cabe distinguir cuatro fases principales en los procesos de vinculación financiera entre la empresa financiada y la entidad inversora; a saber: fase de necesidad de financiación; fase de análisis de la viabilidad por parte de la empresa de capital riesgo, fase de crecimiento y fase de desinversión.

A) Fase de necesidad de financiación

El proceso de las operaciones de Capital Riesgo se fundamenta en la necesidad de financiación de las empresas que tienen como uno de sus principales obstáculos la posibilidad de acceder a las fórmulas tradicionales, ya que las entidades financieras se muestran reticentes a financiar nuevas ideas por la incertidumbre que generan.

Cuando el emprendedor comprueba que no puede conseguir recursos mediante los sistemas convencionales se plantea otras alternativas como la posibilidad de obtener financiación mediante las operaciones de Capital Riesgo.

En ese momento acuden a las entidades gestoras de los Fondos o Entidades de Capital Riesgo aportando información sobre su plan de negocio (*business plan*) en el que se incluyen el presupuesto y el periodo de maduración. Además, si consigue financiación de esta forma, aumenta la reputación financiera de la empresa financiada pues emite la señal al mercado de que los expertos avalan su viabilidad y modelo de negocio al haber arriesgado fondos en la operación.

Las empresas que solicitan financiación mediante Capital Riesgo (*Venture Capital*) pueden encontrarse en alguna de las siguientes fases:

- Financiación de Capital Semilla (*Seed*): el emprendedor tiene una idea de negocio, aunque la empresa aún no está creada. En este caso el inversor tiene pocos datos para valorar el proyecto lo que complica la inversión.
- Financiación de Creación (*Startup*): la idea de negocio ya está materializada (suele referirse a un producto ya conocido), pero aún no se ha creado la empresa. El éxito sigue siendo incierto, pero en este caso el inversor tiene más datos para evaluar el plan de negocios.
- Financiación de Juventud (*Other Early Stage*): el producto o servicio ya existe en un mercado reducido, pero carece una producción competitiva. En esta fase es especialmente importante la aportación de conocimientos por parte de la entidad de Capital Riesgo. Su función asesora, sus potenciales contactos con proveedores y potenciales clientes y su experiencia pueden ser fundamentales para el verdadero lanzamiento y éxito de la empresa financiada.
- Financiación de Establecimiento (*Late Stage Venture*): se trata de mejorar la posición de la empresa financiada en el mercado, buscando explotar la distribución

y hacerla más competitiva. En esta situación también se puede incluir la posible internacionalización de la empresa.

La financiación en las primeras fases requiere menores cantidades de capital y, por tanto, más oportunidades de que la participación pueda generar elevadas plusvalías si se cumplen expectativas favorables. No obstante, también incluyen un mayor riesgo por la falta de resultados históricos, así como por la incertidumbre, al desconocer la aceptación del producto o servicio por parte del mercado y la propia valoración de la experiencia o habilidad de los directivos al frente de la empresa financiada, un factor muy relevante en la toma de decisiones por parte de los analistas de capital riesgo.

Por otra parte, las *Private Equity* además de solicitar financiación para las operaciones anteriores, también solicitan financiación en forma de Capital Riesgo para otras operaciones tales como la expansión/internacionalización de la empresa; *"Replacement"* (reemplazo); la adquisición de empresas a través de operaciones como el *Leverage Buy-Out* (LBO); *Management Buy-Out* (MBO) o *Management Buy-Int* (MBI).

Tabla 1. Ventajas e inconvenientes para las empresas financiadas mediante capital riesgo

Ventajas	Inconvenientes
Rapidez para lograr la entrada de efectivo.	Pérdida de parte del control a favor de la entidad inversora.
No requiere devolución ni pago de intereses (la retribución es vía reparto de beneficios de la empresa).	Se pierde parte de la empresa a cambio de financiación.
La entidad inversora ofrece asesoramiento y ayuda.	Las condiciones fijadas para la desinversión pueden ser excesivas.
La entidad inversora ofrece contactos en el mercado.	Posibles problemas de los gestores iniciales con los gestores de la entidad inversora.

Fuente: Elaboración propia.

B) Fase de análisis de la viabilidad por parte de la entidad de Capital Riesgo

Las entidades de Capital Riesgo realizan un análisis económico-financiero, llevado a cabo, normalmente, por parte del personal de la entidad. En el mismo se determinan aspectos como: la innovación, la utilidad del desarrollo tecnológico o el posible crecimiento del mercado y de la competencia. También es muy relevante la valoración de la experiencia y garantías de gestión y toma de decisiones del equipo directivo. Tanto los elementos tangibles como intangibles del proyecto a financiar son detalladamente analizados.

Tras diversas reuniones que aclaren las dudas del inversor, éste puede decidir si hace una oferta de financiación en firme. En caso de ser aceptada por el emprendedor, se firmará un pacto de exclusividad para dar tiempo a que el inversor audite la empresa y la información vinculada al proyecto (este proceso se conoce como *due diligence)*. Una vez terminado dicho proceso y cerrado el acuerdo se desembolsa el importe comprometido. También se pueden firmar pactos de recompra y condiciones o rango de precios de compra al que tendría derecho la sociedad de capital riesgo en caso de operaciones societarias como ampliaciones de capital o salidas a mercados de valores.

Las entidades de Capital Riesgo cuentan con los recursos obtenidos de diversas fuentes entre las que pueden citarse: entidades financieras, personas físicas, sociedades, fondos de pensiones, compañías de seguros y entidades públicas. Generalmente estas entidades dividen la financiación entre varios proyectos para que el riesgo disminuya, creando así una cartera o *porfolio* de participadas y diversificando por sectores o perfiles de proyectos. Son conscientes de las posibles pérdidas completas de la inversión si los proyectos resultan fallidos, pero con la esperanza de acertar en otras que pueden generar considerables plusvalías.

Las inversiones son, normalmente a medio y largo plazo, y, una vez que finaliza el periodo de captación de recursos, el fondo se cierra y no se puede reembolsar lo aportado durante un periodo que puede llegar a ser de hasta diez años.

C) Fase de crecimiento

Una vez aceptada la operación por ambas partes se procede a establecer un plan de acción con el objetivo de incrementar el valor de la empresa financiada. En este apartado las entidades de Capital Riesgo, además de los recursos financieros, aportan su experiencia y conocimientos a la marcha de la entidad participada. Los inversores de Capital Riesgo se encuentran dentro del accionariado de la empresa (y habitualmente dentro de los propios consejos de administración) realizando el seguimiento para controlar que la gestión se desarrolla según lo esperado. En gran medida, pretenden aportar valor a la empresa participada a través de diversos servicios, como contribuir a identificar y atraer a directivos, abrir las puertas de entidades financieras, clientes y proveedores, así como a otras redes de contactos del inversor, o el apoyo en el proceso de internacionalización. Los estudios realizados en España (Martí Pellón, Salas de la Hera y Alférez, 2011, entre otros) ponen de manifiesto que las empresas apoyadas por entidades de capital riesgo crecen más que las empresas similares no apoyadas por esta forma de financiación-participación.

En los casos de empresas medianas bien gestionadas la aportación de recursos financieros y el apoyo en aspectos internacionales de las entidades de Capital Riesgo permiten explotar oportunidades de crecimiento. Estos inversores aportarán nuevos recursos, facilitando también el acceso a financiación bancaria, y experiencia en el acceso a otros mercados. En ocasiones, el salto en dimensión supondrá la cesión de una posición mayoritaria al inversor de capital riesgo, aunque la gestión seguirá estando en manos del equipo original, complementado con algunos profesionales/miembros del consejo de administración. Esta participación es temporal, pudiendo terminar con la recompra de esa posición mayoritaria en el proceso de salida del inversor de Capital Riesgo.

D) Fase de desinversión

El principal objetivo de la inversión en Capital Riesgo es poder obtener un beneficio a la hora de desprenderse de su parte invertida. Al tratarse de inversiones temporales, cuando el negocio está maduro se desinvierte la participación.

Las empresas financiadas por Capital Riesgo no cotizan en bolsa, por lo que en el momento de la desinversión es necesario encontrar a un comprador. Los métodos de desinversión son tres:

- Venta al emprendedor o a socios de la empresa: En ocasiones el emprendedor o alguno/s de los socios de la empresa pueden estar interesados en adquirir la participación de la entidad de Capital Riesgo y así recomprar su participación original y controlar el cien por cien de la empresa.
- Venta a terceros: Se trata de encontrar terceros ajenos a la empresa participada interesados en la adquisición. Puede ser un competidor u otros fondos de capital privado.
- Venta en bolsa/mercados financieros organizados: Si las empresas han adquirido un tamaño suficientemente grande se puede plantear una salida a bolsa lo que dependerá de la situación del mercado de capitales en ese momento.

En ocasiones las entidades de Capital Riesgo establecen diferentes condiciones para reducir el riesgo derivado de la desinversión, entre las que pueden mencionarse:

- *Drag-along* o Técnica de arrastre: Si hay más accionistas dentro de la empresa y aparece un comprador para la parte del Capital Riesgo, estos accionistas están obligados a vender también su parte (es más fácil vender el cien por cien que una parte).
- *Tag-along* o Técnica de acompañamiento: Si otro accionista encuentra a alguien interesado en comprar su parte, está obligado a dejar que la parte de Capital Riesgo se sume a esa venta.
- Opciones de venta: Obligan a los socios de la empresa a recomprar la parte de Capital Riesgo si pasado un determinado tiempo no hay expectativas de venta. En ocasiones es el propio consejo de administración el que decide recomprar la parte invertida por la entidad de Capital Riesgo.

Los aspectos característicos de las operaciones de Capital Riesgo se resumen en la tabla 2.

Tabla 2. Aspectos característicos de las operaciones de Capital Riesgo

Riesgo	Estas operaciones tienen un elevado de riesgo, ya que no hay garantía de beneficio.
Empresas financiadas	Carácter innovador, equipo de dirección responsable y bien estructurado, expectativas de competitividad, y alto potencial de crecimiento.
Temporalidad	Mantenimiento del capital por tiempo limitado.
Participación en la gestión	El inversor tiene que tener derecho a participar en el Consejo de Administración, velando por su inversión y ofreciendo su experiencia.
Desinversión	Tras el incremento de valoración se espera que otro inversor se haga con la parte correspondiente a la entidad financiadora.

Fuente: Elaboración propia.

IV. DIMENSIÓN ECONÓMICA DE LAS OPERACIONES DE CAPITAL RIESGO

El capital riesgo contribuye a impulsar la economía y el tejido empresarial de diversas maneras: constituye una vía de financiación para empresas no cotizadas; ayuda al crecimiento de las empresas, aumentando las ventas, la facturación y el tamaño; permite crear empleo a un mayor ritmo, especialmente en empresas en fases iniciales o tecnológicas; fomenta la inversión, al liberar a las empresas de la dependencia entre su nivel de inversión y su capacidad de generar recursos internamente; aumenta la innovación y reduce la tasa de fracaso empresarial.

Para comprender y analizar el impacto económico del capital riesgo en el tejido empresarial español, es necesario diferenciar cuatro aspectos claves que son los siguientes:

1. La captación de fondos durante el período 2018-2021.
2. Las inversiones a las que van destinados esos fondos diferenciando entre las modalidades de inversión *Private Equity* (PE) e inversión *Venture Capital (VC).*
3. El proceso de desinversión tanto en *Private Equity* como en *Venture Capital.*
4. La cartera acumulada hasta el año 2022.

A) Captación de Nuevos Fondos

Durante el año 2021 la captación de nuevos fondos por parte de las entidades privadas de *Private Equity* y *Venture Capital* alcanzó los 2.960,9 millones de euros, lo que representa un aumento del 40% con respecto al año 2020 (véase tabla 3) llegando a un total de 3,218,4 millones de euros si se incorporan los fondos procedentes de entidades públicas tales como el Instituto de Crédito Oficial [ICO (FOND-ICO Global)] y el Fondo Europeo de Inversiones. El 60% de estos recursos proceden de empresas españolas y el 30% de empresas europeas. Si tomamos el horizonte temporal de 2018-2021, puede apreciarse el cambio que se ha producido en el origen de los fondos dado que en el 2018 eran las empresas europeas las que aportaban el 50% de los fondos mientras que las empresas españolas únicamente aportaban el 30%. Los datos ponen de manifiesto que las empresas españolas están recuperando la confianza una vez superada la crisis sanitaria.

Tabla 3. La captación de fondos por tipo de entidades y origen de los fondos en el período 2018-2021

CAPTACIÓN DE FONDOS POR TIPO DE ENTIDAD								
TIPO DE ENTIDAD	2018		2019		2020		2021	
Entidad Capital PRIVADA	2.178,00	91,67%	1.920,20	87,64%	2.134,60	92,59%	2.960,90	92,00%
Entidad Capital PÚBLICA	197,90	8,33%	270,80	12,36%	170,90	7,41%	257,50	8,00%
TOTAL	**2.375,90**	100,00%	**2.191,00**	100,00%	**2.305,50**	100,00%	**3.218,40**	100,00%

ORIGEN DE NUEVOS RECURSOS POR ZONA GEOGRÁFICA								
	2018		2019		2020		2021	
ESPAÑA	699,80	32,13%	1.066,80	55,56%	1.511,20	70,80%	1.783,60	60,24%
EUROPA	1.091,00	50,09%	720,00	37,50%	491,30	23,02%	892,20	30,13%
EEUU	181,00	8,31%	121,30	6,32%	107,90	5,05%	259,50	8,76%
ASIA	100,10	4,60%	7,70	0,40%	-	0,00%	2,20	0,07%
CANADA	-	0,00%	-	0,00%	-	0,00%	2,80	0,09%
OTROS	106,10	4,87%	4,40	0,23%	24,20	1,13%	20,60	0,70%
TOTAL	**2.178,00**	100,00%	**1.920,20**	100,00%	**2.134,60**	100,00%	**2.960,90**	100,00%

Fuente: Elaboración propia a partir de Asociación Española de Capital, Crecimiento e Inversión, 2022. Cifras en millones de euros.

Si se tiene en cuenta el tipo de inversor en capital riesgo, tanto nacionales como internacionales, los *family office* han constituido, durante el año 2021, la principal fuente de captación de fondos (26,07%), seguidos de los Fondos de Fondos y los Fondos Públicos, manteniendo la tendencia producida durante estos últimos años. Por otro lado, las instituciones financieras se sitúan como el cuarto proveedor de recursos financieros (Véase tabla 4 y Figura 2).

Tabla 4. La captación de fondos por tipo de inversor en el período 2018-2021

TIPO DE INVERSOR (ENTIDAD CAPITAL NACIONAL PRIVADA)												
	2018						2019					
	VC		PE		TOTAL		VC		PE		TOTAL	
	V. ABSOLUTO	V. RELATIVO	V. ABSOLUTO	V. RELATIVO	V. ABSOLUTO	V. RELATIVO	V. ABSOLUTO	V. RELATIVO	V. ABSOLUTO	V. RELATIVO	V. ABSOLUTO	V. RELATIVO
Instituciones financieras	9,70	5,30%	144,90	7,26%	154,60	7,10%	60,20	7,55%	5,50	0,49%	65,70	3,42%
Fondos de pensiones	15,90	8,69%	225,50	11,30%	241,40	11,08%	13,70	1,72%	80,80	7,20%	94,50	4,92%
Compañias de seguro	2,50	1,37%	210,30	10,54%	212,80	9,77%	79,30	9,94%	32,20	2,87%	111,50	5,81%
Fondos de Fondos	21,70	11,86%	534,20	26,78%	555,90	25,52%	122,20	15,32%	369,30	32,90%	491,50	25,60%
Empresas no financieras	27,10	14,81%	38,30	1,92%	65,40	3,00%	108,10	13,55%	98,10	8,74%	206,20	10,74%
Family Office	89,00	48,63%	396,20	19,86%	485,20	22,28%	284,80	35,70%	273,70	24,38%	558,50	29,09%
Inversores Públicos	11,10	6,07%	140,60	7,05%	151,70	6,97%	111,10	13,93%	182,40	16,25%	293,50	15,28%
Instituciones académicas	-	0,00%	78,50	3,93%	78,50	3,60%	-	0,00%	20,00	1,78%	20,00	1,04%
Fondos soberanos	-	0,00%	100,00	5,01%	100,00	4,59%	-	0,00%	-	0,00%	-	0,00%
Otros gestores de activos	-	0,00%	61,10	3,06%	61,10	2,81%	-	0,00%	34,80	3,10%	34,80	1,81%
Otros (fundaciones; donaciones)	6,00	3,28%	65,40	3,28%	71,40	3,28%	18,30	2,29%	25,70	2,29%	44,00	2,29%
TOTAL	**183,00**	100,00%	**1.995,00**	100,00%	**2.178,00**	100,00%	**797,70**	100,00%	**1.122,50**	100,00%	**1.920,20**	100,00%

TIPO DE INVERSOR (ENTIDAD DE CAPITAL NACIONAL PRIVADA)												
	2020						2021					
	VC		PE		TOTAL		VC		PE		TOTAL	
	V. ABSOLUTO	V. RELATIVO	V. ABSOLUTO	V. RELATIVO	V. ABSOLUTO	V. RELATIVO	V. ABSOLUTO	V. RELATIVO	V. ABSOLUTO	V. RELATIVO	V. ABSOLUTO	V. RELATIVO
Instituciones financieras	50,70	6,26%	24,60	1,86%	75,3	3,53%	64,50	6,43%	246,10	12,57%	310,6	10,49%
Fondos de pensiones	13,00	1,61%	83,50	6,30%	96,5	4,52%	28,90	2,88%	143,10	7,31%	172	5,81%
Compañias de seguro	19,90	2,46%	33,50	2,53%	53,4	2,50%	34,00	3,39%	93,50	4,78%	127,5	4,31%
Fondos de Fondos	10,60	1,31%	204,30	15,42%	214,9	10,07%	27,50	2,74%	629,70	32,17%	657,2	22,20%
Empresas no financieras	103,20	12,75%	54,30	4,10%	157,5	7,38%	113,30	11,29%	33,90	1,73%	147,2	4,97%
Family Office	252,60	31,20%	668,90	50,49%	921,5	43,17%	407,00	40,55%	364,80	18,64%	771,8	26,07%
Inversores Públicos	274,80	33,94%	105,60	7,97%	380,4	17,82%	291,90	29,08%	313,30	16,01%	605,2	20,44%
Instituciones académicas	-	0,00%	-	0,00%	0	0,00%	-	0,00%	-	0,00%	0	0,00%
Fondos soberanos	-	0,00%	21,00	1,59%	21	0,98%	-	0,00%	-	0,00%	0	0,00%
Otros gestores de activos	49,90	6,16%	85,80	6,48%	135,7	6,36%	21,60	2,15%	12,50	0,64%	34,1	1,15%
Otros (fundaciones; donaciones)	35,00	4,32%	43,40	3,28%	78,4	3,67%	15,00	1,49%	120,30	6,15%	135,3	4,57%
TOTAL	**809,70**	100,00%	**1.324,90**	100,00%	**2.134,60**	100,00%	**1.003,70**	100,00%	**1.957,20**	100,00%	**2.960,90**	100,00%

Fuente: Elaboración propia a partir de Asociación Española de Capital, Crecimiento e Inversión, 2022. Cifras en millones de euros.

Figura 2. Captación de Fondos según tipo de inversor (año 2021)

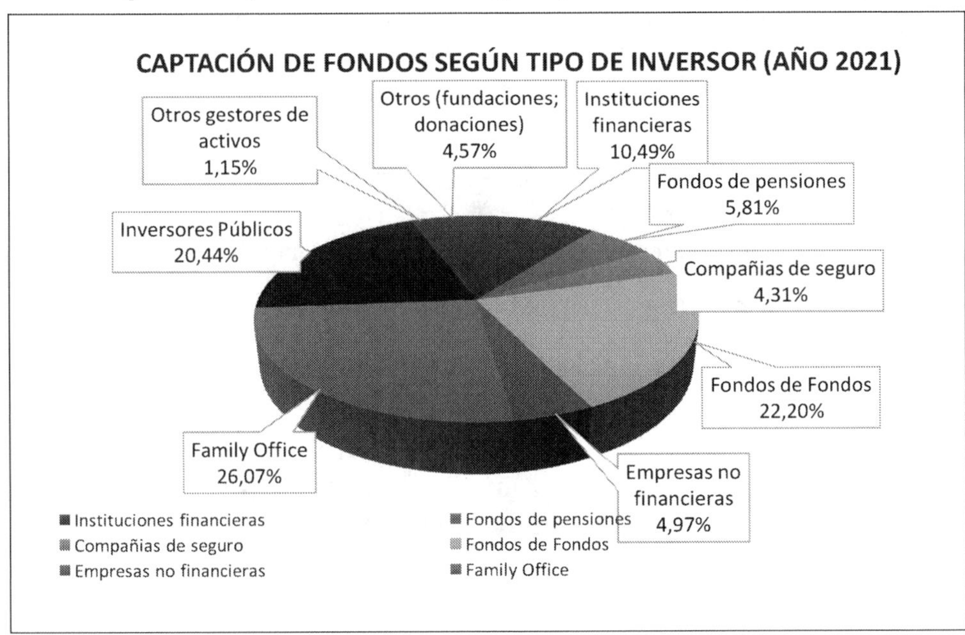

Fuente: Elaboración propia a partir de Asociación Española de Capital, Crecimiento e Inversión, 2022.

B) La inversión de *Private Equity* y *Venture Capital.*

Durante el período 2018-2021 la evolución de las inversiones en España ha sido positiva, sobre todo en el año 2019, cuando se llegó a los 8.526,9 millones de euros. En el año 2020 se produjo una caída muy significativa (26,4%) con respecto al año 2019, muy probablemente con motivo de la pandemia. No obstante, en el año 2021 se han destinado a la realización de inversiones un total de 7.572,2 millones de euros, lo que supone un incremento del 20,68% con respecto al año 2020 aunque todavía no se ha alcanzado la cifra registrada en el año 2019. (Véase tabla 5).

Tabla 5. Inversión por tipo de entidad en el período 2018-2021

INVERSIÓN POR TIPO DE ENTIDAD: VENTURE CAPITAL (VC) Y PRIVATE EQUITY (PE) (MILLONES DE EUROS)								
	2018		2019		2020		2021	
	V. ABSOLUTO	V. RELATIVO	V. ABSOLUTO	V. RELATIVO	V. ABSOLUTO	V. RELATIVO	V. ABSOLUTO	V. RELATIVO
VENTURE CAPITAL INTERNACIONAL	259,90	51,41%	443,20	61,39%	452,40	54,31%	1.670,30	79,23%
VENTURE CAPITAL NACIONAL PRIVADO	227,80	45,06%	239,80	33,22%	312,10	37,47%	365,00	17,31%
VENTURE CAPITAL NACIONAL PÚBLICO	17,80	3,52%	38,90	5,39%	68,50	8,22%	72,90	3,46%
TOTAL VC	505,50	100,00%	721,90	100,00%	833,00	100,00%	2.108,20	100,00%
PRIVATE EQUITY INTERNACIONAL	4.322,30	78,47%	6.271,30	80,35%	4.249,00	78,08%	4.427,60	81,02%
PRIVATE EQUITY NACIONAL PRIVADO	1.148,80	20,86%	1.444,40	18,51%	1.162,00	21,35%	985,60	18,04%
PRIVATE EQUITY NACIONAL PÚBLICO	36,80	0,67%	89,30	1,14%	31,20	0,57%	51,30	0,94%
TOTAL PE	5.507,90	100,00%	7.805,00	100,00%	5.442,20	100,00%	5.464,50	100,00%
TOTAL VENTURE CAPITAL + PRIVATE EQUITY	**6.013,40**		**8.526,90**		**6.275,20**		**7.572,70**	

Fuente: Elaboración propia a partir de Asociación Española de Capital, Crecimiento e Inversión, 2022. Cifras en millones de euros.

Si se analiza el destino de las inversiones, diferenciando entre las inversiones en *Venture Capital* e inversiones en *Private Equity*, vemos cómo durante todo el período se ha mantenido una proporción comparativa aproximadamente similar, siendo la inversión en *Private Equity* (PE) muy superior a la destinada a *Venture Capital* (VE) (véase la figura 3).

Figura 3. Inveriones Venture Capital/Private Equity (2018-2021)

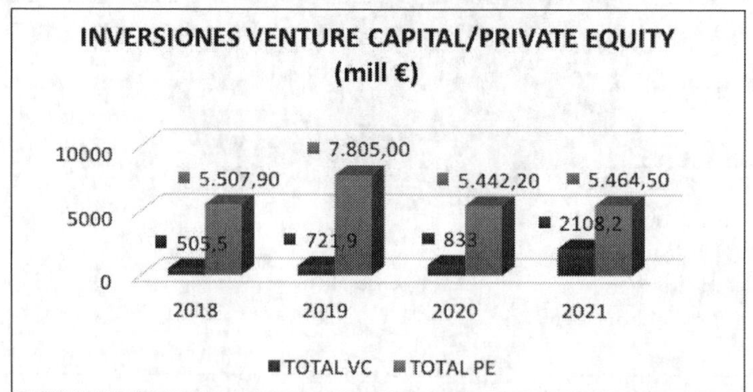

Fuente: Elaboración propia a partir de Asociación Española de Capital, Crecimiento e Inversión, 2022.

Por otra parte, durante el año 2021, el 81,59% de las inversiones realizadas son nuevas inversiones y sólo el 18,41% se corresponde con ampliaciones de inversiones de años anteriores. Si se compara con el año 2020, se puede apreciar que se ha producido un aumento significativo en lo relacionado con "nuevas inversiones", dado que, solo en 2020, el 69,39% de las inversiones eran nuevas, mientras que la parte restante se trataba de ampliaciones de años anteriores. El volumen más importante de nuevas inversiones tuvo lugar en el año 2018. (Véase la figura 4).

Figura 4. Nuevas Inversiones y Ampliaciones (2018-2021)

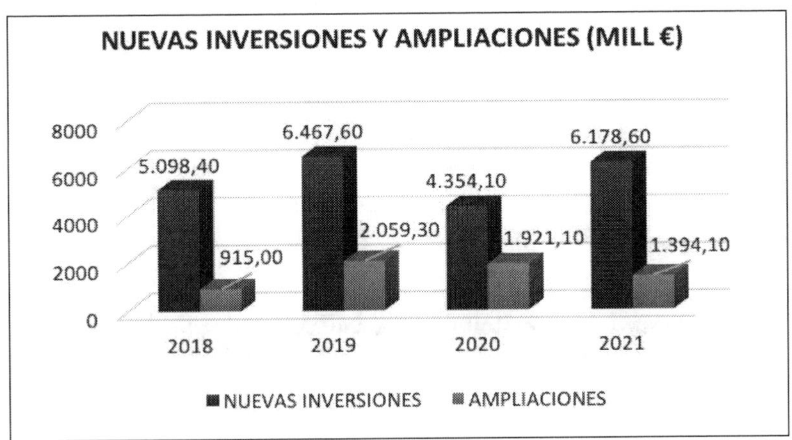

Fuente: Elaboración propia a partir de Asociación Española de Capital, Crecimiento e Inversión, 2022.

Las inversiones a las que se destinan los fondos cubren las distintas fases de desarrollo de las empresas. En concreto, relacionado con las *Venture Capital*, los recursos captados se destinan, principalmente, tanto a inversiones en las primeras etapas de crecimiento de una empresa (*Seed*, *Startup* y *Other early Stages*) como a otras fases orientadas a fomentar el crecimiento de la empresa o su expansión (*Late Stage Venture*). En este sentido, tomando como referencia el total de Entidades de Capital Privado en el año 2021 del volumen de inversión (7.572,2 mill. €) únicamente el 7,24% ha ido dirigido al emprendimiento, es decir, se asocia a las etapas iniciales de creación de una empresa, mientras que el resto respaldan operaciones de una mayor envergadura. (Véase tabla 6).

Tabla 6. Inversiones según la fase de desarrollo en el período 2018-2021

INVERSIONES SEGÚN LA FASE DE DESARROLLO (MILLONES DE EUROS)								
	2018		2019		2020		2021	
Seed	24,30	0,40%	20,80	0,24%	79,90	1,27%	50,20	0,66%
Startup	126,90	2,11%	120,30	1,41%	94,80	1,51%	146,70	1,94%
Other early stages	215,60	3,59%	187,60	2,20%	281,60	4,49%	351,60	4,64%
Late stage venture	138,70	2,31%	393,20	4,61%	376,70	6,00%	1.573,70	20,78%
Expansión	658,70	10,95%	647,80	7,60%	926,00	14,76%	964,10	12,73%
Replacement	105,20	1,75%	100,30	1,18%	114,40	1,82%	148,10	1,96%
LBO/MBO/MBI	3.589,00	59,68%	6.880,20	80,69%	2.453,80	39,10%	4.178,50	55,18%
Otras	1.155,00	19,21%	176,70	2,07%	1.948,00	31,04%	159,80	2,11%
TOTAL	**6.013,40**	100,00%	**8.526,90**	100,00%	**6.275,20**	100,00%	**7.572,70**	100,00%

Fuente: Elaboración propia a partir de Asociación Española de Capital, Crecimiento e Inversión, 2022.

No obstante, si únicamente se analizan las operaciones en la modalidad de *Venture Capital*, este porcentaje se incrementa ligeramente hasta el 26,02%, siendo destacable el descenso que ha tenido lugar en comparación con el año 2021 en el que este porcentaje estaba próximo al 55%. Durante el período 2018-2021 han tenido lugar diferencias significativas en los tipos de inversiones que se han potenciado con los recursos captados en las operaciones de capital riesgo (Véase Figura 5).

Figura 5. Inversiones Venture Capital vinculado al emprendimiento (2018-2020)

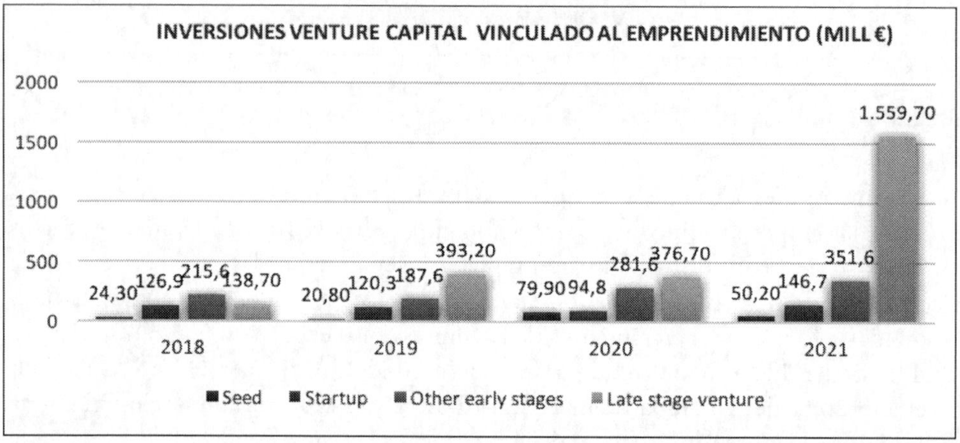

Fuente: Elaboración propia a partir de Asociación Española de Capital, Crecimiento e Inversión, 2022.

Por otra parte, durante el año 2021 el 96,94% del volumen de inversión en *Venture Capital* se ha dirigido hacia las Pequeñas y Medianas Empresas, mientras que en lo relacionado con *Private Equity*, este volumen de inversión es únicamente del 42,66% (Véase Tabla 7 y Figura 6).

Tabla 7. Destino de las inversiones según el tamaño de la empresa en al año 2021

DESTINO DE LAS INVERSIONES SEGÚN EL TAMAÑO DE LA EMPRESA 2021 (MILLONES DE EUROS)						
	PRIVATE EQUITY		VENTURE CAPITAL		TOTAL	
MICROEMPRESAS	17,40	0,32%	280,30	13,30%	297,70	3,93%
PEQUEÑAS EMPRESAS	992,70	18,17%	800,00	37,95%	1.792,70	23,67%
MEDIANAS EMPRESAS	1.321,30	24,18%	963,20	45,69%	2.284,50	30,17%
GRANDES EMPRESAS	3.133,20	57,34%	64,60	3,06%	3.197,80	42,23%
TOTAL	**5.464,60**	100,00%	**2.108,10**	100,00%	**7.572,70**	100,00%

Fuente: Elaboración propia a partir de Asociación Española de Capital, Crecimiento e Inversión, 2022.

Figura 6. Las Pymes y el Capital Riesgo en 2021

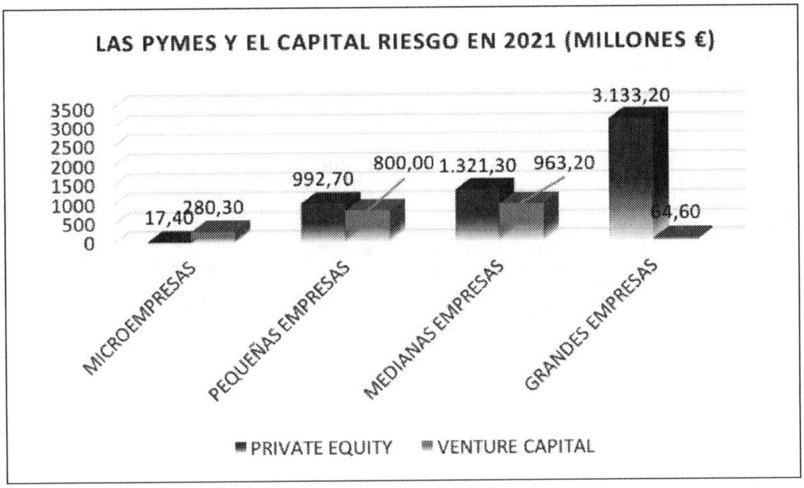

Fuente: Elaboración propia a partir de Asociación Española de Capital, Crecimiento e Inversión, 2022.

Al centrarse en los sectores en los que se han desarrollado estas inversiones en capital riesgo, durante el año 2021, el sector más favorecido ha sido el sector de la informática (32,09%) seguido del sector de la energía y de los recursos naturales (25,69%). Todos ellos han experimentado, durante ese último año registrado, un incremento muy significativo si se compara con los años anteriores, lo cual proporciona una idea de qué sectores atraen ahora el interés inversor dada la evolución exponencial de la tecnología y la creciente relevancia del sector energético y de las materias primas ante el alza de sus precios desde la finalización de la pandemia.

Por el contrario, si se analizan los sectores que han sufrido una caída importante en relación con las inversiones, se podría destacar el caso del sector de las comunicaciones, que en el último año analizado ha recibido, únicamente, un 2,39% del volumen de inversión frente al 25,48% del año anterior (Véase tabla 8).

Tabla 8. Inversiones según el sector de destino de las operaciones

INVERSIONES SEGÚN EL SECTOR AL QUE VAN DIRIGIDAS (MILLONES DE EUROS)								
	2018		2019		2020		2021	
Informática	382,90	6,37%	619,70	7,27%	1.584,10	25,24%	2.430,30	32,09%
Otros electrónica	0,90	0,01%	2,10	0,02%	2,10	0,03%	39,90	0,53%
Producción y servicios industriales	146,10	2,43%	879,00	10,31%	476,40	7,59%	216,40	2,86%
Productos de consumo	818,30	13,61%	1.016,40	11,92%	546,00	8,70%	461,80	6,10%
Agricultura, Ganadería y Pesca	205,80	3,42%	360,40	4,23%	142,80	2,28%	174,80	2,31%
Energía y Recursos Naturales	1.197,30	19,91%	1.556,20	18,25%	202,20	3,22%	1.945,30	25,69%
Química - Plásticos	10,60	0,18%	29,80	0,35%	42,10	0,67%	90,30	1,19%
Construcción	67,30	1,12%	24,60	0,29%	51,50	0,82%	24,70	0,33%
Medicina/salud	441,90	7,35%	452,00	5,30%	264,90	4,22%	656,50	8,67%
Hostelería y Ocio	151,20	2,51%	667,50	7,83%	587,30	9,36%	527,90	6,97%
Comunicaciones	1.031,00	17,15%	166,30	1,95%	1.599,00	25,48%	181,10	2,39%
Biotecnología e Ingenieria Genética	37,70	0,63%	348,90	4,09%	127,60	2,03%	153,10	2,02%
Servicios Financieros	8,20	0,14%	120,30	1,41%	233,60	3,72%	189,70	2,51%
Otros servicios	960,50	15,97%	2.160,60	25,34%	336,20	5,36%	422,60	5,58%
Otros	-	0,00%	0,20	0,00%	-	0,00%	-	0,00%
Transporte	40,80	0,68%	105,00	1,23%	40,00	0,64%	51,70	0,68%
Otros Producción	512,90	8,53%	17,90	0,21%	39,40	0,63%	6,60	0,09%
TOTAL	**6.013,40**	100,00%	**8.526,90**	100,00%	**6.275,20**	100,00%	**7.572,70**	100,00%

Fuente: Elaboración propia a partir de Asociación Española de Capital, Crecimiento e Inversión, 2022.

Por último, si se analiza cómo se ha distribuido este volumen de inversiones por Comunidades Autónomas, las principales son la Comunidad de Madrid con un 59,05% y Cataluña con un 28,1%. Aunque, tradicionalmente, son las comunidades con más presencia de operaciones de Capital Riesgo, es importante destacar el incremento que ha tenido lugar en la Comunidad de Madrid frente al descenso de Cataluña en este último año gracias a la recuperación de la confianza en el tejido empresarial (Véase tabla 9).

Tabla 9. Inversiones realizadas en función de las Comunidades Autónomas

INVERSIONES REALIZADAS POR COMUNIDADES AUTÓNOMAS (MILLONES DE EUROS)								
	2018		2019		2020		2021	
Andalucía	159,50	2,65%	388,90	4,56%	324,90	5,18%	170,10	2,25%
Aragón	11,20	0,19%	30,90	0,36%	129,20	2,06%	106,60	1,41%
Asturias	13,80	0,23%	7,20	0,08%	18,40	0,29%	39,70	0,52%
Baleares	13,60	0,23%	43,70	0,51%	479,50	7,64%	83,30	1,10%
Canarias	27,30	0,45%	21,60	0,25%	-	0,00%	14,20	0,19%
Cantabría	-	0,00%	1,00	0,01%	25,10	0,40%	0,80	0,01%
Castilla-La Mancha	18,40	0,31%	13,90	0,16%	49,10	0,78%	237,90	3,14%
Castilla y León	137,20	2,28%	106,10	1,24%	26,50	0,42%	63,30	0,84%
Cataluña	1.756,10	29,20%	1.065,50	12,50%	645,80	10,29%	1.519,00	20,06%
Comunidad de Madrid	2.439,10	40,56%	5.387,10	63,18%	3.740,10	59,60%	4.655,30	61,47%
Comunidad Valenciana	232,10	3,86%	784,20	9,20%	194,00	3,09%	323,30	4,27%
Extremadura	20,90	0,35%	38,40	0,45%	9,90	0,16%	63,80	0,84%
Galicia	66,00	1,10%	222,20	2,61%	145,50	2,32%	48,50	0,64%
La Rioja	180,80	3,01%	109,90	1,29%	5,60	0,09%	16,90	0,22%
Murcia	36,40	0,61%	13,90	0,16%	81,90	1,31%	79,50	1,05%
Navarra	434,10	7,22%	116,90	1,37%	45,10	0,72%	30,30	0,40%
Pais Vasco	466,90	7,76%	175,50	2,06%	354,60	5,65%	120,20	1,59%
Ceuta/Melilla	-	0,00%	-	0,00%	-	0,00%	-	0,00%
TOTAL	**6.013,40**	100,00%	**8.526,90**	100,00%	**6.275,20**	100,00%	**7.572,70**	100,00%

Fuente: Elaboración propia a partir de Asociación Española de Capital, Crecimiento e Inversión, 2022.

C) El proceso de desinversión

Durante el año 2021, la rotación de la cartera de las Entidades de Capital Riesgo recobró el impulso que tenía hasta 2020 y se cerraron algunas de las mayores desinversiones en curso del año anterior. En concreto, la venta de empresas participadas en el año 2021 alcanzó el importe de 2.667,9 millones de euros, lo que supone un incremento del 64,36% con respecto al año 2020. De este volumen total de desinversiones, el 92,16% se corresponde con inversiones en *Private Equity,* siendo el resto de las operaciones procedentes de *Venture Capital* (Véase tabla 10)

Los principales mecanismos de desinversión que se han empleado durante el año 2021 han sido la venta a terceros (44,50%) o la venta a otra entidad de capital privado (35,49%) siendo menos habitual el Mercado de valores (0,33%). Esta forma de desinversión se ha producido de manera muy similar tanto en *Venture Capital* como en *Private Equity.*

Tabla 10. Principales vías de desinversión en el período 2018-2021

PRINCIPALES VIAS DE DESINVERSIÓN (MILLONES DE EUROS)												
	2018						2019					
	VENTURE CAPITAL		PRIVATE EQUITY		TOTAL		VENTURE CAPITAL		PRIVATE EQUITY		TOTAL	
	V. ABSOLUTO	V. RELATIVO	V. ABSOLUTO	V. RELATIVO	V. ABSOLUTO	V. RELATIVO	V. ABSOLUTO	V. RELATIVO	V. ABSOLUTO	V. RELATIVO	V. ABSOLUTO	V. RELATIVO
Recompra	14,70	6,89%	326,90	17,90%	341,60	16,75%	39,20	17,57%	271,40	9,85%	310,60	10,43%
Venta a otra ECP	29,30	13,74%	656,70	35,96%	686,00	33,64%	0,90	0,40%	983,90	35,72%	984,80	33,08%
Venta a terceros	107,90	50,59%	430,80	23,59%	538,70	26,42%	67,70	30,35%	772,50	28,05%	840,20	28,22%
Mercado de Valores	5,60	2,63%	238,50	13,06%	244,10	11,97%	0,70	0,31%	280,50	10,18%	281,20	9,44%
Reconocimiento de minusvalía	42,50	19,92%	20,90	1,14%	63,40	3,11%	23,50	10,53%	29,00	1,05%	52,50	1,76%
Reembolso de préstamos	11,20	5,25%	32,80	1,80%	44,00	2,16%	14,40	6,45%	378,30	13,74%	392,70	13,19%
Otras formas	2,10	0,98%	119,40	6,54%	121,50	5,96%	76,70	34,38%	38,60	1,40%	115,30	3,87%
TOTAL	**213,30**	100,00%	**1.826,00**	100,00%	**2.039,30**	100,00%	**223,10**	100,00%	**2.754,20**	100,00%	**2.977,30**	100,00%
	2020						2021					
	VENTURE CAPITAL		PRIVATE EQUITY		TOTAL		VENTURE CAPITAL		PRIVATE EQUITY		TOTAL	
	V. ABSOLUTO	V. RELATIVO	V. ABSOLUTO	V. RELATIVO	V. ABSOLUTO	V. RELATIVO	V. ABSOLUTO	V. RELATIVO	V. ABSOLUTO	V. RELATIVO	V. ABSOLUTO	V. RELATIVO
Recompra	7,7	3,23%	27,30	1,97%	35	2,16%	6,9	3,30%	80,10	3,26%	87	3,26%
Venta a otra ECP	9,8	4,11%	265,70	19,19%	275,5	16,97%	23,6	11,28%	923,20	37,55%	946,8	35,49%
Venta a terceros	70,9	29,72%	835,40	60,34%	906,3	55,83%	89,4	42,73%	1.097,80	44,65%	1187,2	44,50%
Mercado de Valores	8,9	3,73%	165,90	11,98%	174,8	10,77%	0,4	0,19%	8,40	0,34%	8,8	0,33%
Reconocimiento de minusvalía	129,20	54,15%	10,20	0,74%	139,4	8,59%	49,70	23,76%	136,70	5,56%	186,4	6,99%
Reembolso de préstamos	11,10	4,65%	65,60	4,74%	76,7	4,73%	11,00	5,26%	99,70	4,05%	110,7	4,15%
Otras formas	1,00	0,42%	14,50	1,05%	15,5	0,95%	28,20	13,48%	112,80	4,59%	141	5,29%
TOTAL	**238,60**	100,00%	**1.384,60**	100,00%	**1.623,20**	100,00%	**209,20**	100,00%	**2.458,70**	100,00%	**2.667,90**	100,00%

Fuente: Elaboración propia a partir de Asociación Española de Capital, Crecimiento e Inversión, 2022.

Los sectores que más se han visto afectados por estas desinversiones durante el año 2021 han sido tanto el sector informático (21,86%) como el sector de Medicina y Salud (15,09%). Este último sector, ha experimentado un importante crecimiento en las desinversiones si lo comparamos con las que se produjeron en el año 2020 (1,72%). Por el contrario, tanto el sector de la Producción y Servicios Industriales y el de Productos de Consumo han visto reducido el porcentaje de su volumen de desinversión con respecto al año anterior. En lo que se refiere a sectores como la Construcción, la Hostelería y el Ocio y la electrónica, las diferencias son poco significativas y el volumen de desinversión que se ha producido es muy pequeño. (Veáse tabla 11).

Tabla 11. Desinversiones en función de los sectores de actividad

DESINVERSIONES SEGÚN EL SECTOR EN EL QUE SE HAN PRODUCIDO (MILLONES DE EUROS)								
	2018		2019		2020		2021	
Informática	90,00	4,41%	342,90	11,52%	277,70	17,11%	583,20	21,86%
Otros electrónica	2,10	0,10%	2,30	0,08%	1,70	0,10%	6,00	0,22%
Producción y servicios industriales	136,30	6,68%	491,10	16,49%	491,00	30,25%	120,10	4,50%
Productos de consumo	613,10	30,07%	330,10	11,09%	370,90	22,85%	231,00	8,66%
Agricultura, Ganadería y Pesca	12,90	0,63%	45,80	1,54%	19,70	1,21%	27,80	1,04%
Energía y Recursos Naturales	110,60	5,42%	281,50	9,45%	160,80	9,91%	94,20	3,53%
Química - Plásticos	78,90	3,87%	49,10	1,65%	3,70	0,23%	105,10	3,94%
Construcción	5,50	0,27%	30,30	1,02%	24,50	1,51%	26,00	0,97%
Medicina/salud	86,70	4,25%	259,30	8,71%	27,90	1,72%	402,70	15,09%
Hostelería y Ocio	76,30	3,74%	13,90	0,47%	5,00	0,31%	6,60	0,25%
Comunicaciones	653,90	32,07%	360,30	12,10%	174,90	10,78%	375,60	14,08%
Biotecnología e Ingeniería Genética	15,60	0,77%	74,20	2,49%	16,30	1,00%	296,90	11,13%
Servicios Financieros	-	0,00%	3,00	0,10%	2,50	0,15%	83,60	3,13%
Otros servicios	54,00	2,65%	546,00	18,34%	13,20	0,81%	229,70	8,61%
Otros	6,20	0,30%	2,00	0,07%	-	0,00%	-	0,00%
Transporte	57,60	2,82%	79,60	2,67%	30,00	1,85%	1,10	0,04%
Otros Producción	39,50	1,94%	65,90	2,21%	3,40	0,21%	78,30	2,93%
TOTAL	**2.039,20**	100,00%	**2.977,30**	100,00%	**1.623,20**	100,00%	**2.667,90**	100,00%

Fuente: Elaboración propia a partir de Asociación Española de Capital, Crecimiento e Inversión, 2022.

D) Cartera Acumulada

En el año 2021 el valor total de la cartera acumulada en operaciones de Capital Riesgo asciende a un total de 38.444,2 millones de euros, lo que representa un incremento del 14,69% con respecto al año 2020. Las Entidades Internacionales tienen un peso del 74,53% sobre el total, seguido de las Entidades Nacionales Privadas. En esta composición, puede verse cómo la inversión internacional ha ido incrementando su participación en las empresas españolas durante estos últimos años (Véase la figura 7).

Figura 7. Composición de la Cartera Acumulada (mil €)

Fuente: Elaboración propia a partir de Asociación Española de Capital, Crecimiento e Inversión, 2022.

Si el análisis se hace por sectores, la cartera se encuentra bastante repartida. Los sectores predominantes son el de "Otros servicios" (incluye servicios de ingeniería, publicidad y relaciones públicas, distribución, importación y exportación, consultoría —excluida consultoría sobre tecnologías de la información—) (16,24%); Informática (15,06%) y Energía y Recursos Naturales (14,39%) (Veáse Tabla 12).

Tabla 12. Cartera acumulada de participaciones según sector de destino

CARTERA ACUMULADA SEGÚN EL SECTOR AL QUE VAN DIRIGIDAS (MILLONES DE EUROS)								
	2018		2019		2020		2021	
Informática	2.088,80	9,09%	2.598,40	9,00%	3.917,20	11,69%	5.790,00	15,06%
Otros electrónica	197,30	0,86%	21,10	0,07%	20,10	0,06%	56,00	0,15%
Producción y servicios industriales	2.281,30	9,92%	2.475,20	8,57%	2.463,70	7,35%	2.401,90	6,25%
Productos de consumo	3.457,50	15,04%	4.235,70	14,67%	4.675,60	13,95%	4.919,80	12,80%
Agricultura, Ganadería y Pesca	354,70	1,54%	669,50	2,32%	787,20	2,35%	934,00	2,43%
Energía y Recursos Naturales	2.111,00	9,18%	3.647,50	12,64%	3.664,10	10,93%	5.531,90	14,39%
Química - Plásticos	748,00	3,25%	773,90	2,68%	814,60	2,43%	800,90	2,08%
Construcción	650,60	2,83%	645,20	2,24%	672,10	2,01%	674,80	1,76%
Medicina/salud	1.585,30	6,90%	1.819,00	6,30%	2.050,20	6,12%	2.448,10	6,37%
Hostelería y Ocio	893,30	3,89%	1.546,80	5,36%	1.740,40	5,19%	2.182,20	5,68%
Comunicaciones	1.536,10	6,68%	1.329,60	4,61%	2.759,20	8,23%	2.903,30	7,55%
Biotecnología e Ingenieria Genética	296,60	1,29%	583,10	2,02%	696,50	2,08%	541,80	1,41%
Automatización industrial	4,80	0,02%	4,50	0,02%	4,20	0,01%	1,60	0,00%
Servicios Financieros	1.122,80	4,88%	1.244,10	4,31%	1.491,20	4,45%	1.394,30	3,63%
Otros servicios	3.808,40	16,57%	5.401,90	18,71%	6.118,20	18,25%	6.242,30	16,24%
Otros	55,90	0,24%	55,90	0,19%	55,90	0,17%	54,10	0,14%
Transporte	857,30	3,73%	901,60	3,12%	911,60	2,72%	959,50	2,50%
Otros Producción	940,70	4,09%	913,90	3,17%	676,90	2,02%	607,70	1,58%
TOTAL	**22.990,40**	100,00%	**28.866,90**	100,00%	**33.518,90**	100,00%	**38.444,20**	100,00%

Fuente: Elaboración propia a partir de Asociación Española de Capital, Crecimiento e Inversión, 2022.

Por último, al analizar cómo se reparte esta cartera acumulada entre las distintas Comunidades Autónomas, actualmente la Comunidad de Madrid tiene el 51,67% de dicha cartera, lo que supone un incremento próximo al 20% en relación con el año 2020. Por el contrario, comunidades como Cantabria, Canarias o Asturias tienen una incidencia muy poco significativa en las operaciones de Capital Riesgo en estos momentos. (Véase Tabla 13)

Tabla 13. Distribución de la cartera acumulada en función de las Comunidades Autónomas

DISTRIBUCIÓN DE LA CARTERA ACUMULADA POR COMUNIDADES AUTÓNOMAS (MILLONES DE EUROS)								
	2018		2019		2020		2021	
Andalucía	490,20	2,13%	877,40	3,04%	1.171,10	3,49%	1.241,30	3,23%
Aragón	248,20	1,08%	277,10	0,96%	394,10	1,18%	500,50	1,30%
Asturias	208,40	0,91%	172,40	0,60%	186,30	0,56%	219,10	0,57%
Baleares	1.229,60	5,35%	1.114,70	3,86%	1.594,20	4,76%	1.668,80	4,34%
Canarias	34,50	0,15%	55,50	0,19%	55,50	0,17%	61,90	0,16%
Cantabría	48,10	0,21%	45,60	0,16%	65,80	0,20%	30,60	0,08%
Castilla-La Mancha	367,20	1,60%	378,50	1,31%	427,60	1,28%	635,30	1,65%
Castilla y León	339,80	1,48%	397,80	1,38%	406,80	1,21%	354,90	0,92%
Cataluña	5.672,80	24,67%	6.230,30	21,58%	6.525,30	19,47%	7.797,70	20,28%
Comunidad de Madrid	9.286,70	40,39%	13.255,60	45,92%	16.474,20	49,15%	19.862,70	51,67%
Comunidad Valenciana	1.357,70	5,91%	1.951,10	6,76%	2.105,20	6,28%	1.799,40	4,68%
Extremadura	470,10	2,04%	493,00	1,71%	214,60	0,64%	275,60	0,72%
Galicia	636,70	2,77%	817,50	2,83%	949,40	2,83%	991,30	2,58%
La Rioja	427,50	1,86%	454,00	1,57%	451,00	1,35%	456,40	1,19%
Murcia	407,60	1,77%	406,70	1,41%	214,20	0,64%	293,20	0,76%
Navarra	287,30	1,25%	760,70	2,64%	800,40	2,39%	787,00	2,05%
País Vasco	1.478,00	6,43%	1.179,00	4,08%	1.483,20	4,42%	1.468,50	3,82%
Ceuta/Melilla	-	0,00%	-	0,00%	-	0,00%	-	0,00%
TOTAL	**22.990,40**	100,00%	**28.866,90**	100,00%	**33.518,90**	100,00%	**38.444,20**	100,00%

Fuente: Elaboración propia a partir de Asociación Española de Capital, Crecimiento e Inversión, 2022.

Al centrarse en la evolución de la cartera acumulada en la Comunidad de Madrid y en la Comunidad Catalana, puede apreciarse cómo ha ido creciendo la cartera acumulada en la Comunidad de Madrid, mientras que en Cataluña se ha producido el efecto contrario (Véase la figura 8).

Figura 8. Comparativa Capital Riesgo Comunidad de Madrid-Cataluña

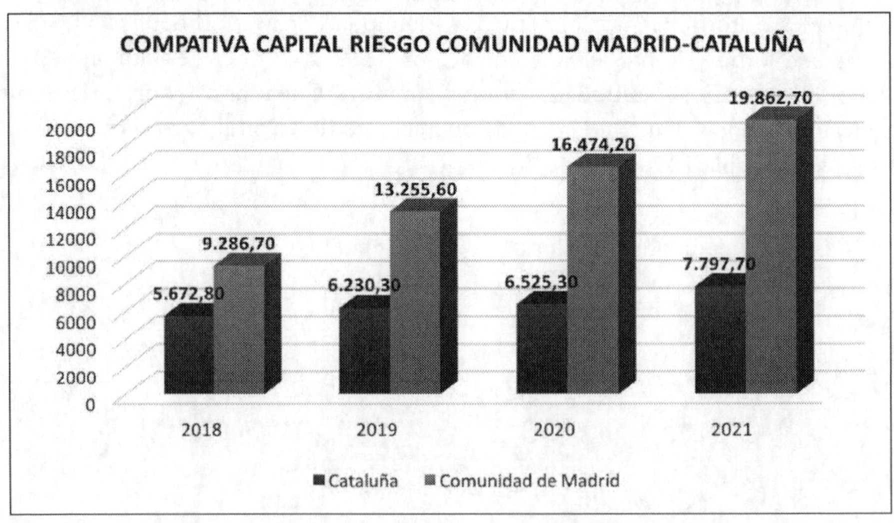

Fuente: Elaboración propia a partir de Asociación Española de Capital, Crecimiento e Inversión, 2022.

V. LA NORMATIVA DEL CAPITAL RIESGO: EVOLUCIÓN Y SITUACIÓN ACTUAL

Vista la importancia del capital riesgo, así como su delimitación conceptual y mecanismo de funcionamiento, queda claro su papel relevante como forma de financiación alternativa que contribuye a diversificar las fuentes financieras de la empresa, añadiendo, además, la experiencia y análisis de la viabilidad de los modelos de negocio que se pueden beneficiar de las aportaciones de capital riesgo.

Para llegar a la Ley 18/2022 ha sido preciso un largo camino regulatorio, definido por la propia evolución de esta forma de financiación alternativa a la tradicional de los intermediarios financieros y por los años que ha precisado para lograr conocimiento y reconocimiento en el ámbito empresarial. Las diversas etapas económicas y también políticas han ido configurando su base regulatoria que abarca ya casi cincuenta años.

Los antecedentes legislativos del Capital Riesgo en España se remontan al año 1976 con el Real Decreto Ley 18/1976, de 8 de octubre, sobre medidas económicas, en el que se regulan las sociedades de desarrollo industrial como precedentes de las sociedades de Capital Riesgo. Diez años más tarde, el Real Decreto Ley 1/1986, de 14 de marzo, de medidas urgentes administrativas, financieras, fiscales y laborales, establecía el régimen de estas entidades que fue modificado por la Ley 1/1999, de 5 de enero, reguladora de las Entidades de Capital Riesgo y sus Sociedades Gestoras. Esta norma introdujo las dos modalidades de entidades (sociedades y fondos), y los sujetó a un régimen de autorización y supervisión, por parte de la Comisión Nacional del Mercado de Valores (CNMV). Sobre esta verdadera primera Ley sobre capital riesgo en España se ha ido moldeando su contorno legal con otras leyes que contemplan el capital riesgo en el contexto de la inversión colectiva.

Así, pueden citarse: la Ley 35/2003 de 4 de noviembre, de instituciones de inversión colectiva, que tenía como objetivo establecer un régimen jurídico adaptado a la existencia de una demanda diversificada y la competencia creciente entre los prestadores de servicios de gestión; la Ley 25/2005, de 24 de noviembre, reguladora de las entidades de Capital Riesgo y sus sociedades gestoras, que supuso la agilización del régimen administrativo y la flexibilización de las reglas de inversión; la Ley 22/2014, de 12 de noviembre, que regula las entidades de Capital Riesgo y otras entidades de inversión colectiva de tipo cerrado y adapta la normativa de la Unión Europea derogando la Ley 25/2005.

La citada normativa diferencia entre entidades de Capital Riesgo así como otras entidades de inversión colectiva de tipo cerrado y las sociedades gestoras, antes indicadas. La citada norma define la "inversión colectiva de tipo cerrado" como aquella realizada por las entidades de Capital Riesgo y otras entidades de inversión colectiva en las que las desinversiones de sus socios o partícipes se deben producir de forma simultánea para todos; y lo percibido por la desinversión por cada socio o partícipe se establece en función de los derechos que le correspondan de acuerdo con los términos establecidos en los estatutos o reglamentos.

Más concretamente, la inversión colectiva de tipo cerrado se puede llevar a cabo en España a través de dos posibles figuras:

A) Las "Entidades de Capital Riesgo" (o "ECR", con una definición similar a la que ya existía en la Ley 25/2005), que tienen como objeto principal la toma de participaciones temporales en el capital de empresas de naturaleza no inmobiliaria ni financiera que, en el momento de la toma de participación, no coticen en el primer mercado de bolsas de valores o en cualquier otro mercado regulado equivalente de la Unión Europea o del resto de países miembros de la Organización para la Cooperación y el Desarrollo Económicos.

B) Las "Entidades de Inversión Colectiva de tipo Cerrado" (o "EICC") que, careciendo de un objetivo comercial o industrial, obtienen capital de una serie de inversores, mediante una actividad de comercialización, para invertirlo en todo tipo de activos, financieros o no financieros, conforme a una política de inversión predefinida.

Por tanto, la diferencia fundamental entre las Entidades de Capital Riesgo y las Entidades de Inversión Colectiva de tipo Cerrado es que las primeras tienen un ámbito de inversión más reducido que las segundas. Así, las Entidades de Capital Riesgo restringen su actividad de inversión a la toma de participaciones temporales en el capital de empresas de naturaleza no inmobiliaria ni financiera que, en el momento de la toma de participación no coticen en mercados organizados, mientras que las Entidades de Inversión Colectiva de tipo Cerrado pueden invertir en "todo tipo de activos, financieros o no financieros".

La figura de las Entidades de Inversión Colectiva de tipo Cerrado se establece como una categoría residual para aquellas entidades que no se ajusten a las categorías de Entidades de Capital Riesgo habituales, y también con el objetivo de dar cabida a la comercialización de los Fondos de Inversión Alternativa Comunitarios Cerrados que no tenían una categoría análoga en el ordenamiento jurídico español.

Tanto las Entidades de Capital Riesgo como las Entidades de Inversión Colectiva de tipo Cerrado pueden adoptar la forma jurídica de Fondos o de Sociedades. Los Fondos tienen que estar gestionados por una Sociedad Gestora (SGEIC), mientras que Sociedades pueden gestionarse directamente por la propia sociedad ("sociedades autogestionadas"[2]) o por una Sociedad Gestora. Las sociedades gestoras han sido tradicionalmente sociedades anónimas cuyo objeto social es la gestión de las inversiones de

2 En las Sociedades de Capital Riesgo (SCR) y Sociedades de Inversión Colectiva de tipo cerrado (SICC) la propia entidad puede actuar como sociedad gestora, si el órgano de gobierno de la misma

una o varias sociedades o fondos, así como el control y gestión de sus riesgos, aunque este es uno de los aspectos modificados por la nueva normativa establecida por la Ley 18/2022 de creación y crecimiento de empresas.

Así mismo, se delimitan las actividades que pueden realizar las Sociedades Gestoras (con algunas particularidades con respecto a las sociedades autogestionadas e imponiéndose determinadas restricciones), distinguiendo entre:

a) Actividad principal: gestión carteras de inversión y control y gestión de riesgos respecto de las entidades que gestionen.

b) Actividades adicionales: labores de administración, comercialización y actividades relacionadas con los activos de la entidad.

c) Servicios accesorios: gestión discrecional de carteras de inversión, asesoramiento en materia de inversión, custodia y administración de participaciones y acciones y recepción y transmisión de órdenes de clientes en relación con uno o varios instrumentos financieros.

Por otra parte, se establece un régimen estricto para obtener la autorización de la Comisión Nacional del Mercado de Valores (CNMV), siendo necesario notificar a la misma cualquier modificación significativa de las condiciones de concesión de la autorización inicial.

Por otra parte, hay que mencionar a los denominados ángeles de los negocios (*Business Angels)* que son inversores particulares que toman participaciones accionariales en empresas, generalmente a propuesta de asesores de inversión, particularmente en el ámbito de la denominada banca privada y gestión de patrimonios por parte de entidades financieras y de *family offices*. La figura de los ángeles de los negocios se constituye así como capital riesgo "informal".

VI. LA NOVEDAD REGULATORIA DEL CAPITAL RIESGO: LA LEY 18/2022 Y LA LEY 6/2023

En este apartado se hace referencia a las novedades regulatorias establecidas por dos normas: La Ley 18/2022 de creación y crecimiento de empresas y la Ley 6/2023 de los Mercados de Valores y de los Servicios de Inversión.

---

decide no designar a una gestora externa. En este caso se denominan "autogestionadas" y se regulan por el apartado 2.5.2. de la Ley 22/2014.

A) La Ley 18/2022 de creación y crecimiento de empresas

La Ley 18/2022, de 28 de septiembre, de creación y crecimiento de empresas pretende mejorar las condiciones para el desarrollo de las actividades empresariales, impulsando el emprendimiento y fomentando el aumento de la dimensión de las empresas, dado que ello se traduce en una mejor capacidad para financiarse y para resistir problemas de tesorería que pueden aflorar, tanto en tiempos de bonanza como de crisis. Con ello se puede contribuir a mitigar la incertidumbre financiera y evitar condicionar su capacidad de crecimiento y de generar empleo.

El capítulo VI de la citada norma establece una serie de reformas con el objetivo de mejorar el Capital Riesgo en particular y las entidades de inversión colectiva cerradas en general. Las principales modificaciones se refieren a las medidas para fomentar la competitividad del Capital Riesgo y a la regulación de nuevas figuras.

a) Medidas para fomentar la competitividad del Capital Riesgo.

La nueva normativa introduce una serie de medidas para mejorar la competitividad del sector de capital riesgo entre las que pueden citarse las siguientes:

- La eliminación de la obligatoriedad del informe trimestral que tenían que publicar las sociedades gestoras, para cada uno de los fondos de inversión que administraban. Con la nueva normativa la publicación es voluntaria, aunque es necesario indicar en cada folleto si van a proporcionar la citada información.
- El establecimiento de los medios telemáticos como forma de comunicación, por defecto, con partícipes y accionistas, salvo que no hayan sido facilitados los datos necesarios para ello o se haya manifestado por escrito la preferencia para recibirla físicamente, en cuyo caso se remitirá en formato físico en papel y de modo gratuito.
- La posibilidad de que las entidades de capital riesgo (Sección 2ª, artículo 18) puedan invertir en instrumentos de deuda, formando parte de su coeficiente obligatorio de inversión.
- El establecimiento, dentro del objeto principal del Capital Riesgo de la inversión en entidades financieras cuya actividad se encuentre sustentada, principalmente, en la aplicación de tecnología a nuevos modelos de negocio, aplicaciones, procesos o productos, lo cual resulta de gran interés en estos años de fuerte transformación digital de las empresas.
- La flexibilización del régimen de diversificación de las inversiones de las entidades de Capital Riesgo con el fin de adaptarlos a los estándares y prácticas internacionales del sector (modificaciones en los artículos 14, 16, 17, 18 y 23).
- La homogeneización de las Entidades de Capital Riesgo-Pyme con la figura de los Fondos de Capital Riesgo Europeos, de manera que se amplía el requisito

del número de empleados máximo que tienen que cumplir estas entidades en el momento de la inversión, pasando de 250 a 499.

- La reducción del desembolso inicial en el momento de la constitución de las Sociedades de Capital Riesgo, que pasa del 50 al 25 por ciento del capital comprometido.
- La flexibilización del régimen para inversores no profesionales en entidades de capital riesgo, permitiendo la comercialización a minoristas. Para ello es necesario que accedan a la inversión a través de la recomendación de una entidad autorizada para la prestación del servicio de asesoramiento, que la inversión mínima inicial sea de 10.000 euros y, que no suponga más del patrimonio financiero del cliente si este no supera los 500.000 euros (modificación del artículo 75.2). Este aspecto es, probablemente, uno de los más trascendentes de la norma, pues abre tanto el espectro de posibles financiadores de proyectos, como las opciones de inversión que pueden plantearse los inversores minoristas.
- La posibilidad de constituir Sociedades Gestoras de Entidades de Inversión Colectiva de tipo Cerrado bajo la forma de Sociedad de Responsabilidad Limitada. La modificación en el apartado primero del artículo 41 permite esta alternativa, reduciendo las limitaciones a la constitución de sociedades gestoras, ya que la forma de SRL tiene unos requisitos para su constitución y funcionamiento menores a los de las sociedades anónimas. Esta modificación también se introduce en los artículos 40 y 43 de la Ley 35/2003, de 4 noviembre, de Instituciones de Inversión Colectiva con el mismo propósito.

b) Regulación de nuevas figuras.

La norma recoge también la regulación de nuevas figuras como son los llamados Fondos de Inversión a Largo Plazo Europeos, que son recogidos en la Sección 1.ª, modificando el artículo 40 de la Ley 35/2003, de 4 de noviembre, de Instituciones de Inversión Colectiva, añadiendo esta figura de los Fondos de Inversión a Largo Plazo Europeos (regulados en el Reglamento (UE) 2015/760 del Parlamento Europeo y del Consejo, de 29 de abril de 2015). Este tipo de vehículo tiene como objetivo dar acceso a los inversores minoristas a la inversión en pequeñas y medianas empresas no cotizadas, permitiendo invertir en un tipo de activo (préstamos sindicados, deuda privada, participaciones y acciones y otros) que solo estaba disponible para inversores institucionales.

Así mismo, en relación con las Entidades de Inversión Colectiva de tipo Cerrado de Préstamos (EICCP), la norma regula estas entidades, cuyo objeto principal consiste en la inversión en facturas, préstamos, crédito y efectos comerciales de uso habitual en el ámbito del tráfico mercantil (incluidas en el artículo 4 bis).

B) La Ley 6/2023 de los Mercados de Valores y de los Servicios de Inversión

La Ley 6/2023, de 17 de marzo, de los Mercados de Valores y de los Servicios de Inversión recoge en su articulado varios aspectos que afectan al Capital Riesgo y a las entidades de tipo cerrado, entre los que pueden citarse las Disposiciones Finales octava (afecta a las Tasas de la CNMV) y novena (afecta a diversos apartados como los recursos propios adicionales).

a) La Disposición final octava de la Ley 6/2023 modifica la Ley 16/2014, de 30 de septiembre, por la que se regulan las tasas de la Comisión Nacional del Mercado de Valores. Se pueden mencionar los siguientes aspectos:

- En el apartado cinco se modifica el artículo 44 de la Ley 16/2014, incluyendo a las entidades de inversión colectiva de tipo cerrado (EICC) como sujetos pasivos de las tasas de inscripción en los registros oficiales de la Comisión Nacional del Mercado de Valores.
- En el apartado siete se modifica el artículo 55 de la Ley 16/2014, incluyendo a las Sociedades de Inversión Colectiva de tipo cerrado (SICC) autogestionadas, a los Fondos de Caplital Riesgo Europeos (FCRE), y a las entidades depositarias de entidades de capital riesgo y de Fondos de Caplital Riesgo Europeos inscritas en los registros oficiales de la Comisión Nacional del Mercado de Valores como sujetos pasivos de las tasas por supervisión e inspección de los requisitos de solvencia y actividad. Se exceptúan aquellas que en la fecha de devengo se encuentren en proceso de liquidación o absorción y lo hayan notificado a la Comisión Nacional del Mercado de Valores.

b) La Disposición final novena de la Ley 6/2023 modifica la Ley 22/2014, de 12 de noviembre, por la que se regulan las entidades de Capital Riesgo, otras entidades de inversión colectiva de tipo cerrado y las sociedades gestoras de entidades de inversión colectiva de tipo cerrado. Entre los aspectos modificados pueden citarse:

- En el apartado dos se modifica el artículo 48 sobre Requisitos de la autorización para las Sociedades Gestoras de Entidades de Inversión Colectiva (SGEIC) se mantiene el capital social mínimo inicial íntegramente desembolsado, que será de: 300.000 euros en el caso de Sociedades de Inversión Colectiva de tipo cerrado (SICC) autogestionadas; y de 125.000 euros en el caso de Sociedades Gestoras de Entidades de Inversión Colectiva.

  No obstante, cuando el valor total de las carteras gestionadas exceda de 250 millones de euros, las sociedades gestoras deberán aumentar los recursos propios. La cuantía adicional de estos recursos propios podrá ser cubierta hasta en un 50 por ciento con una garantía por el mismo importe de una entidad de crédito o de una entidad aseguradora.

En ningún momento los recursos propios de las Sociedades Gestoras de Entidades de Inversión Colectiva podrán ser inferiores al importe estipulado en el artículo 13 del Reglamento (UE) 2019/ 2033 del Parlamento Europeo y del Consejo en el que se indican las partidas a deducir del balance. Los recursos propios mínimos exigibles, incluidos los recursos propios adicionales, se invertirán en activos líquidos o activos fácilmente convertibles en efectivo a corto plazo y no incluirán posiciones especulativas. El resto de los recursos propios pueden invertirse en cualquier activo adecuado para el cumplimiento de su fin social, siempre que la inversión se realice con carácter de permanencia.

También, en el artículo 48, se modifica el responsable de desarrollar el régimen de recursos propios y las normas de solvencia de las Sociedades Gestoras de Entidades de Inversión Colectiva, incluyendo a la persona titular del Ministerio de Asuntos Económicos y Transformación Digital en sustitución del Ministro de Economía y Competitividad.

- En el apartado cinco, se modifica el artículo 67 (apartado 1) estableciendo que las Sociedades Gestoras de Entidades de Inversión Colectiva deberán publicar, por cada una de las Entidades de Capital Riesgo o Entidades de Inversión Colectiva de tipo Cerrado que gestionen, un documento con los datos fundamentales para el inversor (cuando se trate de productos dirigidos a minoristas). Además, se mantiene la publicación del informe anual y del folleto informativo. Entre las especificaciones de esta información se incorpora un nuevo apartado relativo al documento con los datos fundamentales para el inversor que tendrá que editarse por la entidad con carácter previo a su inscripción en el registro administrativo y se ajustará a las previsiones del Reglamento (UE) 1286/2014 del Parlamento Europeo y del Consejo de 26 de noviembre de 2014 sobre los documentos de datos fundamentales relativos a los productos de inversión minorista vinculados y los productos de inversión basados en seguros.
- En el apartado nueve, se modifica el artículo 75 sobre los Límites a la comercialización de Entidades de Capital Riesgo y Entidades de Inversión Colectiva de tipo Cerrado, añadiendo un nuevo apartado en el que indica que cuando se produzca la comercialización de Entidades de Capital Riesgo y Entidades de Inversión Colectiva de tipo Cerrado, las Sociedades Gestoras de Entidades de Inversión Colectiva deberán poner a disposición de los inversores por cada una de las Entidades de Capital Riesgo o Entidades de Inversión Colectiva de tipo Cerrado que gestionen, el folleto informativo que contendrá los estatutos o reglamentos de las Entidades de Capital Riesgo o Entidades de Inversión Colectiva de tipo Cerrado, el informe anual, y en el caso de sociedades, el acuerdo de delegación de la gestión a los que hace referencia el artículo 29 (sobre delegación de la gestión), así como el valor liquidativo de luna participación de las Entidades de Capital

Riesgo o Entidades de Inversión Colectiva de tipo Cerrado según el cálculo o el precio de mercdo más reciente.

Cuando se produzca la comercialización de Entidades de Capital Riesgo y Entidades de Inversión Colectiva de tipo Cerrado a inversores no profesionales (dentro de los previstos en los apartados 2, 3 y 4), con antelación suficiente a la suscripción o adquisición, se les deberá entregar gratuitamente el documento de datos fundamentales para el inversor regulado en el Reglamento (UE) 1286/2014 del Parlamento Europeo y del Consejo de 26 de noviembre de 2014. Además, todos los inversores podrán solicitar de manera gratuita el folleto y el último informe anual publicado, pudiendo facilitarse en un soporte duradero o a través de la página web de la gestora (previa solicitud, se entregará gratuitamente a los inversores un ejemplar en papel de dichos documentos).

- En el apartado ocho se modifica el artículo 72 (apartado 5) eliminando la referencia a las Entidades de Capital Riesgo Pymes en lo relativo a las condiciones de acceso y de ejercicio de la actividad de gestión de entidades de Capital Riesgo y entidades de inversión colectiva de tipo cerrado bajo supuestos especiales.
- En el apartado diez se modifica el artículo 79 (apartados 2 y 5) en relación a la Comercialización en España a inversores no profesionales de Entidades de Capital Riesgo. A la documentación a aportar (como: identificación de las ECR, dónde se encuentran establecidas las mismas; el Reglamento del FCR o los documentos constitutivos de la SCR), se añade el Documento de datos fundamentales para el inversor (ajustado a lo previsto en el Reglamento (UE) 1286/2014 del Parlamento Europeo y del Consejo de 26 de noviembre de 2014). También se incluye la aportación de los detalles necesarios, incluida la dirección, para que las autoridades competentes del Estado miembro de acogida puedan facturar o comunicar cualesquier tasas o gravámen aplicable, así como la información sobre los servicios disponibles para los inversores minoristas.
- En el apartado once se modifica el artículo 102 sobre Medidas de intervención y sustitución. En el mismo se elimina la referencia a los depositarios y se añade que en caso de sustitución de una Sociedad Gestora de Entidades de Inversión Colectiva o depositario por causa de concurso, revocación o suspensión, las Sociedades de Capital Riesgo afectadas por lo anterior se regirán por lo previsto en el apartado 4 del artículo 53, y en el apartado 3 del artículo 61, según corresponda, de la Ley 35/2003, de 4 de noviembre.
- También se modifican otros aspectos de la la Ley 22/2014 que afectan en menor medida al Capital Riesgo como:
  - El apartado tres que modifica el artículo 57 estableciendo que en caso de revocación, concurso o suspensión de una Sociedad Gestora de Entidades de Inversión Colectiva que lleve consigo su sustitución, dicha sustitución se

regirá por lo previsto en la Ley 35/2003, de 4 de noviembre y su normativa desarrollo.

- El apartado uno, que aunque modifica el artículo 43, mantiene la custodia de las participaciones y acciones de Entidades de Capital Riesgo y Fondos de Caplital Riesgo Europeos de las Entidades de Capital Riesgo dentro de los servicios accesorios que pueden realizar las Sociedades Gestoras de Entidades de Inversión Colectiva.
- El apartado cuatro que modifica el artículo 58, manteniendo a las entidades de Capital Riesgo dentro de las entidades de las que la Comisión Nacional del Mercado de Valores mantendrá registros públicos, al que se añaden el registro de fondos de inversión a largo plazo europeos y el Registro de otros vehículos de inversión colectiva regulados por la normativa de la Unión Europea.

VII. CONCLUSIONES

El Capital Riesgo se configura como un medio y una fuente de financiación alternativa al recurso tradicional a la financiación bancaria o a los mercados de valores, que atiende a la consecución de inversores institucionales que apuestan por la viabilidad y el éxito de las empresas en las que participan, aportando, no solo, fondos en forma de capital social sino, también, asesoramiento y colaboración para el logro de los objetivos de las empresas financiadas. Se produce así una colaboración entre socios, uno de los cuales, la entidad inversora, expone explícitamente su intención de obtener plusvalías en un plazo medio/largo de tiempo. Para dicha empresa inversora la localización de oportunidades de inversión y el análisis de las mismas constituye su estrategia de inversión bajo criterios de rentabilidad y diversificación de su cartera de participadas.

En el contexto de recuperación económica tras la crisis derivada de la pandemia del COVID-19, el desarrollo de este tipo de vehículos puede contribuir a aliviar la situación de endeudamiento de algunas empresas, y con ello, facilitar de nuevo su crecimiento, más aún si se tiene en cuenta el encarecimiento del crédito bancario desde la primavera de 2022 como consecuencia del inicio de la subida de los tipos de interés derivados de la desbocada tasa de inflación provocada por el encarecimiento de los productos y servicios a raíz de la crisis de suministros iniciada en 2021 y de la compleja situación geoeconómica y geopolítica internacional.

El encarecimiento de la financiación bancaria puede tener un impacto considerable en todas las empresas y, en particular, en las de menor dimensión. A este respecto, debe tenerse en cuenta que, en España, el amplio y heterogéneo sector de las pymes y de los trabajadores autónomos comprende más del 99% del tejido productivo en términos numéricos representa algo más del 61 % del Valor Añadido Bruto (VAB) y el 64 % del empleo. Más concretamente, las microempresas, es decir, las que tienen menos de diez trabajadores, representan en torno al 95,23 % del total de empresas y, del total de microempresas, el 56,28 % son autónomos sin asalariados (INE, 2023).

En este contexto la nueva normativa que atañe al Capital Riesgo viene a flexibilizar considerablemente el acceso a esta figura para los inversores minoristas. Además, permite trasladar el concepto de la Unión Europea sobre los fondos de inversión a largo plazo europeos, un vehículo de inversión que se creó para facilitar a los inversores minoristas la inversión en pequeñas y medianas empresas no cotizadas, permitiéndoles invertir en activos que hasta ese momento sólo eran accesibles a inversores institucionales (préstamos sindicados, deuda privada, participaciones o acciones). Así, la Ley 18/2022 reconoce la figura de los llamados fondos de deuda y permite la posibilidad de constituir Sociedades Gestoras de Entidades de Inversión Colectiva (SGEIC) de tipo Cerrado bajo la forma de Sociedad de Responsabilidad Limitada, como ya ocurre con todos los tipos de Empresas de Servicios de Inversión (ESIs).

Esto es particularmente trascendente, pues se reducen las limitaciones a la constitución de sociedades gestoras, ya que su creación bajo la forma de SRL tiene menores requisitos para su constitución y funcionamiento que en el caso de las sociedades anónimas.

La nueva norma va más allá al hacer más flexible el régimen para inversores no profesionales en entidades de capital riesgo. Concretamente, en lugar de la exigencia de 100.000 euros de inversión inicial, se permite ahora la comercialización a minoristas siempre que accedan a la inversión a través de la recomendación de una entidad autorizada para la prestación del servicio de asesoramiento, con una inversión mínima inicial de 10.000 euros y, además, siempre que estos inversores minoristas tengan un patrimonio financiero que no supere los 500.000 euros y que no represente, a su vez, más del 10% de dicho patrimonio.

La disposición será acogida con gran interés, no solo por el mercado de capital riesgo sino también por los profesionales de banca privada y del sector financiero en general, dado que, según Spaincap (conocida anteriormente por ASCRI), en 2021 el capital privado invirtió un volumen total de 7.572 millones de euros. Su segundo mejor registro histórico, en un total de 933 operaciones. De ellas, 773 fueron realizadas por fondos de capital-riesgo, con un volumen invertido de 2.108 millones (más del doble que en 2020). También 2021 cerró con un récord en el registro de nuevos Fondos de Capital Riesgo (FCR).

Por su parte, las novedades aportadas por la Ley 6/2023 de los Mercados de Valores y de los Servicios de Inversión suponen la actualización de la Ley 16/2014 y de la Ley 22/2014, incluyendo las referencias a las nuevas entidades y afectando fundamentalmente a aspectos como la publicación de información.

Modernización, flexibilización y adaptación son las palabras que pueden definir esta nueva normativa que pretende impulsar la ya consolidada inversión-financiación mediante la figura del Capital Riesgo; si bien, tiene aún amplio recorrido para llegar a situarse en los niveles de otros países de nuestro entorno.

Por otra parte, la subida de los tipos de interés y la contracción económica requieren de fuentes de financiación alternativas como es el Capital Riesgo, para atenuar el impacto de una situación económica que se ha tornado particularmente incierta desde la progresiva recuperación tras la pandemia.

VIII. REFERENCIAS BIBLIOGRÁFICAS

ÁLVAREZ, J., INVERS, J., PALACÍN, G., & PUIGDENGOLES, J. *El capital riesgo: Análisis de su industria*. Universidad Pompeu Fabra, 2006.

ASOCIACIÓN ESPAÑOLA DE CAPITAL, CRECIMIENTO E INVERSIÓN SPAINCAP. *Capital por un futuro sostenible*. Obtenido de https://spaincap.org/, 2022

BALBOA, M., MARTÍ, J., "How do Private Equity Managers Signal their Quality?", *Revista de Economía Financiera*, vol. 6, 2005, pp. 58-81.

BVA. *BBVA Asset Management*. Obtenido de https://bbvaassetmanagement.com/es/fondo-de-fondos-de-capital-riesgo/, 2022

BIJKERK, W.; PALOMO, R. "Las plataformas de financiación participativa o crowdfunding", pp. 253-274, en GURREA, A.; REMOLINA, N.; BIJKERK, W.; PALOMO, R., Fintech, Regtech y Legaltech: fundamentos y desafíos regulatorios. Tirant lo Blanch, Valencia (2019).

FINTEC. *FINTEC*. Obtenido de https://www.finect.com/usuario/AsunInfante/articulos/family-office-que-cuando-conviene-crearlo, 2022.

GARCÍA STUYCK, M. "El MAB, oportunidad de salida para el capital riesgo y de financiación para las pymes". *Revista Española de Capital Riesgo*, vol. 1, 2010, p. 81-86.

HERRERO MORANT, R., "El activismo accionarial de las entidades de capital-riesgo y algunas notas sobre la normativa europea y nacional". *Revista española de capital riesgo*, N. 5, 2018, p. 31-52.

INSTITUTO NACIONAL DE ESTADÍSTICA: Obtenido en: www.ine.es, 2023.

LASARTE ÁLVAREZ, F. J., "Las inversiones obligatorias de las Cajas de Ahorro y las Sociedades de Desarrollo Industrial". *Revista de estudios regionales*, N. 3, 1979, p. 17-42.

LAVILLA RUBIRA, C., "El capital riesgo como forma de financiación empresarial". *ICE, Revista De Economía*, N. 879, 2014, p. 101-111.

MARTÍ PELLÓN, J., "Capital Riesgo: una denominación equivoca". *Boletín de Estudios Económicos*, vol. 50, 1995, p. 469.

MARTÍ PELLÓN, J., *Oferta y demanda de capital riesgo en España*, Civitas, 2002.

MARTÍ PELLÓN, J., SALAS DE LA HERA, M. y ALFÉREZ, A., *Impacto económicos y social del capital riesgo en España*. Madrid: ASCRI, 2011.

PORTO URRUTIA, J. M., "Gobierno corporativo en tiempos de Venture capital". *THEMIS Revista de Derecho*, 2021, no 79, p. 409-418.

SAHLMAN, W.A. "The Structure and Governance of Venture Capital Organizations", *Journal of Financial Economics*, Vol. 27, No. 2, 1990, p. 473-52.

Capítulo 10
FISCALIDAD DEL INVERSOR EN EMPRESAS DE NUEVA CREACIÓN O EMERGENTES*

Carmen Calderón Patier
Catedrática de Economía Aplicada
Universidad San Pablo CEU

I. INTRODUCCIÓN

La Ley 14/2013, de 27 de septiembre, de apoyo a los emprendedores y su internacionalización (BOE núm. 233 de 28 de septiembre) nace de la profunda crisis económica y social que padeció España desde 2008 a 2012 con la consecuente destrucción de empleo y cierre de muchas de nuestras empresas. Se pone especial énfasis en los jóvenes empresarios, de 15 a 39 años, que durante este periodo sufrieron una caída de más del 30%.

* El presente trabajo se ha elaborado en el seno del Proyecto de Investigación "Sostenibilidad corporativa y reestructuración empresarial" PID2021-125466NB-I00 (financiado por MCIN/ AEI / 10.13039/501100011033 / "FEDER Una manera de hacer Europa") y se integra en el marco de los trabajos desarrollados por el Grupo de Investigación de la Universidad San Pablo CEU "Gobierno Corporativo y Gestión de Riesgos" (C22/0720) y de la Cátedra de la Universidad San Pablo CEU y Mutua Madrileña.

Esta ley tiene como principal objetivo impulsar el emprendimiento, buscando fortalecer nuestro tejido empresarial de forma duradera y tratando de sentar las bases para un cambio cultural profundo de la sociedad española en cuanto a su concepción y valoración de la actividad emprendedora y la asunción de riesgos que ello conlleva. En este sentido, la propia ley en su exposición de motivos señala *Para invertir esta situación, es necesario un cambio de mentalidad en el que la sociedad valore más la actividad emprendedora y la asunción de riesgos. La piedra angular para que este cambio tenga lugar es, sin duda, el sistema educativo*[1].

Más recientemente, el Consejo Europeo acordó el 21 de julio de 2020 un paquete de medidas de gran alcance, las cuales aúnan el marco financiero plurianual (MFP) para 2021-2027 e incorporan un instrumento europeo para la recuperación (Next Generation EU), cuyo elemento central es el Mecanismo de Recuperación y Resiliencia. Para acceder a los recursos financieros de este mecanismo, los Estados miembros debían elaborar un plan orientado a la recuperación. España presentó a la Comisión Europea su Plan de Recuperación, Transformación y Resiliencia (en adelante, "Plan de Recuperación"), que fue aprobado por Decisión de Ejecución del Consejo (CID por sus siglas en inglés) el 13 de julio de 2021[2].

Una de las inversiones más importantes para nuestro país, es precisamente la denominada C13.I1 "Emprendimiento", cuyo objetivo es potenciar el ecosistema emprendedor, para hacerlo más resiliente y competitivo a través de cuatro ámbitos de actuación: en primer lugar, reforzar las capacidades emprendedoras y apoyar a las personas emprendedoras; en segundo lugar, ofrecer herramientas para apoyar la creación y la gestión de las pymes; en tercer lugar, acciones de difusión y comunicación para reforzar el posicionamiento de España como país emprendedor; y por último financiación de la actividad emprendedora.

En el panorama económico y social actual de la economía española, donde las pymes y los trabajadores autónomos constituyen más del 99 % del tejido productivo en términos de número, representan algo más del 61 % del Valor Añadido Bruto (VAB)

---

1 El Capítulo I del Título I de la ley, en los artículos 4,5 y 6, están dedicados a la educación en emprendimiento en las enseñanzas primarias, secundarias, universitarias y de formación del profesorado en esta materia.

2 El Plan contempla diez políticas palanca y treinta componentes, recogiendo un conjunto coherente de inversiones y reformas orientadas a la recuperación y a impulsar un cambio de modelo económico, productivo y social para abordar de forma equilibrada los retos futuros: hacia una España más sostenible, digitalizada, en igualdad y con mayor cohesión social. De las diez políticas palanca, la quinta, "Modernización y digitalización del tejido industrial y de la pyme, recuperación del turismo e impulso a una España nación emprendedora", se centra esencialmente en la competitividad industrial y de las pymes. En dicha política se incluye el Componente 13 del Plan de Recuperación, denominado "Impulso a la PYME", que subraya retos específicos como son: El emprendimiento, el crecimiento, la digitalización, la innovación y la internacionalización de las pequeñas y medianas empresas.

y el 64 % del empleo. Su relevancia implica la necesidad urgente llevar a cabo políticas que impulsen su crecimiento, impulsen la creación y desarrollo de nuevas empresas y en definitiva aumenten la competitividad de estas. Así se aprueba la Ley 18/2022, de 28 de septiembre, de creación y crecimiento de empresas, vigente desde el 20 de octubre de 2022 para facilitar la creación de nuevas empresas, reducir los obstáculos, financieros, regulatorios, dándoles agilidad, seguridad y mejora de las vías posibles de financiación.

A esta Ley le acompaña, entre otras, la Ley 28/2022, de 21 de diciembre, de fomento del ecosistema de las empresas emergentes, en vigor desde el 1 de enero de 2023, donde se regula un marco para crear un ecosistema de empresas emergentes en torno a algunos polos de atracción de talento, capital y emprendedores, que despuntan en el panorama europeo. Las empresas emergentes presentan características específicas que hacen difícil su encaje en el marco normativo tradicional. En primer lugar, el alto riesgo derivado de su alto contenido innovador, la incertidumbre sobre el éxito de su modelo de negocio, que dificulta la financiación en las fases iniciales, al exigir capital para poder madurar y probar sus ideas antes de que la empresa empiece a generar ingresos; en segundo lugar, el potencial de crecimiento exponencial a través de economías de escala, que exige grandes inversiones de capital para permitir su rápida expansión en caso de éxito; en tercer lugar, su dependencia de la captación y retención de trabajadores altamente cualificados y de alta productividad desde las fases iniciales de la empresa, en las que no existe un flujo de ingresos para remunerarlos mediante instrumentos salariales clásicos y, finalmente, la exposición a una fuerte competencia internacional por captar capital y talento extranjero.

Como es lógico, estas leyes recogen medidas en diversos ámbitos, entre ellos el tributario que es el que nos interesa, estableciendo una serie de incentivos fiscales que responden a la voluntad de tratar de facilitar la inversión en empresas emergentes o startups.

No obstante, y a pesar de lo dicho anteriormente, tenemos que poner de manifiesto que no existe actualmente unas reglas fiscales generales para la inversión en *startups* en España. Es por ello por lo que deberán definirse casi caso a caso en función principalmente de tres elementos: en primer lugar, la tipología del inversor, es decir, si se trata de persona física o jurídica, emprendedor, *business angel,* plataforma de *crowfunding,* fondo de *venture capital...*), en segundo lugar, la fase en la que se realiza la inversión, es decir si nos encontramos en la fase inicial (*seed*), fase de crecimiento o fase de salida (*exit*). Y, por último, el ámbito de actividad en el que se desarrolla, es decir, economía digital, *biotech*, *Fintech*, economía colaborativa...).

A ello hay que añadir que el concepto de emprendedor, y por tanto del inversor que puede beneficiarse de los incentivos fiscales existentes, la Ley 14/2013 no lo dejaba demasiado claro, es una definición excesivamente generalista "*...persona física o jurídica, que desarrolla una actividad económica empresarial o profesional, en los términos estable-*

cidos en esta ley" (art. 3), pero la Ley de fomento del ecosistema del emprendimiento si aclara por primera vez, los requisitos específicos que las empresas emergentes deben cumplir para considerarse como tales y por tanto beneficiarias de todos los incentivos fiscales aplicables.

El presente trabajo analiza la fiscalidad de los inversores en las startups en España. Para ello se estructura en dos grandes bloques, fiscalidad del inversor persona física y su impacto en el Impuesto sobre la Renta de las Personas Físicas, Impuesto sobre Patrimonio e Impuesto sobre la Renta de No Residentes, y, en segundo lugar, fiscalidad del inversor persona jurídica, principalmente centrados en el Impuesto sobre Sociedades. Finalizaremos con unas breves conclusiones de la investigación y las referencias bibliográficas.

II. FISCALIDAD INVERSOR PERSONA FÍSICA

1. IMPUESTO SOBRE LA RENTA DE LAS PERSONAS FÍSICAS (IRPF)

Los incentivos fiscales a la inversión en empresas emergentes por personas físicas se recogen en el Título II de la Ley 14/2013, en concreto en su artículo 27 donde se recogen incentivos fiscales para inversiones en empresas de nueva o reciente creación e introduce modificaciones en la Ley 35/2006, de 28 de noviembre, del Impuesto sobre la Renta de las Personas Físicas y de modificación parcial de las Leyes de los Impuestos y sobre el Patrimonio (LIRPF).

Así, desde el ámbito del inversor existen principalmente dos incentivos fiscales en el IRPF: uno operativo en la inversión, que consiste en una deducción por inversión en empresas de nueva o reciente creación, aplicable sobre la cuota íntegra estatal, y regulada en el artículo 68.1 de la Ley del Impuesto sobre la renta de las personas físicas y otro aplicable en el momento de producirse la desinversión se puede declarar exenta la posible ganancia patrimonial que se obtenga, siempre y cuando el importe obtenido en la venta se reinvierta en otra entidad de nueva o reciente creación en los términos y requisitos previstos en el artículo 38.2 de la Ley del Impuesto sobre la renta de las personas físicas (LIRPF). Vamos a analizar estos incentivos de forma detallada. Algunos de estos incentivos han sido potenciados por la Ley 28/2022, de 21 de diciembre, de fomento del ecosistema de las empresas emergentes, en vigor desde el 1 de enero de 2023.

1.1. Fiscalidad de la inversión

El principal incentivo es la deducción por inversión en empresas de nueva o reciente creación que permite beneficiarse de una deducción en la cuota íntegra estatal del Impuesto sobre la renta de las personas físicas (IRPF) que a partir del 1 de enero del 2023 está establecido en un 50% de las cantidades satisfechas por la suscripción de acciones o participaciones en este tipo de empresas[3].

Esta deducción trata de incentivar la inversión en el mercado primario, además la inversión debe tener carácter temporal y realizarse en entidades que desarrollen actividades económicas nuevas y en las que los inversores o sus parientes no lleguen a alcanzar el control de estas.

Para que la deducción pueda aplicarse deben cumplirse una serie de requisitos en diferentes ámbitos todos ellos recogidos en el artículo 68 de la Ley del Impuesto sobre la renta de las personas físicas. Por una parte, se exigen requisitos a cumplir de la entidad en cuyas acciones se invierte y son:

- Debe tratarse de una Sociedad Anónima, Sociedad de Responsabilidad Limitada, Sociedad Anónima Laboral o Sociedad de Responsabilidad Anónima Laboral y no estar admitida a negociación en ningún mercado organizado (incluidas las del Mercado Alternativo Bursátil, MAB).
- Ha de ejercer una actividad económica para la que cuente con los medios personales y materiales necesarios para su desarrollo. No cabe la inversión en una sociedad que se cree únicamente para financiar una empresa emergente ni en una sociedad que tenga como actividad la gestión de patrimonio mobiliario o inmobiliario[4]. Es el caso de los vehículos de conversión que se constituyen para invertir en una o varias startups[5].
- Además, la actividad económica desarrollada por la entidad debe ser nueva, es decir que no se haya ejercido anteriormente bajo otra titularidad.
- El importe de los fondos propios de la entidad no podrá ser superior a 400.000 € en el inicio del periodo impositivo en el que el inversor adquiera las acciones o

---

3 Esta deducción fue del 20% hasta el año 2017, y a partir del 2018 se elevó al 30% y así se ha mantenido hasta el 31 de diciembre de 2022.

4 En concreto, no podrá tener por actividad la gestión de un patrimonio mobiliario o inmobiliario a que se refiere el artículo 4.8.Dos.a) de la Ley 19/1991, de 6 de junio, del Impuesto sobre Patrimonio en ninguno de los periodos impositivos de la entidad concluidos con anterioridad a la transmisión de la participación. Disposición final tercera. Cuatro.2.º. b) de la Ley 28/2022, de 21 de diciembre, de fomento del ecosistema de las empresas emergentes

5 Sin embargo, existe una excepción en el caso de los vehículos de conversión. Se entiende que no gestionan meramente un patrimonio mobiliario si:

- Se mantienen las mismas más de un año.
- Adquieren participaciones mayores o iguales al 5%.
- Se constituyen con la finalidad de gestionar la participación (asistencia a juntas, consejo...)

participaciones[6]. En el caso de que la entidad forme parte de un grupo de sociedades, el importe se referirá al conjunto de entidades.

- La entidad ha de tener su domicilio fiscal y social en España.

Se exigen también requisitos de la inversión, en concreto:

- Las acciones o participaciones de la entidad deben adquirirse en el mercado primario mediante suscripción, bien en el momento de la constitución de la entidad o mediante ampliación de capital efectuada en los cinco años siguientes a su constitución[7].
- La inversión debe ser temporal, de forma que las acciones o participaciones deben permanecer en el patrimonio del contribuyente durante un plazo entre tres y doce años.
- La participación directa o indirecta del contribuyente, junto con la que posean en la misma entidad su cónyuge o pariente, en línea recta o colateral, por consanguinidad o afinidad, hasta el segundo grado incluido, no podrá ser superior al 40% del capital social de la entidad o de sus derechos de voto[8].
- Se debe obtener una certificación expedida por la entidad en la que se ha invertido, en la que se indique que cumple los requisitos exigidos a la misma para la aplicación de la deducción en el periodo impositivo de la adquisición[9].
- La sociedad deberá presentar en Hacienda en el mes de enero del año siguiente a la inversión el Modelo 165, que es una declaración informativa en la que tendrá

---

6 La referencia es el inicio, sin perjuicio de aumentar el capital a lo largo del periodo (Resolución DGT V3034/2016).

7 La Ley 28/2022, de 21 de diciembre, de fomento del ecosistema de las empresas emergentes ha ampliado este plazo a cinco años, anteriormente, hasta el 31 de diciembre de 2022 este plazo era de tres años.

8 La Ley 28/2022, de 21 de diciembre, de fomento del ecosistema de las empresas emergentes incorpora que este requisito no será necesario cuando se trate de socios fundadores de una empresa emergente a las que se refiere esta Ley, entendidos como aquellos que figuren en la escritura pública de constitución de la misma.

9 En la ampliación de capital de una Sociedad Limitada, tanto los socios que realizan aportaciones dinerarias, como aquellos que compensan créditos que tienen frente a la sociedad, podrán aplicar la deducción, siempre que se reúnan todos los requisitos del artículo 68.1 de la Ley del Impuesto sobre la renta de las personas físicas (Resolución DGT V2281-20, de 6 de julio). En este sentido, la consulta realizada a la Dirección General de Tributos (DGT V V0505-17 de 27 de febrero) de una sociedad limitada que realiza un aumento de capital mediante la compensación de créditos líquidos, vencidos y exigibles que los socios tenían contra la sociedad, resuelve que por aplicación del artículo 68.1 de la Ley del Impuesto sobre la renta de las personas físicas, al no satisfacerse cantidades por parte de los suscriptores de las participaciones sociales, los mismos no podrán aplicar dicha deducción con motivo de la ampliación de capital de la sociedad.

que identificar a los socios a los que les ha emitido el certificado acreditativo, indicando el porcentaje que supone su participación en el capital social de la empresa y la fecha de adquisición. Podrá tratarse tanto de capital inicial como de una posterior ampliación de capital.

Si el contribuyente incumple alguno de los requisitos exigidos, deberá regularizar las deducciones indebidamente practicadas. Por otra parte, el incumplimiento del plazo de permanencia en el patrimonio del contribuyente también deriva en la pérdida de la deducción, debiendo igualmente regularizar según lo dispuesto en el artículo 59 del Reglamento del Impuesto sobre la renta de las personas físicas, añadiendo a la cuota líquida estatal del periodo impositivo en que se ha incumplido el requisito de permanencia, la deducción indebidamente practicada más los intereses de demora[10].

La base y cuantía de la deducción estatal para inversores personas físicas en empresas de nueva o reciente creación, siguiendo el artículo 68.1 y la disposición adicional trigésima octava.2 de la Ley del Impuesto sobre la renta de las personas físicas que cumplan todos los requisitos anteriormente detallados, se practicará en la cuota íntegra estatal del Impuesto sobre la renta de las personas físicas.

La base máxima de deducción es de 100.000 euros anuales[11] y está formada por el valor de adquisición de las acciones o participaciones suscritas. No formará parte de la base de deducción las cantidades satisfechas por la suscripción de acciones o participaciones cuando respecto de tales cantidades el contribuyente practique una deducción establecida por la Comunidad Autónoma en el ejercicio de sus competencias.

Además, cuando el contribuyente transmita acciones o participaciones y opte por la aplicación de la exención por reinversión regulada en el artículo 38.2 de la Ley del Impuesto sobre la renta de las personas físicas, únicamente formará parte de la base de la deducción correspondiente a las nuevas acciones o participaciones suscritas la parte de la reinversión que exceda del importe total obtenido en la transmisión de aquellas.

En ningún caso se puede practicar deducción por las nuevas acciones o participaciones mientras las cantidades invertidas no superen la cuantía de 100.000 euros anuales, antes citada.

El porcentaje de deducción aplicable sobre las cantidades satisfechas en el ejercicio por la suscripción de acciones o participaciones en empresas de nueva o reciente creación, en los términos anteriormente comentados, es el 50 por 100.

---

10 Resolución Dirección General de Tributos V0072-21, de 22 de enero y V3559-20, de 15 de diciembre.

11 La Ley 28/2022, de 21 de diciembre, de fomento del ecosistema de las empresas emergentes ha incrementado esta base hasta los 100.000 €. Fue de 50.000 € hasta 31 de diciembre de 2017 y en esa fecha se elevó hasta los 60.000 € y se ha mantenido esa cuantía hasta el 31 de diciembre de 2022.

No obstante, tal y como acabamos de apuntar, existe incompatibilidad en la aplicación de las deducciones en este ámbito estatales y autonómicas. Es decir, las deducciones autonómicas son complementarias a la estatal pero nunca sobre la misma cantidad. Por lo tanto, el contribuyente optará por aquellas que les resulten más beneficiosas. A continuación, pasamos a detallar las deducciones autonómicas de territorio común que por la inversión de persona física en *startups* pueden aplicarse en la actualidad.

El actual sistema de financiación de las Comunidades Autónomas se articula en la Ley 22/2009, de 18 de diciembre, por la que se regula el sistema de financiación de las Comunidades Autónomas de régimen común y Ciudades con Estatuto de Autonomía y se modifican determinadas normas tributarias[12]. No obstante, si la Comunidad Autónoma no regulara alguna de estas materias, se aplicarán las normas previstas a estos efectos en la normativa estatal del Impuesto sobre la renta de las personas físicas.

A continuación, recogemos en el Cuadro 1, las deducciones autonómicas que, haciendo uso de las competencias normativas asumidas, algunas Comunidades han aprobado en materia de incentivos a la inversión en empresas emergentes o nuevas empresas

Cuadro 1. Deducciones autonómicas

Comunidad Autónoma	Deducción	Requisitos
Andalucía	Permite una deducción del 20% de las cantidades destinadas a la compra de acciones y participaciones sociales como consecuencia de acuerdos de constitución de sociedades o de ampliación de capital en sociedades mercantiles. El límite máximo de la deducción es de 4.000 euros.	• Forma jurídica: SA, SL, SLL o S Cooperativa • Domicilio fiscal y social en Andalucía • Ejercicio actividad económica. No puede tener de actividad la gestión de un patrimonio mobiliario o inmobiliario. • Mantenimiento de la inversión durante un plazo de tres años y su participación junto con la de su esposa y familiares de hasta tercer grado no podrá superar el 40%. Además, si la empresa es de nueva creación, tendrá que contar por lo menos con un empleado y si se trata de una ampliación de capital, la sociedad no podrá superar los tres años de vida.

12 Además de la aprobación de las deducciones autonómicas, las competencias normativas de las Comunidades Autónomas abarcan también la determinación de las siguientes materias relacionadas con las mismas:
- La justificación exigible para poder practicarlas.
- Los límites de deducción.
- Su sometimiento o no al requisito de comprobación de la situación patrimonial.
- Las reglas especiales aplicables en los supuestos de tributación conjunta, período impositivo inferior al año natural y determinación de la situación familiar.

Comunidad Autónoma	Deducción	Requisitos
Aragón	La deducción será de un 20% de las cantidades aportadas hasta un máximo de 4.000 euros al año, aunque con una serie de limitaciones, ya que sólo podrá aplicarse sobre la cuantía invertida que supere la base máxima de la deducción general por inversión en la adquisición de acciones o participaciones sociales de nuevas entidades o de reciente creación. Además, se podrá aplicar una deducción del 20% sobre las cantidades invertidas en la compra de acciones en el Mercado Alternativo Bursátil con un máximo de 10.000 euros. Además, la participación no podrá superar el 10% del capital social de la compañía y deberá mantenerse por lo menos durante dos años.	• Forma jurídica: SA, SL, SAL o SLL • Domicilio social y fiscal en Aragón • Ambas deducciones son incompatibles entre sí. Es decir, se puede desgravar por uno u otro motivo, no por ambos.
Asturias	No existe ningún tipo de deducción por la compra de acciones o inversión en empresas	
Baleares	Existe una deducción del 30% sobre las cantidades invertidas en la compra de acciones para la constitución o ampliación de capital de empresas hasta un máximo de 6.000 euros al año por contribuyente. En declaración conjunta el total ascendería a 12.000 € euros (6.000 € por cada contribuyente). Por inversiones en sociedades participadas por centros de investigación o universidades, la deducción será del 50% de las cantidades invertidas con un máximo de 12.000 € por ejercicio y contribuyente. La deducción se podrá aplicar en el año de compra y en los dos siguientes ejercicios	• Forma jurídica: SA, SL, SAL o SLL • Domicilio fiscal y social en Baleares • Ejercicio actividad económica. No puede tener de actividad la gestión de un patrimonio mobiliario o inmobiliario. • Al menos, debe tener 1 persona contratada laboralmente y a jornada completa en el régimen general de la Seguridad Social y que se mantengan los puestos de trabajo. • La cifra anual de negocios de la entidad no podrá superar el límite de 2.000.000 €, y el contribuyente, aunque puede formar parte del consejo de administración, no puede realizar funciones ejecutivas ni de dirección.
Canarias	No existe ningún tipo de deducción por la compra de acciones o inversión en empresas	
Cantabria	La deducción para los cántabros es del 15% de las cantidades aportadas en la creación de nuevas sociedades o la ampliación de capital en empresas consideradas pymes. El límite de la deducción se sitúa en los 1.000 euros al año.	• Forma jurídica: SA, SL, SAL o SLL • Domicilio social y fiscal en Cantabria • La participación del contribuyente no puede superar el 40% del total del capital social de la entidad, y además deben mantenerse las participaciones como mínimo 3 años. • Ejercicio actividad económica. No puede tener de actividad la gestión de un patrimonio mobiliario o inmobiliario. • El contribuyente no podrá ostentar ningún cargo directivo. Cuando la inversión sea una ampliación de capital, la empresa deberá mantener la plantilla por lo menos durante dos años.
Castilla La Mancha	No existe ningún tipo de deducción por la compra de acciones o inversión en empresas	

Comunidad Autónoma	Deducción	Requisitos
Castilla y León	La deducción es de un 20% de las cantidades invertidas en ampliaciones de capital y nuevas empresas. El límite máximo es de 10.000 euros tanto en tributación individual como en conjunta y sólo darán derecho a desgravar las adquisiciones por un importe mínimo de 0,5% y máximo 45% del capital social y que se mantenga durante un periodo de tres años.	• Forma jurídica: SA, SL o SAL • Domicilio social y fiscal en Castilla y León • La empresa tendrá que incrementar su plantilla en una proporción de una persona por año por cada 100.000 euros de inversión con derecho a deducción y mantener esa plantilla por lo menos durante tres años.
Cataluña	En Cataluña conviven varios tipos de desgravaciones por inversión: La primera es del 30% de las cantidades aportadas para la adquisición de acciones en nuevas empresas o ampliaciones de capital con un límite máximo de 6.000 euros o del 50% con un límite de 12.000 euros cuando se trate de sociedades creadas o participadas por universidades y centros de investigación. El contribuyente no podrá llevar a cabo tareas de directivo. Además, su participación más la de sus familiares de hasta tercer grado no podrá superar el 35% y deberá mantenerse durante tres ejercicios.	• Forma jurídica: SA, SL, SAL o SLL • No cotizada y haberse constituido dentro de los 3 años anteriores • Domicilio fiscal y social en Cataluña • Ejercicio actividad económica. No puede tener de actividad la gestión de un patrimonio mobiliario o inmobiliario. • Al menos, debe tener 1 persona contratada laboralmente y a jornada completa en el régimen general de la Seguridad Social. • Volumen de facturación < 1 millón €
Extremadura	Deducción del 20% sobre su inversión en nuevas empresas y ampliaciones de capital en sociedades de la región con un máximo de 4.000 euros al año. El límite de la deducción aplicable será de 4.000 € anuales.	• Domicilio fiscal y social en Extremadura • Ejercicio actividad económica. No puede tener de actividad la gestión de un patrimonio mobiliario o inmobiliario. • El límite para el capital social del contribuyente y sus familiares de hasta tercer grado es del 40% de la empresa y es necesario mantener la inversión durante tres años. • Si la inversión corresponde a una ampliación de capital, la empresa no podrá tener una vida mayor a tres años. Es decir, que deberá de haberse constituido en los tres ejercicios anteriores a la compara de las acciones.
Galicia	Podrán deducirse, con un límite conjunto de 20.000 €, las siguientes cantidades: • 30% de las cantidades invertidas • 30% de las cantidades prestadas en el ejercicio para la constitución de la sociedad o la ampliación de capital. Además, podrá incrementarse adicionalmente esta deducción en un 15% con determinados requisitos adicionales con un límite máximo de 35.000 €.	• Forma jurídica: SA, SL, SAL o S Cooperativas • Domicilio fiscal y social en Galicia • Ejercicio actividad económica. Es necesario que la inversión permanezca tres años en la empresa y que no se supere el 40% del capital social. • Contar al menos con una persona asalariada REQUISITOS ADICIONALES: • Inversión en pequeñas y medianas empresas innovadoras. • Sociedades promotoras de proyectos empresariales con la calificación de empleo de base tecnológica. • SA,SL,SL y cooperativas participadas por universidades u organismos de investigación.

Comunidad Autónoma	Deducción	Requisitos
Madrid	• Deducción del 30% de la inversión en la constitución o ampliación de capital de empresas que sean SA y SRL y con un límite de 6.000 euros al año. En este caso no sólo bastará con aportar dinero, ya que el inversor también deberá aportar los conocimientos empresariales o profesionales adecuados para el desarrollo de la sociedad en la que invierten. • Deducción 50% inversiones en adquisición acciones, participaciones derivados de constitución o ampliaciones de capital de SAL, SRLL y S. Cooperativas. El límite de la deducción es de 12.000 € año. • Deducción 50% de inversiones en sociedades creadas o participadas por universidades o centros de investigación. El límite de la deducción es de 12.000 €. Aquí no son exigibles los requisitos que se enumeran a continuación.	• Domicilio social y fiscal en Madrid • Ejercicio actividad económica. No puede tener de actividad la gestión de un patrimonio mobiliario o inmobiliario. • La participación del contribuyente y sus familiares de hasta tercer grado no podrá superar el 40% del capital y deberá mantenerse por un periodo mínimo de tres años. • Mínimo 1 persona contratada
Murcia	• Deducción del 20% de la inversión con un máximo de 4.000 euros al año. Como en los casos anteriores, es necesario que la inversión se mantenga tres años y que no supere el 40% del capital social, incluida la de familiares de hasta tercer grado.	• Forma jurídica: SA, SL, SAL, SLL o Cooperativas. • Domicilio fiscal y social en Murcia • Ejercicio actividad económica durante los 3 años siguientes a la constitución o ampliación. No puede tener de actividad la gestión de un patrimonio mobiliario o inmobiliario. • Al menos, debe tener 1 persona contratada laboralmente y a jornada completa en el régimen general de la Seguridad Social. • El contribuyente no podrá ostentar ningún cargo directivo. Cuando la inversión sea una ampliación de capital, la empresa deberá mantener la plantilla por lo menos durante diez años.
La Rioja	No existe ningún tipo de deducción por la compra de acciones o inversión en empresas	
Comunidad Valenciana	Deducción del 30% de las inversiones con un límite de 6.000 € al año, tanto en tributación individual como conjunta. Además, cumpliendo unos requisitos adicionales, podrán incrementarse en un 15% cuando acrediten ser pequeñas y medianas empresas innovadoras o tengan su domicilio fiscal en algún municipio en riesgo de despoblamiento.	• Forma jurídica: SA, SL, SAL, SLL o Cooperativas. • Domicilio fiscal y social en Valencia • Ejercicio actividad económica durante los 3 años siguientes a la constitución o ampliación. • Al menos, debe tener 1 persona contratada laboralmente y a jornada completa en el régimen general de la Seguridad Social durante al menos 3 años siguientes a la constitución o ampliación.

Comunidad Autónoma	Deducción	Requisitos
Navarra	Se puede aplicar una deducción del 20% de las cantidades invertidas en la compra de acciones de empresas de nueva creación o ampliaciones de capital de sociedades navarras con un límite anual de 7.000 euros, pudiendo ampliarse a 14.000 si se trata de empresas dedicadas a actividades innovadoras.	• La inversión deberá permanecer durante tres años y no podrá superar el 40% del capital social, incluida la de los familiares de hasta tercer grado.
País Vasco	Las tres Haciendas Forales vascas permiten deducir un 25% con un límite del 20% de la base liquidable para adquirir o suscribir acciones o participaciones de la empresa para la que se trabaja. El porcentaje asciende al 35% cuando las acciones o participaciones suscritas correspondan a empresas innovadoras o empresas vinculadas con la economía plateada. El límite sigue siendo el 20% de la base liquidable. Las cantidades no deducidas por superarse los anteriores límites podrán aplicarse, respetando los mismos, en las declaraciones de los periodos impositivos que concluyan en los cinco años inmediatos y sucesivos.	• Los fondos propios de la entidad no podrán superar los 400.000 euros. • El contribuyente deberá obtener una certificación expedida por la empresa, de la que ha adquirido las participaciones, indicando que se cumplen todos los requisitos exigidos en el art. 90 de la Norma Foral de IRPF.

Fuente: Elaboración propia a partir de Agencia Tributaria (https://sede.agenciatributaria.gob.es/)

En resumen, la Ley 28/2022, de 21 de diciembre, de fomento del ecosistema de las empresas emergentes en vigor desde el 1 de enero de 2023 mejora considerablemente la fiscalidad de las empresas emergentes. Y así, en primer lugar, define y concreta en el artículo 3 qué se considera empresa emergente a efectos de clarificar las que serán beneficiarias de dichos incentivos, y será en la Disposición Final Tercera, apartado cuatro de esta Ley donde se recogen dichos cambios.

Se modifica el artículo 68.1 de la Ley del Impuesto sobre la renta de las personas físicas destacando cuatro importantes cambios:

- Se amplía el ámbito de aplicación de esta deducción, de tal forma que podrán acogerse a la misma tanto los inversores como los propios emprendedores. Se señala expresamente que podrán acogerse a esta deducción, además de por aportación de capital, por aportación de los conocimientos empresariales o profesionales adecuados para el desarrollo de la entidad en la que invierten, en los términos que establezca el acuerdo de inversión entre el contribuyente y la entidad.
- El aumento de la base máxima de deducción por inversión en empresas de nueva o reciente creación que se eleva a 100.000 € anuales (hasta el 31 de diciembre de 2022 era de 60.000 €). Se mantiene en la nueva Ley que no formará parte de la base de deducción las cantidades satisfechas por la suscripción de acciones o participaciones cuando respecto de tales cantidades el contribuyente practique

deducciones autonómicas con el fin de evitar la doble deducción por el mismo concepto y cuantía.

- Incremento del tipo de deducción hasta el 50% (hasta el 31 de diciembre de 2022 era del 30%) de las cantidades satisfechas en el periodo de que se trate por la suscripción de acciones o participaciones en empresas de nueva o reciente creación.
- El periodo que se considera de reciente creación asciende de tres años (vigente hasta el 31 de diciembre de 2022) a un plazo de cinco años con carácter general o de siete años para empresas de biotecnología, energía e industriales.

Por lo demás, se mantienen en la nueva Ley los requisitos exigidos para las entidades y para las inversiones recogidos en el artículo 68 de la Ley del Impuesto sobre la renta de las personas físicas.

1.2. Fiscalidad de la desinversión

La fiscalidad del *exit,* es decir de la desinversión en startups no es homogénea y depende fundamentalmente de la tipología del inversor. En el caso que nos ocupa, es decir inversor persona física, pueden darse dos casos dependiendo de cómo el inversor participa en el capital de la startups.

A) *Inversor con acciones o participaciones*: cuando decida vender sus acciones o participaciones, deberá calcular el incremento o pérdida patrimonial que se le ha generado y tributar en el Impuesto sobre la renta de las personas físicas por el mismo que pasará a formar parte de la base imponible del ahorro. Las pérdidas patrimoniales pueden tener su origen ya sea en la generación anual de pérdidas por parte de la sociedad objeto de inversión que sigue funcionando, como en la liquidación o cierre de esta.

A partir del 1 de enero de 2023[13] los tipos de gravamen del ahorro serán los siguientes:

Base Liquidable hasta €	Cuota íntegra €	Base Liquidable hasta €	Porcentaje
0	0	6.000	19
6.000	1.140	44.000	21
50.000	10.380	150.000	23

[13] La Ley 31/2022, de 23 de diciembre, de Presupuestos Generales del Estado para el año 2023 en su artículo 63 (en el Título VI. Normas Tributarias) se modifica el artículo 66 de la Ley del Impuesto sobre la Renta de las Personas Físicas, estableciendo unos nuevos tipos de gravamen del ahorro en dicho impuesto.

Base Liquidable hasta €	Cuota íntegra €	Base Liquidable hasta €	Porcentaje
200.000	44.880	100.000	27
300.000	71.880	En adelante	28

Por lo que, dependiendo de la cuantía de la desinversión, podría tributar hasta en un 28%.

No obstante, el artículo 38.2 de la Ley del Impuesto sobre la renta de las personas físicas establece que podrán excluirse de gravamen las ganancias patrimoniales que se pongan de manifiesto con ocasión de la transmisión de acciones o participaciones por las que se hubiera practicado la deducción prevista en el artículo 68.1 de la Ley del Impuesto sobre la renta de las personas físicas, siempre que el importe total obtenido por la transmisión de las mismas se reinvierta en la adquisición de acciones o participaciones de las citadas entidades en las condiciones que reglamentariamente se determinen. La exención podrá ser total, cuando se reinvierte el importe total obtenido en la transmisión, o parcial, si solo se reinvierte una parte. Es decir, estará exenta la parte proporcional de la ganancia patrimonial obtenida que se corresponda a la cantidad invertida.

Ahora bien, no resultará procedente la aplicación de la citada exención cuando se adquieran valores homogéneos en el año anterior o posterior a la transmisión de las acciones o participaciones, y cuando la transmisión sea a favor de familiares en línea recta o colateral, hasta el 2º grado inclusive o sociedades vinculadas.

La exención, por tanto, queda limitada a aquellas acciones o participaciones por la que se hubiera practicado la deducción prevista en el artículo 68.1 de la Ley del Impuesto sobre la renta de las personas físicas, estando además condicionada al cumplimiento de los requisitos previstos en la deducción[14] que analizamos en el apartado anterior. Únicamente se establece la proporcionalidad de la exención cuando el importe reinvertido sea inferior al obtenido en la transmisión. La reinversión podrá realizarse en acciones o participaciones de diferentes sociedades siempre que todas ellas cumplan los requisitos recogidos en el artículo 68.1 de la Ley del Impuesto sobre la renta de las personas físicas.

La reinversión podrá realizarse de una sola vez o sucesivamente, en un periodo no superior al año desde la fecha de transmisión de las acciones o participaciones, debiendo permanecer en el patrimonio del contribuyente durante un plazo superior a tres años e inferior a doce[15].

---

14 Resolución Dirección General de Tributos V2071/2017 de 2 de agosto.

15 Resolución Dirección General de Tributos V0106-21, de 28 de enero.

B) *Inversor que participa con un sistema de incentivos*: Uno de los sistemas más habituales para retribuir a los empleados de las empresas, especialmente de las emergentes, son *las stock option* o *equity-for-services*, que permiten al empleado, en un plazo de tiempo, adquirir acciones de su empleador o de otra empresa del grupo de forma gratuita o con descuento (precio inferior al de mercado). Su objetivo es incentivar y fidelizar a los empleados a la vez que retribuirles en función del incremento de valor de la empresa.

En definitiva, el trabajador que tiene una parte de su remuneración en *stock option* recibe la posibilidad de comprar parte de la empresa en la que trabaja, ya sea en acciones o en participaciones, si no está cotizada, que es lo habitual en empresas emergentes, a un precio menor al que se espera que tenga cuando se produzca esa compra. El principal motivo que tienen las empresas emergentes de emplear esta vía de retribución es atraer el talento tecnológico, atraer a trabajadores muy demandados que, como no pueden llegar a los niveles salariales de las grandes empresas, emplean esta vía.

Ahora bien, esta forma de retribución tiene consecuencias tributarias en el Impuesto sobre la renta de las personas físicas para el trabajador que las percibe. Podemos diferenciar tres momentos de tiempo: el primer momento es cuando se entregan las opciones al empleado, el segundo momento cuando el trabajador decide ejecutarlas y por lo tanto comprar las acciones o participaciones al precio acordado, y por último, el tercer momento, cuando este empleado decide vender estas participaciones a otra persona.

El primer momento, es decir cuando se produce la entrega de opciones al trabajador, no implica ninguna consecuencia tributaria. El segundo momento, cuando el empleado compra esas acciones, deberá tributar en el Impuesto sobre la renta de las personas físicas como una retribución en especie de las rentas del trabajo personal, por la diferencia entre el precio de mercado de la acción/participación (valor de mercado) y el precio al que puede comprarla acordado con la empresa. Hasta el 31 de diciembre de 2022, esa renta podía tener una exención de 12.000 € anuales, siempre que la oferta se realice en las mismas condiciones para todos los trabajadores de la empresa, grupo o subgrupo de empresa (art. 42.3 letra f) LIRPF). Además, siguiendo el artículo 18 de la Ley del Impuesto sobre la renta de las personas físicas, si entre la fecha en la que se realiza el acuerdo por el que se concede las *stock options* y la fecha en la que el trabajador la ejerce pasan más de dos años, la parte no exenta, es decir, la que exceda de 12.000 euros, disfruta de una reducción del rendimiento íntegro en un 30%[16]. El gran problema para el inversor es que se le planteaba una tributación en el Impuesto sobre la renta de las personas

---

16 En este ámbito, los requisitos exigidos los establece el Reglamento del Impuesto sobre la renta de las personas físicas en su artículo 43.2 y son los siguientes:
- Que las acciones entregadas sean de la propia empresa
- Que la oferta se realice en las mismas condiciones para todos los trabajadores de la empresa. Aquí habría una excepción y es que la empresa puede exigir a sus trabajadores una antigüedad mínima para poder acceder al plan de retribución.

físicas, sin que se le hubiera generado un rendimiento líquido efectivo por ello, ya que aún no ha vendido la acción/participación. Y además tributa como renta del trabajo personal en la base imponible general del impuesto con una progresividad que puede llegar en algunos casos al 47%.

Por su parte, la empresa está obligada según el artículo 80 del Reglamento del Impuesto sobre la renta de las personas físicas a practicar y calcular un ingreso a cuenta del Impuesto sobre la renta de las personas físicas sobre el importe de la retribución en especie, que genera la ejecución de la opción de compra. Este ingreso a cuenta del Impuesto sobre la renta de las personas físicas puede bien repercutirse al trabajador, descontándolo del importe líquido de su nómina o bien no repercutirse al trabajador, sumándose dicho ingreso a cuenta al valor de la retribución en especie para obtener el rendimiento íntegro del trabajo.

Por último, el tercer momento de impacto tributario es cuando el trabajador vende las participaciones, cuando se produce una salida de estas de su patrimonio, y lógicamente tributará como ganancia o pérdida patrimonial a efector del Impuesto sobre la renta de las personas físicas integrándose en la base imponible del ahorro, pudiendo tributar como hemos visto anteriormente hasta un 28%. Es importante apuntar que el ingreso a cuenta en ningún caso computará para el cálculo del valor de adquisición.

Ley 28/2022, de 21 de diciembre, de fomento del ecosistema de las empresas emergentes en vigor desde el 1 de enero de 2023 realiza cambios importantes y favorables para los inversores de empresas emergentes. En primer lugar, modifica la letra f) del artículo 42.3 de la Ley del Impuesto sobre la renta de las personas físicas y se eleva de 12.000 € a 50.000 € la exención sobre entrega de acciones u opciones sobre acciones a trabajadores de una empresa calificada como emergente, siempre que se efectúe dentro de la política retributiva general de la empresa. No será necesaria ya la oferta a todos los trabajadores de la empresa[17] (Disposición Final Primera apartado dos).

Adicionalmente, para la parte del rendimiento del trabajo en especie que pudiera exceder de 50.000 €, y que no estén exentos, se establece una regla especial de imputación temporal, que permite diferir su imputación hasta el periodo impositivo en el que se produzcan determinadas circunstancias, que son:

- Que los trabajadores juntamente con sus cónyuges y familiares hasta segundo grado no tengan una participación, directa o indirecta, en la sociedad en la que prestan sus servicios, superior al 5%.

Que el trabajador mantenga las acciones al menos durante tres años desde que se han ejecutado. El incumplimiento del plazo generará la obligación de presentar una declaración-complementaria por el trabajador.

17 Para ello, se flexibiliza en el artículo 11 la emisión de acciones de autocartera.

- Que el capital de la sociedad sea objeto de admisión a negociación en Bolsa de valores o en cualquier sistema multilateral de negociación, español o extranjero.
- Que se produzca la salida del patrimonio del contribuyente de la acción o participación correspondiente.

y en todo caso, en el plazo de diez años a contar desde la entrega de las acciones o participaciones.

En todo caso, el contribuyente deberá imputar los rendimientos derivados de la entrega de acciones una vez transcurrido el plazo de diez años desde su entrega, aunque no se hubiera producido alguna de las anteriores circunstancias[18]. Respecto a su valoración como renta en especie, se tomará el valor de las acciones suscritas por un tercero independiente en la última ampliación de capital realizada en el año previo a la entrega de acciones. De no existir dicha ampliación, se valorarán por el de mercado en el momento de la entrega.

En segundo lugar, y derivado del incremento del límite anterior, la tributación del trabajador en el momento de ejercitar la acción se le imputa una retribución en especie (art. 42.1 LIRPF) por la diferencia entre el precio al que ejercita la opción (lo que desembolsa)y el valor de mercado que tales acciones tengan en el momento en el que se esté realizando la operación, y estará exenta en las startups hasta los 50.000 € (en vez de los 12:000 € hasta 2023), manteniéndose la reducción por rentas irregulares cumpliendo los condicionamientos exigidos en la Ley y el Reglamento del Impuesto sobre la renta de las personas físicas anteriormente mencionados.

---

18 La Disposición final tercera de la Ley 28/2022 añade una letra m) al apartado 2 del artículo 14 de la Ley del Impuesto sobre la renta de las personas físicas, que queda así: *"m) Los rendimientos del trabajo en especie derivados de la entrega de acciones o participaciones de una empresa emergente a las que se refiere la Ley XX/XX de fomento del ecosistema de las empresas emergentes que, cumpliendo los requisitos establecidos en la letra f) del apartado 3 del artículo 42 de esta Ley no estén exentos por superar la cuantía prevista en dicho artículo, se imputarán en el periodo impositivo en el que concurra alguna de las siguientes circunstancias: — Que el capital de la sociedad sea objeto de admisión a negociación en Bolsa de valores o en cualquier sistema multilateral de negociación, español o extranjero. — Que se produzca la salida del patrimonio del contribuyente de la acción o participación correspondiente.*
No obstante, transcurrido el plazo de diez años a contar desde la entrega de las acciones o participaciones sin que se haya producido alguna de las circunstancias señaladas anteriormente, el contribuyente deberá imputar los rendimientos del trabajo a que se refiere esta letra correspondiente a tales acciones o participaciones, en el periodo impositivo en el que se haya cumplido el referido plazo de diez años".

1.3. Impuesto de salida o Exit Tax

El *exit tax* se introdujo en España en 2015 a través de la Ley del Impuesto sobre la renta de las personas físicas[19] y está regulado por el artículo 95 bis de esta y el artículo 121 y siguientes del Reglamento del Impuesto sobre la renta de las personas físicas[20]. Su objetivo es luchar contra los cambios de domicilio fiscal enfocados a evadir impuestos o simplemente pagar menos impuestos.

Grava las ganancias patrimoniales latentes (es decir, las no realizadas), como consecuencia del cambio de residencia, siendo aplicable a los accionistas españoles que pierdan su condición de residentes fiscales, bajo las siguientes condiciones[21]:

1. Que hayan sido residentes fiscales en España, al menos 10 de los 15 ejercicios anteriores.
2. Que dejen de ser residentes fiscales en España.
3. Que sean titulares de:
   - Acciones en entidades cuyo valor de mercado exceda de 4 millones de euros
   - Acciones que representen, al menos, un 25%, siempre que el valor de mercado de las acciones exceda de 1 millón de euros.

No obstante, existen varios supuestos de exención de este Impuesto de salida y son los siguientes:

- Cuando el cambio de residencia se produzca a otro país de la Unión Europea o del Espacio Económico Europeo, siempre que exista un acuerdo de doble imposición y un efectivo intercambio de información, se puede solicitar a Hacienda la suspensión del *exit tax*.

  Para hacerlo hay que informar a la Agencia Tributaria del traslado, el valor de las acciones y de la ganancia patrimonial latente a través del modelo 113. Si antes de un plazo de 10 años se venden las acciones o se traslada a otro país fuera de la

---

19 Ley 26/2014, de 27 de noviembre, por la que se modifican la Ley 35/2006, de 28 de noviembre, del Impuesto sobre la Renta de las Personas Físicas, el texto refundido de la Ley del Impuesto sobre la Renta de no Residentes, aprobado por el Real Decreto Legislativo 5/2004, de 5 de marzo, y otras normas tributarias.

20 Real Decreto 439/2007, de 30 de marzo, por el que se aprueba el Reglamento del Impuesto sobre la Renta de las Personas Físicas y se modifica el Reglamento de Planes y Fondos de Pensiones, aprobado por Real Decreto 304/2004, de 20 de febrero.

21 El primero y segundo de los requisitos sirve para que los extranjeros que trasladan su residencia a España no tengan que pagar el *exit tax* al regresar a su país. El tercero ayuda a que sólo los grandes patrimonios tengan que tributar.

Unión Europea o del Espacio Económico Europeo, tendría que tributar por el *exit tax* en las condiciones que figuraban en el modelo 113.

- Los desplazamientos temporales aplicados incluso a quienes se van a vivir fuera de la Unión Europea y del Espacio Económico Europeo, siempre que cumplan los siguientes requisitos:
  - Es por motivos laborales y se realiza a un país que no tenga la consideración de paraíso fiscal. En este caso se puede solicitar un aplazamiento de 5 años.
  - El país de destino tiene suscrito un convenio para evitar la doble imposición y hay una cláusula para el intercambio de información.
- Retorno del inmigrante. Aquellas personas que, tras cambiar su residencia fiscal a otro país, regresen a España sin haber vendido las acciones que motivaron el pago del *exit tax*, podrán pedir la devolución del impuesto a la Agencia Tributaria.

Para el cálculo del *exit tax*, el artículo 95 bis de la Ley del Impuesto sobre la renta de las personas físicas establece que tributará como ganancia o pérdida patrimonial en el Impuesto sobre la renta de las personas físicas calculado como la diferencia entre el valor de adquisición de las acciones o participaciones y su valor de mercado en el momento de la salida. En el caso de las startups, que se encuentran con participaciones o acciones que no cotizan en mercados oficiales, se tomará como valor de mercado el mayor de los dos siguientes:

- El patrimonio neto que corresponda al valor resultante del balance del último ejercicio.
- El que resulte de capitalizar al tipo del 20% del promedio de los resultados de los tres ejercicios sociales cerrados con anterioridad a la fecha del devengo del Impuesto.

No obstante, la propia Ley del Impuesto sobre la renta de las personas físicas establece que este sistema se usará salvo prueba de un valor de mercado distinto, y esto es lo que suele suceder con la inversión en *start ups*, donde Hacienda puede tomar como referencia la última ronda de financiación si está suficientemente cerca en el tiempo. Ello puede generar un problema para muchos inversores si, como suele ser habitual, el valor de la empresa ha caído desde entonces.

1.4. Régimen fiscal de impatriados

El artículo 93 de la Ley del Impuesto sobre la renta de las personas físicas regula el régimen fiscal aplicable a los trabajadores desplazados a España, el régimen comúnmente denominado *Régimen de impatriados*. Es un régimen fiscal beneficioso para aquellos trabajadores no residentes en España, que se desplacen a nuestro país por motivos laborales, podrán acogerse a una serie de ventajas tributarias.

En concreto, la aplicación de dicho régimen permite tributar en el Impuesto sobre la renta de no residentes (IRNR), con algunas especialidades, a las personas físicas que adquieran su residencia fiscal en España durante el ejercicio del cambio de residencia y los cinco periodos impositivos siguientes (en total 6 periodos). Esto implica, entre otras, que los rendimientos y ganancias de capital obtenidos en el extranjero por dichos contribuyentes no tributen en España. Por su parte, los rendimientos y ganancias de capital obtenidos en España tributan por el Impuesto sobre la renta de no residentes aplicando los mismos tipos de gravamen previstos en el IRPF para la base del ahorro, y los rendimientos del trabajo mundiales tributan según una tarifa reducida (hasta 600.000€ se aplica un tipo fijo del 24% y, por la cantidad que exceda de dicha cuantía, a un tipo del 47%).

El régimen de impatriados debe ser solicitado en el plazo de 6 meses desde la fecha de alta a efectos de seguridad social, o en su caso, desde la fecha de solicitud de mantenimiento de las cotizaciones en el país de origen.

A partir del 1 de enero de 2023 con la entrada en vigor de la ley 28/2022, de 21 de diciembre, de fomento del ecosistema de las empresas emergentes, con el objetivo de atraer más capital e inversión a nuestro país, así como talento digital y poder competir con países de nuestro entorno, incorpora una serie de modificaciones muy relevantes en el citado régimen. Así se modifica el artículo 93 de la Ley del Impuesto sobre la renta de las personas físicas con la finalidad de hacer más atractivo el traslado de residencia a España de trabajadores, profesionales, emprendedores e inversores residentes en el extranjero.

Las principales modificaciones que incorpora la citada Ley son las siguientes:

- Ampliación del plazo de aplicación del régimen: se permitirá la aplicación del régimen cuando la persona desplazada no haya sido residente en España durante los cinco periodos impositivos anteriores al desplazamiento a territorio español (hasta el 31 de diciembre de 2022 dicho plazo era de diez años).
- Ampliación de los beneficiarios del régimen:
  - Se permite la aplicación del régimen a los denominados "*nómadas digitales*" entendiéndose por tales aquellas personas que se desplacen a España para teletrabajar, sin que el desplazamiento sea ordenado por el empleado. Ello se cumpliría cuando obtengan el visado para teletrabajo de carácter internacional.
  - Se permite la aplicación del régimen cuando se adquiera la condición de administrador de una entidad sin que exista ninguna limitación respecto al porcentaje de participación que tengan en la entidad[22].

[22] Excepcionalmente, en el caso que la entidad en cuestión tenga la consideración de entidad patrimonial, en cuyo caso será necesario que el administrador no posea una participación que determine su consideración como vinculado (con carácter general, una participación igual o superior al 25%).

- Se permite la aplicación del régimen cuando el desplazamiento a España se produzca para realizar una actividad económica calificada como emprendedora. A tal efecto se indica que se considerará emprendedora aquella actividad que sea innovadora o tenga especial interés económico para España y cuente con un informe favorable emitido por ENISA (Empresa Nacional de Innovación SA —empresa de capital público, adscrita al Ministerio de Industria, Comercio y Turismo—).
- Se permite también la aplicación del régimen cuando el desplazamiento a España se produzca para realizar una actividad económica por parte de un profesional altamente cualificado que preste servicios a empresas emergentes o realice actividades de formación, investigación, desarrollo o innovación, percibiendo por ello una remuneración que presente en conjunto más del 40% de sus rendimientos del trabajo y actividad económica.

– Pueden acogerse a este régimen el cónyuge y los hijos menores de veinticinco años o, cualquiera que sea su edad, en caso de discapacidad[23]. La norma incorpora requisitos específicos para que pueda resultarles de aplicación dicho régimen.

2. IMPUESTO SOBRE EL PATRIMONIO (IP)

El Impuesto sobre el Patrimonio puede también afectar a la tributación de los inversores en empresas emergentes o de nueva creación. Aunque es un impuesto estatal, se encuentra cedido a las Comunidades Autónomas y ejercen competencias en aplicar reducciones en el mínimo exento, modificar la tarifa y aprobar deducciones y bonificaciones en la cuota del impuesto. Ello implica que podemos encontrarnos en situaciones muy diversas en cuanto a la tributación de las acciones o participaciones en startups dependiendo de la Comunidad Autónoma donde tenga la residencia fiscal el contribuyente.

Dos son los pasos que seguir en este contexto:

---

23 La Disposición final tercera. Cinco que modifica el artículo 93.3 de la Ley del Impuesto sobre la renta de las personas físicas, establece que deben cumplirse las siguientes condiciones:

a) Que se desplacen a territorio español con el contribuyente o en un momento posterior, siempre que no hubiera finalizado el primer período impositivo en el que a este le resulte de aplicación el régimen especial.

b) Que adquieran su residencia fiscal en España.

c) Que no hayan sido residentes en España durante los cinco periodos impositivos anteriores a aquél en el que se produzca su desplazamiento a territorio español.

d) Que no obtenga rentas que se calificarían como rentas obtenidas mediante un establecimiento permanente situado en territorio español.

e) Limitación cuantitativa del importe de bases liquidables.

1º. Según la Comunidad Autónoma de residencia, analizar los mínimos exentos exigidos para la tributación en este impuesto.

2º. Una vez determinada su tributación, procederemos a valorar las acciones o participaciones en startups.

2.1. Mínimos exentos

El siguiente cuadro resume los mínimos exentos en el Impuesto sobre Patrimonio exigidos en cada Comunidad Autónoma en el ejercicio de sus competencias.

Cuadro 2. Mínimos exentos Impuesto Patrimonio por Comunidades Autónomas

Comunidad Autónoma	Mínimo Exento (€)	Observaciones
Madrid	100%	
Andalucía	100%	Desde 1 enero 2023
Aragón	400.000	
Asturias	700.000	
Baleares	700.000	
Canarias	700.000	
Cantabria	700.000	
Castilla-La Mancha	700.000	
Castilla y León	700.000	
Cataluña	500.000	
Comunidad Valenciana	500.000	Será de 1 M para contribuyentes con discapacidad =>33%
Extremadura	500.000	600.000 euros. si el grado de discapacidad está entre el 33% y el 50%; de 700.000 euros si está entre 50% y 65% y de 800.000 euros si la discapacidad supera el 65%.
Galicia	700.000	Deducción por creación de nuevas empresas o ampliación de la actividad de empresas de reciente creación[24].

[24] Galicia es actualmente la única Comunidad Autónoma que tiene aprobada una deducción en el Impuesto sobre Patrimonio por creación o ampliación de empresas de reciente creación. Para su aplicación se exige que entre los bienes o derechos de contenido económico computados para la determinación de la base imponible figure alguno al que se le aplicaron las deducciones en la cuota íntegra autonómica del Impuesto sobre la renta de las personas físicas relativas a la creación de nuevas

Comunidad Autónoma	Mínimo Exento (€)	Observaciones
La Rioja	700.000	
Navarra	550.000	
País Vasco	800.000	Estarán exentas las acciones y participaciones en entidades respecto de las cuales el contribuyente pueda aplicar la deducción por inversiones en microempresas, pequeñas o medianas empresas de nueva o reciente creación, innovadoras o vinculadas con la economía plateada eliminándose el límite temporal de 15 años desde la adquisición de las acciones o participaciones.
Región de Murcia	700.000	

Fuente: Elaboración propia a partir de Agencia Tributaria (https://sede.agenciatributaria.gob.es/)

A partir de la nota informativa del Tribunal Constitucional del 7 de noviembre de 2023 rechazando el recurso de inconstitucionalidad presentado por la Comunidad de Madrid, el gobierno de dicha Comunidad elaboró una Proposición de Ley para recuperar las cuotas del Impuesto sobre Patrimonio y evitar así que dichas cuotas se queden en manos del Estado a través del Impuesto Temporal de Solidaridad de las Grandes Fortunas y que acaba de ser aprobada el 7 de diciembre de 2023.

Así, se deja temporalmente sin efecto la bonificación del 100% sobre la cuota resultante del Impuesto sobre Patrimonio, vinculando la temporalidad de dicha modificación a la vigencia del Impuesto Temporal de las Grandes Fortunas. Cuando éste se elimine, se recuperará la bonificación.

Por otro lado, en lugar de la bonificación del 100% aplicable hasta ahora, la reciente Ley prevé una nueva bonificación que podrán aplicar los contribuyentes madrileños del Impuesto sobre el Patrimonio, que se determinará por la diferencia, si la hubiere, entre la cuota íntegra del Impuesto sobre el Patrimonio y la cuota íntegra del Impuesto Temporal de Solidaridad de las Grandes Fortunas, una vez aplicados los límites conjuntos estipulados en ambas normas.

En definitiva, esta modificación tiene como finalidad que aquellos contribuyentes madrileños cuyo patrimonio fuera superior a los 3.000.000 Euros y que deban tributar en el Impuesto Temporal de Solidaridad de las Grandes Fortunas, siendo el órgano re-

empresas o ampliación de la actividad de empresas de reciente creación, o inversión en la adquisición de acciones o participaciones sociales en entidades nuevas o de reciente creación. La cuantía de la deducción será el 75% de la parte de la cuota que proporcionalmente corresponda a los mencionados bienes o derechos. El límite máximo será de 4.000 € por sujeto pasivo. El incumplimiento de los requisitos exigidos dará lugar a la pérdida de la deducción.

caudador la Agencia Estatal de Administración Tributaria, ingresen, en concepto de Impuesto sobre el Patrimonio, lo que deberían ingresar por el Impuesto Temporal de Solidaridad de las Grandes Fortunas, siendo la Consejería de Hacienda de la Comunidad de Madrid quien recaudaría el Impuesto sobre el Patrimonio.

Esta modificación no perjudicaría a aquellos contribuyentes madrileños que no tuvieran la obligación de tributar por el Impuesto Temporal de Solidaridad de las Grandes Fortunas, que seguirán sin tener que abonar cantidad alguna en el Impuesto sobre el Patrimonio.

2.2. *Valoración*

Si el contribuyente es residente de una Comunidad Autónoma donde por el valor de sus activos debe tributar por el Impuesto sobre Patrimonio, y tiene inversiones en participaciones/acciones en una startup, deberá valorarse e integrarse en la base imponible del Impuesto.

Suponemos por las características de las startups que la sociedad participada no cotiza en mercados organizados, por lo que según la normativa del Impuesto sobre Patrimonio (art.16 de la Ley del Impuesto sobre Patrimonio)[25], la valoración de las citadas acciones y participaciones, se efectuará según el valor teórico resultante del último balance aprobado, siempre que éste, bien de manera obligatoria o voluntaria, haya sido sometido a revisión y verificación y el informe de auditoría resultara favorable.

En caso de que el balance no haya sido debidamente auditado o el informe de auditoría no resultase favorable, la valoración se realizará por el mayor valor de los tres siguientes:

a) Valor nominal (el que consta en el capital social)

b) Valor teórico resultante del último balance aprobado[26].

c) Valor resultante de capitalizar al tipo del 20 por 100 el promedio de los beneficios de la entidad en los tres ejercicios sociales cerrados con anterioridad a la fecha del devengo del Impuesto (31 de diciembre). Dentro de los beneficios se computarán los dividendos distribuidos y las asignaciones a reservas, excluidas las de regularización o de actualización de balances.

---

25 Ley 19/1991, de 6 de junio, del Impuesto sobre el Patrimonio.

26 Las Sentencias del Tribunal Supremo de 12 de febrero y 14 de febrero de 2013, en atención a un criterio "favorable al mejor acercamiento a la realidad económica de la base imponible del tributo" *interpretan que ha de tomarse como punto de referencia el balance aprobado dentro del plazo legal para la presentación de la autoliquidación por el impuesto, de modo que "si en esta fecha está aprobado el ejercicio que se liquida, aun cuando esto haya acontecido con posterioridad a la fecha del devengo, habrá de ser sin embargo el tenido en cuenta".*

3. IMPUESTO TEMPORAL DE SOLIDARIDAD DE LAS GRANDES FORTUNAS

La Ley 38/2022, de 27 de diciembre, para el establecimiento de gravámenes temporales energético y de entidades de crédito y establecimientos financieros de crédito y por la que se crea el impuesto temporal de solidaridad de las grandes fortunas, y se modifican determinadas normas tributarias, en su artículo 3 regula un nuevo Impuesto, el Impuesto Temporal de Solidaridad de las Grandes Fortunas que ha entrado en vigor el 1 de enero de 2023. Se configura como un impuesto complementario del Impuesto sobre Patrimonio, es de carácter estatal, directo y personal y no es susceptible de cesión a las Comunidades Autónomas, para gravar con una cuota adicional los patrimonios de las personas físicas de cuantía superior a 3.000.000 de euros.

Así, el Impuesto Temporal de Solidaridad de las Grandes Fortunas es un impuesto cuya configuración coincide básicamente con la del Impuesto sobre el Patrimonio, tanto en cuanto a su ámbito territorial, exenciones, sujetos pasivos, bases imponible y liquidable, devengo y tipos de gravamen, como en el límite de la cuota íntegra. La diferencia fundamental reside en el hecho imponible, que grava solo aquellos patrimonios netos que superen los 3.000.000 de euros.

Por lo tanto, a diferencia de lo visto anteriormente para el Impuesto sobre Patrimonio, en este impuesto, al no estar cedido a las Comunidades Autónomas, no existen esas diferencias de mínimos exentos entre Comunidades. Éste se exija solo a los sujetos pasivos con patrimonios de un importe significativo, los primeros 3.000.000 de euros se gravan al tipo 0.

El carácter de complementario del Impuesto sobre el Patrimonio se consigue en el Impuesto Temporal de Solidaridad de las Grandes Fortunas mediante la deducción en la cuota de este impuesto, además de las deducciones y bonificaciones del primero, de la cuota efectivamente satisfecha en dicho impuesto. De este modo se evita la doble imposición, ya que los sujetos pasivos del Impuesto Temporal de Solidaridad de las Grandes Fortunas solo tributarán por la parte de su patrimonio que no haya sido gravado por su Comunidad Autónoma.

Por lo tanto, la valoración de los activos para aquellas personas físicas que tengan inversiones en participaciones/acciones en una startup, se valorarán de forma idéntica a lo referido anteriormente para el Impuesto sobre Patrimonio

En cuanto a su ámbito temporal, se prevé una vigencia de dos años, de manera que resulte aplicable en los dos primeros ejercicios en que, a partir de su entrada en vigor, se devengue dicho impuesto, si bien se introduce una cláusula de revisión, para efectuar una evaluación de sus resultados al final de su vigencia y valorar su mantenimiento o supresión.

Este impuesto ha sido muy polémico desde su establecimiento, y así el 1 de febrero de 2023, la Comunidad de Madrid presentó un recurso de inconstitucionalidad ante el

Tribunal Constitucional contra la aprobación del Impuesto Temporal de Solidaridad de Grandes Fortunas. El 7 de noviembre de 2023, el Tribunal Constitucional publicó una nota informativa en la que se informaba que el Pleno del Tribunal Constitucional había desestimado el recurso de inconstitucionalidad interpuesto por la Comunidad de Madrid. Aunque en diciembre de 2023 aun no se conoce la sentencia y la argumentación desarrollada en la misma, el gobierno de la Comunidad de Madrid, como se comentaba en el apartado anterior, ya ha aprobado una modificación de la Ley para mitigar los efectos del Impuesto Temporal de Solidaridad de las Grandes Fortunas.

Adicionalmente a la Comunidad de Madrid, la Región de Murcia, Andalucía y Galicia han presentado también recursos de inconstitucionalidad del Impuesto aunque están pendientes de resolver por parte del Tribunal Constitucional.

III. FISCALIDAD DEL INVERSOR PERSONA JURÍDICA

Por lo que respecta a los inversores personas jurídicas, la normativa no recoge explícitamente incentivos fiscales por la inversión en entidades de nueva creación, por lo que éstos se limitarían a los beneficios fiscales establecidos con carácter general para los contribuyentes del Impuesto sobre Sociedades recogidos en su normativa Ley 27/2014, de 27 de noviembre, del Impuesto sobre Sociedades (LIS) y el Real Decreto 634/2015, de 10 de julio, por el que se aprueba el Reglamento del Impuesto sobre Sociedades (RIS). Entre los beneficios fiscales destacamos:

1. En base imponible.
2. Tipo impositivo.
3. Deducciones en cuota.

1. BASE IMPONIBLE

Los posibles incentivos fiscales para un inversor persona jurídica en una empresa emergente aplicados en la base imponible del Impuesto sobre Sociedades podemos encontrarlos en varios ámbitos.

- Exención para evitar la doble imposición de dividendos y rentas derivadas de la transmisión de valores representativos de los fondos propios de entidades residentes y no residentes en territorio español
- Régimen especial de las entidades de capital-riesgo (artículo 50 LIS)
- Reserva de capitalización (artículo 25 LIS)
- Reserva de nivelación (artículo 105 LIS)

A) Exención para evitar la doble imposición de dividendos y rentas derivadas de la transmisión de valores representativos de los fondos propios de entidades residentes y no residentes en territorio español.

De acuerdo con el artículo 21.1a) de la Ley del Impuesto sobre sociedades, los requisitos que se debe cumplir para que se pueda aplicar esta exención son:

– Que la entidad que recibe los dividendos tenga una participación, directa o indirectamente, de al menos el 5% sobre la entidad participada.

– La participación correspondiente se deberá poseer de manera ininterrumpida durante el año anterior al día en que sea exigible el beneficio que se distribuya o, en su defecto, se deberá mantener posteriormente durante el tiempo necesario para completar dicho plazo

En el caso de dar cumplimiento a estos requisitos, se establece una exención del 95% en la base del impuesto de la compañía que percibe la rentas[27].

Asimismo, para las compañías que inicien el ejercicio fiscal a partir del 1 de enero de 2021, se establece que la exención será del 100% en el caso de dividendos y participaciones en beneficios cuando concurran las siguientes circunstancias:

1. El importe neto de la cifra de negocios de la perceptora en el período impositivo inmediato anterior sea inferior a 40 millones de euros, siempre que: no tenga la consideración de entidad patrimonial; no forme parte, con carácter previo a la constitución de la entidad, de un grupo mercantil, con independencia de la residencia y de la obligación de formular cuentas anuales consolidadas; y no tener, con carácter previo a la constitución de la entidad n porcentaje de participación, directa o indirecta, en el capital o en los fondos propios de otra entidad igual o superior al 5%.
2. La participación en beneficios proceda de una entidad que se ha constituido después del 1-1-2021 y se ostente, de forma directa y desde su constitución, la totalidad del capital o los fondos propios; y
3. Los dividendos o participaciones en beneficios se perciban en los períodos impositivos que concluyan en los tres años inmediatos y sucesivos al año de constitución de la entidad que los distribuya.

Por otro lado, cuando la entidad participada que distribuye dividendos sea no residente, a los requisitos anteriormente comentados, se le suma el requisito de que esta

[27] Como régimen transitorio, las participaciones adquiridas en los períodos impositivos iniciados antes del 1 de enero de 2021 que tuvieran un valor de adquisición superior a 20 millones de euros sin alcanzar el porcentaje del 5%, pueden aplicar el régimen de exención siempre que cumplan el resto de los requisitos previstos durante los períodos impositivos que se inicien dentro de los años 2021 a 2025.

entidad debe haber estado sujeta y no exenta a un impuesto extranjero análogo al Impuesto sobre sociedades a un tipo de gravamen nominal de, al menos, el 10%, en el ejercicio en que se hayan obtenido los beneficios que ahora se reparten[28].

Por último, las rentas obtenidas en la transmisión de la participación de una entidad (plusvalías) las mismas reglas que para la exención en dividendos, tanto para el caso de que se produzca doble imposición interna o internacional, es decir, una exención del 95% de las plusvalías generadas. Aunque para las entidades con volumen de negocios que no supere los 40 millones de euros, se podrían seguir aplicando la exención total durante los tres años próximos. El requisito de participación debe cumplirse el día en que se produzca la transmisión. Para el caso de entidades participadas no residentes, el requisito de que se haya tributado por un impuesto análogo con un tipo de gravamen nominal de, al menos, el 10%, deberá cumplirse en todos los ejercicios de tenencia de la participación. En el caso de que en algunos años dicha entidad no haya tributado al mínimo del 10%, se tendrán en cuenta diferentes aspectos según si se trata de renta que corresponda a reservas tácitas o expresas.

B) Régimen especial de las entidades de capital-riesgo (artículo 50 LIS)

Las entidades de capital-riesgo gozan de beneficios fiscales en dos categorías: en las plusvalías derivadas de la transmisión de las participaciones temporales y en la deducción por doble imposición.

En cuanto al régimen de las plusvalías, se establece la exención del 99 % de las rentas que obtengan en la transmisión de valores representativos de la participación en el capital o en fondos propios de las entidades de capital-riesgo en que participen. Esta exención se condiciona al cumplimiento de un requisito temporal: la transmisión ha de realizarse a partir del inicio del segundo año a contar desde la adquisición de la participación o de la exclusión de cotización y hasta el decimoquinto, inclusive. Excepcionalmente, se podrá ampliar este plazo hasta el vigésimo año, inclusive. Tratándose de rentas derivadas de la transmisión de participaciones en entidades cuyo activo esté constituido en más de un 50 % de inmuebles, la aplicación de la exención se condiciona a que al menos el 85 % de los inmuebles estén afectos ininterrumpidamente durante el tiempo de tenencia de los valores al desarrollo de una actividad económica[29].

---

28 Este requisito extra se considera cumplido en aquellos casos en que el país en el que la sociedad participada tiene su residencia tenga suscrito con España un Convenio para evitar la doble imposición internacional, que sea de aplicación y que contenga cláusula de intercambio de información, de modo que actuaría como una presunción *iuris et de* iure —y no cabría prueba en contrario—. En cambio, en ningún caso se entiende que se cumpla con este requisito cuando la entidad participada sea residente en un país calificado como paraíso fiscal.

29 Para el caso de que la entidad participada acceda a la cotización en un mercado de valores regulado, la aplicación de la exención se condiciona a que en un plazo no superior a tres años desde el acceso a la cotización se proceda a la transmisión de las participaciones. Además, la exención no se aplica cuando

En cuanto al régimen fiscal de los dividendos se pueden diferenciar dos escenarios: los dividendos percibidos por las entidades de capital-riesgo: estarán exentos los procedentes de las sociedades o entidades que promuevan o fomenten, sin que se exija un porcentaje de participación y un período mínimo de tiempo de tenencia de las participaciones, y por otro lado los dividendos obtenidos por los socios y partícipes, tienen derecho a la exención de los mismos con la sola exigencia de que el perceptor sea sujeto pasivo del Impuesto sobre sociedades o contribuyente del Impuesto sobre la Renta de no Residentes que tenga establecimiento permanente en territorio español. Si el perceptor es persona física tributará como renta del ahorro.

Por último, estarán exentas las rentas positivas obtenidas en la transmisión o reembolso de acciones o participaciones representativas del capital o de los fondos propios de las entidades de capital-riesgo sin otro requisito que el perceptor sea sujeto pasivo del Impuesto sobre sociedades o contribuyente del Impuesto sobre la Renta de no Residentes que tenga establecimiento permanente en territorio español. Si el perceptor es persona física se producirá la tributación como renta del ahorro.

C) Reserva de capitalización (artículo 25 LIS)

La Reserva de Capitalización es uno de los incentivos fiscales con los que cuentan las entidades de cara a su tributación en el Impuesto sobre sociedades y está regulada en el artículo 25 de la Ley 27/2014, del Impuesto sobre Sociedades (LIS) permite a los contribuyentes aplicar una reducción en la base imponible del Impuesto sobre sociedades del 10% del incremento de los fondos propios de la sociedad.

Podrán aplicar este incentivo las siguientes entidades atendiendo al tipo impositivo al que tributen:

- Las que tributen al tipo general del 25%
- Las entidades de nueva creación que tributen al 15% en el primer periodo impositivo en el que la base resulte positiva y en el siguiente.
- Las que tributan al 30%, es decir, las entidades de crédito y las que se dedican a la exportación de yacimientos de hidrocarburos.

Siempre y cuando cumplan los siguientes requisitos:

exista una relación de vinculación (entendida como la participación al menos del 25 % del capital social o de los fondos propios) entre el adquirente y la entidad de capital-riesgo o sus socios o partícipes o se trate de un territorio calificado reglamentariamente de paraíso fiscal, salvo que el adquirente sea la entidad participada, alguno de los socios o administradores de la entidad participada u otra entidad de capital-riesgo. En estos supuestos se entiende que la entidad participada no sale del entorno de la entidad de capital-riesgo. La vinculación se ha de apreciar en el momento de la transmisión.

- Que el incremento de los fondos propios de la entidad se mantenga durante un plazo de 5 años desde el cierre del periodo impositivo al que corresponda esta reducción, salvo por la existencia de pérdidas contables en la entidad.
- Que se dote una reserva por el importe de la reducción, que deberá figurar en el balance con absoluta separación y título apropiado y será indisponible durante el plazo previsto de los cinco años comentados.

El límite de esta reducción será el 10% sobre la base imponible positiva del periodo impositivo previa a esta deducción, a los deterioros de créditos por insolvencias de deudores y a la compensación de bases imponibles negativas. En caso de no tener suficiente base para aplicar la reducción, las cantidades pendientes se podrán aplicar en los periodos impositivos que finalicen en los dos años inmediatos y sucesivos al cierre del periodo impositivo en que se haya generado el derecho a la reducción y se sumarán a la correspondiente a ese año y siempre con el límite previsto.

En caso de incumplimiento habrá que regularizar las cantidades indebidamente reducidas, así como los correspondientes intereses de demora. Esto significa que el contribuyente deberá ingresar, junto con la cuota del periodo impositivo en que tenga lugar el incumplimiento de los requisitos, la cantidad deducida incorrectamente junto a los intereses de demora.

D) Reserva de nivelación (artículo 105 LIS)

Podrán aplicar este incentivo fiscal las entidades que reúnan los requisitos del artículo 101 de la Ley del Impuesto sobre sociedades para ser consideradas empresas de reducida dimensión en el período impositivo, y apliquen el tipo de gravamen previsto en el primer párrafo del artículo 29.1 de dicha Ley[30].

Las empresas, podrán minorar su base imponible positiva hasta el 10 por ciento de su importe. No obstante, dicha minoración no podrá superar el importe de 1 millón de euros. Si el período impositivo tuviera una duración inferior a un año, el importe de la minoración no podrá superar el resultado de multiplicar 1 millón de euros por la proporción existente entre la duración del período impositivo respecto del año.

Para ello deberán dotar una reserva por el importe de la minoración, que será indisponible hasta el período impositivo en que se produzca la adición a la base imponible de la entidad de las cantidades a que se refiere el párrafo anterior. La reserva deberá dotarse con cargo a los resultados positivos del ejercicio en que se realice la minoración en base imponible. En caso de no poderse dotar esta reserva, la minoración estará condicio-

[30] Para que la empresa sea considerada a efectos tributarios de reducida dimensión, en general, el importe neto de la cifra de negocios habida en el período impositivo inmediato anterior sea inferior a 10 millones de euros. Las entidades de nueva creación aplicarán un tipo de gravamen en el primer período impositivo en que la base imponible resulte positiva y en el siguiente del 15 por ciento.

nada a que la misma se dote con cargo a los primeros resultados positivos de ejercicios siguientes respecto de los que resulte posible realizar esa dotación[31].

2. TIPO IMPOSITIVO

El artículo 29.1 de la Ley del Impuesto sobre sociedades establece que las entidades de nueva creación constituidas a partir del 1 de enero de 2015, que realicen actividades económicas y tributen en el primer período impositivo en que la base imponible resulte positiva y en el siguiente al tipo del 15 por ciento. No resultará de aplicación a aquellas entidades que tengan la consideración de entidad patrimonial.

No se entenderá iniciada una actividad económica:

- Cuando la actividad económica hubiera sido realizada con carácter previo por otras personas o entidades vinculadas y transmitida, por cualquier título jurídico, a la entidad de nueva creación.
- Cuando la actividad económica hubiera sido ejercida, durante el año anterior a la constitución de la entidad, por una persona física que ostente una participación, directa o indirecta, en el capital o en los fondos propios de la entidad de nueva creación superior al 50 por ciento.

No tendrán la consideración de entidades de nueva creación aquellas que formen parte de un grupo en los términos establecidos en el artículo 42 del Código de Comercio, con independencia de la residencia y de la obligación de formular cuentas anuales consolidadas[32].

3. DEDUCCIONES EN CUOTA

Las rentas obtenidas en el extranjero están sometidas a un exceso de imposición, al ser objeto de tributación en diferentes países atendiendo al Estado fuente de estas, y que vuelven a ser objeto de imposición al integrarse en la base imponible del Impuesto sobre Sociedades en la entidad perceptora residente en España, por tratarse del Estado de residencia de la entidad.

---

31 Las cantidades destinadas a la dotación de la reserva prevista en este artículo no podrán aplicarse, simultáneamente, al cumplimiento de la reserva de capitalización establecida en el artículo 25 de la Ley del Impuesto sobre sociedades ni de la Reserva para Inversiones en Canarias prevista en el artículo 27 de la Ley 19/1994, de 6 de julio, de modificación del Régimen Económico y Fiscal de Canarias.

32 El artículo 29 de la Ley del Impuesto sobre sociedades recoge, además, determinadas formas jurídicas tales como las Instituciones de Inversión Colectiva, tributarán al 1% bajo ciertas condiciones, sociedades cooperativas fiscalmente protegidas que tributarán al 20%.

Los artículos 31 y 32 de la Ley del Impuesto sobre sociedades tratan de corregir esta doble imposición generada. En concreto, el primero de ello trata de evitar la doble imposición jurídica y el segundo la doble imposición económica internacional sobre dividendos y participaciones en beneficios, configurándose los mismos como un método alternativo a la exención regulada en los artículos 21 y 22 de la Ley del Impuesto sobre sociedades. Este tratamiento se enmarca en un sistema de corrección de la doble imposición basado en deducciones en la cuota, esto es, integrando en la base imponible las rentas obtenidas, pero permitiendo una deducción sobre la cuota íntegra resultante.

Brevemente pasaremos a detallar estas deducciones. En primer lugar, la deducción para evitar la doble imposición jurídica: impuesto soportado por el contribuyente (art. 31 de la LIS), trata de corregir la doble imposición jurídica, es decir, el hecho de que una renta obtenida por un contribuyente del impuesto sea gravada en dos Estados diferentes. Así se establece que cuando en la base imponible del contribuyente se integren rentas positivas obtenidas y gravadas en el extranjero, se deducirá de la cuota íntegra la menor de las dos cantidades siguientes:

- El importe efectivo de lo satisfecho en el extranjero por razón de gravamen de naturaleza idéntica o análoga a este impuesto[33],
- El importe de la cuota íntegra que en España correspondería pagar por las mencionadas rentas si se hubiesen obtenido en territorio español.

A los efectos de determinar la base de deducción conviene matizar que el importe del impuesto satisfecho en el extranjero se incluirá en la renta a los efectos de la aplicación de la deducción e, igualmente, formará parte de la base imponible, aun cuando no fuese plenamente deducible. No obstante, en el caso en el cual el importe satisfecho en el extranjero sea superior a la deducción por doble imposición internacional aplicable, dicho exceso tendrá la consideración de gasto deducible, siempre que se corresponda con la realización de actividades económicas en el extranjero.

En segundo lugar, la deducción para evitar la doble imposición económica internacional: dividendos y participaciones en beneficios (art. 32 de la LIS) que trata de corregir la doble imposición económica, resultado del hecho de que una misma renta es objeto de imposición en dos sujetos en dos Estados diferentes. Regula una deducción en caso de percibir dividendos o participaciones en los beneficios pagados por una entidad no residente en territorio español, siempre que se cumpla una serie de requisitos relativos al porcentaje de participación (al menos del 5 %) y al periodo de tenencia de esta (un año ininterrumpido).

---

33 Aunque no podrán deducirse los impuestos que no se hubieran pagado como consecuencia de una exención, bonificación o cualquier otro beneficio fiscal, y en los casos en los que fuera aplicable un convenio para evitar la doble imposición, la deducción no podría superar al impuesto que resultara de dicho convenio.

Así, permite deducir el impuesto efectivamente pagado por la entidad no residente en territorio español respecto de los beneficios con cargo a los cuales se abonan los dividendos. Esta deducción, conjuntamente con la regulada en el artículo 31 de la Ley del Impuesto sobre sociedades respecto de los dividendos o participaciones en los beneficios, no podrá exceder de la cuota íntegra que correspondería pagar en España por estas rentas si se hubieren obtenido en territorio español. A este respecto, ha de tenerse en cuenta que para calcular dicha cuota íntegra los dividendos o participaciones en los beneficios se reducirán, con carácter general, en un 5 % en concepto de gastos de gestión referidos a dichas participaciones[34].

IV. CONCLUSIONES

España está desplegando un conjunto de normativas de índole fiscal, mercantil, civil y laboral dirigidas a desarrollar e impulsar un ecosistema de empresas emergentes en torno a algunos polos de atracción de talento, capital y emprendedores que nos permita situarnos en un país de referencia a nivel europeo y mundial en el emprendimiento digital y tecnológico.

Alrededor y como complemento del Plan de Recuperación, Transformación y Resiliencia incluye la Estrategia España Nación Emprendedora, que recoge, entre otras medidas de apoyo al emprendimiento, con una atención especial al talento femenino, el desarrollo de instrumentos financieros para impulsar la inversión inicial y de crecimiento en *startups* en tecnologías disruptivas, se está realizando un cambio muy importante del marco normativo tradicional. Nosotros nos hemos centrado exclusivamente en el marco tributario donde varias son los cambios regulatorios que se están produciendo. Desde la Ley 18/2022, de 28 de septiembre, de creación y crecimiento de empresas (Ley Crea y Crece) donde tímidamente se inician ciertas mejoras en el ámbito tributario (sobre todo realiza modificaciones mercantiles en financiación alternativa que preparan sin duda cambios en la fiscalidad de las mismas), hasta la Ley 28/2022 de Fomento del ecosistema de las empresas emergentes donde ya si se diferencia el marco tributario

34 En ambas deducciones las cantidades que no hayan podido ser aplicadas por insuficiencia de cuota podrán deducirse en los periodos impositivos siguientes y el derecho de la Administración para iniciar el procedimiento de comprobación de las deducciones por doble imposición aplicadas o pendientes de aplicar prescribe a los 10 años. No obstante, en la disposición adicional decimoquinta de la Ley del Impuesto sobre sociedades, se establece una excepción para las entidades con un importe neto de la cifra de negocios de al menos 20 millones de euros durante los 12 meses anteriores a la fecha en la que se inicie el periodo impositivo. Para estas entidades se limita la aplicación de las deducciones para evitar la doble imposición internacional previstas en los artículos 31 y 32 de la Ley del Impuesto sobre sociedades, las cuales de manera conjunta no podrán exceder del 50 % de la cuota íntegra del contribuyente.

favorable a estos modelos de negocio no convencionales que caracterizan las empresas emergentes.

Todo se dirige a otorgar estabilidad y calidad normativa, mejorar el clima de negocio y en definitiva cambiar progresivamente nuestro sistema productivo favoreciendo la eficiencia, productividad, crecimiento y reestructuración empresarial de las empresas emergentes o innovadoras. Es un proyecto ambicioso que acaba de iniciarse, deberá continuar y seguir desarrollando todas las normativas necesarias para efectivamente convertirnos en una referencia mundial del ecosistema digital emprendedor.

V. REFERENCIAS BIBLIOGRÁFICAS

GARCÍA DE PABLOS, J.F., "El Proyecto de Ley de fomento del ecosistema de las empresas emergentes (Startups)", *Revista Quincena Fiscal* num.10/2022, ed. Aranzadi.

Gobierno de España (2021). *Plan de recuperación, transformación y resiliencia.* https://https://www.lamoncloa.gob.es/temas/fondos-recuperacion/Documents/30042021-Plan_Recuperacion_%20Transformacion_%20Resiliencia.pdf

MARTÍN MOLINA, P.B.: "Estudio de las medidas tributarias relativas al proyecto de ley de las startups", *Revista Española de Capital Riesgo*, nº 2-3, 2022, pp. 67-99

MOROY HUERTO, F.: "La nueva ley de startups: ¿un nuevo impulso al ecosistema emprendedor-inversor en España?", *Revista Española de Capital Riesgo*, nº 2-3, 2022, p. 19.

RUANO MARRÓN, R.A.; RUIZ NAVARRO,J. y MEDINA TAMAYO, R.: Evaluación del Proyecto de Ley de fomento del ecosistema de las empresas emergentes", *Revista Española de Capital Riesgo*, nº 2-3, 2022, pp. 29-51.